隐形的网络：
社会系统中的法律

Invisible Network: Law and Social System

周婧 著

清华大学出版社
北京

版权所有，侵权必究。举报：010-62782989，beiqinquan@tup.tsinghua.edu.cn。

图书在版编目(CIP)数据

隐形的网络：社会系统中的法律/周婧著. —北京：清华大学出版社，2022.3
ISBN 978-7-302-59407-9

Ⅰ.①隐… Ⅱ.①周… Ⅲ.①法律社会学-研究 Ⅳ.①D902

中国版本图书馆 CIP 数据核字(2021)第 205612 号

责任编辑：朱玉霞
封面设计：傅瑞学
责任校对：宋玉莲
责任印制：杨 艳

出版发行：清华大学出版社
网　　址：http://www.tup.com.cn, http://www.wqbook.com
地　　址：北京清华大学学研大厦 A 座
邮　　编：100084
社 总 机：010-83470000
邮　　购：010-83470235
投稿与读者服务：010-62776969, c-service@tup.tsinghua.edu.cn
质量反馈：010-62772015, zhiliang@tup.tsinghua.edu.cn

印 装 者：三河市国英印务有限公司
经　　销：全国新华书店
开　　本：165mm×238mm　印　张：17.25　插　页：1　字　数：277 千字
版　　次：2022 年 3 月第 1 版　印　次：2022 年 3 月第 1 次印刷
定　　价：69.00 元

产品编号：090617-01

国家社科基金后期资助项目
出 版 说 明

后期资助项目是国家社科基金项目主要类别之一,旨在鼓励广大人文社会科学工作者潜心治学,扎实研究,多出优秀成果,进一步发挥国家社科基金在繁荣发展哲学社会科学中的示范引导作用。后期资助项目主要资助已基本完成且尚未出版的人文社会科学基础研究的优秀学术成果,以资助学术专著为主,也资助少量学术价值较高的资料汇编和学术含量较高的工具书。为扩大后期资助项目的学术影响,促进成果转化,全国哲学社会科学规划办公室按照"统一设计、统一标识、统一版式、形成系列"的总体要求,组织出版国家社科基金后期资助项目成果。

全国哲学社会科学规划办公室
2014 年 7 月

目 录

一、导言 ·· 1
- （一）学术脉络中的法律系统论 ·································· 1
- （二）法律系统论的旨趣 ··· 9
- （三）文献综述与问题意识 ·· 14

二、社会系统的分化 ·· 19
- （一）从社会分工到功能分化 ····································· 21
- （二）功能分化的现代社会 ·· 24
- （三）作为社会子系统的法律及其功能 ······················· 38

三、法律作为自创生的社会系统 ·································· 78
- （一）系统的元素：沟通还是行动？ ··························· 78
- （二）没有"人"的系统？ ·· 84
- （三）沟通如何衔接：系统的自创生 ··························· 90

四、法律的内部运作：系统的封闭性 ······················· 100
- （一）法律作为封闭的规范体系：法律实证主义的前设及其困境 ··· 101
- （二）从封闭的规范体系到自主运作的系统：法律系统论对法律实证主义的修正 ······························ 108
- （三）法律系统的内部分化：立法与司法 ················· 129

五、法律对社会环境的认知：系统的开放性 ············ 138
- （一）社会环境对法律系统的扰动 ···························· 138
- （二）法律对环境扰动的认知：以系统封闭运作为基础的开放性 ·· 145

- （三）法律与其他子系统的交互作用 I：法律与政治 ······ 153
- （四）法律与其他子系统的交互作用 II：法律与经济 ······ 160
- （五）法律与其他子系统的交互作用 III：法律与道德 ······ 165
- （六）诸社会子系统的连续振荡 ······ 172

六、法律系统运作的偶在性 ······ 177
- （一）系统的结构与运作过程 ······ 177
- （二）系统运作的动态性 ······ 180
- （三）偶在的法律何以有效？ ······ 193

七、系统论视角下的法律全球化 ······ 205
- （一）跨国家法律：新商人法 ······ 205
- （二）全球化之后法律趋同还是趋异？ ······ 214
- （三）全球社会的宪法问题 ······ 224

八、法律系统论的意义与限度 ······ 232
- （一）作为隐形网络的现代法律与社会 ······ 232
- （二）法律系统论的方法论意义 ······ 238
- （三）法律系统论的未解难题 ······ 244

参考文献 ······ 255

一、导　　言

（一）学术脉络中的法律系统论

由德国社会学家尼可拉斯·卢曼创立、德国法学家贡塔·托依布纳进一步阐释并发展的法律系统论可谓一个非常重要而又独特的流派。法律系统论一方面超越了法律实证主义和自然法学派，通过对法律系统运作过程的观察，证明了判断法律有效性的标准就是法律本身，维护了法律的封闭性和自主性；另一方面通过自我指涉和外部指涉的区分，描述了法律系统如何在封闭运作的同时保持对环境的开放，回答了现实主义法学派和批判法学派未能解释的问题，即法律如何实现开放。① 该理论改变了法学研究的范式，深刻影响着西方法学理论，也对中国法学产生了现实而深远的影响。

法律系统论与传统的自然法学派和法律实证主义、"离经叛道"的现实主义法学派和批判法学派究竟有何不同。要回答此问题，首先需要厘清自然法学派和法律实证主义、现实主义法学派和批判法学派各自的核心命题。

法律与道德的关系、法律有效性的来源等问题是法哲学的核心问题。关于此，自然法学派和法律实证主义的立场迥异。前者认为法律是道德的体现，符合自然法的法律才具有正当性、具有效力。后者则主张法律和道德二分，法律的有效性来自于上一级规范的授权，最终来自于终极规范。尽管如此，自然法学派和法律实证主义都坚持法律是确定的，存在"唯一正解"。

关于"唯一正解"，德沃金的论证最具代表性。对德沃金而言，即使在没有清晰的法律规则可以适用的案件即疑难案件中，也存在着唯一正确的

---

① 周婧：《封闭与开放的法律系统如何可能？——读卢曼〈法律作为社会系统〉》，《社会学研究》2009年第5期。

答案即"唯一正解"。① 因为法官能够找到某种道德理论,并由此推导出原则,这些原则构成了法律要实现的目的,成了裁判的依据。这个道德理论及其推导出的原则并不是任意的,也不是来自于法律之外,而是包含在既有的法律当中,是法律的目的所在。如何确定是否适用某一法律原则呢?德沃金心目中理想的法官赫拉克勒斯(Hercules)的方法是检验该原则能否对过去所有的案例进行解释。只有那些能够解释得通既往所有判例的原则,才是司法一贯秉承的原则,才可以适用。之所以适用法律传统一直秉承的原则、价值立场,是基于作为一种明显的政治美德的政治整全性。② 要求在司法裁判中尽可能把法律理解为在道德方面是一致的,尽可能把法律理解成以正确的叙述去表达的一个正义和公平的首尾一致的体系。如果几个原则都能够解释得通既往所有的案件,或者能解释得通的案件数目是一样的,如何从中选出最合适的那个原则? 在德沃金看来,原则和规则不同,规则或者全部有效或者全部无效,当几个规则发生冲突时,法官只能选择其中一个,其他的规则都是无效。原则却不一样,它不是全有或者全无,并不是毫无例外的统一适用,几个相互冲突的原则可能同时适用于特定案件,只是分量和重要性的程度有所不同。③ 这时就需要法官进行建构性的解释,选择他自己认为对保护个人权利最为有利的原则,发展这个原本存在于法律传统当中的原则,将现行法律解释为一个体现了正义和公平的连贯体系。于是,法官就像是链接系列小说的作者,每个作者都尽可能使小说成为出自一位作家之手的最佳力作,尽管事实上它出自许多作家的手笔。④

可见,在德沃金的赫拉克勒斯法官那里,法律的目的是确定的,它就是解释得通过去所有判例的、司法一贯秉承的法律原则。那么,基于法律的"原则"做出的裁判,无疑是依法的裁判,而且是一致的裁判。⑤ 如果出现几个原则都能够解释得通既往所有的案件,或者能够解释得通的案件数目一样,法官就选择对保护个人权利最为有利的原则。但怎么判断哪个原则

---

① [美]罗纳德·德沃金:《认真对待权利》,信春鹰、吴玉章译,115页,北京:中国大百科全书出版社,2002。
② [美]罗纳德·德沃金:《法律帝国》,李常青译,北京:中国大百科全书出版社1996年版,第129页。
③ [美]罗纳德·德沃金:《认真对待权利》,信春鹰、吴玉章译,北京:中国大百科全书出版社2002年版,第40页。
④ [美]罗纳德·德沃金:《法律帝国》,李常青译,北京:中国大百科全书出版社1996年版,第158-165、196、204-205页。
⑤ 林立:《法学方法论与德沃金》,北京:中国政法大学出版社2002年版,第47页。

对自由保障最为有利？由于我们不可能预知未来可能出现的所有情形，不可能事先把所有的选择固定下来并形成一个有次序的图表，只能由决定者根据具体的情境做出判断。然而，不同的人可能有不同的答案。基于此，德沃金借鉴了罗尔斯的"反思平衡法"，从蕴涵在判例中的价值观出发，结合决定者自己的价值信念，最后建构出当下的道德理论作为判断的标准。① 但这只是方向上的指引，并不能确保不同的决定者建构的道德理论以及根据道德理论做出的决定是一致的。一切只不过是一个随个人政治价值信仰告白的问题而已。② 所谓的"唯一正解"不过是法官个人的"唯一正解"，它取决于个人的选择，未必是前后一致的。德沃金没能证明法律是确定的，法律是一个封闭而完美的体系。

与德沃金一样，法律系统论者也认为法律是封闭的。但与德沃金不同的是，在法律系统论看来，法律不仅封闭，而且开放。作为系统的法律能够识别外部因素的变化，并作出回应。需要说明的是，环境无法直接决定法律系统如何回应，系统是通过自身的学习来回应环境的。这种学习通过系统自身的二阶观察来完成，也就是说法律系统对自己先前的决定加以观察，分析该决定的理由是否充分、是否合理、是否需要修改。如此一来，系统就会发现一阶观察看不到的盲点，发现先前决定的不足，并做出修正。学习、修正是系统自身的运作，并不是由环境所主导的。但环境改变可能成为法律系统改变先前决定的诱因。正是基于封闭的开放性，法律系统先前作出的决定可能改变，法律的运作不是确定的。

"法律是不确定的"是现实主义法学的基本命题。在他们眼中，关于法律确定性的观念建立在一种错误的概念之上，法律在很大程度上曾经是，现在是，而且永远是含混的且有变化的。③ 法律确定性不过是个"基本的法律神话"罢了。因为判例法和制定法都只是"纸面规则"（paper rule），都只是具有被适用的可能。④ 是否以及如何适用和解释那些"纸面规则"，形成怎样的"真实规则"受到当时流行的价值判断、法官的个性如性情、偏见、习惯、经历等各种复杂因素的影响。比如，对一个患有消化不良的法官来说，一顿令人不满意的早餐就可能在制作判决的时候起着决定性的作

---

① [美]罗纳德·德沃金：《法律帝国》，李常青译，北京：中国大百科全书出版社1996年版，第158-165、204-205页；罗纳德·德沃金：《认真对待权利》，信春鹰、吴玉章译，北京：中国大百科全书出版社2002年版，第40-47页。

② 林立：《法学方法论与德沃金》，北京：中国政法大学出版社2002年版，第203页。

③ Jerome New Frank, Law and The Modern Mind, London: Stevens & Sons Ltd.,1949, p.6.

④ Karl .N. Llewellyn, Bramble Bush: on Our Law and Its Study, New York: Oceana Press,1960, p.12.

用,使案件产生不同后果。① 流行的价值判断在不同的时期可能有所差别,法官的个性也是千差万别,我们很难预测法官会做出什么决定。因此,法律确定性不过是个基本的法律神话罢了。

现实主义法学的"法律不确定"命题被许多法律社会研究者所认同。不仅如此,现实主义法学将法和社会科学结合起来,尤其侧重于借鉴行为社会学和经验实证主义的做法对美国法学界产生了巨大影响。此后,法学家和社会学家的合作大大加强,关于法律现象的经验性研究蔚然成风。其中,一些研究倾向于行为科学,将法律看作是因社会变化而改变的函数。布莱克的"案件社会学"可谓是此种"科学研究"的典型。② 只是,与现实主义法学不同,布莱克将个人的主观因素排除在研究的范围之外。

现实主义法学对法律决定主体价值观念的重视,则为批判法学所继承。但是,和现实主义法学不同,批判法学不再聚焦法官个人的价值取向,而是分析在法律界占据主流地位的价值体系。批判法学把解剖刀指向整个社会结构及其意识形态,而不仅仅是个人的主观偏见。③ 在他们看来,法律本身不是一致的、确定的,而是充满矛盾,原则(principles)和对立原则(counterprinciples)、规则(rule)与标准(norm)的对立比比皆是。如契约自由和对契约自由的限制,前者使得个人能够自由地选择缔约方和合同条款;后者却禁止契约自由侵害社会利益,禁止强制执行不公正的契约。我们根本无法找到区分二者适用范围的标准或者能够调和二者的元原则。④ 法律本身是矛盾的、不确定的,无法为决定者提供确定的答案,法律决定不过是依据占统治地位的观念、社会的意识形态做出的决定罢了。需要说明的是,现实主义法学及其后继者批判法学都主张法律裁判因时因地因人而异,并不具有前后一致性,因此法律是不确定的。但不确定并不意味着法律就像天上的云朵那般完全飘忽不定,也不是说面对个案我们找不到正确的答案(rights answers),而是指并不存在唯一的正确答案。⑤

法律系统论同样认为法律不是确定的。但对于法律不确定原因的分析,法律系统论与现实主义法学、批判法学有所不同。

无论是现实主义法学,还是批判法学都认为法律之所以不确定,是因

---

① Jerome New Frank, Law and The Modern Mind, Brentano's(1949), pp.111-112.
② [美]唐·布莱克:《社会学视野中的司法》,郭星华等译,北京:法律出版社2002年版。
③ 季卫东:《宪政新论》,北京:北京大学出版社2002年版,第300-328页。
④ See D. Kennedey, Form and Substance in Private Law Adjudication, 89 Harv. L.Rev. 1685 (1976).
⑤ Fiss,Owen M., "The Death of The Law?", Cornell Law Review 1986 (72).

为适用法律做出司法裁判并不是一个逻辑推理的形式化过程。在此过程中，法律之外的因素（如流行的价值观念、法官的个性、政治实力对比、社会情势）会对裁判产生影响，甚至在实质的意义上，正是这些外在的因素而不是法律规范决定了裁判的结果。法律系统论却不赞同法律的外部因素直接左右裁判结果的观点。由外部因素并不能直接推导出法律决定，相反，只有得到法律规范的支持，外部因素才成为决定的理由。只有当法律系统识别外部因素并做出回应之后，外部因素才能影响裁判的结果。外部因素对法律系统的影响，系统对外部环境的开放是通过系统自身的运作来实现的。

此外，关于法律不确定是否因为适用法律的人不同，二者对此问题的回答也有所不同。现实主义法学和批判法学派都认为法律不确定是因为适用法律的人不同，适用法律做出的裁判与人有关，容易受到法官和当事人的影响。简单地说，法律是人格化而非中性的。而法治的实现依赖于法律的中性和非人格化。在司法过程中，法官只有将法律规范平等地适用于所有人——无论其是男女老少，属于哪个阶级、居于何种社会地位、经济状况如何，才能让人们相信法官能够居中裁判，能够成为不偏不倚的纠纷解决者，才能保证裁判活动的合法性，进而确保权力受到法律的有效约束。正因如此，批判法学认为法治的理想落空了。法律系统论却认为法律系统独立于人之外，人只是系统的环境。尽管作为主体的人可能"扰动"系统，与人有关的因素可能影响系统的运作，却无法直接决定裁判的结果。法律不确定与适用法律的人无关，这是法律系统运作的必然结果。由此可知，法律系统论虽主张法律是封闭的体系，但并不认为法律是确定的。这有别于坚持法律是封闭且确定的法律实证主义和自然法学派，也不同于反对法律确定性的现实主义法学和批判法学派。

那么，这一独特而重要的理论是如何形成的？这需要回溯法律系统论创立者卢曼的研究理路。

如何从理论上对现代社会的根本变化加以分析，如何描述这个已然分化的现代社会，如何把握这个不再具有统一性且高度复杂的社会运作之实质？这是社会理论的核心问题，也是卢曼社会系统理论的核心问题。卢曼致力于提出能够对整个社会学的对象加以解释的概念工具，建构一般理论，为社会学乃至整个社会科学提供理论基础。所谓一般理论并不是超理论，并不是指绝对正确的、毫无争议的理论，而是指能够对整个社会做出解释,包括社会对自己所进行的描述(如社会学)的理论。① 在卢曼看来,任何理论都是社会的一部分,都是社会对自己的描述。因此,具有普遍性的一般社会理论不仅研究经济、政治、法律等社会领域如何运作,而且能够解释它自己(即理论本身)。

卢曼的理论甫一面世就受到了学界的广泛关注和讨论,可谓是褒贬不一,赞美和批评之声不绝于耳。在众多批评者当中,曾与卢曼展开激烈论战的哈贝马斯的观点尤具代表性。在哈贝马斯看来,卢曼侧重于描述而不是批判与重塑现代人的生存境况,不过是故步自封的"技术家"罢了,其理论也只是"社会技术学"。② 然而,时至今日,卢曼已得到学界的关注与认可,无论是哈贝马斯还是以帕森斯传人自居的明希(Richard Münch),在深度及广度上都很难再挑战他了。③ 卢曼甚至被认为是自韦伯以来最有创见的德国社会学家,是当代人文科学的齐美尔。④ 1989 年卢曼还获得了"黑格尔奖",这是德国哲学界颁发给杰出人文社会科学家的一项最高荣誉。⑤

卢曼认为现代社会已经分化为功能各不相同的诸多子系统,现代社会的实质需要通过分析各个社会子系统来阐明。对政治、经济、法律、宗教、教育、家庭、艺术等社会子系统进行详尽阐述成为卢曼理论的重要内容。阐释社会各子系统的多部著作是"各论",加上作为导论的《社会系统》(1984)以及总论——《社会的社会》(1997)这一压卷之作,就构成了一个完整的理论体系。

当然,这并不意味着卢曼的思考从 1984 年才开始。即使是大学毕业后到政府部门工作,卢曼也广泛阅读哲学、社会学书籍,对笛卡尔、胡塞尔以及社会学的功能论者如马林诺夫斯基、拉德克里夫-布朗尤为专注,并开

---

① NiklasLuhmann, Social Systems, John Bednarz, Jr. & Dirk Baecker (trans.), Stanford, California: Standford University Press, 1995, p.15.

② JürgenHabermas & Niklas Luhmann, Theorie der Gesellschaft oder Sozialtechnologie- Was leistet die Systemforschung? Frankfurt am Main: Suhrkamp, 1971, pp.142-170; [德]哈贝马斯:《交往行为理论》,曹卫东译,上海:上海人民出版社 2004 年版,第 178 页。

③ 汤志杰:《理论作为生命——悼念德国社会学家卢曼》,黄瑞祺主编:《当代欧洲社会理论》,杭州:浙江大学出版社 2008 年版,第 379 页。

④ [德]英格博格·布罗伊尔、彼得·洛伊施、迪特尔·默施,《德国哲学家圆桌》,张荣译,北京:华夏出版社 2003 年版,第 146 页。

⑤ [德]伯恩德·霍恩尤格:《纪念尼克拉斯·卢曼(1927-1998)》,沈杰译,《国外社会学》1999 年第 5-6 期。

始按照不同的主题做笔记、制作日后广为人知的卡片系统。① 1968年离开行政机构到刚成立的比勒菲尔德大学(Bielefeld)任教之后,卢曼更是潜心研究系统理论。1971年卢曼就被视为社会系统论者,并与法兰克福学派掌门人哈贝马斯展开了一场对战后德国学术界产生深远影响的论战。但那时的卢曼理论仍处在积累和发展当中,那个阶段直至1984年才完成。卢曼在1985年接受访谈时说,他迄今所写的一切仍是理论生产的零系列,但1984年出版的作品《社会系统》至少是个例外。② 卢曼借鉴一般系统理论、控制论和自创生理论,不断地对自己的理论进行反思,逐渐发展和完善其理论。卢曼社会系统理论形成的标志是1997年出版的《社会的社会》一书,该书全面系统地阐述卢曼的观点。从1968年卢曼到比勒菲尔德大学任教,到《社会的社会》出版,理论建构的过程延续了三十年。饶有趣味的是,卢曼原本就计划用三十年的时间来完成这项庞大工程。1968年当卢曼来到比勒菲尔德大学,他收到一份表格,让他填写未来的研究计划、主题和期限。卢曼是这样填写的,计划名称:社会理论,时间:30年,费用:无。③ 从1968年到1997年,正好三十年,卢曼成功地完成了自己的研究计划,不仅构建了一个能够对社会学的所有对象加以解释的一般理论,而且运用这一理论分析各子系统的运作进而对社会是如何可能这一核心问题做出回答,绘制出一幅关于现代社会的画卷。

在卢曼所绘制的现代社会画卷中,关于法律的部分无疑是其中浓重的一笔。实际上,对毕业于弗莱堡大学法律系的卢曼而言,法律一直是其关注的焦点,法律社会理论是他长期耕耘的园地。④ 这不仅因为法律是诸社会子系统之一,运用系统理论对法律进行分析有助于厘清现代社会的运作逻辑。更为重要的是,对于社会秩序的形成而言,法律是不可或缺的。尽管法律的具体形态在不同社会、不同历史时期有所不同,但在任何一个社会,法律都是一般性的规范。对此,卢曼如是说道:

人类所有的集体生活都直接或间接由法律塑造。和知识一样,法律是

---

① 汤志杰:《理论作为生命——悼念德国社会学家卢曼》,黄瑞祺主编:《当代欧洲社会理论》,杭州:浙江大学出版社2008年版,第379页。
② Georg Kneer & Armin Nassehi:《卢曼社会系统理论导引》,鲁显贵译,台北:巨流图书公司1999年版,第10-14页。
③ Niklas Luhmann, Die Gesellschaft der Gesellschaft. Frankfurt am Main: Suhrkamp, 1998, p.II.
④ 卢曼有专门论述法律的文章数十篇以及六本论著(即1965年的《作为制度的基本权利》,1969年的《通过程序获得合法性》,1972年《法律社会学》上下两卷,1974年《法律系统与法律教义学》,1981年《法律的分立》,1993年《社会的法律》),此外还在许多著作中论及法律,尤其侧重于分析法律与其他社会子系统的关联性。

足以体现社会境况的本质且最具有说服力的一个面向。没有哪个生活领域——无论它是家庭、宗教团体，还是科学研究——能够形成持久的社会秩序，而不依赖于法律。①

由于法律是维续社会秩序的重要机制，法律类型的变化体现了社会用以团结和约束其成员、将各组成部分整合到一起的方式的区别，法律的特性反映出社会的演化和社会形态的不同。② 通过探讨法律的源流与发展，法律在整个社会中的位置及其功能，我们能够厘清社会如何演化，不同的社会如何组织起来，不同社会形成的秩序有何区别。

对于现代社会而言，法律的重要性尤其明显。现代社会已经过"除魅"，宗教与道德已无法再为所有人提供一个整体的"意义"，作为所有人行动的指引，于是需要一个具备普遍性的规则体系为人们提供行为准则，这个规则体系就是法律。依据作为一般规则的法律，人们就能够判定某个事件(event, Ereignis)是合法还是非法的，确定哪些预期即使在落空或者没有得到实现的情况下也会受到社会的肯认。③ 如此一来，人们就可以从复杂性和不确定性中摆脱出来，知道哪些预期将得以维持，判断对方期待什么，并据此调整自己的行动，解决帕森斯所谓的"双重偶在性"(double contingency)问题④。因此，法律可以被看作是一种界定行动的边界和选择类型的结构。当然，它不是唯一的社会结构，除了法律，我们还得考虑认知结构、沟通媒介如真诚或爱之类。但是，作为结构，法律是必不可少的，它设定了现代社会中一般化的合理预期，是人与人的交往得以展开的前提⑤。在现代社会，对于实现行为的可预期性和社会安定性而言，法律是一项非常重要的制度，尤其当建立在共识或互动符号之上的共同理解已经不再有效的时候。法律使得社会能够对未来的多样性和偶在性加以限制，避免社会因未能有效化简复杂性、应对时间压力而无法继续运转下去。毕竟，现代社会不仅规模扩大，复杂性提高，而且所面临的时间压力也在增加。出现功能分化之后，各子系统已经没法完全解决自身的问题，而不得

---

① Niklas Luhmann, A Sociological Theory of Law. Martin Albrow.(ed.), Elizabeth King & Martin Albrow (trans.), London: Routledge & Kegan Paul, 1985, p.1.

② [法]埃米尔·涂尔干：《社会分工论》，渠东译，北京：生活·读书·新知三联书店 2000 年版，第 27-31 页。

③ Niklas Luhmann, A Sociological Theory of Law. Martin Albrow.(ed.), Elizabeth King & Martin Albrow (trans.), London: Routledge & Kegan Paul, 1985, pp.77, 105.

④ Talcott Parsons, The Social System. New York: The Free Press, 1964, p.94.

⑤ Niklas Luhmann, A Sociological Theory of Law. Martin Albrow.(ed.), Elizabeth King & Martin Albrow (trans.), London: Routledge & Kegan Paul, 1985, p.82.

不交给专门处理这些问题的其他子系统,解决问题就需要更多的时间。这就意味着现代社会的时间压力增加了。① 而作为一种"免疫"机制,法律将可能出现的事件限制在一定范围内,减少不确定性,进而维续整个社会的有效运作。基于此,卢曼始终将法律作为研究的重心,创立了法律系统论。

法律系统论创立之后,托依布纳又进一步对该理论加以阐释和发展。托依布纳不仅对卢曼的法律系统论进行了深入的阐释,而且发展了法律系统论。通过将卢曼的"系统/环境"二分与塞尔兹尼克和诺内特的"回应型法"相结合,提出了"反思型法"的概念,从而对法律演化的阶段重新加以阐释。② 通过将超循环的思想应用于法律,论证法律如何实现以及在何种条件下才能实现"自创生"。③ 更为重要的是,托依布纳将法律系统论运用到法律全球化的分析当中,不仅阐明不依赖国家和法院的新商人法何以形成、何以成为全球法,而且探讨法律全球化带来的宪法问题的实质及其解决之策。如果说卢曼是从社会理论的角度研究法律,那么托依布纳就是回到法律本身,进一步继承和发展法律系统论。

(二) 法律系统论的旨趣

法律系统论不局限于法律的某个方面,不局限于由某个特定领域的社会学派命名的专门社会学(如职业社会学),而是研究整个法律,包括法律对自己的描述(即法律理论)。④ 严格地说,法律系统论的研究并不是关于法律某个方面的社会学研究,而是有关法律的社会理论。此研究将法律理论关涉在内,打通了采取内在观点的法律理论与从外在观点来观察法律的社会学之间的隔阂。内在观点是指将自己视为接受这些规则并以此作为其行动指南的群体成员的视角。外在观点则是仅仅作为一个本人并不接受这些规则的观察者的视角。⑤ 法律系统论以法律职业者理解法律的方

---

① Niklas Luhmann, The Differentiation of Society. Stephen Holmos & Charles Larmore. (trans.), New York:Columbia University Press, 1982, pp.245-251.
② Guther Teubner, "Substantive and Reflexive Elements in Modern Law", Law & Society Review, 1983, Vol.17, No.2.
③ [德]贡塔·托依布纳:《法律:一个自创生系统》,张骐译,北京:北京大学出版社2004年版,第48-56页。
④ Niklas Luhmann, Law as A Social System. Fatima Kastner, Richard Nobles, David Schiff & Rosamund Ziegert.(eds.), Klaus A. Ziegert (trans.), New York: Oxford University Press,2004,p.vii.
⑤ [英]哈特:《法律的概念》,张文显、郑成良、杜景义、宋金娜译,北京:中国大百科全书出版社1996年版,第1页。

式来描述法律。对于法律职业者来说,基于规范与事实的二分,法律乃是一种规范体系。在法律系统论那里,法律也是规范性的。这使得法律系统论既区别于坚持内在观点的自然法学派和法律实证主义,也不同于坚持外在观点的现实主义法学和批判法学。对自然法学派和法律实证主义而言,法律是规范体系,是人们应当遵守的。而在现实主义法学和批判法学看来,法律是人们实际上遵守的那些规范,体现在人们的行为当中。除了研究视角不同,作为法律系统论创始人的卢曼与其他法学派的研究旨趣也有所不同。具体而言,尽管对于"法律是什么"这个问题的回答不同,自然法学派、法律实证主义和现实主义法学、批判法学都力图对"法律应当如何"做出回答。只不过答案各不相同。自然法学派从"自然法"当中寻找答案,依据"自然法"、人类共同的道德来判断法律应当如何。法律实证主义坚持从法律本身找答案。现实主义法学极力反对法律实证主义的做法,强调法官的能动作用。批判法学走得更远,直接推翻政治和法律之间的藩篱,主张以政治目标指导司法裁判。无论是改良还是革命,现实主义法学和批判法学的旨趣都在于批判和反思西方现有的法律制度和法律理论。

而卢曼旨趣并不在于探讨如何依据法律规范做出合理的决定,以实现庞德所说的"通过法律的社会控制",也不在于寻找更高一级的规范如自然法或高级法,并以此评价和改进现行法律。作为社会学家的他只是从外部观察法律,所关心的是作为一种现实存在的"事实"[①]即法律是如何运作的。卢曼力图通过对法律的分析来回答社会理论的核心问题:现代社会如何可能。

社会如何运作一直是社会理论关注的焦点,几乎所有经典的社会理论家都是在探讨现代社会本质的过程中展开其思考。在他们看来,现代社会在某些方面是独一无二的,在形式上区别于所有类型的传统秩序,乃是与其传统社会断裂的结果[②]。那么,是什么使得现代社会能够与其他社会形态区分开来?现代社会的标志是什么?不同社会理论家从不同的角度加以分析,作出的回答也可能不同。对韦伯而言,西方现代化其实是以"除魅"为核心的"理性化"过程。如何在这个过程中保持价值多元以及建立在此基础上的个人自由是韦伯理论的核心问题[③]。涂尔干则以社会分工

---

① 对卢曼而言,法律系统独立于人的意识,但法律并不是"就在那儿的"(is there),而是我们所观察到的"事实"。
② [英]安东尼·吉登斯:《现代性的后果》,田禾译,南京:译林出版社2000年版,第3页。
③ 李猛:《除魔的世界与禁欲者的守护神——韦伯社会理论中的"英国法"问题》,李猛编:《韦伯:法律与价值》,上海:上海人民出版社2001年版。

和分化为切入点,关注分化社会如何维持建立在差异性之上的社会团结①。秩序问题也是帕森斯理论的主题。

要对整个社会加以分析和解释,揭示出现代社会的实质,就需要一般理论(general theory)的指导。一般理论首先要解决的是方法论问题,也就是分析社会的起点问题。在思考问题的方法上从主体还是从客体出发,社会理论家一直存在意见分歧。在较为宽泛的意义上,韦伯侧重于从作为主体的人出发来理解社会,涂尔干则更为关注独立于单个人的"社会事实",尽管他以心物二元论为分析框架。帕森斯在综合前人理论的基础上,建构意志论的(单位)行动理论,以实现创建一般理论的目标。② 此种集理论重建和概念分析为一体的行动理论被哈贝马斯视为榜样。③ 后来帕森斯又将行动理论从单位行动(个人层面)扩展到系统层面,后者包括从社会系统、一般行动系统到人类境况系统三个层次④。帕森斯的行动理论为具体的经验研究提供了理论基础,他所开创的理论范式一度成为社会学的主流。然而,自20世纪50年代后期开始,帕森斯理论遭到诸多质疑和挑战。其中,冲突学派的批评尤具代表性。在他们看来,帕森斯从静态的结构出发,否定了社会的变动性,无法适当地处理社会转变和冲突的过程。帕森斯重视社会的统一,为现状辩护,无疑是为保守主义说话。⑤

其实,帕森斯并不认为社会诸系统的结构是恒久不变的,也不否认分歧、冲突和危机的存在。实际上,帕森斯非常关注社会秩序与个人自由之间的紧张关系,以及社会的结构变迁、演化过程等问题。就此而言,冲突论者的批评未必切中要害。但秩序问题的确是其理论的核心。他关注的焦点在于如何才能维持人类的共同生活以及由此形成的社会秩序。在他看来,尽管美国是个已然分化的多元社会,但仍然存在着颇为一致的价值观,

---

① Edward ATiryakian, "Neither Marx nor Durkheim Perhaps Weber", American Journal of Sociology, 1975, vol. 81(1).
② [美]T.帕森斯:《社会行动的结构》,张明德、夏翼南、彭刚译,南京:译林出版社2003年版。
③ [德]哈贝马斯:《交往行为理论》,曹卫东译,上海:上海人民出版社2004年版,第3页。
④ Talcott Parsons & A. Shils, Toward a General Theory of Action. Cambridge, MA: Harvard University Press, 1951; Talcott Parsons, The Social System. New York: The Free Press, 1964; Talcott Parsons, The System of Modern Societies. Englewood Cliffs, NJ: Prentice-Hall, 1971; Talcott Parsons, Action Theory and the Human Condition, New York: Free Press, 1978.
⑤ Ralf Dahrendor, Class and Class Conflict in Industrial Society. Stanford: Stanford University Press, 1959, pp.110-128;[美]L.科塞:《社会冲突的功能》,孙立平等译,北京:华夏出版社1989年版,第89页;[美]M.M.波洛玛:《当代社会学理论》,孙立平译,北京:华夏出版社1989年版,第144-148页。

这构成了整个社会的基础。是否存在价值共识，不仅备受争议，而且难以证实。退一步而言，即使20世纪60年代以前美国是个价值观统一且自信的国家，60、70年代发生的一系列事件也已改变这一事实，"不再一切照旧"成为那个时代主导文化的批评者的口头禅。越南战争的失利挫败了美国人的自信心，击碎了美国人曾经抱有的为整个世界设计进步方案的梦想。黑人的民权运动则粉碎了当下社会是一个美好的社会，在其中每个人都拥有平等的机会，都能够实现自己理想的幻象。随后越来越多的利益团体开始主张自己的权利，要求补偿过去的不公。所谓的"美国价值"早已分崩离析，社会似乎并不存在一致的意见和共识，而是分裂成相互对立的多个团体。① 简单地说，美国是一个充满着分歧和差异而非统一的社会。

实际上，不仅美国不再是一个统一的社会，就整个西方世界而言价值共识也已经难以存续。随着其复杂性的增加以及分化的不断扩展，社会的多元化凸显。在一个越来越多元的社会，共识未必能达成。没有共识作为其基础，社会如何可能？以价值共识为社会基础的帕森斯理论难以为我们分析发生根本变化的现代社会提供理论基础。以帕森斯理论为靶子的冲突学派也没有为我们提供新的理论基础。该学派强调社会的冲突和变动性，径行以冲突取代整合，而忽略了普遍性的要求，没能创建一个能够解释所有对象的一般理论。② 因此，我们需要从理论上对现代社会的根本变化加以分析，阐明现代社会的性质和基本特征。

基于此，卢曼始终关注社会秩序问题。对于社会秩序的形成来说，法律是不可或缺的。尽管法律的具体形态在不同社会、不同历史时期有所区别，但对所有社会而言，法律都是一般性的规范，都是形成社会秩序的基础。对此，卢曼如是说道：

> 人类所有的集体生活都直接或间接由法律塑造。和知识一样，法律是足以体现社会境况的本质且最具有说服力的一个面向。没有哪个生活领域——无论它是家庭、宗教团体，还是科学研究——能够形成持久的社会秩序，而不依赖于法律。③

由于法律是维续社会秩序的重要机制，法律类型的变化体现了社会用

---

① [美]斯蒂芬·M.菲尔德曼：《从前现代主义到后现代主义的美国法律思想》，李国庆译，北京：中国政法大学出版社2005年版，第252-256页。

② Georg Kneer & Armin Nassehi：《卢曼社会系统理论导引》，鲁显贵译，台北：巨流图书公司1999年版，第49页。

③ Niklas Luhmann, A Sociological Theory of Law. Martin Albrow.(ed.), Elizabeth King & Martin Albrow (trans.), London: Routledge & Kegan Paul, 1985, p.1.

以团结和约束其成员、将各组成部分整合到一起的方式的区别,法律的特性反映出社会的演化和社会形态的不同。① 通过探讨法律的源流与发展,法律在整个社会中的位置及其功能,我们能够厘清社会如何演化而来,各种类型的社会如何将其组成部分组织起来,由此所形成的秩序有何区别。

对于现代社会而言,尤其如此。在经过"除魅"之后的现代社会,宗教与道德已无法再为所有人提供一个整体的"意义",作为所有人行动的指引,于是需要一个普遍性的规则体系为人们提供行为准则,而这个规则体系就是法律。依据作为一般规则的法律,人们就能够判定某个事件是不是合法的,确定哪些预期即使在落空或者没有得到实现的情况下也会受到社会的肯认。② 如此一来,人们就可以从复杂性和不确定性中摆脱出来,知道哪些预期将得以维持,判断对方期待什么,并据此调整自己的行动,解决"双重偶在性"问题③。因此,法律可以被看作是一种界定行动的边界和选择类型的结构。当然,它不是唯一的社会结构,除了法律,我们还得考虑认知结构、沟通媒介如真诚或爱之类。然而,作为结构,法律是必不可少的,它设定了现代社会中一般化的合理预期,是人与人的交往得以展开的前提④。在现代社会,对于实现行为的可预期性和社会安定性而言,法律是一项非常重要的制度,尤其当建基在共识或互动符号之上的共同理解已经不再有效。法律使得社会能够对未来的多样性和偶在性加以限制,避免社会因未能有效化简复杂性、应对时间压力而无法继续运转下去。毕竟,现代社会不仅规模扩大,复杂性提高,而且所面临的时间压力也增加。因为各子系统已经没法完全解决自身的问题,而不得不交给专门处理这些问题的其他子系统,解决问题就需要更多的时间。这就意味着现代社会的时间压力增大了。⑤ 而作为一种"免疫"机制,法律将可能出现的事件限制在一定范围内,减少了不确定性,进而维续整个社会的有效运作。

因此,卢曼对法律的分析突出体现了其社会理论的核心问题:失去了整体的"意义"之后,偶在的现代社会(秩序)如何可能?作为社会学家的

---

① [法]埃米尔·涂尔干:《社会分工论》,渠东译,北京:生活·读书·新知三联书店2000年版,第27-31页。

② Niklas Luhmann, A Sociological Theory of Law. Martin Albrow.(ed.), Elizabeth King & Martin Albrow (trans.), London: Routledge & Kegan Paul, 1985, pp.77,105.

③ Talcott Parsons, The Social System. New York: The Free Press,1964,p.64.

④ Niklas Luhmann, A Sociological Theory of Law. Martin Albrow.(ed.), Elizabeth King & Martin Albrow (trans.), London: Routledge & Kegan Paul, 1985, p.82.

⑤ Niklas Luhmann, The Differentiation of Society. Stephen Holmos & Charles Larmore. (trans.), New York: Columbia University Press, 1982, 245-251.

卢曼不仅要对法律进行分析，还要对整个社会加以描述。为此，卢曼致力于提出能够对整个社会学的对象加以解释的概念工具，建构一般理论，从而为社会学乃至整个社会科学提供理论基础。法律系统论可谓卢曼社会理论的一部分。

卢曼的社会理论是"阐释性"的，作为社会理论重要组成部分的法律社会理论也是如此。与卢曼不同，托依布纳虽然也关注法律是如何运作的，但研究旨趣略有不同。托依布纳不仅运用系统理论分析法律，探讨法律究竟如何演化，还要对现实当中的难题作出回答。不仅分析作为"实然"的法律，而且注重作为"应然"的法律。他尤其关注全球社会的宪法问题。这包括两个方面，一方面全球法之间存在冲突；另一方面，全球运作的社会子系统会对基本权利造成侵害。有学者提出通过全球宪法来解决上述问题。但托依布纳认为，仍然从民族国家的角度来看待宪法无助于解决问题。民族国家制定的宪法是一国的最高法，能够在本国领土有效实施。但没有一个权威机构能制定并实施全球宪法。只能另辟蹊径，通过适用于各个子系统的全球子宪法或者不同子宪法之间的协调来解决全球社会的宪法问题。[①] 是否力图对"法律应当如何"这个问题做出回答，作为社会学家的卢曼与作为法学家的托依布纳的选择有所不同。

（三）文献综述与问题意识

法律系统论引起了国内外学者的高度关注。学界不仅发表了许多评论性文章，还多次召开了相关研讨会。如1987年威尼斯的"自创生法律研讨会"，1991年3月美国卡多佐法学院的"封闭系统与公开司法：卢曼社会学研讨会"，1991年6月阿姆斯特丹的"尼古拉斯·卢曼同其批评者与支持者的对话研讨会"。有的学者还力图运用法律系统论来解决法律实践问题。比如迈克尔·金应用关于法律的二值符码与程序的区分来解决涉及儿童福利的案件。[②] 另有学者通过分析20世纪70年代以后美国堕胎法的变化来检验法律系统论对法律实践的说服力。他指出尽管社会越来越多元，整合力削弱，但政治的影响力仍然存在，法律系统论忽略了政治等因素

[①] Guther Teubner, Constitutional Fragments: Societal Constitutionalism and Globalization, Oxford: Oxford University Press, 2012, pp.124-173.

[②] Michael King, "The Emergence of a Hybrid Discourse." Journal of Law and Society, 1991 (18).

对法律的影响,无法对现实的法律做出有效地解释。①

目前,有关法律系统论的研究或者关注卢曼或者侧重托依布纳。关于卢曼的研究主要分为三类。

第一类是分析卢曼如何阐释法律的演化过程。这些研究主要关注法律系统论关于法律的功能、不同社会的法律类型以及现代法律的运作逻辑的分析。②

第二类主要关注卢曼关于法律自治和有效性的研究。法律何以有效、法律的效力从何而来,这是两千多年来一直争论不休的法哲学核心问题。卢曼自然不可能忽视这一关涉法律以及法律学科存在之正当性的问题。已有研究论及法律系统论通过法律在运作上封闭、在认知上开放,证明法律在维持自治的同时仍然保持与社会的关联性,进而证成了法律的自治以及法律的有效性来自于法律本身。但并未阐明封闭性是如何形成的、与社会环境之间关联性的具体表现、同时保持封闭性与开放性如何可能等核心问题。③ 此外,有关法律有效性的不同界定是卢曼与哈贝马斯的根本分歧,已有研究虽论及二人之间的论战,但未涉及论战的实质即对现代社会

---

① Mathieu Deflen, "The Boundaries of Abortion Law: Systems Theory from Parsons to Luhmann and Habermas." Social forces, 1998, vol. 76(3).

② 胡水君:《卢曼的法律与社会理论:现代与后现代》,北京:北京大学出版社 2005 年版;杜健荣:《卢曼法社会学理论研究——以法律与社会的关系问题为中心》,北京:法律出版社 2012 年版;田绘:《结构功能主义、法律进化论和法律的自动生成理论——卢曼的法社会学思想评述》,《广西政法管理干部学院学报》2001 年第 2 期;S. Fuchs & J. H. Turner, "Reviewed A Sociology Theory of Law by Niklas Luhmann." Contemporary Sociology1987, vol. 16 (6); James E. Herget, Comtemporaty German Legal Philosophy, Philadelphia: University of Pennsylvania Press, 1996.

③ 鲁楠、陆宇峰:《卢曼社会系统论视野中的法律自治》,《清华法学》2008 年第 2 期;泮伟江:《作为法律系统核心的司法——卢曼的法律系统论及其启示》,《清华法治论衡》(第 12 辑),北京:清华大学出版社 2009 年版;王宏选:《作为一个自创生系统的法律——卢曼和托依布纳的法律概念》,《黑龙江社会科学》2006 年第 5 期;宾凯:《法律如何可能:通过"二阶观察"的系统建构——进入卢曼法律社会学的核心》,《北大法律评论》第 7 卷第 2 辑(2006);宾凯:《法律自创生机制:隐藏与展开悖论》,《交大法学》2013 年第 1 期;HughBaxter, "Autopoiesis and The 'Relative Autonomy' of Law.". Cardozo Law Review 1987(19); Arthur J.Jacobson, "Review: Autopoietic Law: The New Science of Niklas Luhmann." The Michigan Law Review 1989, vol.87(6); Michael King & Chris Thornhill , Niklaw Luhmann's Theory of Politics and Law. Hampshire, New York: Palgrave Macmillan, 2003; Robert Van Krieken, "Legal Reasoning as a Field of Knowledge Production: Luhmann, Bourdieu and Law's Autonomy." The Annual Meeting of The Law and Society Association, 2004; Priban, Jiri 2005, "Niklas Luhmann: Law as a Social System." Journal of Law and Society, 2005, vol.32(3); Hubert Rottleuthner, "A Purified Sociology of law: Niklas Luhmann on The Autonomy of The Legal System." Law& Society Review,1989,vol. 23(5).

境况的不同判断和不同的理论旨趣。①

第三类侧重卢曼的方法论。这些研究或者关注卢曼如何在反省已有社会理论的基础上构建出的一般社会理论、并运用该理论来分析法律,或者着重探讨法律实证主义对法律系统论的影响。② 就理论渊源而言,卢曼不仅受到法律实证主义的影响,还扬弃和发展了韦伯的社会行动理论、帕森斯的结构功能主义。已有研究仅侧重法学脉络,而没能将两个学科的学术脉络进行全面分析,未能展示法律系统论方法论的全貌。

上述研究关注卢曼法律社会理论的不同侧面,聚焦该理论的具体内容,有助于理解法律系统论。但这些研究限于局部,较为微观,且各偏重一方。其实,以上三部分内容是相互关联的。卢曼在社会分化的背景下分析法律自主性和有效性,此种分析又与其理论渊源和方法论紧密相关。卢曼不再从统一而是从差异出发来分析法律,也不再使用"整体/部分""个人/社会"等二元对立模式,而是以"系统/环境"这组差异(distinction, Unterscheidung)取而代之。因此,法律成为一个独立的社会子系统,通过"自我指涉/外部指涉"的封闭运作来保持对外部环境的认知开放。而法律之所以能够成为独立的系统,是因为社会的主要分化形式改变了。由于社会越来越复杂,分层式分化很难有效化简复杂性,分化形式转而以功能分化为主,高度文明社会进入了现代社会。现代社会分化出功能不同的子

---

① 陆宇峰:《"自创生"系统论法学:一种理解现代法律的新思路》,《政法论坛》2014年第4期;泮伟江:《双重偶联性问题与法律系统的生成——卢曼法社会学的问题结构及其启示》,《中外法学》2014年第2期;鲁楠、陆宇峰:《卢曼的生前与身后》,《社会学家茶座》2008年第3期;Craig Calhoun, "Social Theory and The Law: Systems Theory, Normative Justification, and Postmodernism." Northwestern University Law Review (1998) 83; Eva Knodt, "Toward A Non-Foundationalist Epistemology: The Habermas/Luhmann Controversy Revisited." New German Critique 1994 (61); Maria Luisa Maniscalco, "Review: Beyond Habermas and Luhmann: Achill Ardigo's Sociology of Ambivalence." Contemporary Sociologa, 1990, vol. 19(1).

② 宾凯:《卢曼系统论法学:对"法律实证主义/自然法"二分的超越》,《云南大学学报》(社会科学版)2010年第6期;泮伟江:《超越"错误法社会学"——卢曼法社会学理论的贡献与启示》,《中外法学》2019年第1期;Christian Borch, "Systemic Power: Luhmann, Foucault, and Analytics of Power." Acta Sociologa, 2005, vol.48(2); Jonathan Elmer, "Blinded Me with Science: Motifs of Observation and Temporality in Lacan and Luhamnn." Cultural Critique 1995 (30); Peter Fuchs, Niklas Luhmann: Eine Einfürung in die Systemtheorie. Opladen: Westdeutscher Verlag, 1993; Werner Krawietz & Michael Welker, Kritik der Theorie Sozialer Systeme: Ausenandersetzungen mit Luhmanns Hauptwerk. Frankfurt am Main: SuhrkampKrawietz, 1992; Loet Leydesdorff, "Luhmann, Habermas, and the Theory of Communication". Systems Research and Behavioral Science, 2000, vol. 17(3).

系统,比如经济、政治、技术、道德、宗教等①,不同的社会领域问题由不同的子系统来解决,例如经济系统减少物质短缺,政治系统的功能是做出具有约束力的集体决定。现代社会逐渐呈现出"原子化"的趋势("anomic" tendencies),一方面增加了各子系统的弹性,另一方面也减弱了它们之间的相互影响。这导致社会内部的问题、冲突增加,做出具有普遍约束力的决定的压力也随之增加,与此同时也使得社会沟通的一般媒介(如真理、爱情、权力)的约束力降低。于是需要一种更强有力的外在约束机制,这就是法律系统。更为重要的是,已有研究侧重于卢曼的法律社会学,欠缺其理论整体与部分之间的往返流转,未厘清法律社会理论所要讨论的实质问题及其在卢曼整个社会理论体系中的位置,未必能够窥得这一抽象而复杂理论之堂奥。

已有关于托依布纳的研究主要分为三类。第一类主要研究托依布纳的法律演化论,聚焦于托依布纳如何在借鉴诺内特和塞尔兹尼克的法律演化论的基础上提出了反思性的法,进而论证了法律分为形式理性法、实质理性法和反思性的法三类。② 第二类关注托依布纳的法律自创生理论,分析托依布纳依据自我关联的程度将法律分为社会弥散的法、部分自治的法和自创生法三种,并通过论证法律行为、法律规范和法律学说之间的超循环实现了法律的自创生,进而发展了卢曼的法律自创生理论。③ 第三类侧重于托依布纳如何运用法律自创生理论来解释跨国家的新商人法如何出现、超越国家的国际组织如何制定和适用规则、由此导致的跨国跨文化的多元法律之间的冲突。④

已有研究主要聚焦于卢曼或者托依布纳。有的学者虽论及二人在方法论上的异同,主张托依布纳放弃了卢曼社会系统论的功能前提,改造了

---

① Niklas Luhmann, The Differentiation of Society. Stephen Holmos & Charles Larmore. (trans.), New York:Columbia University Press, 1982, pp.236-238.

② Erhard Blankenburg, "The Poverty of Evolutionism: A Critique of Teubner's Case for 'Reflexive Law'." Law & Society Review, 1984, vol. 18(2); David Nelken, "Blingding Insights? The Limits of a Reflexive Sociology of Law." Journal of Law and Society 1998, vol.25(3).

③ Adrian L. James, "An Open or Shut Case? Law as an Autopoietic System." Journal of Law and Society 1992, vol. 19 (2); Dimitris Michailakis, "Review: Law as an Autopoietic System." Acta Sociologica 1995, vol.38(4).

④ 鲁楠:《匿名的商人法:全球化时代的商法及其特点》,高鸿钧主编,《清华法治论衡(第14辑)》,北京:清华大学出版社2011年版;张文龙,《托依布纳的社会系统理论与西方自由主义宪政批判——读〈宪法的碎片:全球社会宪治〉》,《国外理论动态》2017年第10期;Michael King, "The Emergence of a Hybrid Discourse." Journal of Law and Society 1991(18); Michael King, "The 'Truth' about Autopoiesis." Journal of Law and Society, 1993, vol.20(2).

卢曼的"自创生理论"①,但并未展开。二人在分析框架、理论旨趣等方面的沿承和差异也鲜有涉及。上述研究限于局部,难以展示法律系统论的全景图。基于此,本书试图超越微观的局部研究,在法学和社会学的学术脉络中研究法律系统论方法论的基础上,探讨该理论运用何种框架来分析法律的运作及其背后蕴含的对现代社会"本质"的判断,并对其是否建构了一个合理的架构、能否为我们认识社会中的法律提供更多见解做出回答。

---

① 泮伟江:《托依布纳法的系统理论评述》,载[德]托依布纳:《魔阵·剥削·异化——托依布纳法律社会学文集》,泮伟江、高鸿钧等译,北京:清华大学出版社2012年版;陆宇峰:《"自创生"系统论宪法学的新发展——评托依布纳〈宪法的碎片:全球社会宪治〉》,《社会科学研究》2017第3期;张薇:《哈特承认规则概念的系统论解释——兼论卢曼与托依布纳之间的分歧》,《学海》2019年第4期。

二、社会系统的分化

就最广泛的意义而言,法律是约束人们行为的一种规则,存在于所有的社会形态当中。在原始社会或者部落社会就已经出现了法律。但此种法律只是个人与团体之间反复出现并得到人们承认的一种相互作用的模式。依据此种模式,人们对彼此的行为产生了相互的预期。这种法律被称为习惯(法)。习惯法只是一些默式认行为标准而不是明确的行为规则。虽然这些行为标准有时也是清晰的,但是它毕竟是心照不宣的,与成文法相比,并不是非常的精确,也没有明白的表示出来,更谈不上以法典的形式出现。而且,习惯法并不是由国家制定或者认可的,也没有一个专门的法律职业群体来保障实施。习惯法之所以得到遵守并不是因为它以国家的强制力为后盾,而是因为人们认为它符合共同的善恶标准,因此是正确的、应当服从的。此时,每个人都属于某集团,集团的成员不仅出生在同一个家族、种族、宗族或者领土范围之内,而且分享着相同的信念、理想和善恶观。他们依据共同的善恶标准来行事,反复出现的行为模式逐渐形成习惯法,成为行为的规律性,也成了仅约束特定集团成员的行为规范。[①] 可见,习惯和道德具有关联性,甚至在一定程度上是等同的。

而后,随着生产的发展,职业逐渐专门化,社会阶层也日益分化,社会分为不同的等级。由于不同阶层所拥有权力的大小有别,等级制度处于潜在的不稳定当中,因此需要一个超越于并且高于所有阶层之上的实体即国家来维护稳定的等级制度。于是,国家通过颁布公共性的规则(即法律)来限制不同阶层的权力,以实现一种无冲突的社会秩序。法律成为一种具有约束力的公共规则,但它并未与道德、宗教、政治等相分离。不仅法律的实体内容与道德、宗教戒律有诸多重合之处,而且法律在适用的过程中可能因人而异,可能随着君主的意愿、政治的不同需要而改变。

进入现代社会之后,法律逐渐独立出来,与宗教、道德和政治等社会领域区分开来,成为普遍性的一般规则,由此具备了自主性。具体而言,法律

---

① R. M. Unger, Law In Modern Society. New York: The Free Press, 1977, pp.52, 140-143.

否认传统的任何特权,规定了普遍适用的权利与义务。这些权利和义务完全摈弃等级关系、亲属关系,要求任何人都必须遵守。于是,法律不仅适用于所有人、所有行为,而且在适用时并不偏袒任何个人或者阶级、集团。也就是说,法律平等对待所有人,是普遍的中性规则。此外,法律的制定(立法)与法律的适用(司法)相分离,立法机构制定适用于整个社会的普遍规则,为人们提供一般性的指引。司法机构负责将法律适用于具体案件,纠正偏离法律的行为。法律由专门的法律职业者运用一种区别于政治、道德论证的独特方法(即法律方法)来加以解释和适用,法律实践成为由受过职业训练的法律职业者(法官)来进行的专门性活动。在此过程中,法官"仅仅根据法律规范本身以及是否具备了法律所要求的有关事实来论证自己的决定"[1],而不受宗教、道德、情感、政治实力对比等因素的制约。因此,就解释和适用而言,法律是独立而自主的。这甚至被认为是现代社会的一个最重要的标志[2]。

那么,法律的制定是否也具备自主性?其正当性(legitimacy)是否依赖于宗教、道德的支持?许多学者认为法律并不具备完全的自主性。比如帕森斯就主张,在功能分析的意义上,法律的运作不能被视为一种政治现象。但在如何分配管辖权、制裁的实施等方面,法律从属于政治。因为政治不仅垄断了国家对其人民和领土所拥有的至高无上的主权和管辖权,而且垄断了暴力的使用和法律的执行,所以哪些机关对哪些事务享有管辖权,当出现违反法律的行为时,哪些机关负责制裁违法者,这都是由政治来决定的。此外,在终极意义上,尽管法律所规定的程序赋予法律以权威,但法律的正当性仍然需要价值的支撑。这种支撑来自于法律之外。[3]

然而,法律系统论认为和司法一样,现代社会的立法也是一个自主的过程,并不是由政治、道德决定的。法律已经与政治、道德、经济、宗教等分离开来,成为一个自主运作的社会子系统。通过持续不断的运作,法律自己产生自己,其合法性、正当性就来自于法律本身。法律的分立是社会不断分化的结果。随着社会环境复杂性的增加,现代社会的主要分化形式由

---

[1] R. M. Unger, Law In Modern Society. New York: The Free Press, 1977, p.204.
[2] Talcott Parsons, Sociological Theory and Modern Society. New York: Free Press, 1967, p.514.
[3] Talcott Parsons, "The Law and Social Control", in Law and Society, William M. Evan (ed.), New York: Macmillan Publishing Co., 1980.

分层式分化转向功能分化,整个社会分化出功能不同的子系统①,法律是其中一个子系统。因此,要了解法律如何成为自主的社会子系统,就需要追溯社会的演化过程。

(一) 从社会分工到功能分化

现代社会被认为是独一无二的,在形式上区别于所有类型的传统秩序,是与传统社会断裂的结果②。那么,现代社会区别于其他社会形态的基本特征是什么?法律系统论的回答是,现代社会已分化为功能不同的诸多子系统。其实,斯宾塞和孔德早已论及社会分化。但第一次赋予"分化"独特地位并系统论述的是涂尔干(Emile Durkheim)。涂尔干以社会分工和分化为切入点分析现代社会,法律系统论则在此基础上继续推进,从系统功能分化的角度描述这个高度复杂的现代社会。基于此,本书首先梳理涂尔干的理论,再探讨法律系统论在此基础上做了哪些修正和创新,以便在学术脉络中把握法律系统论关于社会分化的思想。

对于出生在19世纪急剧变动的法国的涂尔干而言,社会团结是其关注的焦点。具体而言,在现代社会,工业化、城市化和世俗化已经侵蚀了传统的基础,传统的影响力越来越小,个人之间的差异、分歧越来越大,这会导致社会分崩离析吗?如果答案是否定的,那么个人又是如何凝聚到一起,如何在维持有序的社会生活的同时保障个人的自主?要回答上述问题,首先得厘清个人之间差异性出现的原因。在涂尔干看来,不断扩展的劳动分工使个人不再具有相似性,进而带来了社会转型:从环节社会转变为分化社会。具体而言,传统社会由内部组织类似的政治-氏族团体如部落、村落、教会等组成。属于同一团体的内部成员之间形成了一种紧密的社会联系,他们拥有相同的特质,分享着共同的习惯、情感和信仰。这些"共同性"使内部成员明显区别于团体之外的其他人,而且这些"共同性"形成了集体意识,也就是社会成员具有的信仰和感情的总和③。集体意识

---

① 卢曼认为社会子系统分化(differentiation, Ausdifferenzierung)的标志在于其功能以及使用的二值符码是特定的。比如政治系统的功能是做出具有约束力的集体决定,使用的二值符码是"有权/无权";科学系统的功能是追求真理,其二值符码是"真/假"。See Niklas Luhmann, The Differentiation of Society. Stephen Holmos & Charles Larmore. (trans.), New York: Columbia University Press, 1982, pp.238-241.

② [英]安东尼·吉登斯:《现代性的后果》,田禾译,南京:译林出版社2000年版,第3页。

③ [法]埃米尔·涂尔干:《社会分工论》,渠东译,北京:生活·读书·新知三联书店2000年版,第42页。

尽管通过个人来体现,却不能等同于个人意识。① 并且,作为一种独立于个人意识的客观存在,集体意识对个人具有外在的约束力,使得人们紧密地团结在一起,由此形成了涂尔干所谓的"机械团结"。机械团结形成的基础在于个人之间的相似性。此时,不同的个人只是简单地集合在一起,不是相互依赖的,个人脱离这种团结不会影响社会这个整体。而且,集体意识覆盖了个人意识,个体性没有多大的发展空间。用涂尔干自己的话来说,"我们与我们的群体完全是共同的,因此我们根本没有自己,而只是社会在我们之中生存和活动。"②

但是,随着劳动分工的出现,职业逐渐专门化,人们不再按照地缘和血缘而是按照职业来组织群体。由此,形成了不同职业群体和组织,社会随之分化出宗教、政治、法律等领域,社会的类型由环节社会转向分化社会。由此,归属于不同职业群体和组织的个人不再具有相似性,个人之间的差异开始显现出来,建立在相似性基础上的集体意识便难以存续。失去了集体意识对个人的拘束,个人从集体中解放出来,其自主性不断增强,进而打破了机械团结。那么,社会是否因此陷入混乱和失范呢?涂尔干的回答是否定的。

对涂尔干而言,社会成员仍然是联结在一起的。这是因为劳动分工促进了个人之间的相互依赖。对于劳动分工的功能,涂尔干不乏赞誉之词。在他看来,有了分工,个人才会摆脱孤立的状态,而形成相互间的联系;有了分工,人们才会同舟共济,而不一意孤行。总之,只有分工才能使人们牢固地结合起来形成一种联系,这种功能不止是在暂时的互让互助中发挥作用,它的影响范围是很广的。③ 分工导致社会不再由相似的部分集合形成,而是由不同的组成部分构成,这些执行不同功能的组成部分结合成为社会有机体。因此,在分化社会中,个人之间的团结并没有消失,只不过团结的方式有所改变,以差异性为基础的有机团结取代了建立在相似性之上的机械团结。在有机团结中,每个人都保持自己的独特性,能够按照自己的意愿作出选择。自主选择的空间越大,个人的特点越突出,个人之间的差异越明显,由此形成的团结就越强。可以说,个人之间的差异和社会团

---

① [法]埃米尔·涂尔干,《社会学与哲学》,梁栋译,渠东校,上海:上海世纪出版集团、上海人民出版社2002年版,第25页。
② [法]埃米尔·涂尔干,《社会分工论》,渠东译,北京:生活·读书·新知三联书店2000年版,第90页。
③ [法]埃米尔·涂尔干,《社会分工论》,渠东译,北京:生活·读书·新知三联书店2000年版,第24页。

结是相互促进的。①

由此，涂尔干回答了分工所带来的问题，即"为什么个人越变得自主，他就会越来越依赖社会？为什么在个人不断膨胀的同时，他与社会的联系却越加紧密？"②他阐明了在有机团结的现代社会，个人从集体意识中解放出来，个体性、个人自主性得到增强，而且基于其差异性，个人彼此之间的依赖性也越来越强，社会更具凝聚力。可见，涂尔干对现代社会前景持一种乐观的态度。

分化社会里个人自主与社会团结之间的张力始终是涂尔干关注的议题。在涂尔干的解决方案中，把对道德要求内化为个人自主的行为尤为重要。这如何可能？我们不可能再仰赖集体意识，因为分工和分化造成了集体意识的缺失。但与此同时，分工也促进功能不同的职业团体的形成，这些团体的特殊团体意识能够对其成员产生约束力，使得后者服从团体内部的道德。在团体之外呢？这就需要国家为社会各组成部分提供共同的价值和信念。国家是代表着社会有机体的器官，它的目的就是推动功能不同的组成部分之间的协作。也就是说，国家就像有机体的中枢神经系统，指挥着社会不同组成部分的运作。于是，国家成为整个社会的中心。对国家的此种定位与涂尔干关于社会如同生物有机体的比喻相关。作为有机体的社会自然有一个指挥中心、能够代表社会的大脑，这就是国家。

然而，在卢曼看来，现代社会并不是一个有机的整体。尽管共识在一定范围内仍然存在，但在高度分化的现代社会已经没有普遍的价值或者道德，也就不存在社会赖以建立的基础。并不存在一个能把各个子系统一起来的整体的"意义"，也不存在一种统一的社会运作。③ 由此，社会不再是由高居其上的整体意志将各子系统整合而成的统一体。

不仅如此，卢曼认为涂尔干将社会分工等同于社会分化有欠妥当。首先，涂尔干把社会分工等同于社会分化，却没有说明有意义的分工形式包括哪些，因此预设了分工以及随之出现的社会分化、演化存在着终点，到了某个阶段就结束了。其实，社会分化并不是发展到分工的阶段就结束了，这一点在今天我们所谓的"后工业社会"（postindustrial society）尤为明显。

---

① ［法］埃米尔·涂尔干：《社会分工论》，渠东译，北京：生活·读书·新知三联书店2000年版，第91页。
② ［法］埃米尔·涂尔干：《社会分工论》，渠东译，北京：生活·读书·新知三联书店2000年版，第11页。
③ Niklas Luhmann, Observation on Modernity. William Whobrey (trans.), Stanford, California: Standford University Press, 1998, pp.61-62.

其次,此种以分工为基础的分化理论无法对社会分层加以说明,无法描述个人之间权力、地位的不平等,因此被贴上了"统治阶级的政治意识形态"的标签。那么,能否以分层取代劳动分工呢? 在卢曼看来,这又会导致另一个问题。分层理论无法和演化理论(the theory of evolution)相契合,因为演化一方面导致分层的出现,另一方面也可能把不同阶层的人融合在一起。再次,在涂尔干那里,分化总是和共同的信仰相伴而生,即使分工打破了个人之间的相似性和集体意识,共同信仰仍然能够实现社会整合。这种乐观的预设忽略了分化可能带来的副作用和问题。[1] 于是,卢曼对涂尔干的理论进行了修正,从个人转向系统,从社会分工转向功能分化。

(二) 功能分化的现代社会

在法律系统论看来,现代社会的基本特征在于功能分化。为什么现代社会采取此种分化形式? 它如何演化而来? 为了对上述问题做出回答,卢曼提出了三种社会类型(即古代社会、前现代高度文明的社会和现代社会),并以此为框架分析社会的演化过程。

1. 三种社会分化形式

在卢曼看来,现代社会已经分化出功能不同的各子系统。接下来的问题就是我们如何观察诸社会系统,运用什么差异对系统进行区分和标示。在传统理论中,系统被视为各个部分所构成的"总和",这个"总和"是一个整体,它具有的独特品质是孤立的部分永远都不可能具备的。这是自亚里斯多德以降所形成的传统进路,涂尔干和帕森斯都遵循此进路。但20世纪20年代以后逐渐发展形成的一般系统论(general system theory)改变了传统的观点。一般系统论最早出现在1921年建立的格式塔心理学,而后经美国学者A.J.洛特卡和德国学者W.克勒不断完善,最终由奥地利理论生物学家L.von贝塔朗菲创立。该理论不仅主张系统是一个相互关联的整体,而且强调系统与环境之间存在着边界,系统是透过与环境的区别而得以维持的。没有环境,系统就无法存在。在这个意义上,系统的存续有赖于边界的维持。因此,系统和环境之间的差异成了首要差异(guiding difference, Leitdifferenz),成为系统理论分析的起点。在卢曼看来,一般系

---

[1] Niklas Luhmann, The Differentiation of Society. Stephen Holmos & Charles Larmore. (trans.), New York: Columbia University Press, 1982, pp.262-263.

统论的新颖之处在于将系统和环境关联起来,而不是将系统理解为部分的集合。通过将系统和环境区分开来,我们才能界定系统。通过指涉环境,我们才可能区分系统的元素以及元素之间的关系。对系统和环境之间的关系做出了有力的解释。① 从"整体/部分"到"系统/环境",这无疑是系统理论的一次范式转换②。卢曼借鉴了此种观点,将其运用到社会学研究当中。

基于此,卢曼不再从整体与部分的差异而是从系统与环境的差异出发分析社会分化问题。而对卢曼来说,社会就是系统,社会的分化就是系统分化。所谓系统分化是指在系统内将系统与其环境的差异进行复制,换句话说,就是在系统之内重复地建立系统,再次制造出系统与环境的差异。例如,社会系统之内建立起不同的家庭子系统,对于某个家庭而言,其他家庭就是环境。那么,在社会系统内部如何分化出不同子系统?子系统与其环境之间的关系究竟如何,是平等还是不平等的?这成为卢曼关注的焦点。为此,卢曼以"系统/环境"、"平等/不平等"为标准创建了三种分化形式,即片段式(segmentation)、分层式(stratification)和功能分化(functional differentiation)。需要说明的是,这三种形式并不是相互排斥的,它们可以相互结合。一个社会并不是只有一种分化形式,只不过某种分化形式居于主导地位罢了。③ 一般而言,古代社会以片段式分化为主,高度文明的社会(high cultures)主要是分层式分化,现代社会则侧重于功能分化。④

(1) 片段式分化

片段式分化把社会分成几个相同的部分,比如家庭、村庄、部落等。尽管某个组成部分、子系统如家庭所处的环境和其他家庭可能有所不同,但总体而言,各个子系统仍然是相似的。而且,没有高居于其他子系统之上的子系统,各个子系统的地位是平等的。因此,对于某个子系统来说,社会内的环境就是与自身相同或类似的其他子系统的总和,系统和环境之间是平等的。

那么,社会根据什么标准分化出这些系统呢?卢曼认为根据血缘、居

---

① Niklas Luhmann, The Differentiation of Society. Stephen Holmos & Charles Larmore. (trans.), New York:Columbia University Press, 1982, p.257.

② Niklas Luhmann, Social Systems. John Bednarz, Jr. & Dirk Baecker (trans.), Stanford, California: Standford University Press, 1995, p.18.

③ Niklas Luhmann, Die Wissenschaft der Gesellschaft. Frankfurt am Main: Suhrkamp, 1990, p.608.

④ Niklas Luhmann, The Differentiation of Society. Stephen Holmos & Charles Larmore. (trans.), New York:Columbia University Press, 1982, p.263.

住地或者二者的结合来划分。于是,个人在场成为确立系统与环境的差异、系统边界的重要准则。当人们同时在场,能相互感知对方,并进行沟通的时候,在场者的行动才能够和其他人的行动区别开来,系统得以形成。这种系统就是互动系统。与通过相应的"进入/退出"规则来设定边界的组织系统不同,互动系统要求行动者处于共同的地域,能够面对面,因此受到特定时间和空间的限制。系统可能出现的行动的范围也就受到限制,个人行动的差异不大,因此分工的程度较低,社会的复杂性也较低。面对较低程度的复杂性,社会有足够的时间通过一次次地选择来解决问题,而不必通过分化成各不相同的子系统来化简复杂性。可见,片段式分化是最简单的分化形式,与之对应的社会类型是较为简单的古代社会。

卢曼的古代社会与涂尔干所谓的环节社会颇为类似。二者都由家庭或者政治-氏族团体组成,并且这些组成部分的内部组织、结构是相似的、平等的。但是,在涂尔干看来,不仅社会的组成部分是类似的,属于各个部分的个人也是相似的,正是建立在相似性基础上的集体意识能够对个人的行为加以约束,使人们凝聚在一起。与涂尔干不同,卢曼关注的并不是个人如何结合在一起,而是社会如何应用内部的分化来处理复杂性。如果运用洛克伍德对社会整合与系统整合的区分[①],可以说涂尔干侧重前者,卢曼强调后者。这可追溯至两位学者对社会的不同界定。在涂尔干看来,社会是由人构成的,只有当人们整合成有组织的群体、避免一切人对一切人的战争的时候,社会才能存续。因此,个人之间的关系成为涂尔干的主要论题。而卢曼不再遵循人本主义的传统立场,主张构成社会的元素不是人而是独立于人之外的沟通,换句话说,社会就是沟通系统。作为一个系统,社会处理可能出现的事件或者状态即复杂性的能力是有限的,社会必须化简复杂性,也就是消除或减少可能的事件和状态。要化简复杂性,社会就需要分化出不同的部分来处理不同类型的事件和状态。所以,在卢曼那里,复杂性与社会分化紧密相关。卢曼着重分析不同类型社会的组成部分即子系统如何分化,子系统之间的关系如何。正因如此,卢曼和涂尔干观察社会的视角、关注的焦点有所不同。

(2) 分层式分化

随着家庭等子系统的不断增多,社会的规模扩大、复杂性增加,片段式分化逐渐被分层式分化所取代,社会的类型也由古代社会转向高度文明的

---

① David Lockwood, "Social integration and system integration", G. Zollschan (eds.), Explorations in Social Change. London and New York: Routledge, 1964.

社会。高度文明的社会的主要组成部分不再是结构相同的家庭等子系统，而是不同的阶层。由于占有的财富、拥有的权力有所区别，各个阶层之间即系统与环境之间是不平等的，呈现出上下等级关系。"上/下"这组差异成为社会的首要差异，在这样的社会里，重要的是谁、哪个阶层在采取行动，所出现的事件与阶层的等级秩序相关联。例如，婚姻并不是建立在彼此之间的爱慕、浪漫的爱情之上，而取决于结合的双方是否属于同一阶层、是否"门当户对"。这对我们而言并不陌生，古代中国奉父母之命、承媒妁之言结成的婚姻可谓典型。在此种情形下，结婚并不是个人的事情，而是与社会相关的行动，行动的目的是将不属于同一阶层的个人排除在外，保持各阶层的"纯粹性"。① 为什么要保持阶层的纯粹性、维持各阶层之间的等级秩序呢？这是因为等级秩序是社会运作的基础。不仅子系统是通过与其他子系统相区别来维持自己的边界，个人也是依据自己的社会地位、所归属的阶层即子系统来行事的。

如此一来，如何将不同的人归属到不同的阶层，防止阶层等级秩序被打破就成为维续社会运作的关键。这就需要将等级秩序正当化，正当化的过程有赖于基本的象征符号。在卢曼看来，基本的象征符号就是宗教和道德。宗教和道德不仅是不同的人分属不同阶层的正当性依据，而且为不同的阶层设立行为规则。通过这些行为规则，等级秩序得以维持。② 那么，宗教和道德由谁来掌控？自然是在等级秩序中高居于上的阶层。高高在上的阶层不仅拥有社会的主要资源、财富，而且垄断社会的权力，塑造社会的价值观，成为占据中心地位的负责人。当然这并不意味着低阶层只能一味地服从高阶层的命令。低阶层发动的起义、骚乱和冲突可能引起高阶层的注意，高阶层也就可能改变原有的财富、权力分配模式以满足低阶层的要求。但这并不是社会解决问题的基本方式，社会主要是通过分层式分化来化简复杂性的。

分层式分化是卢曼创设的一种分化类型，尽管韦伯早已论及社会分层，但并不是从社会分化、演化的角度来阐述。卢曼创立此种分化形式是为了弥补原有分化理论的缺陷。在卢曼看来，原有理论将分化等同于劳动分工，因此无法解释对社会分层做出有力解释③。基于此，卢曼创立了分

---

① Niklas Luhmann, Liebe als Passion: Zur Codierung von Intimität. Frankfurt am Main: Suhrkamp, 1994, pp.25-30.
② Niklas Luhmann, Funktion der Religion. Frankfurt am Main: Suhrkamp, 1994, p.79.
③ Niklas Luhmann, The Differentiation of Society. Stephen Holmos & Charles Larmore. (trans.), New York: Columbia University Press, 1982, p.263.

层式分化,将分层社会看作一种社会形态。在这样的社会里,各阶层的权力、地位是不平等的。但卢曼并没有和马克思一样深刻剖析不平等的根源,也没有像韦伯那样详尽阐述划分不同阶层的标准,而是关注社会如何运作以化简复杂性。而且,卢曼认为社会的演化总是在继续,演化一方面可能导致分层的出现,另一方面也可能简化分层,把不同的阶层融合到一起。因此,分层社会并不是静止不变的,将转向功能分化社会。就此而言,分层社会由片段式分化所对应的古代社会演化而来,是演化的结果,同时又是演化的起点。

(3) 功能分化

功能分化是第三种分化形式,是社会演化最新的成果,是当下我们所处的现代社会主要的分化形式。功能分化就是把社会分成诸多子系统如政治、经济、宗教、道德、教育、艺术、家庭等①。这些子系统的功能各不相同,比如政治系统的功能是做出具有约束力的集体决定,经济系统减少物质短缺,科学系统则生产知识。

表一 社会子系统及其功能、二值符码②

系统	功能	二值符码	程式
法律	稳定规范性预期	合法/非法	法律规范
政治	做出具有约束力的集体决定	有权/无权、执政/在野	政治观点、意识形态、执政程式
经济	减少短缺	支付/不支付	价格、预算
道德	进行价值判断	对/错	价值观念
伦理	控制道德	合理/不合理	实践哲学
宗教	消除偶在性	内在性/超越性	上帝的启示、教义信条
教育	职业技能培训	好/坏、称赞/指责	教学规范
科学	生产知识	真理/非真理	理论
大众传媒	提供资讯	资讯/非资讯	舆论

在功能分化的现代社会,个人并不归属于任何一个子系统,他可以参与到某个或某几个子系统的运作当中。例如某个人可以到教育系统中接

---

① Niklas Luhmann, The Differentiation of Society. Stephen Holmos & Charles Larmore. (trans.), New York:Columbia University Press, 1982, pp.236-238.
② 参见[德]尼克拉斯·卢曼:《社会的宗教》,周怡君、张存华、林敏雅译,台北:商周出版社2004年版,第27-28页。

受教育,也可以因购买商品而进入经济系统,还能通过投票参与政治系统的运作。也就是说,个人可以选择是否参与某个系统的运作,个人有了选择的空间。这是现代社会与分层式分化的高度文明社会的显著区别。在高度文明社会中,个人隶属某个阶层,他能做什么由其身份、社会地位及所属的阶层在等级秩序中的位置来决定。例如平民没有选举权,他不能投票,没法影响国家的政治决定。而在现代社会,个人能够参与到各个系统中,享有选择的自由。就此而言,社会的功能分化增进了个人自由,个人拥有选择权,其独特性得以增强。由此,卢曼并不赞同所谓的"个性的终结"。断言"个性终结"或许是因为我们对个人独特性的预期更高了,也就更容易感到失望。然而,个人的自主性、独特性增强,这又会导致个人常常难以将担任不同角色的"我"统一起来。因为在这样一个急剧分化的社会,个人参与各系统运作时承担的是不同的角色,又没有一种模式能够将这些角色整合在一起,于是,个人时常感到难以承受[1]。诚如批判法学的代表人物昂格尔所言,个人已经无法超越被概念化了的角色(a conceptualized role),无法作为"一个人"而不是社会中的某个角色与其他人面对面的交往。[2] 个人不过是一个个角色,而不是统一的"人"。

尽管在功能分化的现代社会个人的自主性增强了,但这并不意味着个人的行动丝毫不受其身份、地位的影响,也不意味着阶层等级关系已经不存在。其实,卢曼从未主张功能分化完全取代了分层式分化,只不过认为前者是现代社会的主要分化形式。但卢曼确实没有对现代社会个人之间权力、财富、社会地位的差别进行深入地分析。正因如此,卢曼遭受了诸多批评,甚至被认为是为现状辩护的保守主义者。[3] 的确,卢曼并没有依据某种标准来批判现状、提出重塑方案,甚至在他看来不受质疑的最终标准并不存在。但是,径行由此推导出卢曼为现状辩护未必妥当,毕竟他并非从未对现实加以批评,只不过其关注点在于描述社会,侧重于分析现代社会究竟如何运作。

在功能分化社会,人同时参与诸系统的沟通,个体所归属的团体与其参与的沟通已分离开。如此一来,系统的界限与个体的生活处境是平行

---

[1] Niklas Luhmann, The Differentiation of Society. Stephen Holmos & Charles Larmore. (trans.), New York:Columbia University Press, 1982, p.xx.

[2] R.M.Unger, Passion: An Essay on Personality. New York: The Free Press,1984, pp.24-25, 95-100.

[3] Michael King & Chris Thornhill, Niklaw Luhmann's Theory of Politics and Law. Hampshire, New York: Palgrave Macmillan, 2003, pp.203-204.

的。个体的归属、个体参与什么沟通是无法事先确定的,这一切有赖于个体自己的选择。

与之对应,自17世纪起,个体、个体性在语义上也有所发展。具体而言,人不再是工具,而成为主体,成为衡量的标准和最终的规范。一切"应当"都是为了满足"我"的需求,个体性具有了规范意义,成为一种范式。但另一方面,人们反对个体性被事先定义,反对范式,反对统一,这毋宁说是悖论。正因失去统一性、完整性,便出现韦伯、哈贝马斯所说的意义丧失。而在卢曼看来,并不存在所谓意义丧失,这是个人不得不面对的现实,因此尝试用新的理论来解释这样一种样态。就此而言,卢曼并不关注人的完整性、人的意义,只是力图运用理论对复杂的世界加以分析。基于此,卢曼对人和社会、心理系统与社会系统加以区分,不再从人出发对社会进行统一的描述。

2. 社会系统的分化

在现代社会,主要的分化形式已从分层式分化转向功能分化。这是因为随着社会规模的扩大,复杂性增加,分层式分化已不足以化简复杂性,于是转向了功能分化。就此而言,分化形式的改变是社会演化的结果。所谓社会的演化是指社会结构的改变。[①] 颇为特别的是,卢曼指出演化并不是一个由低级向高级发展的过程,而是一个选择的过程。卢曼并不主张演化是一个不断适应环境、能力增强的成长过程,也没有把前现代社会发展到现代社会看作是历史的进步,尽管他认为从分层式社会到现代社会,社会化简复杂性的能力提高了,个人的自主性也得以增强。更为重要的是,在他看来,演化不是有计划进行的,总是存在着偶在性[②],也就难以从这样一个急剧变动的过程中推导出人类历史演化的普遍模式。帕森斯则不然,他提出了一个"进化性变迁的范式",该范式包括适应能力提高、分化、包容和价值一般化四要素,这四要素恰好与系统的 AGIL 四种功能(即适应、目标达致、整合、模式维持功能)相对应[③]。不仅如此,帕森斯根据该范式将社会演化分为三个阶段即初民社会、中级社会和现代社会,并通过对三个

[①] Niklas Luhmann, Social Systems. John Bednarz, Jr. & Dirk Baecker (trans.), Stanford, California: Standford University Press, 1995, pp.354-355.

[②] Niklas Luhmann, Social Systems. John Bednarz, Jr. & Dirk Baecker (trans.), Stanford, California: Standford University Press, 1995, pp.354-356.

[③] Talcott Parsons, Societies: Evolutionary and Comprarive Perspectives, Englewood Cliffs, NJ: Prentice-Hall,1966. pp.20-21.

阶段的分析,证明了社会进化不但提升了社会整体的适应能力,而且增进了个人的自由。例如,美国社会和个人的自由都得到了提升①。而卢曼的旨趣不是对社会做出评价,他甚至放弃了社会理论的规范传统②,不再对社会加以规划。这或许是因为,在他看来社会的演化原本就没有作者,我们根本无法对社会进行计划和安排。基于此,卢曼只是致力于分析现代社会究竟是如何运作的。

与分层式社会不同,现代社会不是通过宗教、道德赋予社会一个整体的"意义",为人们提供行动的标准,以此减少可能出现的行动的多样性,进而化简复杂性。现代社会的运作通过分化出不同的子系统来展开,各子系统对应不同的社会领域,通过自身的运作发挥特定的功能。例如科学从政治和宗教中分离出来,成为以追求真理为己任的系统。经济也脱离了政治、宗教和家庭,仅围绕着是否支付货币展开其运作。③ 教育开始脱离阶层等级秩序,并且被世俗化、独立于宗教,成为专门传授知识、培养技能的系统。爱情成为婚姻的基础,纯粹私人性的家庭开始出现。④ 法律系统通过判定某个事件是合法还是非法的,来确定哪些预期即使在落空或者没有得到实现的情况下,也会受到社会肯定⑤。

当然,各子系统之间并非毫无关联。相反,子系统与其他子系统构成的环境建立了一种有意义的关系,在这种关系中,各个子系统能够相互协调。⑥ 各子系统透过自身的运作为其他子系统提供支持,这就是子系统的效用(performances)。比如法律系统通过对财产权和契约的保护,为经济系统的支付提供保障。需要注意的是,卢曼认为功能不同的系统之间没有等级上的先后之分,是平等的,而且系统之间的相互支持并没有形成一个环环相扣的链条,如系统 A 将能量或信息输出给系统 B,系统 B 又向系统 C 输出能量或信息。此外,卢曼主张相互的支持并没有改变两个系统各自

---

① Talcott Parsons,"Evolutionary Universals in Society", American Sociological Review, 1964, vol. 29(3).

② S. Fuchs, & J. H. Turner, "Reviewed A Sociology Theory of Law by Niklas Luhmann." Contemporary Sociology, 1987, vol.16 (6).

③ [德]尼克拉斯·卢曼:《社会的经济》,余瑞先、郑伊倩译,北京:人民出版社 2008 年版,第 43-60 页。

④ Niklas Luhmann, Liebe als Passion: Zur Codierung von Intimität. Frankfurt am Main: Suhrkamp, 1994, pp.163,183.

⑤ Niklas Luhmann, A Sociological Theory of Law. Martin Albrow.(ed.), Elizabeth King & Martin Albrow (trans.), London: Routledge & Kegan Paul, 1985, pp.77,105.

⑥ Guther Teubner,"The Anonymous Matrix: Human Rights Violations by Private." Modern Law Review, 2006(6).

的运作,经济系统仍然追求利润、进行有利可图的投资,法律系统则致力于做出前后一致的公正判断。① 正是因为子系统的运作、功能是不同的,无法相互取代,它们之间的相互依赖程度才会提升。此观点与涂尔干关于有机团结的论述颇为相似。涂尔干认为劳动分工使不再具备相似性的个人彼此依赖,同舟共济,组合在一起,由此形成了有机团结。对于涂尔干和卢曼而言,分工、分化成为促进社会团结的机制,仿佛不同组成部分之间的相互依赖是自然而然的事情。需要注意的是,涂尔干并不认为有机团结完全取代了机械团结,仅靠个人自觉就足以把所有人团结在一起,把社会整合成一个有机的整体。我们还需要作为中心力量的国家来协调社会各个部分的运作。也就是说,对涂尔干而言,国家就像是社会的中枢神经、社会的代表即中心,社会的秩序是随中心而确立的。

在卢曼看来,这是传统欧洲思想的基本前提。然而,在高度分化的现代社会,这是不可能的了。国家负责政治和法律系统的运作,然而,无论是政治系统还是法律系统都只是诸多社会子系统中的一个,和其他社会子系统是平等的,无法对其他子系统"发号施令",无法将其他子系统整合到一起。和国家一样,宗教、道德也无法为社会设定准则,提供涵盖所有子系统的整体意志。如果没有一个高高在上的子系统为其他子系统提供指导,协调它们的运作,各子系统的运作不就杂乱无章,社会还能维续吗?卢曼的回答是肯定的。他认为社会的维续并不是依靠宗教、道德或者作为指挥者的国家,而是通过功能不同的各子系统的同步运作来实现。具体而言,各子系统互为对方的环境,环境对系统进行限制,构成系统运作的条件。在这种条件下,子系统依据自己的结构在诸多可能性中进行选择,由此简化了复杂性,解决了各社会领域出现的问题。可见,卢曼所谓的"整合"是指避免陷入这样一种状态:一个子系统的运作产生了另一个子系统所无法解决的问题②,而不是指社会以统一的模式运作。社会出现的问题被归属到不同的领域,并由不同的子系统加以解决,社会就不会陷入混乱,也就能够有序运作。因此,作为系统的社会是由诸多子系统构成的,这些子系统的功能各不相同,却没有上下等级之别,没有哪个子系统是社会的中心,能够代表整个社会。在这个意义上,卢曼打破了主张秩序随中心而确立的欧

---

① Niklas Luhmann, Law as A Social System. Fatima Kastner, Richard Nobles, David Schiff & Rosamund Ziegert. (eds.), Klaus A. Ziegert (trans.), New York: Oxford University Press, 2004, pp.391-392.

② Niklas Luhmann, The Differentiation of Society. Stephen Holmos & Charles Larmore. (trans.), New York: Columbia University Press, 1982, p.xvi.

洲传统思想,区别于作为经典社会学家的涂尔干,甚至和被称为现代社会理论家的帕森斯也不同,毕竟对后者而言共同的价值是维系社会的基础,但在卢曼里这样的基础已经不存在。

3. 社会系统:分析性工具还是"真实"的存在?

对卢曼而言,作为系统的现代社会由功能不同的诸多子系统构成。究竟有哪些子系统呢?卢曼并没有逐一列举,但从他的著作来看,论及的子系统包括政治、经济、宗教、教育、科学、法律、艺术、大众传媒、社会运动、家庭、道德、伦理、医疗等。这些子系统似乎与社会的不同领域相对应,那么社会子系统是否真实存在,或者只是卢曼用来分析社会的工具?

对此,卢曼指出系统这个概念指涉的是真实的世界,意指现实中那个真实存在的"系统"。简单地说,存在着系统(there are systems)。① 就此而言,在卢曼那里"系统"是具有经验意义的,其系统理论不仅仅涉及分析的方法,还是关于现实存在的系统的一种理论。

那么,卢曼究竟如何界定系统这个概念?他如何分析社会系统的运作,进而形成关于系统的理论?卢曼的社会系统理论通过将一般系统论引入社会学而形成。因此,要厘清卢曼如何界定、分析系统这个概念,我们首先回顾一般系统论的发展历史。

尽管系统的思想早已有之,如亚里士多德提出的整体不同于部分的观点,但研究复杂系统的一般系统论是 20 世纪二三十年代形成的。该理论来源于生物学的机体论,用机体论代替机械决定论的观点最早是由英国数理逻辑学家和哲学家 N.怀特海在 1925 年的《科学与近代世界》一文提出的。其后美国学者 A.J.洛特卡和德国学者 W.克勒也提出了一般系统论的思想。完整阐述系统论思想,创立一般系统论的是奥地利的理论生物学家贝塔朗菲。贝塔朗菲提出一般系统论,是因为原有研究以物理学为版本,无法对生物、心理做出合理的解释,因此要改变这种简化论,改变建立在物理学基础上的机械世界观。其次,功能主义者过于强调稳定,而我们需要兼顾动态。基于此,贝塔朗菲主张,我们所关注的不是独立的元素,而是元素之间的关联性,也就是作为系统的生命有机体。贝塔朗菲把个别元素构成的系统区别于环境,以"系统/环境"这组差异取代了"整体/部分"。② 这

---

① Niklas Luhmann, The Differentiation of Society. Stephen Holmos & Charles Larmore. (trans.), New York:Columbia University Press, 1982, pp.2,12.
② [德]L.贝塔朗菲:《一般系统论——基础、发展与应用》,秋同、袁嘉新译,北京:社会科学文献出版社 1987 年版,第 40、77、179 页。

被卢曼称为系统理论的第一次范式转换。①

依据系统和环境之间是否进行交换,系统分为封闭系统和开放系统两类。封闭系统与环境之间不存在交换关系,内部自然是稳定的。那么,与环境进行物质、能量交换的开放系统呢,能否达到稳态?所谓稳态,也就是独立于时间的稳定状态。在此种状态下,尽管不断与环境进行交换,系统的组成仍然保持不变,具有同质性。② 通过研究人们发现,尽管与环境进行交换,某些开放系统仍然能够达到稳态。环境无法直接影响系统,系统根据自身的逻辑来回应环境的变化。此时,系统的运作是封闭的。人们必须对这一现象做出解释。于是,研究的重点不再是系统究竟是开放还是封闭的,而是系统如何在封闭的同时保持开放,研究的关注点从计划、控制转向自主和对环境的敏感性,从计划到演化,从结构稳定到动态稳定。此时,自我指涉的系统理论孕育而生,系统理论出现了第二次范式转换。③

自我指涉系统是自我关联的封闭系统。这不是说系统与环境无关,而是指系统并非与环境与直接接触,二者的关系由系统来决定,环境的改变不会直接导致系统内部元素的改变。生命体就是典型。实际上,生命体不仅是自我指涉的,而且通过自身元素的互动来生成新的元素,保持系统的存续。生命体的这个特色被智利生物学家和神经生理学家马图拉纳(Humberto R. Maturana)、瓦芮拉(Francisco J. Valera)称为"自创生"(autopoiesis, autopoietische)。④

自我指涉、自创生理论给予卢曼极大的启发。卢曼将其引入社会学,并在此基础上建构独树一帜的社会系统理论。无论是贝塔朗菲还是马图拉纳、瓦芮拉,他们的理论所针对的是生命体。而生命体是现实存在的实体,因此在生物学当中我们可以说作为系统的生命体是存在的。一旦进入社会学,我们能否说存在着系统?卢曼的回答是肯定的。那么,究竟什么是社会系统?卢曼是否和涂尔干一样,主张社会存在于构成它的个人之外?

卢曼认为"存在着系统",只不过是说存在着其特征能够用"系统"这

---

① Niklas Luhmann, Social Systems. John Bednarz, Jr. & Dirk Baecker (trans.), Stanford, California: Standford University Press, 1995, p.6.
② [德]L. 贝塔朗菲:《一般系统论——基础、发展与应用》,秋同、袁嘉新译,北京:社会科学文献出版社1987年版,第104-105页。
③ Niklas Luhmann, Social Systems. John Bednarz, Jr. & Dirk Baecker (trans.), Stanford, California: Standford University Press, 1995, pp.8-10.
④ Humberto R. Maturana & Francisco J. Varela, Autopoietic Systems, Univ. of Illinois Biological Computer Lab Report, 1975, 9.4, Urbana, IL.

个概念来描述的研究对象,我们能够从某个角度判断哪些事实符合"系统"的特征,另一些事实则不然。① 也就是说,"存在着系统"只是意味着对于运用"系统/环境"这组差异进行观察的观察者来说,系统是存在的;并不意味着系统原本就在那儿的,我们通过观察、测量和反思就能够把握系统的既定本质,绝对真实地反映系统的原貌。系统并不是独立于观察者的立场、角度和方法而存在的客体,并不是涂尔干所谓的"社会事实"。因此,系统不是客观存在的实体。系统不过是我们所观察到的"事实",当我们运用不同的差异进行观察的时候,所看到的可能是不同的"事实"。当我们谈到系统时,所指的是从特定位置上看到的系统,而不是某种不管从任何位置看都一样的"客观实在"。就此而言,卢曼所持的是建构主义的认识论,区别于坚持外在世界独立于人而存在这一预设的实证主义者。

对卢曼而言,系统不仅不是就在那里,与作为主体的人相对立,而且它本身也具有认知和学习的能力。用哈贝马斯的话说,卢曼以系统概念取代了从笛卡尔到康德的认知主体概念。② 为什么卢曼要以系统取代主体?这是为了消除以主体支配客体的非对称性。具体而言,近代自笛卡尔以降,主体与客体、身与心、理智与情感就处于二元对立当中,最终的结果是主体受制于客体、身心不一,出现了海德格尔所谓的"焦虑"。而这种"对立"正是建立在主体原则之上的理性所创造出来的,因为基于主客二分,理性主体之外的世界或自然都是与主体相对立的、受主体控制的客体。于是,以主体支配客体的非对称性得以确立,理性的主体取代了超越的神,成为一切的中心,能够为自然立法。然而,在当下理性的主体不再被认为是全能的观察者,没法提供最终的合理性依据,不再是天然正当的立法者。因此,卢曼主张克服主客之间的非对称性,放弃主体的优越地位,主张以"系统/环境"的区分取代认知主体与客体。系统与环境的区别仅在于复杂性不同,任何一方都不能成为另一方的支配者,系统只是通过不同形式的结构来组织其认知和学习。于是,系统成了认知主体,不仅能够认识周围环境,而且能认识自我。③

需要注意的是,通过与环境区别开来,系统才得以维续。没有环境,系

---

① Niklas Luhmann, Social Systems. John Bednarz, Jr. & Dirk Baecker (trans.), Stanford, California: Stanford University Press, 1995, pp.2-12.

② [德]哈贝马斯:《现代性的哲学话语》,曹卫东等译,南京:译林出版社2004年版,第411-430页。

③ 颜厥安:《鼠肝与虫臂的管制——法理学与生命伦理探究》,北京:北京大学出版社2006年版,第95页。

统就无法存在。因此,系统与环境同时出现,系统并不是先于环境而存在的"先验主体"。系统的认知不是建立在认知主体的同一性基础之上,而是通过持续不断的观察来实现。所谓观察就是运用某组差异对事物进行区分并做出标示。运用差异才能进行区分,运用差异才能观察。因此,对卢曼而言,认知并不是建立在同一性而是建立在差异的基础上。

尽管如此,哈贝马斯仍然认为卢曼延续了从康德到胡塞尔的意识哲学传统。① 但伊娃(Eva Knodt)认为卢曼是反对意识哲学的,因为他挑战了后者所坚持的统一、自主的主体原则。② 其实,在此之前就有学者对统一的主体加以批判。尼采就高呼上帝死了。一旦作为最后观察者的上帝不存在了,我们的认知就失去了永远不变的牢固基础。到了德里达这里,就连理性的人都终结了。统一的主体没有了,存在的只是差异。在这个意义上,卢曼追随了德里达的差异哲学,但二者又有所不同。德里达认为我们仍然受到语言的约束,卢曼却主张意识、沟通并不完全依赖于语言。语言出现以前人们就可以互动。而且,卢曼不认为语言是一个系统,而是将其分解为意义、沟通和媒介。当然,这并不意味着要逃避语言自我指涉的问题。诚如马图拉纳和瓦芮拉所言,沟通运用语言。因此,卢曼要解决德里达所谓"文本之外,别无他物"的悖论,说明系统如何观察自己,仿佛这是从外部进行的观察。③

在卢曼看来,系统不是像个体、实体或者观念那样事先存在,它通过观察呈现出来。观察就是系统的运作。具体而言,系统运用某组差异来观察环境或者自身,做出标示、制造出信息,并将信息加以传递和理解形成沟通,接着运用另一组差异进行观察,制造、传递和理解信息,再形成系统的元素即沟通。系统的存在正是通过此种运作来实现的。简单地说,运作就是存在。④ 由此,卢曼说明了社会系统在何种意义上存在,将源自于生物学自创生理论引入社会学。

可见,卢曼虽然延续了帕森斯的社会系统论,但二者有着明显的区别。在帕森斯看来,社会必须满足 AGIL 四种功能要素,才能够存续。适应

---

① [德]哈贝马斯:《现代性的哲学话语》,曹卫东等译,南京:译林出版社 2004 年版,第 411-430 页。

② Eva Knodt, "Toward A Non-Foundationalist Epistemology: The Habermas/Luhmann Controversy Revisited." New German Critique, 1994(61).

③ Niklas Luhmann, Social Systems. John Bednarz, Jr. & Dirk Baecker (trans.), Stanford, California: Standford University Press, 1995, p.xxxii.

④ Niklas Luhmann, Theories of Distinction: Redescribing The Descriptions of Modernity. William Rarch (ed.), Stanford, California: Stanford University Press, 2002, pp.42-46.

(adaption)是指社会对外部环境的适应。目标达致(goal attainment)指保持社会向特定目标前进。整合(integration)是保证社会各组成部分的整体性。模式维持(latent pattern maintenance)指建立、维护和恢复社会成员的能量和价值观念,使社会行动的模式不断得以再现。而在现代社会,四种功能相互分离,正好与社会子系统一一对应。具体而言,经济系统对应适应环境的功能(A),政治系统对应目标达成功能(G),社会共同体对应整合功能(I),信任系统对应模式维持功能(L)。而后,帕森斯的系统分析从社会系统层面发展到一般行动系统以及人类境况层面。分别承担AGIL四种功能的行为系统、人格系统、社会系统和文化系统构成了一般行动系统。分别承担AGIL四种功能的物理-化学系统、人类有机系统、行动系统和目的系统则构成了作为系统的人类境况。① 可见,帕森斯的"系统"并非与现代社会的不同组成部分如政治、经济、教育、科学等相对应,而是一种工具,用来分析不同层次的人的行动的条件。因此,对帕森斯而言,系统是一个分析性的概念,与卢曼所谓存在着的"系统"有所不同。

再者,在帕森斯那里,构成同一系统的各子系统在能量和信息的控制上呈现出等级关系。例如,在一般行动系统中,行为系统为人格系统提供能量,人格系统提供给社会系统,社会系统供给文化系统,控制信息的方向则相反。② 和帕森斯不同,卢曼并不认为子系统之间存在等级关系,相反,各子系统之间是平等的,没有哪个系统高居于上,这是现代社会区别于分层式分化社会的标志之一。并且,信息是系统自己运用某组差异对事物进行区分和标示、通过自己的观察制造出来的,而不是从其他系统所构成的环境输入进来的。在系统与环境之间并不存在直接的输出输入关系,因为每个子系统运用的差异各不相同,并不存在一个普遍适用的元符码,也就不存在共享的信息、共同的沟通。例如,法律系统是而且仅仅是由关于合法或者非法的沟通构成,在该系统之外(也就是环境中)没有此种沟通。所以,法律系统没法向环境输出法律沟通,构成环境的其他子系统也没法向法律系统输出自己独有的沟通。

帕森斯之所以关注能量和信息在子系统之间的输入输出关系,是因为这关乎子系统之间的整合。只有当分别承担AGIL四种功能的子系统互相支持、相互协调,它们所构成的系统才能得以维续。而系统的存续正是帕

---

① [美]T.帕森斯:《论社会的各个分支及其相互关系》,苏国勋、刘小枫主编,《社会理论的诸理论》,上海:上海三联书店、华东师范大学出版社200年版,第1-17页。
② [美]T.帕森斯:《论社会的各个分支及其相互关系》,苏国勋、刘小枫主编,《社会理论的诸理论》,上海:上海三联书店、华东师范大学出版社2000年版。

森斯功能分析的最高关联问题。基于此,子系统如何维系在一起,怎样实现子系统之间的相互限制就成为帕森斯要处理的关键问题。然而,各子系统的交换媒介是不同的,比如经济系统是货币,政治系统是权力,社会共同体是影响力,信任系统则是价值承诺。① 它们之间如何进行信息和能量的交换呢? 我们还可以进一步追问,为什么系统总是由四个等级序列固定的功能子系统组成? 其实,"四功能图式"恰是帕森斯理论颇有争议之处。他的社会理论甚至被认为只关心服从和稳定,无法恰当地处理社会变迁与冲突过程。②

卢曼正是在这一点上继续其思考的。卢曼不再认为社会系统建立在统一的价值共识的基础上,而将系统看作由意义关联的沟通构成。系统的存续也就不依赖于特殊的功能如 AGIL,而是通过运用自己独一无二的差异对事物进行观察,作出区别,标示出来,再对这个标示进行传递和理解,制造出新的沟通即元素来实现的。在这个过程中,被观察的事物并不是唯一的,标示出来的可能是差异的这一面(如"对")也可能是另一面(如"错"),答案不是唯一的,复杂性仍然存在。那么,系统如何化简复杂性? 这成为卢曼系统理论的核心问题。帕森斯理论的核心问题则是系统如何存续。就此而言,卢曼和帕森斯也是不同的。正因如此,帕森斯不仅关注系统与环境之间的关系,还关注系统的组成部分即子系统之间的整合问题,也就是作为整体的系统与作为部分的子系统之间、各子系统之间的关联性。就此而言,"整体/部分"这组差异在帕森斯那里十分重要。卢曼则以"系统/环境"取代了"整体/部分",作为首要差异的"系统/环境"成为系统运作的前提,也成为卢曼对社会进行分析的起点。

(三) 作为社会子系统的法律及其功能

现代社会由诸多功能不同的社会子系统构成,法律是其中一个。那么,法律系统如何形成? 它是否社会演化的结果? 法律系统论通过分析法律类型与社会演化的关系,对上述问题做出回答。

---

① Talcott Parsons, Gerald M, Platt & Niel J. Smelser, The American University. Cambridge: Harvard University Press, 1973, p.434.
② [美]M.M.波洛玛:《当代社会学理论》,孙立平译,北京:华夏出版社1989年版,第144-148页。

1. 卢氏的社会演化与三种法律类型

随着环境复杂性的增加,社会不断演化,其分化形式也有所不同。而作为社会组成部分之一的法律自然不可能绝缘于此,势必随之发生变化。法律的类型就伴随着社会形态的改变而改变。如前所述,卢曼认为在社会演化的过程中出现了三种分化形式,即片段式、分层式和功能分化,相应地形成了三种社会类型。① 具体而言,古代社会以片段式分化为主,高度文明的社会主要是分层式分化,现代社会则侧重于功能分化。与这三种社会相对应,存在着三种不同类型的法律,也就是古代法(archaic law)、前现代高度文明社会的法(the law of pre-modern high cultures)和现代社会的实证法(positive law)。实证法就是现代社会诸多子系统中的一个。那么,法律如何演化成具有特定功能的社会子系统? 为厘清实证法的形成脉络,卢曼分析了法律的演进过程。

(1) 古代社会及其法律

诚如拉丁谚语所言:"哪里有社会,哪里就有法律"。最早出现的法律是古代社会中的法律,卢曼称之为"古代法"。② 古代社会以片段式分化为主导,也就是说社会分成了几个相同的部分,比如家庭、宗族、部落等。在同一个家庭、宗族或者部落里,内部成员之间形成了一种紧密的社会联系,他们不仅出生在同一个家族、宗族或者领土范围之内,而且分享着相同的信念、理想和善恶观。集团的成员依据共同的善恶标准来行事,这些标准是众所周知且不证自明的,无需将其予以明确公布或者法典化,也无须特定机构来强制执行。在不同的宗族、部落之上,并没有一个管理公共事务的机构如国家。因此,不可能由一个高居于上的机构来制定适用于所有宗族或者部落的法律,建立起法律有效性的特定标准,例如确定在什么条件下何种命令可视为法律。所以,并没有一个赋予法律以有效性的立法过程,依据法律做出的行为和法律的选择、创设,是不容易区分的。也就是说,我们无法将制定法律的行为和依法律做出的行为区别开来,法律从制定到实施并没有中间环节。

只有发生冲突、纠纷的地方才涉及法律。法律通常和失望的出现相关联,体现在失望一方所作出的反应当中,比如发泄愤怒的情绪、采取暴力行

---

① Niklas Luhmann, The Differentiation of Society. Stephen Holmos & Charles Larmore. (trans.), New York:Columbia University Press, 1982, pp. 232-238.

② Niklas Luhmann, A Sociological Theory of Law. Martin Albrow.(ed.),Elizabeth King & Martin Albrow (trans.), London:Routledge & Kegan Paul, 1985,pp.115-116.

为。这些通常是纠纷的一方当事人及其宗族的自力救助行为,而不是公共机构如法院、警察运用国家权力做出的行为。在这个意义上,可以说古代法律制度中的暴力自助(violent self-help)、血仇(blood revenge)、发誓和诅咒(the oath and curse),不仅是实施法律的重要手段,还是保护预期的机制。他们通过自力救助的方式来阻止那些与自身预期相违的行为,进而保持预期的稳定性。① 由此,人们能够判断哪些预期会得到维持,判断不同的行为将导致什么后果,并将此作为选择的依据。由此,有组织的社会生活就能够维续。

需要注意的是,解决冲突的法律决定并不是按照事先确立的规则做出,而是综合考虑当时的具体情形之后做出的。在众多因素中,与争议有着直接或者间接关系的参与者的地位、威望及其所拥有的财富是需要特别考虑的。参与者是谁,他是否得到宗族的支持,宗族采取了哪些行动,这些因素都直接影响最终的法律决定。就此而言,法律并不是"非人格化的"(impersonal),不是普遍适用于所有人的一般规则。类似的案件未必按照统一的决策标准来处理,处理的结果也未必相同。尽管如此,法律决定并不是完全任意的、不可预见的。决定一般遵循报应和互惠原则,因为报应和互惠体现了一般化的一致性行为预期。比如对于所遭受的损害,人们通常采取相应的报复行动,也就是"血债血还""以牙还牙"。在权利和义务具有回复性的时候,人们也会通过相互的交换来解决争议。此外,做出法律决定的过程遵循着一定的仪式(ritual)。魔法(magic)发挥着极其重要的作用,正确的言词、姿势、发誓或者诅咒都直接影响处理的结果。人们依据特定的仪式、程序施以魔法,获得神谕,再根据神谕做出法律决定。正因如此,卢曼又将古代法称为"神法"(holy or divine law)。

神法与韦伯所谓的"形式非理性法"颇为相似。形式非理性法虽然使用内在的决策标准,但该标准并不是统一的,克里斯马型的天启法律就是其典型。这种法律并不是一般性的规则,人们根本无法依据法律对即将做出的法律决定进行准确的预测。但决定也不是任意做出,而是严格遵循具有魔法效果的程序。这种魔法因素导致所有法律程序都具有严格的形式主义的特征,如果相关的问题无法以正确的方式提出,魔法就不能提供答案。因此,一方当事人在陈述誓言的时候哪怕只犯下一个微小的错误,也

---

① Niklas Luhmann, A Sociological Theory of Law. Martin Albrow.(ed.), Elizabeth King & Martin Albrow (trans.), London: Routledge & Kegan Paul, 1985, pp.117-118.

可能失去救济,甚至完全败诉。① 对于该法律而言,仪式和形式最为重要,决定案件结果的不是事先确立的规则,而是严格的程序。依据程序做出的决定之所以有效,之所以得到人们的承认,是因为决定来自于凭借魔法技术所获得的神谕,决定是神圣的。在古代社会,人们通过这种方式来创设并适用法律,以此解决冲突,保持社会的有序性。就此而言,古代法不是一般性的抽象规则,而是建立在相关经验之上的、具体的。在这个意义上,古代法较为简单,和复杂性程度较低的古代社会相对应。在古代社会,只有处于共同地域、能够面对面的行动者才能进行沟通。由于受到特定时间和空间的限制,可能出现的行动的范围也较为有限,个体间的差异不大。简言之,分工的程度不高,社会的复杂性较低,社会中的法律也就比较简单。

(2) 前现代高度文明社会及其法律

在古代社会的后期,商品经济得到了发展,交换关系也更为普遍。在经济较为发达的地方出现了经济、政治和宗教的分化。例如,寺庙里的僧侣、教堂和修道院的神职人员不仅运用教义对发生的事件做出解释,而且关注宗教、教义本身。服务于没有亲属关系的陌生人之间交易的市场、仓库、贸易中心也出现了。居于各家庭、宗族之上的政治机构已经形成,它能够做出并执行对所有人都有效的集体性决定。但是,上述功能分化主要出现在城市地区,大多数人仍然保持古代社会传统的生活方式,没有脱离家庭和宗族,仍旧依靠亲属关系来建立自己的社会联系。就此而言,社会并未实现完全的功能分化(incomplete functional differentiation)。尽管如此,随着经济的不断发展,各个家庭、宗族所占有的财富和权力之间的差别逐渐增加,分化出不同的阶层。由此,以分层式分化为主的前现代高度文明社会取代了古代社会。在卢曼看来,希腊、罗马、中国、伊斯兰、印度、中世纪的欧洲和盎格鲁-撒克逊地区(Anglo-Saxon)都属于高度文明的社会。然而,它们的法律秩序极其复杂,有效的规范也是多样的。所以卢曼并不试图对上述国家、地区的法律进行全景式的描述,而是将其关注点限于基本的特征,尤其是创设法律的条件和法律运作的一般模式。②

那么,进入高度文明的社会之后,法律发生了哪些变化呢? 在高度文明的社会,各阶层拥有的知识、在政治、经济、军事、教会中的地位等诸多方

---

① Max Weber, Economy and Society: An Outline of Interpretive Sociology, vol.II, Guenther Roth & Claus Wittich(eds.), Berkeley, los Angelse, London: University of California Press, 1978, p.761.

② Niklas Luhmann, A Sociological Theory of Law. Martin Albrow.(ed.), Elizabeth King & Martin Albrow (trans.), London: Routledge & Kegan Paul, 1985, p.129.

面都有所不同,阶层之间是不平等的,呈现出上下等级关系。由于不同阶层所拥有的权力大小有别,等级秩序处于潜在的不稳定当中,由此需要相应的机制来维持。这些机制包括设立地位的象征、建立不同的沟通模式甚至规定各个阶层所使用的不同语言、各司其职的角色安排。最为重要的是,通过一个超越并且高于所有阶层的实体即国家来维护稳定的等级秩序。在国家采取的诸多措施当中,制定人们共同遵守的法律来解决纠纷无疑是最为必要的。如此一来,解决纠纷的行为不再是争议的一方当事人及其宗族的自力救助行为,而是公共机构运用国家权力做出的行为。因此,与古代法不同,法律和失望的出现并非紧密相关,法律不是主要体现在失望一方所作出的反应尤其是自力救助中,而是体现在公共机构做出的法律决定中。

公共机构要使其法律决定得到人们的信服和遵守,就不可能再像自力救助的当事人那样根据具体的情形采取不同的救助方式。它必须依据事先确定的法律规则做出决定,使决定具有可预见性。人们才可能知道哪些行为是法律支持的,哪些预期将得到法律的肯定,并在法律允许的范围内采取行动。如此一来,等级秩序才可能得以维续。因此,制定法律的过程与适用法律做出决定的过程开始出现分离。而在古代社会,我们难以将法律的创设和适用区别开来。就此而言,高度文明社会的法律与古代法显然不同。

其次,与分化成相似组成部分的古代社会相比,高度文明社会可能出现的行动范围较广。因为各个阶层不仅在政治权力、财富的占有上有别,其采取的行动也有所不同。这在提高社会复杂性和发展潜力的同时,也使得可能产生的纠纷类型增加。那么,法律如何能够应对多样化的纠纷呢?这有赖于适用法律纠纷解决的法庭程序。程序不是自然而然形成,而是人为设计的。依据设定相关的法庭程序,纠纷所涉及各方进行交涉,就案件的证据、哪个法律能够适用于本案以及如何适用展开辩论,最后由法官在查明案件事实、明确法律具体含义的基础上做出判决。通过法庭程序的制度化,审判能够吸收未来可能出现的诸多不确定性如毫无先例可循的案件。随着更加复杂的程序体系的不断完善,法律取得了发展,能够有效地应对复杂的社会。

在程序展开的过程中,作为第三方的法官显然比当事人双方拥有更多的权力。法官主导着整个程序的运作,监督仪式(包括魔法技术)的展开过程。但法官的角色并不仅限于充当调解人,他还是决定者,决定纠纷如何解决,明确哪些预期能够得到法律的支持。因此,与古代社会不同,解决纠纷不仅仅是遭受失望的一方采取的行动,其主要目的不是维护没有得到实现的预期,而是做出关于哪些预期应当得到维持的决定。究竟如何解决纠纷、何种预期是法律所支持的,这些都不是由双方及其宗族自行确定,而是在程序中由法官决定。对于双方而言,结果不是事先确定的,也正因如此,双方才会参与到诉讼程序中来。法律决定并不是任意做出,它需要法律适用的特殊技艺,而此技艺并非自然习得,需要专门的训练。对此科克爵士曾有一段精彩的对白:

> 国王说,他认为法律以理性为根据,而且他和其他人也与法官一样具有理性。我对此的回答是:完全正确,上帝的确赋予陛下极其丰富的知识和无与伦比的天赋;但是,陛下对他的英格兰王国的法律并不精通,因为涉及其臣民生命、继承、动产或不动产的那些案件是由人为理性和法律判决来决定的,而不是由自然理性来决定的;法律是一门艺术,在一个人能够获得对它的认识之前,需要长期的学习和实践。①

只有通过学习和实践,法官才可能成为拥有专门知识和技艺的法律家。运用法律解决纠纷的过程也就变成了由作为法律家的法官凭借特殊技艺来推进的专门性活动。正因如此,卢曼将高度文明社会中的法律称为"法律家法"(juristic law)。与古代法不同,该法律不是体现在遭到失望一方原有的预期及其为了维护预期所采取的行动当中。它更像一个超越于纠纷双方当事人之外的管制者,不但为冲突双方提供主张诉求的机会,还依据事先设定的标准公正地对待双方。法律也就不再是体现在纠纷解决过程中的具体规范,而成为具有较高抽象性的一般规范。于是,通过法律的适用,一种规范性的秩序得以确立。

此种规范性秩序要得到人们的服从,做出决定的法官就必须是不偏不倚的(impartial)、中立的。具体而言,法官不涉及任何利益,他不能让其个人偏好、社会关系、技艺和知识背景影响法律决定,还要忽略公众的反应、执行决定时可能出现的困难。法官只接受事先确立的规范的约束。今天所做出的法律决定,必须同样适用于将来可能出现的类似案件,也就是做到类似案件类似处理,以确保法律的一致性(consistency)。当然,在不同的国度,法官是否严格按照法律做出案件判决、法律一致性的程度是不同的,因为这取决于社会的复杂程度。这就出现了韦伯所谓的"法律理性

---

① 12 Coke'S Reports 63,65,77 English Reports 1342,1343(King'S Bench,1608)。转引自[英]丹宁勋爵:《法律的未来》,刘庸安、张文镇译。北京:法律出版社2000年版,第348-349页。

化"在程度上的巨大差别。

不同国家、地区之间法律制度的差异是我们所熟知的。比如,中国传统法官在做出裁判时,不仅考虑法律如何规定,还要考量公众情感、道德伦理等因素,其中公众的反应即民意是极为重要的因素。法律决定的过程是融"天理""国法""人情"为一体的。① 与之形成鲜明对比的是欧洲大陆即大陆法系国家的法律。以意大利博洛尼亚为发源地的注释法学家对罗马法的注释,为法官适用法律提供理论支持,同时也设定了法官的角色仅限于法律的"活着的宣示者"。② 一部法律制定之后,就应当被逐字遵守,法官的任务就是判定公民的行为是否符合成文法律。如果我们将"理性"理解为所有行为都受到一般性规则的约束,那么此种法律的"理性化"程度是很高的。盎格鲁-撒克逊法系的法官则没有被要求严格遵循立法机关的制定法,相反法官是依据建立在法院案例基础之上的判例法即普通法来裁判案件。而且,他们并不寻求一种能够普遍适用的抽象标准,而是力图通过特定案件、判例来讨论和确立各项具体规则。就此而言,法律所体现的理性是弱意义上的理性。③ 诸高度文明社会的法律之间的差异可见一斑。

在法学极其发达的德国接受法科训练的卢曼自然不可能忽略这一点。为了确立法律和社会发展的分析框架,探寻二者之间的关联性,卢曼便把焦点集中于诸高度文明社会法律所共有的基本特征,以勾勒出不同法律秩序的"最大公约数"。这个"最大公约数"是什么?简单地说,与古代法相比,高度文明社会的法律是更为抽象、复杂的一般性规范。

(3) 现代社会与实证法(法律系统)

随着其复杂性的增加,以分层式分化为主的高度文明社会难以有效化简复杂性,而不得不分化出功能不同的子系统,如政治、经济、教育、艺术等。④ 由此,进入了功能分化的现代社会。功能分化使得不同的社会问题分别由各子系统来解决,例如经济系统减少物质短缺,政治系统的功能是

---

① [日]滋贺秀三:《清代诉讼制度之民事法源的概括性考察——情、理、法》,滋贺秀三等:《明清时期的民事审判与民间契约》,王亚新、梁治平编,王亚新、范愉、陈少峰译,北京:法律出版社1998年版。
② [英]威廉·布莱克斯通:《英国法释义》(第一卷),游云庭、缪苗译,上海:上海人民出版社2006年版,第69页。
③ [德]马克斯·韦伯:《法律社会学》,康乐、简惠美译,台北:远流出版事业股份有限公司2003年版,第199-214页。
④ Niklas Luhmann, The Differentiation of Society. Stephen Holmos & Charles Larmore. (trans.), New York: Columbia University Press, 1982, pp.236-238.

做出具有约束力的集体决定。现代社会逐渐呈现出"原子化"的趋势("anomic" tendencies),一方面增加了各子系统的弹性,另一方面也减弱了它们之间的相互影响。这导致社会内部的问题、冲突增加,做出具有普遍约束力的决定的压力随之增加,社会沟通的一般媒介(如真理、爱情、权力)的约束力也降低。于是需要一种更强有力的外在约束机制,这就是法律。而前现代高度文明社会的法律家法,尽管较之古代法更为抽象和一般化,但由于其在做出法律决定的过程中,对个人的、偶然的因素较不敏感,仍然难以有效应对复杂性增加的社会,因此出现了诸多立法。

其实,立法并不是现代社会首创,它最早出现在美索不达米亚地区高度文明的社会。在雅典、罗马、中国的秦朝时期(221B.C.-207B.C.)都有统一的法律。但是,这些制定法是不稳定的,我们难以区分国王发布的命令和国家制定的规范。而且,只有在极少数的时候,法律才会通过立法的形式来修改。因此,即使立法是允许的,就整体而言,法律的有效性仍旧来自于神圣的机构或者传统,法律并不是具有可变性的实证法。直到18世纪才开始出现法律的全面实证化。到了19世纪,通过立法来制定法律,开始成为政治生活中的常规。其标志就是1811年的《奥地利普通民法典》。该法典就规定:"法律具有其效力,除非它被立法所修改或者被明确取消。"法律的有效性不再由自然法而是由立法赋予。

然而,法律究竟是"自然之法",还是由立法者创设?在充满变革的19世纪,这个问题并非毫无争议。在德国就上演了一场旷日持久的论战。以蒂博为代表的一方主张法律是由制定者创造的,并且相信具有理性的人能够创设出合理的法律。萨维尼却认为这不过是一种浅薄的妄自尊大,他指出法律是沉潜于内、默无言声的,它来自于"民族精神"。他如是说道:

> 在人类最为远古的时代,可以看出,法律已然秉有自身确定的特性,其为一定民族所特有,如同其语言、行为方式和基本的社会组织体制。不仅如此,凡此现象并非各自孤立存在,它们实际乃为一个独特的民族所特有的根本不可分割的禀赋和取向,而向我们展现出一幅特立独行的景貌。将其联结一体的,乃是排除了一切偶然与任意其所由来的意图的这个民族的共同信念,对其内在必然性的共同意识。
>
> ……在此阶段,法律以及语言存在于民族意识之中。……
>
> 而且,此种法律与民族的存在和性格的有机联系,亦同样展现于时代的进步中。这里,再一次地,法律堪与语言相比。对于法律来说,一如语言,并无决然断裂的时刻;如同民族之存在和性格中的其他的一般性取向

一般,法律亦同样受制于此运动和发展。此种发展,如同其最为始初的情形,循随同一内在必然规律。法律随着民族的成长而成长,随着民族的壮大而壮大,最后,随着民族对于其民族性的丧失而消亡。……民族的共同意识乃是法律的特定居所。①

颇为有意思的是,即使与萨维尼就是否追求国家法律的统一这一问题展开辩论的黑格尔,也认为通过新法来创设一个体系是不可能的,我们不是创造而是发现业已存在的法律的内容。② 尽管如此,在19世纪法律实证化仍逐渐扩展,立法者制定的法律成为最主要的法律渊源。但卢曼认为这个过程并非在所有高度文明社会都出现,相反实证法仅形成于欧洲大陆和盎格鲁-撒克逊地区。其原因在于法律实证化的实现有赖于欧洲传统的观念和制度。

就观念层面而言,基督教对古代自然法的修正即法律的创造观具有重要意义。它转换了所有法律的基础,即从特定的制度到神的意志,从传统到超越性。具体而言,法律由国家制定,国家必须寻求更高级的价值的支持以证明所制定的法律是正当的。希腊就区分自然法和有效的法律,后者的效力由前者赋予。也就是说,法律的有效性并不是来自于其自身,而是来自于法律之外的"自然法"。然而,此处的"自然法"是指一种不为人所控制的传统的自然秩序,类似自然规律。基督教改变了这种观念,认为自然法是上帝创造的。这不仅确立了法律创造的神圣性,还把自然法和实证法区分开来。现世的实证法理当服从于超越性的自然法,如此才能具备正当性。但是,尽管自然法确立了国家制定法律的指导原则,实践这些原则的方式却不是一成不变的,相反它具有弹性,随着社会的要求而不断扩展。究竟如何扩展,就有赖于作为主体的人、具有理性的立法者。如此一来,法律就不是恒久不变的,而是可以改变的。

然而,法律持续不断变化是有风险的,毕竟不安定的法律无法为人们提供稳定的社会预期,进而为人们提供据以安排其生活的准则。因此,需要将法律的制定和修改加以制度化。而要做到这一点,首先得设立专门从事法律制定的机构,确立作为统治者的立法者的角色。统治者就不再是某个人而是立法机构,统治者也不再是国家,而是国家中的一个角色。只有

---

① [德]萨维尼:《论立法与法学的当代使命》,许章润译,北京:中国法制出版社2001年版,第7、9页。

② Niklas Luhmann, A Sociological Theory of Law. Martin Albrow.(ed.), Elizabeth King & Martin Albrow (trans.), London: Routledge & Kegan Paul, 1985, p.151.

通过立法机构，人们才能改变法律。法律被制定之后，由专门的机构（即司法机构）来适用法律。如此一来，违抗法律的行为和改变法律的要求就能够区别开来。在此基础上，运用法律解决纠纷的司法机构也就能够分离出来，成为国家的特定机构。一旦适用法律变成由专门机构从事的一项专门活动，适用法律的程序随之得到进一步发展和完善。法律通过完备的程序体系应对将来可能出现的诸多不确定性的能力得以增强，能够有效应对复杂程度不断提升的社会。

与此同时，由于经济、贸易的迅速发展，保护弱小的个人尤其是其私有财产免受强大国家侵犯的要求不断突显。为了回应此要求，不仅需要制定更多的法律，还出现了法律的分化，私法和公法的区分更为明显，尽管在罗马时期二者就有所不同。前者以私人意思自治为原则，后者则对国家权力加以限制。公私法的分立和发展使得法律的复杂性提高。法律复杂性的增加与社会复杂性之间存在着对应关系。从古代法的自力救助到高度文明社会依据事先确立的法律做出决定，再到公法与私法分离、更为复杂的实证法，法律的变化充分说明这一点。到了19世纪，随着立法程序的完善、立法的过程及其结果更为清晰可见，人们对庞大"利维坦"的担心逐渐消失，立法的障碍也消除了，国家制定的法律日渐增多。基于此，卢曼将现代社会的实证法又称为立法或者制定法（legislation/statute law）。

随着制定法的增加，甚至出现了立法膨胀。不仅崇尚完美法典的欧洲大陆国家如此，就连具有普通法传统的英国也不例外。为了纠正自由竞争体制的弊端，从19世纪30年代开始英国对政治、经济、社会、司法制度实行积极的干预政策，针对贫穷、流浪、福利保障等问题制定了一系列的法律。此外，为了有效回应社会变迁，立法者势必跟随社会的变化不断修改法律。这促就了一种观念的产生，也就是并非所有的法律都能赋予一般化的形式，立法者的声明没法完全将有效法律的意义固定下来。加之社会出现功能分化之后，各子系统的自主性、弹性增强，可能出现的行动更为多样化，社会愈加复杂。即使立法者竭尽所能，也不可能事先对所有的案件类型做出详细的规定。完美法典不过是一种奢望，法律必然给司法裁判留有余地，需要法院对法律加以具体化。恰如法国民法典的起草人之一波塔利斯所言：

> 立法机关的任务是要从大处着眼确立法律的一般准则。它必须是确立高度概括的原则，而不是限于对每一可能发生的问题的琐细规定。法律的适用乃属于法官和律师的事情，他们需深刻理解立法的基本精神，……

立法同司法一样也有技巧,但二者是颇为不同的。立法者的技巧是要发现每一领域中对公共福利最有利的原则,法官的技巧则是要把这些原则付诸实施,要凭借智慧和理性的运用而将其扩大到具体的情况……那些没有纳入合理立法范围内的异常少见的和特殊的案件,那些立法者没有时间处理得太过于变化多样、太易引起争议的细节,以及即使是努力预见也于事无益,或轻率预见则不无危险的一切问题,均可留给判例去解决。我们应留有一些空隙让经验去陆续填补。①

基于此,法官需要弥补立法上的疏漏,解决法律之间的冲突,还需适当地发展立法,使之与不断变化的社会相适应。立法者甚至授予了法官创制法律的权力。如瑞士民法典第1条第2、3款就规定,法无明文规定的,依习惯法,无习惯法的,法院应该按照如果其作为立法者时应当制定的原则来裁判。于是,20世纪以后"法官法"再次成为法律体系的核心。但这正是从实证性的沃土中生长出来的,与高度文明社会的法律颇为不同。

综上,卢曼认为进入现代社会之后,法律的类型由法律家法转向实证法。那么,究竟什么是实证法?实证法是法学中非常重要的概念,关乎独立的法律学科建立的基础。此概念的界定可谓是众说纷纭,如果抽取出其中的"最大公约数",实证法是指实际存在的法。接下来的问题就是,我们如何判断哪些规范是实际存在的,判断的标准是什么?这涉及法律与道德、政治的界限,是各法学流派、诸多法哲学家争论的焦点。较早对实证法进行系统阐释的是法律实证主义的始祖约翰·奥斯丁,他认为实证法就是由在独立的国家和独立的政治社会中行使最高统治权力和次等统治权力的人制定的规则。它区别于自然法则(the law of nature)、上帝法或者神法,也有别于实际存在的社会道德。② 简单地说,实证法就是主权者的命令。奥斯丁的法律命令理论被广泛接受,同时也招致诸多批评。在众多批评者当中,最具影响力的是法律实证主义的另一代表人物哈特。在哈特看来,对法律体系而言,不受约束的最高立法权并不是必要条件。比如,美国宪法就对国会立法权施加了限制。其次,命令包含着以制裁相威胁,但这不是所有法律都具备的特征。一般而言,刑法和侵权法是以制裁为后盾的,合同法则不然。法律命令理论未能对多样化的法律体系做出充分的解

---

① 转引自[德]K.茨威格特、H.克茨:《比较法总论》,潘汉典、米健、高鸿钧、贺卫方译,北京:法律出版社2003年版,第139页。
② [英]约翰·奥斯丁:《法理学的范围》,刘星译,北京:中国法制出版社2002年版,第14-15页。

释。基于此,哈特主张获得承认规则(即授权人们引进新法律的规则)授权的规范就是法律。①

尽管关于什么是实证法的判断标准不一,法哲学家们都是从法律渊源(legal source)的角度展开讨论的。在卢曼看来,只有当法律有效性的形式与基础结合在一起的时候,法律渊源的观点才是有道理的。换句话说,只有当我们通过是什么赋予法律以有效性来分析法律何以有效、它的基础在哪里的时候,从法律渊源的角度来分析法律才站得住脚。但从社会学家的视角来看,产生法律的诸多过程与具体的情境有关,是彼此相关的,这些过程不能被认为是有效法律的来源。也就是说,法律并不是来自于立法者手中的笔,立法者的功能并不在于创造或者生产法律,而是从诸多规范中选择其中一些赋予其效力。因此,法律的效力与一个可变的因素即决定(decision)有关。当立法行为出现的时候,法律并未具备实证性。只有当法律由于特定的决定而被认为有效的时候,它才具备实证性。可见,与法哲学家不同,卢曼并不是从法律渊源的角度,而是从通过法律(the passing of laws)的决定(包括立法决定和司法决定)的角度来界定实证法。简单地说,所谓实证法就是特定决定所制定的法律,其有效性基础来自于决定本身,而不是更高的规范。②

需要说明的是,卢曼在1972年出版的《法律社会学》中详细论述法律的类型与社会演化,当时他主张现代社会的法律形态是实证法。而在该书第二版的"结论"部分、1974年出版的《法律系统与法律教义学》中,他以"法律系统"取代了"实证法"。此后,尤其是1984年完成《社会系统》一书之后,他很少再使用"实证法"。尽管称谓不一,其含义却是一致的。现代社会主要的分化形式是功能分化,对社会各子系统的运作及其所产生的事件加以评判的法律系统就是实证法。"实证法"和"法律系统"不过是不同的表述,当然不同表述体现了各自不同的侧重点。"实证法"强调的是法律的效力与特定的法律决定之间的关联性,强调法律因决定而产生。"法律系统"则突出法律是社会诸多子系统中的一个。尽管如此,卢曼关于现代社会法律的实质性判断——随着社会复杂性的增加,法律的复杂性和偶在性也提升——并没有改变。相反,运用社会系统理论来分析法律的运作,卢曼对此种实质判断的阐述更为清晰。因此,与其说是修改,不如说是

---

① [英]哈特:《法律的概念》,张文显、郑成良、杜景义、宋金娜译,北京:中国大百科全书出版社1996年版,第82-111页。

② Niklas Luhmann, A Sociological Theory of Law. Martin Albrow.(ed.), Elizabeth King & Martin Albrow (trans.), London: Routledge & Kegan Paul, 1985, pp.156,159-160.

补充与发展。基于此,本书将以法律系统指称卢曼式现代社会的法律①。

卢曼法律社会理论的补充和完善其实与其整个社会理论的发展密切相关。如所周知,卢曼继承了帕森斯的社会理论。而在帕森斯看来,社会是建立在价值共识之上的,这种价值共识就是社会的结构,结构与系统元素有关,但这些系统元素不会被系统与环境关系的短暂波动所决定。② 因此,我们需要进一步探究为了维续这个结构进而维续社会的存续,哪些功能被提供出来。正是基于此,帕森斯的理论被认为是所谓的"结构-功能主义"。自20世纪50年代后期,帕森斯的理论就遭到了诸多批评。其中颇具代表性的批评来自于冲突学派。在他们看来,帕森斯重视社会的稳定,无法处理社会的冲突、转变过程。③ 其实帕森斯并非将社会的冲突排除在外,反而认为社会存在危机、充满张力。就此而言,冲突学派的批判未必切中要害,但这仍然成为卢曼发展帕森斯理论的出发点。为此,卢曼改变了帕森斯结构功能的系统论,融合了结构与过程、整合与冲突、秩序与转变,而将其倒转为"功能-结构"。具体而言,卢曼认为系统的存续并不是以某种统一的结构为依托,而且结构并不是独立于行动的,反而是由行动促成的。因此,卢曼不再将结构看作是一种静态的、统一的框架,而是蕴含于动态的行动、过程当中。其关注的是,在系统中展开的行动如何发挥其功能,如何形成和改变系统的结构。对法律而言,就是通过特定程序做出的法律决定如何促成法律的分化及其功能的特定化。

到了20世纪80年代,随着认知生物学的兴起以及系统理论的第二次范式转换即自我指涉、自创生系统理论的出现,卢曼加入了关于人文学科的"自创生转向"(autopoietic turn)。④ 卢曼借鉴了贝塔朗菲的一般系统理

---

① 有学者将自创生的法律系统称为后现代社会的法律,但正如该学者所言,卢曼的著作提到的一般是"现代社会"(参见胡水君:《卢曼的法律与社会理论:现代与后现代》,胡水君著:《法律的政治分析》,北京:北京大学出版社2005年版)。卢曼并不认为欧洲大陆和盎格鲁-撒克逊地区在20世纪出现了断裂,进入显然区别于现代社会的后现代社会。因此本书认为在卢曼那里现代社会法律就是自创生的法律系统。

② Talcott Parsons, "The Intergratation of Economic and Sociological Theory: The Marshall Lectures." Sociologucal Inquiry, 1991, vol. 61(1).

③ Ralf Dahrendor, Class and Class Conflict in Industrial Society. Stanford: Stanford University Press, 1959, pp.110-128;[美]L.科塞:《社会冲突的功能》,孙立平等译,北京:华夏出版社1989年版,第89页;[美]M.M.波洛玛:《当代社会学理论》,孙立平译,北京:华夏出版社1989年版,第144-148页。

④ Niklas Luhmann, Social Systems. John Bednarz, Jr. & Dirk Baecker (trans.), Stanford, California: Standford University Press, 1995, pp.xiv-xv.

论以及智利生物学家及神经生理学家马图拉纳和瓦芮拉的自创生理论,建构了独具特色的社会系统理论。其标志就是1984年《社会系统》一书的出版,这也是卢曼理论发展的一个分界点。

如前所述,前期卢曼将帕森斯的"结构-功能"倒转为"功能-结构",突出社会结构与过程的关联性,强调结构的动态性。自1984年之后,他仍然坚持社会结构的动态性,但促成此动态性的运作过程却不是作为主体的人所能控制的,而是社会系统自行运转的结果。也就是说,在卢曼前期的理论中,人的主动性、能动性非常突出,人能够通过其行动改变社会的结构。但在后期理论中,人虽然影响却不能控制社会的运作及其结构,因为作为系统的社会是自创生的[①]。如此一来,人对于社会的控制能力、人类整体的自由反而削弱了。尽管如此,卢曼对于现代社会的实质性判断(即功能分化社会运作的偶在性)不曾改变,并且他始终致力于通过意义关联性来阐明作为系统的社会是如何生成和运作的。基于此,卢曼前后期的理论虽然存在差别,但是仍然具有相当的连续性。前期的研究可视为其理论的探索、积累阶段,1984年《社会系统》的完成标志着卢曼理论正式形成。正因如此,卢曼认为该书是自己理论的开始。[②] 此后,卢曼将社会系统理论运用到对各个功能子系统如政治、经济、科学、艺术、教育、宗教、法律等的分析当中,1997年出版的《社会的社会》上下两卷则是整个理论的总论。基于此,本文着重探讨卢曼如何运用其社会系统理论来分析现代社会的法律系统,并以此为切入点探寻其社会理论的分析框架以及关注的实质问题。

卢曼通过分析社会的演化尤其是社会复杂性增加所导致的社会分化形式的改变对法律的影响,来探讨法律的变迁。其实,将社会形态与法律类型相关联并非卢曼首创,较早论及二者关联性的是涂尔干。涂尔干是在分析社会团结的时候论及法律的。具体而言,涂尔干关注的焦点在于为什么出现劳动分工和社会分化之后,个人仍然凝聚在一起,构成一个有机的社会。为了回答此问,他详细分析了社会分工如何导致社会团结的类型由机械团结转向有机团结。然而,社会团结是道德现象,是内在事实,难以

---

① 这是卢曼社会理论的核心命题,限于篇幅此处暂不展开,本书第三部分将以法律系统为例详加论述。
② Georg Kneer & Armin Nassehi:《卢曼社会系统理论导引》,鲁显贵译,台北:巨流图书公司1999年版,第10页。

观察。我们需要借助外在事实来研究内在事实。而法律就是社会团结的表征,是外在事实。不同形态的法律对应不同类型的社会团结。① 并且法律拥有较大的稳定性和精密性,因此,需要把法律进行分类,再分析不同法律形态所对应的社会团结类型。

接下来的问题就是如何确立法律分类的标准。这得从法律的定义着手。在涂尔干看来,法律是能够进行制裁的行为规范。因此,法律可根据制裁的不同分为压制性法律和恢复性法律。压制性法律的制裁方式是惩罚,也就是使犯罪者遭受痛苦或者至少是损失,比如限制犯罪者的自由、剥夺犯罪者的部分财产等。压制性法律(主要是刑法)惩罚犯罪者,是因为犯罪触犯了强烈而明确的集体意识,为了维护集体意识、恢复社会秩序,就必须惩罚犯罪。可见,当集体意识受到侵犯的时候,就产生压制性法律。如前所述,集体意识对个体具有外在的约束力,使得人们紧密地团结在一起,形成机械团结。可见,压制性法律与传统社会的机械团结相对应。

恢复性法律则不同,它的制裁方式是损害赔偿,其目的并不是给犯罪者带来痛苦,而是把被破坏的关系重新恢复到正常状态。有别于压制性法律,恢复性法律并不是通过惩罚维护集体意识对个人的约束力,以实现机械团结,而是协调特定社会要素之间的关系(如个人之间的关系)。它包括民法、商业法、诉讼法、行政法和宪法等,其中民法中的契约法最为典型。如所周知,合同法调整平等民事主体之间的关系,这类关系并不牵涉作为整体的社会以及集体意识,因此合同法对违法者的制裁与集体意识没有直接的关联性。相反,集体意识由人们共同的信仰和情感所构成,体现了个体的相似性。合同法则以个体差异性为基础。因为合同法调整的是个体之间的交换关系,而交换的前提是个体各自占有不同的资源、具备不同的资质,也就是说个体之间存在着差异。差异则产生于劳动分工及其导致的社会分化。由此可知社会的分工和分化造成集体意识衰落、个体差异性突显,进而促就合同法(即恢复性法律之典型)的产生,导致传统社会的压制性法律向现代社会的恢复性法律发展。

综上,涂尔干通过法律形态的演变分析了社会的演化,也就是劳动分工如何导致集体意识的衰落、社会形态的转变(从环节社会到分化社会),

---

① [法]埃米尔·涂尔干:《社会分工论》,渠东译,北京:生活·读书·新知三联书店2000年版,第27—28页。

以及社会团结方式的改变(从机械团结到有机团结)。① 此种将法律与其社会背景、历史脉络相结合的研究方法受到西方学界的推崇,② 涂尔干的理论可谓是法律社会学往前推进的一块踏脚石。③ 卢曼继承了涂尔干的研究方法,但二者的侧重点有所不同。前者着重探讨社会复杂性、分化形式与法律的关联性,后者则通过法律形态的改变来说明社会团结方式的变化。出现此种差别则是因为,身处社会发生巨大变化的 19 世纪的涂尔干所关注的是在劳动分工导致个人之间差异、分歧越来越大的现代社会个人如何凝聚在一起。而卢曼关注的不是有序的社会生活何以存续,而是作为系统的社会如何化简复杂性。具体而言,由于环境总是比系统更为复杂(也就是可能的事件或者状态更多),社会系统只能允许环境中少量的事件进入系统,其他的都排除在系统之外。这一"进入/排除"机制的实现有赖于社会的分化形式,分化形式越复杂,社会本身的复杂程度越高,化简环境复杂性的能力也越强。社会复杂性的提升又导致法律类型的转变。

  卢曼是从社会观念和制度两个方面来分析法律演化的。批判法学的精神领袖昂格尔也采取了类似的分析方法。为了分析法律的演变过程,探究现代法治国家何以形成,昂格尔提出了三种不同的法律类型(法律概念)亦即习惯法(customary law)、官僚法(bureaucratic law)和法律秩序(legal order or legal system)或者法治(rule of law)作为其分析的框架,并从国家、社会共同体和人们的善恶观念、对自然法的信仰等方面说明法律类型得以改变的历史条件。④ 昂格尔的习惯法和官僚法的区别同卢曼式古

---

① 其实,涂尔干的理论仍有值得商榷之处。他主张在环节社会如原始社会中法律主要是压制性的刑法。但一些人类学家指出原始社会的法律是多样的。有学者甚至认为占主导地位的是侵权法,而不是刑法,刑法是在国家出现之后才产生的(Nisbet, 1974: 128-132)。并且,从法律条文的改变来探察社会的结构以及团结方式的变化未必是妥当的,毕竟实际的生活世界并不是法典的世界,法典不能包括社会生活的全部,也不一定完全符合实际的社会生活。尽管如此,涂尔干从法律出发的社会演化分析,开创了关于法律的新研究路数,无论对于 19 世纪刚刚起步的社会学研究,还是对于法律实证主义盛行的法学研究而言都具有特殊的意义。法国社会学家居维治(George Gurvitch)甚至赞扬他发展了一套法律社会学(See Gurvitch, George, Sociology of law, London: Kegen Paul, Trench, Trubnet.)。此种赞誉是否客观仍有待进一步研究,毕竟涂尔干关注的是社会,对他而言法律是社会团结的表征,并且涂尔干没有发展出一套系统的研究法律与社会关系的方法。
② Alan Hunt, "Emile Durkheim: Towards a Sociology of Law", in P. Beirne & R. Quinneey (eds.), Marxism and Law, New York: Jonh Wiley & Sons.Hunt, 1982.
③ 涂尔干将法律与社会相联结的方法及社会团结学说还为其学生狄骥(Leon Duguit)所继承,后者在此基础上创立了社会连带主义法学,该学派显然有别于法律实证主义和自然法学派,可谓是独树一帜。
④ M.Unger, Law In Modern Society. New York: The Free Press, 1977, pp.47-87.

代法与高度文明社会的法律的差别颇为相似。在高度文明社会,制定法律的过程与适用法律做出决定的过程开始出现分离,法律被认为是一种"当为",已具备了规范性特征。而古代法的选择、创设是不容易区分的,我们无法将立法和依法律做出的行为区别开来。法律体现了人们行为的"规律性",同时也设定了人们应当采取的行为模式。在昂格尔那里,习惯法是指个人与团体之间反复出现并得到人们的承认的一种相互作用的模式。对习惯法而言,即使是背离原有规则的行为也没有违反法律,反而是在创造新的法律。官僚法则由国家确立和强制执行的公开的规则构成。与习惯法不同,官僚法并不是人们事实上的行为模式,而是人们应当遵从的行为规则,体现了人类关系的"应然"状态。可见,古代法和习惯法都不是国家制定的法律,体现在人们的行为当中,而高度文明社会的法律和官僚法则是由国家制定的公共规则。

在昂格尔看来,官僚法并不是普遍适用的一般性规则。只有在现代西方国家[①],法律才具备普遍性和自主性(或自治性,autonomy),这就是法治。卢曼也认为现代社会的法律仅出现在欧洲大陆和盎格鲁-撒克逊地区,但他们对该法律的叙述并不相同。昂格尔眼中的法治不仅具有独立于政治道德以及宗教戒律的实体内容,而且是由职司审判工作的法律职业者(法官)运用一种区别于科学解释、政治[②]、经济和伦理论证的独特的方法(即法律方法、法律推理或者法律论证)[③]来解释和适用的。此种自主性促成了法律的普遍性,这不仅确立了公民在法律上的形式平等,而且保护公民免受国家的恣意干涉。可见,昂格尔强调的是现代法律的普遍性和"非人格化"。其实,这被认为是现代法律区别于其他法律的独特性,也是保护个人自由的重要机制。帕森斯甚至认为,这种形式上平等的普遍性法律的形成,乃是现代社会的一个最重要标志。[④]

---

① 昂格尔并未明确指出所谓的"西方"究竟指哪里,但根据其论述可知,就现代法治的发源地而言,"西方"仅指欧洲大陆和盎格鲁-撒克逊地区,就已形成法治的区域而言,"西方"则包括美国。See M.Unger, Law In Modern Society. New York:The Free Press,1977, pp.66-87,182-192.

② 昂格尔认为政治包含狭义和广义两层涵义。狭义的政治是指"对政府权力的掌握和使用",也就是对国家权力的追逐。广义的政治则指"对资源和安排的争夺,这些资源和安排设定了我们充满激情的实践联系的基本条件"。See M.Unger, Law In Modern Society. New York:The Free Press,1977, p.145.

③ 在 *The Critical Legal Studies Movement* 和 *Law In Modern Society* 中,昂格尔使用的概念是"法律推理"(Legal Reasoning)、"法律方法"(Legal Method)。在 *What Should Legal Analysis Become?* 这本书当中,昂格尔则采用"法律分析"(Legal Analysis)这个概念。但昂格尔并未在使用上区别这些概念,本书也就不加区分。

④ Talcott Parsons, Sociological Theory and Modern Society. New York:Free Press,1967,p.514.

卢曼也强调现代法律的自主性,但不是从作为主体的人及其所运用的法律方法的独特性来论述此种自主性,尽管法律机构和职业的独立性对于实现法律系统的自主性而言是不可或缺的。对他而言,现代法律即法律系统的自主性并不体现为适用法律解决纠纷的人是具有特殊法律技艺的职业者,或者适用法律的方法是有别于政治、伦理论证的独特方法,而在于它是由特定的法律决定(包括立法决定和司法决定)创设的。简单地说,自主性并不是表现在"人"身上,而是表现在法律系统自身的运作当中。此种论断与他关于社会诸子系统并不是由人构成的主张密切相关,可追溯至其反人本主义的方法论立场。

表二　三种社会与法律类型的比较

社会类型	古代社会	前现代高度文明社会	现代社会
主要分化形式	片断式分化	分层式分化	功能分化
法律类型	古代法(神法)	法律家法	实证法(法律系统)
法律的实现是否依赖于自立救助	是	否	否
法律规范是否普遍适用	否	否	是
法律规范是否区别于道德、宗教规范	否	否	是
法院是否独立的裁判者	否	否	是

2. 托氏的三种法律类型

卢曼从社会演化的角度将法律分为三种类型。具体而言,在社会演化的过程中出现了三种分化形式,即片段式、分层式和功能分化,相应地形成了古代社会、高度文明的社会和现代社会三种社会类型。与这三种社会相对应,存在着三种不同类型的法律,也就是古代法、前现代高度文明社会的法、现代社会的实证法即法律系统。在托依布纳看来,卢曼是以"外部"社会变量对法律系统的影响来分析法律的演化。他力图超越卢曼,建构一个内部变量和外部变量共同变化的更为全面的模式来分析法律的发展。由此,托依布纳将法律分为三类,即形式理性法、实质理性法、反思性的法。[①]

托依布纳提出了三种法律理性,而关于法律理性的分类可追溯至韦

---

① Guther Teubner, "Substantive and Reflexive Elements in Modern Law", Law & Society Review, 1983, Vol.17, No.2.

伯。韦伯依据两条标准区分不同的法律思维方式,进而形成四种理想型的法律。第一条标准是形式性(formality),也就是法律是否使用内在的决策标准。形式法的决策标准是内在的,也就是法律本身。实质法不仅考虑法律的规定,还要考量法律之外的道德伦理、公众情感、政治等因素。第二条标准是理性(rationality),即包含着一般性的规则或者原则。这意味着按照统一的标准来处理类似案件。两条标准结合起来,就形成四种法律:形式理性法、形式非理性法、实质理性法、实质非理性法。① 其中,"形式理性法"根据内在于自身的一般性规则做出决定。在韦伯看来,形式理性法是仅出现在现代西方社会的独特法律类型,其典型是受罗马法影响的近代欧洲各国民法典。而要做到根据内在的一般性规则做出决定,法律必须是由所有经分析导出的法律命题组成的一个整体。这些法律命题构成了一个逻辑清晰、内部一致,而且至少在理论上天衣无缝的规则体系。根据这种法律,所有可以想象到的事实情境都能够找到相应的法律规则,从而使秩序得到有效的保障。② 简单地说,法律是一个封闭而完美的规范体系。它把现实生活中的所有情况包揽无疑,所有的案件事实都能够对号入座,都能够找到相应的法律条款。只要通过对法律规范加以逻辑演绎,就能够获得精确的法律决定。现代法官就像自动售货机,投进去诉状和诉讼费,吐出来判决和从法典上抄下来的理由。③

形式理性法是与自由国家相对应的。在自由国家中,人们力图运用法治约束国家权力、保护个人权利。这源自于其"对自由、平等的渴求和对乱施束缚、歧视的权力以及对执政者不信任的心理",④人们的此种心理与其在封建社会的境遇不无关系。当时君主和贵族是统治者,其他人都是被统治的对象,其财产权、劳动自由、契约自由、人身自由都得不到保障。于是,在市民社会的兴起、包括商人在内的第三等级的力量逐渐强大足以对君主形成制约之后,市民纷纷要求将国家权力限制在法律所规定的较小范围内,使之受到规范,进而防止国家侵入市民领域,保障个人的自由,同时要

---

① [德]马克斯·韦伯:《法律社会学》,康乐、简惠美译,台北:远流出版事业股份有限公司2003年版,第237—247页。
② Max Weber, Economy and Society: An Outline of Interpretive Sociology, vol.II, Guenther Roth & Claus Wittich (eds.), Berkeley, los Angelse, London: University of California Press. Weber, 1978, pp.665-676.
③ [美]刘易斯·A.科瑟:《社会学思想名家》,北京:中国社会科学出版社1990年版,第253页。
④ [日]杉原泰雄:《宪法的历史——比较宪法学新论》,吕昶、渠涛译,北京:社会科学文献出版社2000年版,第22页。

求国家同等的对待所有人,以实现人与人之间的平等。值得指出的是,此时的自由、权利是消极意义上的,是免于强迫或者干涉的自由。也就是说,对自由的限制来自于故意的行动如行政机关的行政处罚行为,而与自由行使的条件无关。例如由于贫穷,由于根本不具有同雇主讨价还价的能力,工人只能接受工资极低的工作,这并不算是对工作自由的限制。并且,平等也只是形式意义的,强调对所有人都同等对待,禁止差别对待。不受国家调控的完全自由竞争的市场即可谓是非常平等的。为了确保消极自由和形式平等,国家采取了自由放任的体制。

然而,此种自由放任的体制使得财富日益集中,拥有巨额资产的雇主成为经济上的强者,雇佣工人根本无法与之平起平坐,更没有讨价还价的能力。所谓的财产权、契约自由与劳动自由,只是有利于拥有财产的雇主,而不利于雇佣工人,不过是促成了赤裸裸的劳资关系。雇佣工人在恶劣的劳动环境中长时间劳动,却只换来微薄的、不足以维持其生活的工资。贫穷、饥饿、劳累和疾病困扰着他们。对雇佣工人而言,国家所保障的自由权只是写在纸上的权利,"所谓的自由,只意味着多数弱者被放在了少数强者的恣意之下。"[①]这些自由不过是使雇主得以缔结工时长、工资低的雇佣契约,而居于弱势地位的工人唯有同意缔约,否则生活无以维续。这些自由还让雇主得以随意解雇工人,使劳动者陷入可能被解雇的危机之中。尤其当经济进入大萧条时期,雇主们大量裁员,工人更是随时可能失业,生活更为困苦。于是工人和雇主之间的矛盾不断激化,工人运动如火如荼。

为了避免工人运动推翻资本主义制度,维持社会的正常秩序,国家必须有所回应,不得不采取积极的措施。一方面通过给付金钱和物资保障每个人都拥有基本的生存条件,以消除社会的不安;另一方面,介入雇主和工人之间的雇佣关系,提高工人的地位,强化工人对雇主的交涉力,帮助工人改善其劳动条件,并对雇主的财产权和经济活动施加限制,防止其凭借自己在经济上的优势压制工人,以恢复雇主和工人之间力量的平衡,避免劳动争议和工人运动的再次发生。于是,自由放任的观念逐渐被社会福利国家理念所取代。在自由国家,国家的定位是"夜警",国家只需维护基本的社会秩序。国家权力只有在维护社会秩序所必要的范围内行使,才具有正当性。因此,最小的政府就是最好的政府,政府应当对不同利益之间的竞争、个人的生活方式持一种中立的态度,采取自由放任的立场。此种自由

---

① [日]杉原泰雄:《宪法的历史——比较宪法学新论》,吕昶、渠涛译,北京:社会科学文献出版社2000年版,第22页。

放任的思想以亚当·斯密的理论最为典型。他认为社会由个人组成,社会的幸福不过是个人幸福的总和。人类均有利己之心,什么是幸福,什么是痛苦,只有自己最清楚。所以国家对于国民的自由不强制、不限制、不妨碍就是最大的保护。[①] 然而,随着资本主义的高度发展和企业的日渐规模化,西方国家进入了垄断资本主义阶段之后,经济危机、工人失业、贫富悬殊等社会问题应运而生。这些问题已经不是个人的问题,而是社会结构性的矛盾。[②] 个人凭己之力已经无法解决这些社会问题,因此不得不仰赖国家的积极介入,希冀国家给予人民以"生存照顾"[③]。于是,国家应当救济贫困者,给予个人福利,使每个人都能够过上有尊严的生活的福利国家理念逐渐确立起来。

当消极意义上的自由权体系已经不能保证个人在社会生活中的应有尊严,国家应当保障个人权利的观念得以确立之后,社会权逐渐受到重视,被纳入人权体系中。与自由权不同,社会权的要旨在于保障每个人都拥有实现发展自由人格的机会。据此,自由扩展为兼具积极面向。恰如柏林所言,"我们不仅仅意指免于限制或强迫的自由。……当我们说得如此高贵的自由时,我们指的是一种积极的权力或能力,它让我们去做那种值得做和值得享受的事情,那也是我们与他人一起做或一起享受的事情。"[④]以保障个人能够做其想做的事情为要旨的社会权首先在1919年德国的《魏玛宪法》予以确立。随后许多国家纷纷效仿,在宪法中规定社会权的国家数量不断增加。社会权入宪的同时,宪法对财产权的保障力度也发生了改变,从绝对保障转向相对保障,通过对财产权的限制来确保社会权的实现。由此,宪法从近代意义的宪法转向了现代意义的宪法。美国虽未在宪法当中明文规定对社会权加以保障,但关于新经济政策的各项立法也包含了许多社会保障立法、劳动保护立法等与社会权有关的立法,因此法律层面对社会权的保障已经确立起来。[⑤] 如此一来,保护个人的积极自由成为国家的义务。为履行保护个人的义务,国家对社会生活尤其是经济生活进行干预,为年老者、残疾者和失业者等提供救助,保障其能够过上最低限度的生

---

① [英]亚当·斯密:《国民财富的性质和原因的研究》,杨敬年译,西安:陕西人民出版社2006年版,第315页。

② 周婧:《试论宪法劳动权的双重性格》,《南京农业大学学报》(社会科学版)2006年第2期。

③ 德国行政法学家福斯多夫曾言:"生存照顾乃现代行政之任务"。相关评析可参见陈新民:《公法学札记》,北京:中国政法大学出版社2001年版,第46-91页。

④ 转引自[英]诺曼·巴里:《福利》,储建国译,长春:吉林人民出版社2005年版,第42页。

⑤ [日]大须贺明:《生存权论》,林浩译,北京:法律出版社2001年版,第5-6页。

活,同时对大财产所有者和垄断性经济活动进行限制。国家不可能再无视个人在经济和社会生活中的差异,同等地对待所有人,而不得不对不同的人给予不同的对待。这与强调同等对待的形式平等有所区别,是一种实质意义的平等,也就是为了在一定程度上纠正形式意义的平等所导致的事实上的不平等,依据各个人的不同属性采取不同的方式,对作为各个人的人格发展所必须的前提条件进行实质意义上的平等保障。① 值得注意的是,实质意义的平等并不意味着完全消除各个人在事实上的差异,只是力图消除其中的不合理差异,仅限于消除由消极自由和形式平等所带来的弊端的范围之内。综上,西方国家由以保护消极自由和形式平等为目标的自由国家逐渐转向"促使自由能为个人所真正享有、保障每个人过上真正人的生活"的社会福利国家,②此时国家通过介入社会生活来保障个人享有实现自由的条件,并在一定程度上消除个人在事实上的不平等,以期使每个人都能够过上有尊严的生活。

然而,社会福利国家形成之后,出现了"形式法的实质化"。社会福利国家不仅要保障安全秩序,还要保障个人具备人格发展所需的条件。如此一来,国家不再放任经济社会自由发展,转而干预经济社会的运作过程。一方面限制个人尤其是垄断资本者的经济自由权,另一方面积极保障个人尤其是经济上的弱者的社会权。国家的管制和再分配行为获得了正当性,法律也成了政府进行管制和再分配的工具。③ 另一方面,现代社会的复杂性增加,差异性明显,多样性凸显。在这样的社会里,无论是立法机构做出的基本的社会决定,还是司法机构做出的基本的社会决定,都很难获得所有人的赞同和支持。④ 面对多元的价值立场,法律不得不选择其一。法律的选择是否具有可接受性,司法裁判是否具有合法性就越来越依赖于这些决定导致的后果,取决于这些决定是否有助于实现实质公正。于是,不仅国家权力的行使应当以法律为据,而且法律本身也应当为享有自由提供必要的条件、实现实质意义上的平等。如此一来,法治不再仅仅以防御国家

---

① 林来梵:《从宪法规范到规范宪法:规范宪法学的一种前言》,北京:法律出版社 2001 年版,第 107 页。
② Cass R.Sunstein, The Second Bill of Rights, A Member of The Perseus Books Group.Sunstein, 2004, pp.231-235.
③ R. M. Unger, What Should Legal Analysis Become? New York: Verso (1996), p.47.
④ [美]朱迪丝·N.施克莱:《守法主义——法、道德和政治审判》,彭亚楠译,北京:中国政法大学出版社 2005 年版,第 11 页。

为要旨,而且成为促就实质公正的机制。我们将其称为"实质法治"。①

福利国家的实质法治侧重法律的目标,不仅要求国家权力的行使须符合法律的规定,而且要求法律本身应当有助于实质公正的实现。依据法律来行使的国家权力也就应当以法律目的、实体正义的实现为要旨,必须确保个人的尊严、自由和权利,保障个人生存和生活需求得以满足,进一步对社会生活的未来图景加以规划和安排。为此,立法机关致力于制定保护个人积极自由和实质平等的法律,司法机关不仅关注形式公正,还关心实质公正。与之相伴的是,法律方法由形式主义的转向实质主义的。此种法律可称为"实质理性法"。

福利国家的实质理性法势必引起这样一个令人不安的问题:这是否符合个人自由的原则。对此,哈贝马斯曾加以深入剖析。在他看来,提供照顾、分配生活机会的福利国家力图通过有关劳动、安全、健康、住宅、最低收入、教育、闲暇和自然生活基础的法律,确保每一个人都具备符合人类尊严的生活的物质条件。但它显然造成了这样的危险:通过提供这种无微不至的关怀而影响个人自主性,而它——通过机会平等地利用消极自由的物质前提——所要推进的,恰恰就是这种自主性。也就是说,福利国家通过福利法为每个人提供生存保障。而福利法蕴含着介入私人领域、对社会加以整体性规划的危险,势必侵及个人的自由。于是,以保护个人自主为初衷的法律反而阻碍了个人的自主选择,旨在保障个人现实地享有自由的法律最终却危及个人自由。② 正因如此,韦伯强调法律的形式理性化,而对各种"实质化"的努力深表怀疑。毕竟,一旦国家成为"良知的受托者",通过法律管理人们的生活,以此实现社会正义,引导人们趋于自由,甚至希望塑造"新人",它就不仅成了社会福利的管理人,还是个人自由和个性完善的监护人。③ 个人将由国家来引领,自由何以保障?

昂格尔也对福利国家的实质理性法提出了质疑。昂格尔认为,社会福利国家形成之后,法官关注的是法律目的的达成,所运用的是目的型的法律方法即合理化法律分析。运用此种方法,法官首先要确定法律的目的、所蕴含的愿景,再依据目的对法律加以解释甚至是建设性的解释,并据此做出特定案件的判决。据此,法官不但关心如何解决当事人之间的纠纷,

---

① [德]哈贝马斯:《在事实与规范之间——关于法律与民主法治国的商谈理论》,童世俊译,北京:生活·读书·新知三联书店 2003 年版,第 492-508 页。
② [德]哈贝马斯:《合法性危机》,刘北成等译,上海人民出版社 2000 年版,第 506 页。
③ 李猛:《除魔的世界与禁欲者的守护神——韦伯社会理论中的"英国法"问题》,李猛编:《韦伯:法律与价值》,上海:上海人民出版社 2001 年版。

而且关注如何才能有效的实现法律的目的,才能使社会生活朝着法律所设定的方向、所蕴含的愿景迈进。法官就不仅追究个案中当事人之间谁是谁非,而是超出个案之外,考虑当事人所代表的社会诸种利益当中,应当优先保护哪一种利益才是符合法律目的的,与本案当事人类似的其他人应当如何行为才是与法律所设定的方向相一致的。于是法官把当事人之间的纠纷变成寻求因此纠纷才凸显出来的某一社会问题的解决方案的机会,利用个案诉讼,将这些议题带到司法审判当中,进而确立规则,对社会生活加以调整,引导其朝着某个方向发展。由此,法官所做判决的影响远远超出了当事人双方,法官不仅仅是纠纷的解决者,而且致力于使社会生活沿着某个方向、依着某种愿景前进,成为社会的塑造者。① 一旦以法律目的实现为要旨,法官就会根据最有效实现法律目的的手段来解释法律。由于裁判所针对的社会环境总是不断变化,法官必须具体问题具体分析,根据具体的环境来判断何为最有效手段、如何做才能实现实质公正。这些判断势必随着环境的不同而改变,因此对法律的解释也必然变化着。如此一来,法律区别对待不同的人、不同情况,不再是同等对待所有人的普遍规则,法律的普遍性受到了侵蚀。与此同时,由于和行政人员一样追求实质公正,法官不得不走出法律独特的知识圈去寻找一种不同集团共有的价值观、伦理观,并据此决定在特定的案件当中何为实体正义以及应当如何实现此正义。② 于是,法律方法区别于政治、伦理推理方法的特色逐渐消失,法官、司法机关与行政人员、行政机关的差别也日益缩小,法律的自治性被破坏了。③

此外,法官对社会的塑造并非被动的,并非机械地执行体现在制定法中的立法意图或者前辈们通过判例法勾勒出来的社会愿景,其实法官也参与到社会的规划当中。这是因为表现为原则或者政策的法律目的、法律要实现的愿景虽然可以通过考察法律文本、立法的相关资料、类似的先例来加以明确,但由于对这些法律素材(legal material)的解读可能因人而异、呈现出多种版本,它们也只是提供了一些指导而非确定的答案,法律目的内

---

① 值得指出的是,法官角色和功能的演变与其所运用的法律方法的改变,究竟孰先孰后难以分界。或许二者相辅相成,不过是变迁过程中的不同侧面罢了。而且,法官的社会塑造功能不但体现为其法律方法是目的导向型的,侧重于有效实现法律目的,还表现在原告资格的松动、受案范围扩张、公益诉讼的兴起和司法审查密度增强等诸多方面。关于此可参见[意]莫诺·卡佩莱蒂:《比较法视野中的司法程序》,徐昕、王奕译,北京:清华大学出版社2005年版,第293-420页。

② 周婧:《一种批判的法治理念——昂格尔对司法功能与方法的重构》,北京:法律出版社2010年版,第200页。

③ M.Unger, Law In Modern Society. New York:The Free Press,1977, pp.193-200。

容有赖于法官的价值判断。其次,法律可能同时包含着多种原则或者政策,在具体的案件当中,哪一种原则或政策才是最为重要的、需要优先实现的。法官必须根据现实的需求来决定,以此"更多的回应社会需要"[①]。再次,实现法律目的的方式可能有多种,究竟何种才是最好的,建立在此基础上的法律解释应当如何?法律本身并没有予以回答,这依赖于法官对最有效方式的认识。因此,法律规范"只是对许多可能事件的准则,也因此绝非是真实事件的裁判;亦即制定法不是法(律)的真实性,而只是法(律)的可能性——要由制定法产生法(律),就需要附加的建筑砖石。"[②]这不仅仅对制定法而言是正确的,判例法也是如此,二者都需要由适用法律的法官来补充。法律目的究竟为何,法律意图将社会塑造成什么模样,如何对法律加以解释,法官都有选择的余地。

在1954年布朗诉教育委员会[③]一案中,美国联邦最高法院运用宪法修正案第14条的平等保护条款,推翻了1850年马萨诸塞州最高法院同样由此条款推导出来的"平等隔离"(separate-but-equal)理论,判定种族隔离具有违宪性,进而推动了不同种族的权利平等即为明证。据此,法官不再严格依据法律裁判案件,而是以如何才能有效实现法律目的为准据解释法律、甚至修改那些与法律目的相违背的法律。法官不再仅仅是法律的适用者,已然承担了立法者的部分职能。如此一来,司法就不是中立的,法官无法依据非人格化的法律来裁判行政机关的行为是否合法,或者依据客观的正当的法律目的来修正立法机关制定的法律,以使个人权利免受侵害,甚至可能因摆脱法律的约束而做出任意的判决,危及个人权利。[④] 因此,在当代西方国家,有效控制权力的法治理想被认为已经落空了。

由此,如何解决社会福利国家"形式法的实质化"问题,法律如何回应"形式"理性的危机成为核心问题。托依布纳的回答是,反思性的法将取代实质理性法。反思性的法虽然和实质理性法一样都注重实质公正,但并不认为何谓实质公正是确定无疑的。因此,它力图通过组织规范和程序规范来确保法律决定过程的合理性,确保法律能够对社会系统加以回应。通过这种回应,反思性的法能够对社会进行规制,对社会行为进行控制。但

[①] Jerome Frank, Mr. Justice Holmes and Non-Euclidian Legal Thinking, 17 Cornell Law Quarterly 568(1932).

[②] [德]阿图尔·考夫曼:《类推与"事物本质"——兼论类型理论》,吴从周译,台北:学林文化事业有限公司1999年版,第11页。

[③] Brown V. Board Of Education of Topeka, 347 U.S.483 (1954).

[④] 周婧:《一种批判的法治理念——昂格尔对司法功能与方法的重构》,北京:法律出版社2010年版,第103页。

这种规制和控制不是直接的,不是由法律来决定未来的行动方案,而是间接的,因为法律只是设定了做出决定的程序。①

从理论渊源来看,托依布纳是在诺内特和塞尔兹尼克法律演化论的基础上提出反思性的法。诺内特和塞尔兹尼克将法律分为三种类型:压制型法、自治型法和回应型法。压制型法的一个重要标志是统治者并不关心被统治者的利益。这时,法律是统治者维持其统治的重要工具。自治型法则与法治相伴而生,此时法律由政府进行压制的工具转变成为约束政府的工具,政府必须按照法律规定的程序和内容行使权力,这能够有效解决困扰压制型法的权力制约问题。自治型法通过与外部隔绝而获得安全性,但难以有效适应社会的变化、灵活回应社会的需要。因此,新的法律类型即回应型法出现了。回应型法保持对外部环境的敏感度,能够反应社会环境的变化,这种回应是通过以目的为指导来批判具体法律规则,最终促成实质正义的实现。②

是否具有自治性是自治型法与回应型法的关键区别。诺内特和塞尔兹尼克认为法律的自治性可以概况为以下几点:第一,法律与政治分离。法律的制定和法律的适用明显区分开来,法律具备独立性。第二,法律被严格地适用。法律机构只能严格按照法律做出法律决定,不能创造性地解释法律。第三,法律被严格适用是首要的,至于适用的结果是否公正不是法律机构要考虑的。第四,适用法律和批判法律被严格区分开来,前者须严格服从法律,后者由政治机构来完成。概言之,法律的自治性主要表现在具体案件的法律决定过程严格依据法律规则展开,独立于政治之外。而获得此种自主性的首要条件是做出具体法律决定的法律机构即法院成为独立的机构。正因如此,诺内特和塞尔兹尼克认为法治诞生于法律机构取得足够的权威以对政府权力的行使进行规范约束的时候。③

在托依布纳看来,当代的法律的确是自治的,但这并不意味着法律与社会毫无联系。只不过法律与社会之间的联系不再是全面的,而是具有高度选择性和多样性,既有非系统性的松散耦合,又有紧密耦合。这些联系

---

① Guther Teubner, "Substantive and Reflexive Elements in Modern Law", Law & Society Review, 1983, Vol.17, No.2.

② [美]P.诺内特、[美]P.塞尔兹尼克:《转变中的法律与社会:迈向回应型法》,张志铭译,北京:中国政法大学出版社2004年版,第29、54页。

③ [美]P.诺内特、[美]P.塞尔兹尼克:《转变中的法律与社会:迈向回应型法》,张志铭译,北京:中国政法大学出版社2004年版,第59-60页。

是通过法律的封闭运作实现的。① 法律的自治不应等同为自给自足,而是体现在法律是一个封闭的系统。因此,托依布纳在诺内特和塞尔兹尼克的法律自治的概念上更进一步,把这个概念转为对社会的依赖性与独立性的关键:法只在对自身动力的回应中改变自己。法律规范——规则、教义学、制度、组织——只在其自身的元素中再生产自己,但它是在回应环境的需求中这样做的。一方面,外部的发展没有被忽视;另一方面,这些发展并不意味着社会的变化直接导致法律改变。相反,法律根据自身的结构来改变内部逻辑,以此回应社会的变化。此外,诺内特和塞尔兹尼克没有看到法和社会的发展过程间的相互依赖性。因此,必须在一个法律结构和社会结构共同变化的模式中,把"内部"和"外部"的变量彼此联系起来。②

基于此,托依布纳借鉴了卢曼的法律演化论。对卢曼而言,法律的演化源自两个方面。一是"内生"的演化,即法律自身的演化;二是"外生"的演化,即外在于法律的社会环境的演化对法律产生影响。整个社会环境强化或弱化了内生演化机制,并影响了法律系统的内部动力。法被适应于社会分化的不同发展阶段,形成与古代社会、高度文明的社会和现代社会三种社会类型相对应的三种不同类型的法律,也就是古代法、前现代高度文明社会的法、现代社会的实证法。基于此,托依布纳将卢曼的三种法律类型与诺内特和塞尔兹尼克的三种法律类型进行比较。具体而言,诺内特和塞尔兹尼克的"压制型法"与政治权力紧密联系,与卢曼的"前现代高度文明社会的法"一致,这种法的结构反映了在阶层社会中政治秩序的优先地位,也符合这种社会的等级形式。诺内特和塞尔兹尼克的"自治型法"满足了韦伯意义上的形式理性:法与政治分类、法律职业化、严格的规则取向、普遍主义和精确化、人为的论证和程序公正的概念。这与卢曼的现代社会实证法是对应的。③ 诺内特和塞尔兹尼克的"回应型法"则包含了对自主型法的两种转向,即从形式理性转向结果的实质理性、以过程为导向的建构制度与组织参与所具有的反思理性。④ 于是,托依布纳提出了"反思性的法"。所谓"反思"包括三层涵义:一是法律系统根据结构来决定自

---

① Guther Teubner, "Legal Irritants: Good Faith in British Law or How Unifying Law Ends Up in New Divergencies", Modern Law Review, 1998, Vol.61, No.1.
② [德]贡塔·托依布纳:《魔阵·剥削·异化——托依布纳法律社会学文集》,泮伟江、高鸿钧等译,北京:清华大学出版社2012年版,第275-284页。
③ [德]贡塔·托依布纳:《魔阵·剥削·异化——托依布纳法律社会学文集》,泮伟江、高鸿钧等译,北京:清华大学出版社2012年版,第290-294页。
④ Guther Teubner, "Substantive and Reflexive Elements in Modern Law", Law & Society Review, 1983, Vol.17, No.2.

身的运作,能够自我识别。二是法律通过设定相应程序来支持其他社会系统的自我识别。三是法律是规范性的,对其他社会系统具有约束力。①

表三 现代法律理性的类型和维度②

维度	形式的	实质的	反思的
法的正当化	个人主义与自主性的完善,确立私人的活动领域	对经济行为和社会行为的集体规制并补偿市场的不足	控制下的自我规制:协调种种循环决定的社会合作形式
法的外在的功能	为发达市场社会中资源流通和分配以及政治制度中的合法性提供结构性前提	为市场决定的行为模式和行为结构提供工具性修正	为内在话语系统和外在协调系统提供结构系统和重构系统
法的内在结构	规则导向:通过演绎逻辑予以适用的概念式建构规则	目的导向:通过规制、标准和原则所实施有目的行动规划	程序导向:以关系为导向的制度结构和判决程序

3. 法律系统的功能与效用

托依布纳与卢曼对于法律类型的划分不同,对于是否区分法律系统的功能与效用也持不同观点。托依布纳并不严格区分功能与效用,卢曼则区分功能与效用,认为特定的功能是法律系统区别于其他系统的根本。那么,法律系统的功能是什么?或者说法律通过其运作能够解决社会中的什么问题?卢曼的回答是,法律的功能在于确立和稳定规范性预期(normative expectation, normativer erwartung)。

(1)规范性预期和认知性预期

要分析法律系统如何发挥确立和稳定规范性预期的功能,首先得厘清什么是预期。在卢曼看来,预期就是关于什么已经被证实,什么将被证实的沟通。规范性预期是指即便在落空或者没有得到实现的情况下也受到社会肯认的预期。③ 与之相对应的是认知性预期,也就是一旦落空就会被放弃的预期。二者的区别在于对待预期落空的态度不同:放弃还是维持。人们在预期落空的情况下,就通过学习来改变原有的预期来适应变化,该

---

① [德]贡塔·托依布纳:《魔阵·剥削·异化——托依布纳法律社会学文集》,泮伟江、高鸿钧等译,北京:清华大学出版社 2012 年版,第 281-282 页。
② [德]贡塔·托依布纳:《现代法中的实质要素和反思要素》,矫波译,强世功校,《北大法律评论》1999 年第 2 卷第 2 辑。
③ Niklas Luhmann, A Sociological Theory of Law. Martin Albrow.(ed.), Elizabeth King & Martin Albrow (trans.), London: Routledge & Kegan Paul, 1985, pp. 77, 105.

预期就是认知性的。相反,即使预期落空了,人们也拒绝学习,仍然维持原来的预期,该预期就是规范性的。法律系统的运作就是通过判定某个事件是合法还是非法的,来确定哪些预期是规范性预期。如此一来,人们就知道哪些预期将得以维持,判断对方期待什么,并据此调整自己的行动,解决帕森斯所谓的"双重偶在性"问题。

双重偶在性出现在两个行动者的互动过程中。具体而言,甲可能采取这样的行动也可能采取那样的行动,究竟采取什么行动取决于乙对甲的预期。换句话说,在采取行动之前,甲不仅要考虑"对方(乙)会怎么对我(甲)",还要考虑"对方(乙)会怎样预期我(甲)将采取什么行动"。这个预期其实是甲自己对(乙的)预期的预期。而对于乙来说,甲的行动是不确定的。也就是说,乙对甲的预期是偶在性的。那么,甲对乙将如何预期自己的预期,即预期的预期就是双重不确定的。于是,出现了双重偶在性。[1] 这其实来自于预期的自我指涉,也就是预期指涉自身,如预期的预期,预期预期的预期。如此一来,相互的预期增多,复杂性也增加了。举例而言,妻子晚上总是做冷餐,预期自己的丈夫也是如此预期的(即期待着自己做冷餐)。而丈夫也得预期妻子预期自己预期她会做冷餐,否则他就无法理解如果他希望妻子做份热餐,这不仅导致不便,还会削弱妻子关于他的预期的安全性,妻子就会觉得他是个情绪化且难以预测的人。

在卢曼看来,双重偶在性不仅出现在两个行动者所构成的互动系统中,而是普遍存在于人们的沟通和交往中。在双重偶在性的情况下,所有的行动都具有双重相关性,也就是说,甲究竟采取什么行动一方面与甲预计乙会怎么对待自己(对行动的直接预期)有关,另一方面还取决于甲预测自己的行动将对乙的预期意味着什么(即对预期的预期)。我们需要同时解决这两个层面的不确定性和偶在性。[2] 而在现代社会,相互交往的人们彼此之间可能并不熟悉,因此很难再依赖于人际之间的熟知与信任来解决沟通中的双重偶在性及其导致的复杂性。复杂性的解决就不得不依靠社会而不是个人。于是,社会发展出许多相应的机制,如语言、符号体系等。其中,最为重要的是为人们提供规范。借此人们就知道哪些事物是可能出现的,另一些出现的概率则较低。未来在一定程度上就是可预见的,而不是完全不可知、不确定的。提供规范的社会子系统就是法律系统。

---

[1] Talcott Parsons, The Social System. New York: The Free Press, 1964, p.94.
[2] Niklas Luhmann, A Sociological Theory of Law. Martin Albrow. (ed.), Elizabeth King & Martin Albrow (trans.), London: Routledge & Kegan Paul, 1985, pp. 26-28.

法律系统通过判断某个事件是不是合法,来明确哪些预期是规范性预期,确定规范性预期所涉及的时间、对象和具体内容,进而使规范性预期具有稳定性。例如,医院规定探访时间为每天下午两点至五点。这一规范不仅使得对行动的直接预期成为可能,而且调整了预期的预期,使每个人都能预期其他人对自己的预期,如造访者(甲)能够预知被访人(乙)已预见到自己(甲)下午可能来访。如此一来,造访者和被访者都能够对自己的行动加以安排和规划。可见,针对所有人的普遍性规范持续有效地为人们提供不随情景改变的一般化指示。有了一般化的指引,人们就能够比较冷静地应对日常生活中令人失望的事情。人们的行动就具有可预见性,社会生活也具备了有序性。此种有序性并不有赖于消除纠纷和冲突,而在于处理冲突的机制。通过法律提供一般化的规范性预期,甲乙双方都能够预期对方的预期,并据此调整自己的行动,秩序才可能实现。

(2) 功能与效用

预期的规范性只是说明即使落空,预期仍然得到法律系统的支持,也就是说预期具有对抗落空这一事实、不随事实而改变的特征。这并不意味着法律必然能够消除纠纷。即使承认对方的预期是规范性的,行动者仍然可能让对方的预期落空。比如明知自己应该支付货款,但由于资金周转不过来,买方还是没有付货款。其次,法律不仅消除冲突,也可能制造冲突。毕竟,人们可能援用法律来拒绝对方的要求,如司机以货物损坏是台风这一不可抗力的因素导致为由拒绝赔偿货主损失。再次,大量的纠纷都不是通过法律来解决的。当事人把纠纷诉诸法院之后,纠纷才能通过法院作出是否合法的决定来解决。实际上,只有一部分纠纷通过法律决定的方式解决。尤其是彼此熟悉、关系亲密的当事人一般不愿意诉诸法院,更愿意通过协商调解的方式解决纠纷,以期能够保持原有的关系。加之,诉讼往往周期较长,当事人需要投入大量时间精力。相比之下,非诉讼纠纷解决机制更为灵活和高效,因此受到了许多当事人的青睐。

基于此,卢曼认为解决纠纷并不是法律系统所特有,只是法律系统为其他功能系统提供的效用(performance)。效用与功能不同。只有当法律系统从社会中分化出来,成为一个自主运作的子系统,其功能才是特定的。当法院独立于立法和行政机构、成为专门适应法律规范裁判案件的决定者的时候,法律系统才得以形成。此时,法律系统的功能就特定化和专门化。因此,功能与效用的区分标志在于它是否为法律系统独有。由于纠纷并不只是法律系统解决,所以解决纠纷不是法律系统的功能,只是法律诸多效用中的一种。①

对卢曼而言,功能与法律系统的分化有关。法律分化出来成为一个功能子系统之后,其功能才是唯一的。这种功能当然还可以继续分解为各种子功能,也就是法律系统对社会其他领域如政治、经济、道德等的贡献。在这个意义上,法律还有为法律职业者挣口粮的功能。但如果涉及系统的分化,法律仅具有一种功能。据此,卢曼式的法律功能并不具有普遍意义,不是任何法律都具备的,只限于作为功能系统的法律。此种对法律功能的狭义界定和现实主义法学的代表人物卢埃林恰好相反。卢埃林指出任何群体(不限于社会,还包括家庭、合伙人甚至是一群儿童伙伴)的"法律"都是社会规范,都具有不变的基本功能。这些基本功能包括解决纠纷、预防性地引导或转变人们的希望和观念、确定个人的权限以及协调群体内部的活动。② 卢埃林寻求普遍适用的功能概念,以期对各种类型的法律进行功能分析。卢曼关注的焦点则是现代社会的法律系统,并不是作为规范的各种法律。在卢曼看来,法律系统对于整个社会的贡献就是稳定规范性预期。

然而,预期的规范性并不意味着法律所维持的预期必然得以实现。换句话说,有效的法律未必得以遵循,未必具有实效性。规范可能被遵守,也可能不被遵守。它并不许诺符合规范的行为,只是保护抱有规范性预期的人,同时在沟通的过程中为他提供有利条件。就此而言,法律未必能够有效调节人们的行为。并且,除了法律之外,还有许多机制调整人们的行为。比如,没有信用卡就不提供汽车出租等服务。实际上,就调整行为而言,有些机制(如要加油得先付钱)比法律更为有效。基于此,卢曼认为对行为的调节作用并非为法律系统所独有,这只是法律系统为其他功能系统提供的效用,而不是其功能。③

其实,主张法律未必能够有效调整行为的观点并非卢曼所独有。美国著名法哲学家罗科斯·庞德也认为法律的调节能力是有限度的。首先,法

---

① Niklas Luhmann, Law as A Social System. Fatima Kastner, Richard Nobles, David Schiff & Rosamund Ziegert.(eds.), Klaus A. Ziegert (trans.), New York: Oxford University Press, 2004, pp.167-169.

② Karl .N. Llewellyn, Jurisprudence: Realism in Theory and Practice, The University Of Chicago Press(1962), pp.99-100, 359-363.

③ 需要说明的是,法律调节行为未必涉及对自由的限制。实际上,法律保护人们免于受到干预,躲避他人以道德或理性的名义实施的强制。比如拒绝过高的纳税要求进而能够积累财富;拒绝一个家人选中的对家庭有利的婚姻对象而追求建立在爱情基础上的婚姻。就此而言,法律是自由的保证而不是限制。法律就像保护个人防御他人过度干涉的一堵墙。正因如此,依法律而治即法治成为人们追求的目标。

律只是设定相关的规范,法律的实现不得不依赖于具有强制力的外部机构如政府的支持。而外部的支持未必是强有力的,比如被判处监禁的犯人越狱逃走。所以,法律所设定的规范性要求未必能得到遵守。其次,法律自己没法执行,它必须通过公民的援用或者法院的适用才能约束人们的行为。只有那些高度明确的法律才可能被援用或适用。因此,并非所有法律所规定的行为模式都具有现实的效力。再次,并不是所有的行为都能够通过法律来调整。尤其是涉及亲属的行为,大多处于法律调节之外的"法外空间"。因此,庞德指出法律通过调节行为来改变社会的能力是有限的,尽管法律是一种实现社会控制的工具。[①]

实际上,法律究竟能否以及在多大程度上调节人们的行为模式、改变社会生活一直是法律社会学关注的主题。20世纪60年代兴起的"法与现代化"运动就持乐观的态度,认为法律能够改变社会,并力图通过将美国的法律制度移植到第三世界国家来推动社会变迁,实现现代化。然而,何谓社会变迁?这似乎并非不言而喻。有学者认为社会变迁是指社会已建立的行为模式的任何非重复性的变更。但社会并非静止不动的,变化总在发生,"任何非重复性的变更"都能称得上变迁吗?基于此,另有学者认为只有社会结构-社会关系模式、原有的社会规范和社会角色方面的变化才是社会变迁。种族和民族之间社会关系的改变将导致社会变迁,经济水平小幅度的增减则不构成社会变迁。[②] 法律与社会变迁之间的关联性毋宁是个值得深入探讨的论题,不仅社会变迁的定义需要进一步的厘清,法律如何随着社会变化而改变,与此同时又在何种程度上影响社会的变迁都需要细致的研究。

就法律能否改变社会行为模式而言,其有限性在法律的历史中足可见一斑。著名的例子是美国禁酒令的制定及其废止。1919年美国国会通过宪法第18条修正案即禁酒令,规定自1920年1月起所有生产、销售、运输甚至饮用酒类的行为都违法。从1920年至1931年,超过75万人因为违反了禁酒令而被捕。所课处的罚金和罚款总额超过了7500万美元,被没收的财产价值高达2.05亿美元。尽管如此,生产、运输和饮用酒类的行为没有消失,反而导致酿造私酒成为庞大的非法事业,并由此造就了黑社会的空前泛滥。在这种情况下,罗斯福总统提出废除禁酒令。1933年,美国

---

① [美]罗斯科·庞德:《通过法律的社会控制》,沈宗灵译,楼邦彦校,北京:商务印书馆2010年版,第73-95页。

② [英]罗杰·科特威尔:《法律社会学导论》,北京:华夏出版社1989年版,第53-55页。

宪法第 21 条修正案通过,第 18 条修正案即禁酒令被废止。

宪法修正案第 18 条禁酒令没能实现禁止人们喝酒的目标,倒成为美国宪法史上唯一被废除的宪法修正案。禁酒令失败并不仅仅因为法令的执行不力,如警察执行法令时候并非全力以赴,联邦和各州政府没有设立专门的执行机构等。或许更为重要的是法令与大多数人的生活方式相对立。其实,该法令的生效与清教徒追求"清廉"生活的传统有关。自 19 世纪中期,清教徒就开始寻求以法律手段制裁酒徒。这得到了以维护传统家庭为己任的妇女组织的积极响应,并最终促成了禁酒令的产生。然而,对大多数非清教徒而言,饮酒是他们娱乐、放松的一种方式,成为其生活的一部分。即使以法律制裁为后盾,也无法改变他们固有的生活方式。① 基于此,禁酒令未能实现禁酒的目标,反而因与大多数人的意愿相违而招致废止。

诚如美国著名法哲学家朗·富勒所言,具有法治品德的法律必须是可循的(conformable)。也就是说,法律对于被命令的人而言,在物理上、精神上或环境上不是不可能遵循的。② 尽管人们通常认为,任何神智健全的立法者,甚至最邪恶的独裁者都没有理由制定一部要求人们去做不可能之事的法律,现实生活却与此相反。当然,立法者也可能善意地利用这一技术,就像一位良师为了发挥学生的潜力而对学生提出超出其能力的学习要求。但是,立法者忘记了一点:如果学生未能完全实现教师不切实际的要求,教师也可以就学生已完成部分要求而表扬他们。但是,如果法律不切实际,政府官员就不得不在两难中进行选择:要么强迫人们为其不可能为之事,进而造成严重的不正义,要么对违法行为视而不见,导致人们不再尊重法律。③ 就此而言,尽管作为规范的法律与事实是相互分离的,却不是完全无涉的。至于如何架起事实与规范之间的桥梁则是法哲学上一个颇为艰深的论题。正因如此,历史法学派的代表人物萨维尼反对法律是理性创造的观点。当然,这并不意味着作为规范的法律能够径行从事实中推导出来。作为规范的法律固然具有对抗事实的特征,但又不可与事实完全脱节,否则将因要求过高而不切实际,最终导致难以执行而成为一纸空文。

卢曼严格区分法律系统的功能与效用。托依布纳却没有将法律系统的功能与效用进行严格的区分,甚至并未将是否发挥特定功能作为识别法

---

① [英]罗杰·科特威尔:《法律社会学导论》,北京:华夏出版社 1989 年版,第 63-64 页。
② Margaret Jane Radin, Reconsidering The Rule of Law, Boston University Law Review 1989, vol.69.
③ [美]富勒:《法律的道德性》,郑戈译,北京:商务印书馆 2005 年版,第 83-84 页。

律系统的标志。由于放弃了功能前提,托依布纳不再围绕立法或者司法来分析法律,而是将法律分为不同专业领域,如人权法、卫生法、商人法。这些法律并不具有独立的立法机构,也没有专门的司法机构,甚至并未将"同等情况同等对待"作为其准则。相反,调解成为一种常态,法律决定更多地取决于具体的案情而不是事先确立的规则。①

更为重要的是,托依布纳将解决纠纷作为分析法律系统的一个重要出发点。法律系统如何通过自身的运作解决纠纷,在解决纠纷的过程中法律系统如何回应其他社会子系统的需求,纠纷能否得到有效解决等都是托依布纳关注的重点。

托依布纳和卢曼的此种差别与他们各自的理论旨趣不无关系。作为法学家的托依布纳,不仅运用系统理论分析法律,探讨法律究竟如何演化和运作,还要对法律现实当中的问题作出回答。不仅分析作为"实然"的法律,而且注重作为"应然"的法律。如何解决纠纷是法学家不能回避的问题,甚至是法学家首要解决的问题。托依布纳自然关注法律能否有效解决纠纷,而这种有效性是因不同领域而异的。这就需要详细分析不同领域产生了哪些纠纷,这些纠纷是如何产生的,上述纠纷对法律系统提出的哪些要求,法律系统又是怎样回应的,此种回应是否有效。基于此,托依布纳研究经济、科学、教育、卫生、艺术、体育等不同领域的法律。在全球化的背景下,上述领域的法律规范并非来自于单一的主体,存在着来自不同国家、不同组织的法律规范之间的冲突。因此,如何解决上述冲突成为托依布纳关注的焦点。

与托依布纳不同,卢曼并不关注"法律应当如何"。他既没有从法律适用的角度,探讨如何更好地适用法律规范做出更具有可接受性的决定,也没有从法律制定的角度,分析如何根据更高一级的规范如自然法或高级法来批判和完善现行法律。②尽管也是法科学生,也坚持新康德主义的事实和规范的二分,但作为社会学家的卢曼只是从外部观察法律,所关心的是作为一种现实存在的"事实"即法律是如何运作的。卢曼并致力于通过分析法律如何运作来回答社会理论的核心问题:现代社会如何可能。所以,卢曼并不关注法律系统是否有效解决纠纷,法律系统应当如何运作才能有效解决纠纷。卢曼甚至认为,法律未必能够有效调整人们的行为,未

---

① 泮伟江:《托依布纳法的系统理论评述》,载[德]托依布纳:《魔阵·剥削·异化——托依布纳法律社会学文集》,泮伟江、高鸿钧等译,北京:清华大学出版社2012年版。

② Niklas Luhmann, Law as A Social System. Fatima Kastner, Richard Nobles, David Schiff & Rosamund Ziegert.(eds.), Klaus A. Ziegert (trans.), New York: Oxford University Press, 2004, p.71.

必能够解决纠纷。因为即使承认对方的预期是规范性的,行动者仍然可能让对方的预期落空。

此外,卢曼认为法律系统的功能不是与维持社会存续所需的某个先决条件相对应。尽管法律是社会诸子系统中的一个,但法律的功能并不是由社会的需求决定,也不是为了实现某个目的或者解决某个既定的问题。换言之,法律并不因为社会系统有诸多纠纷需要解决,就围绕如何解决纠纷展开其运作。也就无所谓法律应当如何运作以更好地解决纠纷、更好地回应社会需求等诸如此类的问题。

(3) 法律的功能丧失了吗?

尽管未必能够改变人们的行为模式,法律仍然被认为是社会整合的有效机制。庞德就主张法律是实现社会控制的工具,即使他也承认法律的有效性并非没有限度。在他看来,通过平衡相互冲突的利益,法律能够保障社会的凝聚力和有序地变迁。为此,庞德还对利益作了门捷列夫元素周期表式的详细分类,以期为法院有效地控制社会冲突、最大限度满足人们的需求提供指引。帕森斯也认为在现代社会中作为主要规范的法律承担着社会整合的功能。

法律调节行为、解决纠纷的能力是有限的,而道德在一定程度上对行为的约束可能更为有效,毕竟道德能够深入人们的内心、信念,法律则望而却步。既然如此,为什么仍然将法律视为解决纠纷和冲突的有力手段?这是因为在现代社会,随着劳动分工的细化以及职业的高度专门化,归属于不同职业群体和组织的个人之间的差异性凸显,社会日渐多元化。与此同时,随着社会的发展,人们的交往、沟通不再受限于特定的地域,陌生人之间的来往逐渐增多。于是,需要一种具备普遍性的社会规范来确保这些来往能够顺利进行,进而维持社会的有序性。随着现代社会的演化,法律不仅与那些对个体行动加以约束的价值观相分离,并且排除了亲属关系和个人所属阶层、社会地位的影响,成为同等对待所有人的普遍规范。基于此,具备了自主性的法律成为最主要的社会规范,为政治、经济等领域的来往提供便利条件,避免社会系统内部各组成部分之间的冲突,保持各组成部分之间的相互适应,从而发挥整合功能。①

尽管法律被认为是解决纠纷的有力手段,但实际效果并不十分理想。由于案件逐渐增多,法院的负荷过大,无法及时做出法律决定,解决纠纷。

---

① TalcottParsons, "A Sociological Look at The Legal Profession", in Essays in Sociological Theory. New York: Free Press, 1954.

退一步而言，即使法院做出了法律决定，也未必能够改变社会现状。比如，美国联邦最高法院在1954年的"布朗诉教育委员会案"中宣告判定"黑白分校"的种族隔离措施违反宪法上的平等保护条款，但种族隔离的现实并未改变。有些白人为了避免自己的孩子和黑人小孩同校，甚至将子女转到昂贵的私立学校，或者不惜举家搬迁到只有白人居住的地方。[①] 于是，出现了法律"功能丧失"的说法。

在卢曼看来，如果以传统的、希望通过法律对社会进行调控来衡量，现代法律分化之后与其他子系统的联系变少，这是功能丧失的表现。但系统分化是否意味着功能失灵？一旦我们坚持一种广义的、强调实质性的功能定义，势必会抱怨现状。我们当然可以设定一个非常广的、涵盖所谓社会领域、一切事物的功能概念，并以此来衡量现状，甚至把这当作是社会学的任务。但涵盖范围广的概念难以为人们的调查研究提供明确的准据，调研结果所表明的或许并不比之前的见解更多。如果研究停留在这个层面，所谓的研究不过是成见的一种表达。基于此，卢曼主张谨慎界定功能的概念，将社会监督、调控、应然、价值、平等、一致意见、强制、时间、抵抗现实等排除在外，把它们进一步分解，并纳入更为复杂的概念网络中。任何关于多功能的设想都可能导致相互交叉和法律界限的模糊不清。[②]

功能与法律系统的分化相关联，是唯一的。也就是说，功能是对整体而言的，是指作为子系统的法律对于整个社会系统的贡献。这意味着包含法律的社会是一个更大的系统，是一个整体。但对卢曼而言，现代社会并不存在能够由某处、某个子系统来代表的统一性。现代社会是多中心的，任何子系统都不是居于其他子系统之上、对后者发号施令的"中心"。而且，社会不像生命有机体那样，需要满足某些先决条件才能维续。一旦人们进行交往、沟通，作为系统的社会就出现了。法律系统的功能也就不是与维持社会存续所需的某个先决条件相对应。尽管法律是社会诸子系统中的一个，但法律的功能并不是由社会的需求决定，也不是为了实现某个特定的目的。

这显然有别于帕森斯。在帕森斯那里，各子系统执行什么功能取决于如何才能维持系统的存续。具体而言，社会必须满足适应、目标达致、整合

[①] Michael Klarman, Brown, Racial Change, And The Civil Rights Movement, Vagenia Law Review, 1994(80).

[②] Niklas Luhmann, Law as A Social System. Fatima Kastner, Richard Nobles, David Schiff & Rosamund Ziegert.(eds.), Klaus A. Ziegert (trans.), New York：Oxford University Press, 2004, pp.165-166.

以及模式维持即 AGIL 四种功能要素,才能够存续。① 在现代社会,社会维续必需满足的 AGIL 四种功能相互分离,并与四个独立的子系统(即经济系统、政治系统、社会共同体和信任系统)形成了对应的关系。而在社会共同体当中,整合的功能是由社会规范来实现的。法律则是最主要的社会规范。基于此,法律发挥着社会整合的功能。可见,只有指认出作为整体的系统及其所需,才能确定子系统执行的功能。如此一来,系统的需求、目的就成为"因",子系统执行的功能就是"果",在时间序列上"因"自然在"果"之前。如此一来,子系统因执行了系统所需的功能而成为其自身。但子系统究竟发挥何种功能却是对系统运作加以考察之后才能回答的,而这又以子系统的存在为前提。那么,如何能够跳出目的论的循环怪圈呢?

卢曼切断了功能与系统存续的关联性,不再从目的、需求出发界定功能概念。如此一来,功能并不仅仅关乎问题,或者问题的解决,而是"问题/解决之道"的统一。用卢曼自己的话说,一个功能首先是一个比较的视角。提出某一问题之后,对多个解决问题的方法进行比较,再选择其中一个方法。这个过程就是功能分析。② 简单地说,功能是指问题与解决的办法不断转化的过程。如此一来,功能就不再取决于整体的需求或者特定目的,对子系统功能的分析也就不必从探寻系统的维持需要哪些效能出发。

就法律系统而言,它把其他子系统构成的社会环境中的事件(如打人)转化为法律问题(如打人是否合法),再做出法律决定来解决此问题。解决的办法是多种的,比如打人的被告可能被判处拘役,也可能被判处有期徒刑三年。不仅如此,就连问题本身也不是固定的。在不同的时刻,法律决定所针对的事件是不同的,此刻要对打人这一事件做出决定,下一时刻或许就要判定行为是否构成交通肇事罪。法律系统就是不断为自己设定问题,再寻找解决的办法。换句话说,法律系统把人们因预期落空而提起的诉讼加以论题化,把它建构成法律问题,再对此做出是否合法的决定。透过此种运作,法律系统选出那些值得保护的预期,从而确立并稳定了规范性预期。这就形成了系统的功能。因此,法律可以被看作是一种界定行动的边界和选择类型的结构。当然,它不是唯一的社会结构。但法律是必

---

① Talcott Parsons, Robert F. Bales & Edward A. Shils , Working Papers in the Theory of Action. New York: The Free Press,1953,pp.183-184.
② Niklas Luhmann, Art as a Social System, Eva M. Knodt(trans.) , Standard California: Standard University Press,2000,pp.138-139.

不可少的,它设定了现代社会一般化的规范性预期。① 就此而言,法律是社会的规范性结构,但其功能只是设定了一般化的规范性预期,而不是维持社会各个组成部分的整体性。所以,法律未必解决纠纷、改变人们的行为模式,这并不意味着法律的功能丧失。认为出现了功能失灵,不过是因为我们设定了一个涵括广泛的功能概念。

(4) 法律系统与社会信任

法律系统不仅通过明确哪些预期是值得保护的,建立一般化的预期结构,而且以制裁为后盾确保规范性预期不因事实而改变,为规范性期望提供特定的保证。这就增加了被信任者打破信任关系的成本,减少信任者因付出信任而产生的风险,从而为信任的建立奠定坚实的基础。就此而言,法律与信任密切相关。

在非常简单的社会,法律与信任甚至是等同的。在这样的社会里,成员彼此熟悉,信任备受期待,不信任则成为公开侮辱,成为对集体生活的规则即法律的违犯。反之亦然,违背要求的信任将被当作恶,受到惩罚。在这种情况下,任何人要不想被社会孤立,就不能违背自己的诺言。所以,法律引导人们沿着社会所信任的方向走,法律和信任机制彼此不可分离。但在比较复杂的社会,法律与信任就不可避免地分离开来。由于社会逐渐分化,风险也随之个体化,信任难以得到社会强有力地保障,违背信任者有权利给出理由,为自己辩解。信任成为一种分散的社会要求,法律则是普遍性的一般规范,二者不可能相互重合。其次,二者在动机形态的基础上也有所不同。遵守法律只能是间接地由社会促成,并且以物质暴力为后盾。信任则依靠不同性质的动机来源,如个人准备承担风险,或者有具体的证据说明对方是值得信任的。再者,法律的执行与个人之间的信任无关。比如,契约能够执行与双方当事人是否信任对方无关。契约能够执行,是因为法律提供了保障。一旦发生纠纷诉诸法院,法院就会判决执行当事人自愿订立的契约。正是法律提供的这种保障使得双方当事人相信他们自愿订立的契约能够被执行。如此一来,在订立契约之前,当事人就无需过多担心对方会违反契约,面对诸多的复杂性、充满变数的未来而难以决定是否订约。② 基于此,卢曼认为信任是化简复杂性的一种机制。

---

① Niklas Luhmann, A Sociological Theory of Law. Martin Albrow.(ed.), Elizabeth King & Martin Albrow (trans.), London: Routledge & Kegan Paul, 1985, p.82.

② [德]尼可拉斯·卢曼:《信任:一个社会复杂性的简化机制》,瞿铁鹏、李强译,上海:上海人民出版社2005年版,第43-45页。

建立信任,是因为人类不得不面对永远过度复杂的未来。人们必须进行选择,以化简复杂性。而信任就是简化复杂性的一种方式。信任使得人们能够预见未来可能发生的事件,减少未来的不确定性。但信任并不意味着能够对未来的事件加以控制,实际上信任仍然是一种冒险。只有我们相信可能发生的事情真的发生了,这种信任才能作数。如此一来,信任总是与关键性的决定有关。而任何决定在化简复杂性的同时,也在制造复杂性,毕竟选择并不是选出一个选项,而将其他可能的选项完全排除,相反其他选项仍然具有可能性,下一个决定又将面临诸多的可能性。所以,决定所依赖的信任总是从已知的前提进行推断。通过信任来简化复杂性实际上就是以内部的确定性来应对外部环境的复杂性。

其实,并非只有通过法律才能建立信任,熟悉同样有助于形成信任。熟悉使得世界对人们而言变得简单,使人们有可能抱有相当可靠的预期,进而减少未来的不确定性。面对熟悉的事物,我们比较容易判断是否付出自己的信任。相反,如果面对我们不熟悉的事物,没有先前的经验可依循,我们通常不会轻易信任对方。在这个意义上,熟悉是信任的前提。当然,熟悉未必信任。有时正因为熟悉,了解这个人的品格,我们选择不信任他。因为熟悉所以信任,这是一种个人与个人之间的信任。[①] 这种信任能否产生,通常与人们之间关系的亲疏有关。比如我们更倾向于信任亲人、朋友,倾向于信任熟悉的人而不是陌生人。此差异在中国社会表现得非常明显,颇具费孝通先生所谓"差序格局"的特征[②]。这种信任以感情或者互惠关系为基础,是相互交换的,伸缩自如。[③] 然而,在现代社会以熟悉、熟人为前提的信任并不足以应对不断增加的复杂性。

具体而言,随着语言、文字的出现,尤其是大众传媒的发展,地域的限制被打破,社会生活的空间维度不再受到"在场"即地域性活动的支配,人们的交往不再限于既定的面对面的互动,出现了吉登斯所谓的"空间的虚化"[④]。如此一来,人们交往的范围扩大了,沟通的对象不只是熟悉的亲人或友人,可能是陌生人。我们如何能够与陌生人建立信任呢?于是需要一种不再以个人取向为基础、不再依赖于人格因素的系统信任。比如,任何

---

① [德]尼可拉斯·卢曼:《信任:一个社会复杂性的简化机制》,瞿铁鹏、李强译,上海:上海人民出版社2005年版,第23—29页。

② 费孝通:《乡土中国》,上海:上海人民出版社2006年版,第29—40页。

③ 季卫东:《法治与普遍信任——关于中国秩序原理重构的法社会学视角》,《法哲学与法社会学论丛》2006年第1期。

④ [英]安东尼·吉登斯:《现代性的后果》,田禾译,南京:译林出版社2000年版,第16页。

一个信任货币价值稳定性、信任花钱机会总是存在的人,基本上都假定一个经济系统在发挥着功能。这是对经济系统功能的信任,而不是对某个人或某些人的信任。基于此种信任,不必依赖于个人封闭的熟人圈,人们也能够进行交易。①

系统信任的维持有赖于法律的保障。在现代社会,法律不仅适用于所有人,而且在适用时不偏袒任何个人或者集团。也就是说,无论立法还是司法,都是普遍而非特殊的。如此一来,法律所确立的预期结构就不会因人而异,是一般性的、可预见的。具备普遍性和可预见性的法律通过对破坏信任关系、不守信用的行为加以制裁,保证支付的正常进行,为交易安全提供保障。此外,法律还能持续有效地为人们提供关于未来将发生什么事件的预期。借此,人们就能够预见将来可能发生什么事情,能够减少未来的复杂性和不确定性,从而建立起不随情境改变的普遍信任。可见,对于建立信任,减少未来的风险而言,确保可预见性的法律是不可或缺的。

---

① [德]尼可拉斯·卢曼:《信任:一个社会复杂性的简化机制》,瞿铁鹏、李强译,上海:上海人民出版社2005年版,第64—65页。

三、法律作为自创生的社会系统

不同社会理论家从各自的视角观察现代社会,看到的或许是颇为不同的图景。其中,涂尔干以社会分工和分化为切入点,力图阐明不再具有相似性的个人如何凝聚到一起,如何在维持社会秩序的同时维护个人的自主。卢曼继承了涂尔干从分化角度对现代社会的分析,只是对涂尔干而言,社会分化主要体现在劳动分工所导致的人与人之间的差异,卢曼则关注社会各系统的功能分化。在卢曼看来,现代社会是一个由诸子系统构成的系统,各子系统的功能是特定的,各不相同。

其实,帕森斯也从系统的角度来分析现代社会乃至现代人所面对的整个境况,但二者显然有别。其中最为显著的区别在于,对帕森斯而言,"系统"是用来分析不同层次的人的行动境况的工具。也就是说,系统是一个分析性的概念。而法律系统论所指的"系统"指涉的是真实的世界,意指现实中那个真实存在的"系统"。简单地说,存在的"系统",尽管它并不是独立于观察者之外。因此,在法律系统论那里,"系统"是具有经验意义的。作为社会子系统之一的法律系统也不例外,那么法律系统究竟由什么构成,系统的元素是什么?

(一) 系统的元素:沟通还是行动?

一般而言,法现象可分为价值、规范、事实三个层面。其中价值与规范同属相对于事实的当为领域,但二者仍有区别,前者是支撑规范正当性的更高层次的应然,为(法)哲学家所关注的,后者则是相对具体的应然。作为一种具体的当为命题,法律规范是一种理念上和思想上可推演的规范,是法律学的主要论题。除此之外,法律还是一种"事实""实然",是一种经验上可确定的准则。此时,法律不再具有规范的特质,不被看作是"有效的",而被当作实际存在的。这正是法律社会学的课题。基于此,法律学关注的是,什么具有法律那样的内在效力?也就是说,一个被当作是法律规范出现的语言结构,在逻辑上应当具有什么样的意义或者规范含义?社会学则关注由于参与社会行动的人们（尤其是那些产生社会影响力的人们）可能在主观上认为某些规范是有效的，并且在实际行动中遵守这些规范，因此实际上发生了什么事情。[①] 法律学要解决的核心问题是有效的法律是什么，应当如何将该法律适用于特定的案件，进而做出裁判。社会学则关注实际出现的法律、"行动中的法律"究竟是怎样的。简单地说，法律学关注法律的"应然"层面，社会学研究"实然"的法律。

此种区分其实隐含着价值与事实、应然与实然二分的哲学命题。这可追溯至苏格兰哲学家休谟所提出的从"是"的命题不能推导出"应当"的命题，也就是所谓的"休谟法则"。[②] 而在德国则形成了以新康德主义为典型的方法二元论，该阵营的代表人物有李凯尔特、韦伯、文德尔班、施塔姆勒、耶里涅克、凯尔森等巨擘。时至今日，影响深远的方法二元论已受到诸多挑战，"应然"和"实然"被认为并非截然二分，出现了各种架桥理论[③]。尽管如此，承认应然与实然之间的区别对于厘清法律的不同面向而言仍具有重要意义。基于此，卢曼也区分"应然"与"实然"。但是，与法学家不同，卢曼并不关心法律应当如何，只关注法律实际上如何运作。[④]

接下来的问题是法律作为一种现实存在的"事实"究竟是什么。韦伯认为作为一种规则性的"事实"，法律体现在与之有关的个人的社会行动（action，Handeln）中。而行动与行动者的主观意义息息相关。因此，法律是否实际出现，取决于行动者主观上关于规范存在的观念。基于此，对韦伯之言，法律就是一种社会行动。这是因为韦伯把法律当成一个历史发展过程中的社会秩序和社会制度，而研究社会秩序并不是以"整体"为参考点，而是以秩序中行动的个人与群体的"历史个体"为参考点。此种方法论立场与他对社会学的定义是一致的，韦伯认为社会学就是要以解释的方式来理解社会行动，也就是通过分析行动的过程与行动所起的作用，以因

[①] Max Weber, Economy and Society: An Outline of Interpretive Sociology, vol.I, Guenther Roth & Claus Wittich(eds.), Berkeley, los Angelse, London: University of California Press, 1978, p.311.

[②] 孙伟平：《事实与价值》，北京：中国社会科学出版社 2000 年版，第 12-21、38-47 页。

[③] 如德国法哲学家拉德布鲁赫将法看作一种价值关联的事实，就被认为是试图在"是"与"应当"之间架桥（bridging the gap between "is" and "ought"）的努力。其学生考夫曼则在对耶里内克所提出的"事实的规范力"理论加以批判的基础上，阐发了"事物的本质"理论，可谓是另一种版本的架桥理论，此外，英国法哲学家哈特有关"承认规则"理论、塞尔的"制度事实论"以及各种商谈理论亦可视为一种架桥理论。关于此，可参见林来梵、翟国强：《有关社会科学方法论的反思——来自法学立场的发言》，《浙江社会科学》2006 年第 5 期。

[④] Niklas Luhmann, Law as A Social System. Fatima Kastner, Richard Nobles, David Schiff & Rosamund Ziegert.(eds.), Klaus A. Ziegert (trans.), New York: Oxford University Press, 2004, p.71.

果的方式来解释行动。① 因此,对法律的分析最终要落在诸多与它息息相关的行动者,也就是法律的承担者之上。当然,法律承担者并不仅限于参与法律制定、适用的法律职业者(即狭义的法律承担者),而是包括社会中的所有人。② 尽管如此,韦伯关注的焦点仍在于裁判案件即司法过程中的法律职业者的行动,毕竟司法是整个法律制度大厦的拱顶。

帕森斯同样关注法律职业者的行动,尽管他对法律的分析已从行动层面扩展到系统层面。在帕森斯看来,在现代社会,AGIL 四种功能相互分离,并与四个独立的子系统形成了一一对应的关系。也就是,经济系统对应适应环境的功能(A),政治系统对应目标达成功能(G),社会共同体对应整合功能(I),信任系统对应模式维持功能(L)。而在社会共同体当中,整合的功能是由社会规范来实现的。就当下西方社会而言,法律是最主要的社会规范,是实现现代社会整合的重要机制。此种整合功能的实现有赖于法律职业者执行法律的行动。法律职业者适用法律解决特定纠纷的活动,不但满足了当事人的需求,而且在个案中实现了立法意图。不仅如此,通过修改那些与法律目的相违的法律的内容,法律职业者还能够消解法律的"不法",促进法律体系内部的一致性,维护法律传统、法律体系以及法律专业确立的价值观。此种共同观念的维持对于增进社会的凝聚力而言,无疑具有重要的作用。③ 就此而言,帕森斯与对职业团体寄予厚望的涂尔干是一脉相承的。在帕森斯看来,法律职业者专门性的法律行动是法律系统运作的轴心,也是法律发挥整合功能的关键。

与韦伯、帕森斯不同,法律系统论并不认为法律系统通过与法律有关的主体的行动展开,而主张法律系统由法律沟通(communication, Kommunikation)组成。那么,沟通、法律沟通究竟是什么?沟通是结合了信息的产生(information, Information)、信息的传递(notification, Mitteilung)和理解(understanding, Verstehen)三个阶段的选择过程。④ 简单地说,沟通

---

① Max Weber, Economy and Society: An Outline of Interpretive Sociology, vol.II, Guenther Roth & Claus Wittich(eds.), Berkeley, los Angelse, London: University of California Press, 1978, p. 40.
② 林端:《儒家伦理与法律文化——社会学观点的探索》,北京:中国政法大学出版社 2002 年版,第 54-55 页。
③ TalcottParsons, "A Sociological Look at The Legal Profession", in Essays in Sociological Theory. New York: Free Press, 1954.
④ Niklas Luhmann, Social Systems. John Bednarz, Jr. & Dirk Baecker (trans.), Stanford, California: Standford University Press, 1995, p.139-170; Niklas Luhmann, Theories of Distinction: Redescribing The Descriptions of Modernity. William Rarch (ed.), Stanford, California: Stanford University Press, 2002, p.83.

就是一个选择的过程。

选择是指从诸多可能的选项中选出一个,把其他的放在一边。此时被选中的选项就突显出来,具备了现实性。其他的则褪去,但并没有消失,而是成为潜在的选项。它们在下一刻仍然可能被挑选出来,成为现实的东西。那么,选择就是从既有的信息清单中选出其一吗?法律系统论的回答是否定的。在该理论看来,这种把被选择的东西(即信息)视为早已在那、我们从中选出一个就可以了,主张选择就是从架子上抓住某个东西的观点,会把我们带回到实质理论。因为并不存在一个具有特定本质的世界,我们通过观察和反思就能够把握其本质。相反,对法律系统论而言,世界并不是独立于观察者的。当我们进行观察,也就是运用某组差异(如"对/错")对事物加以区别和标示的时候,我们所采用的视角、运用的差异可能是不同的,看到的可能是不同的"世界"。例如,甲开车撞人之后逃逸,目睹此情形的乙责骂甲太不道德了,简直没良心。另一位旁观者想到的是甲触犯了刑法,构成交通肇事罪,应当对他处于刑罚。正是在这个意义上,法律系统论主张并不存在一个"我们的世界",只有一个我运用我的区别、我立足于我的观察点所看到的世界。

信息同样如此,它并不是独立于我们,而是我们制造出来的,在被选中的那一刻它才出现。信息就是从已知或未知的清单中选出一项。法律系统论对信息概念的界定可追溯至信息论的创始人香农(Claude Elwood Shannon)和控制论的创始人维纳(Warren Weaver)。在他们看来,信息就是两次不定性之差。[①] 这就意味着并非那些包含着接收者未知内容的消息、密码、数据等符号才是信息,只要是两个不同的因素之间就可能产生信息。因此,差异是产生信息的前提。当运用不同的差异如"对/错""美/丑"来观察事物的时候,我们就会得到不同的信息。正因如此,信息不是独立于观察者,而是观察者运用差异制造出来的。究竟运用哪组差异,则由观察者选择。所以,信息是选出来的,并不是原本就在那里。没有选择,信息就无从产生,沟通过程也就不可能出现。因此,沟通并不仅仅是说话者和听者双方之间对信息的传递和理解,对信息的选择(或者说制造出信息)也是沟通过程中的一环。我们也就不能将沟通视为信息的传输(transmits),仿佛信息原本就有,沟通不过是将信息从一方传送到另一方。[②] 对法律系统论而言,我们并不是通过沟通得到信息,反而是在沟通

[①] 高宣扬:《鲁曼社会系统理论与现代性》,北京:中国人民大学出版社2005年版,第70页。
[②] Niklas Luhmann, Essays on Self-Reference. New York: Columbia University Press, 1990, p.32.

的过程中制造出信息。这与我们通常对"信息"的理解显然不同。

选出信息之后,还需要把信息表达出来(utterance)。只有这样,信息才能在说话者和听者之间传递。而信息能够被说出来,说话者一方面必须享有决定说或者不说以及怎么说的自由,另一方面他又必须把自己视为有意义的世界的一部分。换句话说,说话者并不是孤立的,而是与听者相关联,他与听者一起构成一个整体。只有当他所说的能被听者所理解,沟通才能继续。这就是德国著名哲学家迪特·亨利希(Dieter Henrich)所说的作为主体的人(his being a subject)与归属于世界(his belonging to the world)的人之间的距离。① 信息传递之后,听者理解了,沟通就形成了。就此而言,沟通需要一定的条件,只有参与沟通的双方能够理解彼此传递的信息的"意义",预期对方的预期,了解对方期待什么,沟通才可能继续。

需要说明的是,理解并不意味着没有误解,实际上误解的可能总是存在。因为同一信息可能包含几种含义,究竟选择哪一种取决于听者对信息的"意义"的理解,此种理解又依赖于情境,而对情境的理解与个人的认识和记忆有关。不同的人可能有不同的理解,听者所理解的未必是说话者想表达的。加上,沟通的进行,尤其是信息的传递需要跨越时间、甚至特定的空间,对方未必能够接收到信息。退一步而言,即使听者能够接收到并且理解信息,他不一定会接受信息,并按照信息所提示的去做。如果听者没有把所传递的信息当作自身行动的前提,沟通就不可能成功。所以,沟通并不是必然的,也可能失败。而语言、文字的出现及其传播技术的发展,为沟通提供了便利条件。例如,作为一种运用符号的媒介,语言提高确立符号的规则,限缩信息的含义,减少沟通的复杂性,从而提高沟通的成功率。② 文字的运用则减少了时间对信息传递的约束力,增强了沟通跨越时间的能力,并且削弱说话者意图对沟通的束缚。在法律沟通中尤其如此,文字所形成的法律文本具有相对独立于沟通情境的稳定性,能够为参与沟通的双方理解彼此传递的信息提供基础,进而使得沟通成为可能。当然,沟通未必需要语言。通过对视、微笑、甚至衣着,也可能了解对方的意图,同样能够形成沟通。实际上,在语言出现以前,人与人之间的沟通就已经存在。

综上,信息的产生、传递和理解共同构成的统一体就是沟通。在厘清

---

① Niklas Luhmann, Social Systems. John Bednarz, Jr. & Dirk Baecker (trans.), Stanford, California: Standford University Press, 1995, p.141.

② Niklas Luhmann, Social Systems. John Bednarz, Jr. & Dirk Baecker (trans.), Stanford, California: Standford University Press, 1995, pp.158-160.

"沟通"这个概念之后,接下来的问题就是哪些沟通属于法律沟通。法律沟通是指关于法律的沟通,也就是运用"合法/非法"这组二值符码(binary coding, binären Codierungen)的沟通。所谓二值符码就是一组差异,比如"对/错""支付/不支付""有权/无权"。当我们运用"合法/非法"这一差异对特定事件加以区分,并标示出来的时候,信息就产生了。此信息被传递并理解,就形成沟通。例如,在原告提出"他开车把我撞了,他应该赔偿我的损失"之后,下一个出现的沟通是被告的反驳"他故意碰到我的车,是他碰瓷,怎么能让我赔。"这些沟通都是法律沟通。当然,法律沟通并不只是出现在法庭上或者司法审判过程中,它还包括日常生活中涉及法律的沟通,比如关于影迷是否有权修改影视作品进行再创作的讨论、围绕着交通事故损害赔偿发生的争吵等等。只要沟通发生在确定哪些预期即使落空或者没有得到实现也会受到社会肯定的过程中——它们就是法律沟通。[①]换句话说,所有运用"合法/非法"二值符码的沟通(例如律师的辩护、产生纠纷的双方关于某事是否合法的讨论、甚至逃避法律的决定)都属于法律沟通,无论它发生在制定法律、司法裁判的过程中,还是公众的日常交往中。它们相互衔接就构成法律系统。

可见,法律系统论并不把法律系统限定在特定的组织或者职业上,而是把任何取向于"合法/非法"这组差异的沟通都视为法律系统的元素。因此,其关注点并不限于司法审判,还包括人们日常生活中关于某事件是否合法的沟通,甚至包括法学家之间的法律沟通即法律理论。实际上,卢曼致力于建构一个关于法律的一般社会理论。一般理论能够对整个法律系统做出解释,包括对法律系统对自己所进行的描述,此种自我描述就是法律理论。卢曼的一般理论将法律理论关涉在内,架起了一座沟通法律学与社会学的桥梁。

对法律系统论而言,法律系统并不是由作为主体的人,而是由人所参与的沟通组成。法律系统不涉及那些运用法律进行沟通的人的个性,或者他们在法庭上所扮演的角色,也就无法通过界定他们(尤其是法官、律师等法律职业者)的地位来确定。此外,作为系统的法律既不等同于法律组织如法庭,正像宗教系统并不仅仅是教堂,不是由有组织的法律实践如司法审判、立法等构成,也不局限于特定的物理或地理空间。

在法律系统中,法律机构、参与法律运作的人及其行动都不见了。构

---

① Niklas Luhmann, "Law and Social Theory: Law as A Social System." Northwestern University Law Review, 1988(83).

成法律系统的元素不是人的行动。人不是法律系统的元素,而是其环境。也就是说,法律是一个没有"人"的系统!此论点何其特别,与其他学者的观点迥异,也有违我们通常对法律的理解。法律系统论为什么认为法律系统是由独立于人之外的沟通构成?其理由究竟是什么?

(二)没有"人"的系统?

对法律系统论而言,法律系统由沟通不断衔接而成。比如,在行人甲指出"司机把人撞到了,应该赔偿损失"之后,下一个要衔接的沟通是行人乙的反驳"是被撞的人违反交通规则横穿马路,责任不在司机。"或许有人会问:沟通不就是人们参与交流、进行对话的行动吗?法律系统论并不认同此种说法。沟通不是行动的一种,沟通不仅仅是"说",而是包括信息的产生、传递和理解。信息、告知和理解不是某一个主体的行为,而是多个主体参与的过程。作为主体的人的心理系统即意识会产生思想,思想会影响我在对话沟通中说什么,影响我如何理解其他人的话语,但我的思想只是参与了沟通,却无法直接决定沟通、对话是否继续以及如何继续。[1] 与此同时,正在进行的沟通也无法直接左右我的思想、我下一刻想些什么。简单地说,沟通和思想相互依赖、互相影响,但彼此又是独立的,任何一方都无法直接决定对方的运作。

这似乎很抽象、复杂,但在日常生活中我们时常经历此种的体验:我们所参与的沟通、对话和我们当时的思想走的不是同一条路。例如,在课堂大家正热烈讨论韦伯的四种法律类型,我却在想教授为什么打这么花哨的领带。课堂讨论的时候,我可以回味昨晚看的电影,或者想下课后到哪里大吃一餐,我甚至可以什么都不想、打打盹儿。下一刻我可能集中精神到沟通上,对刚才讨论的韦伯的形式理性法与法律形式主义之间的关联性做出回应,推动讨论的继续进行。此时,我的思想受到了"沟通往哪一个方向进行"这件事的影响,并且我的思想及其表达也对正在进行的沟通产生了影响。[2] 但是,思想是由心理系统而不是由沟通制造出来的,并且正在

---

[1] Niklas Luhmann, Social Systems. John Bednarz, Jr. & Dirk Baecker (trans.), Stanford, California: Stanford University Press, 1995, pp.139-170; Niklas Luhmann, Theories of Distinction: Redescribing The Descriptions of Modernity. William Rarch (ed.), Stanford, California: Stanford University Press, 2002, p.83.

[2] Georg Kneer & Armin Nassehi:《卢曼社会系统理论导引》,鲁显贵译,台北:巨流图书公司1999年版,第92页。

沟通的多个主体无法知道对方在想什么,我们的思想、意识是无法沟通的。因此,信息并不是心理系统的运作,不是我的思想的表达,相反,信息与我的思想相分离。心理系统只能生产思想,却无法制造出信息并加以传递和理解,也就是说不能进行沟通。基于此,沟通不是由心理系统、意识创造的,反而是沟通自身制造出信息并进行传递和理解,如此不断衔接,茁生出一种独立于人之外的秩序,进而形成一个完整的法律系统。[1]

需要说明的是,法律系统与人相互分离,并不是说二者之间没有关联性。实际上,如果没有人的参与,就没有沟通,人是沟通及其所构成的法律系统的前提。但是,我们不能从说话者的意图(intentionality)和语言(linguisticality)来界定沟通这个概念,沟通的过程不能被看作是一系列行动如表达、理解的衔接。[2] 如果将沟通等同于人的行动,我们就会将沟通理解为行动者的意愿或者计划,而忽视了沟通独立于人的意识之外,忽视沟通的自主性和复杂性。如果把人的行动当作法律系统的元素,我们就可能主张法律系统的运作是由人决定的,将法律系统的样态、下一刻可能做出的法律决定视为人们计划和安排的结果。如此一来,法律系统仿佛就是我们能够预知和控制的。但实际上,我们未必能够实现预期目标,事态往往处于我们的控制之外。基于此,法律系统论指出,法律系统的元素是沟通。

行动不是法律系统的元素,但这并不意味着行动的概念是不重要的。相反,当我们对法律系统进行分析时,行动这个概念是不可或缺的。沟通不断衔接构成系统,要厘清它们如何衔接,首先得确定衔接点在哪,而人的表达行动就可视为衔接点。就此而言,沟通可归因(attribution)为行动。正因如此,在本体论的意义上,沟通是构成系统的元素,然而从描述和观察的角度来看,组成系统的单元则是行动。前者是事先给定的,类似于韦伯的有意义的行动,后者是分析性的,类似于帕森斯的单位行动。[3]

法律系统论放弃了帕森斯的行动理论,甚至认为从韦伯、帕森斯到哈贝马斯都强调人的行动是错误的。[4] 该理论把沟通概念作为基础概念,由此将社会理论从行动理论转变为系统理论。对于法律系统论而言,当出现

---

[1] Niklas Luhmann, Social Systems. John Bednarz, Jr. & Dirk Baecker (trans.), Stanford, California: Standford University Press, 1995, pp.139-170.

[2] Niklas Luhmann, Social Systems. John Bednarz, Jr. & Dirk Baecker (trans.), Stanford, California: Standford University Press, 1995, pp.151,164.

[3] Niklas Luhmann, Social Systems. John Bednarz, Jr. & Dirk Baecker (trans.), Stanford, California: Standford University Press, 1995, pp.174-175.

[4] Niklas Luhmann, Essays on Self-Reference. New York: Columbia University Press, 1990, p.6.

沟通的时候,而且仅仅是存在沟通这件事就足以使社会系统分化出来,不管人们要还是不要,赞成还是不赞成。① 尽管没有人就没有社会,人是社会形成的前提,但人本身并不是社会系统的组成元素,而是系统的环境。人虽然能够影响系统,但这种影响是间接的,人不能径行决定系统的未来。法律系统论并没有把人放在社会图像的中心,这与我们熟知的主张社会是由人或者人之间的关系构成的观点迥然有别。对于此种观点,法律系统论质问道,人究竟如何构成社会,是胳膊和腿还是思想和酶构成了社会?理发师能削剪社会的毛发吗?社会也需要胰岛素吗?理论家们没能对上述问题做出回答,只是依靠模糊的概念搪塞了之。②

如果此论点果真存在诸多值得商榷之处,为什么理论家还一味坚持?卢曼认为这是基于"人文主义的偏见"。自笛卡尔以降,以理性为核心的主体不仅被认为与客体化了的世界、自然相分立,并且能够认识和控制客体。康德通过理性主体确立"道德性"之后,理性成为最终的判断标准。人的需求,也就是哲学上所说的自我规定性和自主性,更是随着法国大革命而被解释为价值。所有"当为"都是为了满足我的需求,个体性便具有规范意义。③ 人成为我们观察世界、为世界立法的出发点。基于此,卢曼指出"人"是现代社会的产物,在18世纪以前根本就无所谓"人"。他甚至认为世界上并没有"人"这样一个统一体,人其实是由心理系统、有机系统、神经系统等诸系统构成的,而它本身并不是一个系统。并不存在一个确定的"人"的本质,人的喜怒哀乐等感受都是沟通建构出来的。此番论断同福柯所谓的"作为主体的人是建构的产物"颇为相似。

退一步而言,即使我们承认主体的存在,并把作为主体的人作为理解的出发点,这对于片段式分化和分层式分化社会尚且可行,在现代社会却行不通了。因为在前两种社会中,社会身份是个人人格最稳定的特征,个人被赋予某个特定的位置,他的社会地位、所属的团体和阶层是确定的,个人被安置到某个社会子系统中。就此而言,个人所参与的社会子系统较为固定,和特定的子系统关联非常紧密,所以从人出发来分析各子系统进而是整个社会的运作可以对社会做出较为充分地阐释。然而,在功能分化的现代社会,个人不仅能够同时归属于不同的团体,而且他所归属的团体与

---

① Niklas Luhmann, Ecological Communication, John Bednarz, Jr. (trans.), Chicago: The University of Chicago Press, 1989, pp.16-17.
② Niklas Luhmann, "The Concept of Society", Thesis Eleven, 1992(31).
③ Niklas Luhmann, Essays on Self-Reference. New York: Columbia University Press, 1990, p.111.

其参与的沟通相互分离开来。社会无法事先确定个人的归属、个人参与什么沟通。相反,个人能够选择参与哪个系统的运作,他不属于任何特殊的社会系统,而是依赖于系统间的相互依存。① 简单地说,个人和社会是相互分离的,尽管彼此依赖。因此,仍然坚持把人作为分析社会的出发点,把社会视为由人组成的,将难以适当地描述复杂的现代社会。

在法律系统论看来,个人参与沟通,但个人和社会之间没有沟通,因为沟通始终是社会系统内部的运作。社会从未以其运作超越自身,也从未占有个人。社会不能改变我的思想,也无法决定我参与哪个系统的运作。在这个意义上,与片段式或分层式分化社会相比,当下个人的自由度更大,个人从固定的身份和角色中解放出来。或许我是更自由了,但与此同时,在参与不同系统运作的那一刻,"我"呈现出来的是诸多不同的面向,"我"就不再是一个完整的"人"。就此而言,个人并不是一个不可分割的"整体"。没有一种终极的意义来解释个人,解释"我"的存在,因为社会已经分化成不同的领域,价值判断的统一性难以存续,统一的世界变成了"文明的碎片"②。在这样的世界里,无论是宗教还是道德,都无法赋予我们一个整体的"意义"。我不过是我的行动、我所参与的沟通的产物。我是自由了,然而这样的生活有什么意义呢?

卢曼却不赞同此种所谓"意义丧失"的论调,他的关注点在于从理论上对当下的样态进行描述和分析。对他而言,原本就无所谓"意义的丧失",因为个人的统一、个体的完整性不过是人文主义建构出来的一个"语意"(Sematic)。正是在这个意义上,卢曼自称是"反人文主义的"。在他看来,如果我们将人文主义理解成一个语意,而这个语意把一切,连同社会都关联到人的统一与完善的话,那么它(即社会系统论)是彻底反人文主义的。它有别于人文传统,同时也是一个认真对待个体的理论。③

尽管法律系统论强调自己是"一个认真对待个体的理论",它还是常常被误解为不重视人,忽略了人的意义。④ 其实,法律系统论并不是认为人不重要,也不是不关注人,而是主张要了解现代人的境况,要对现代社会

---

① Niklas Luhmann, "Globalization or World Society? How to Conceive of Modern Society", International Reivew, 1997, 7(1).

② [德]马克斯·韦伯:《学术与政治》,冯克利译,北京:生活·读书·新知三联书店 1998 年版,第 4 页。

③ Georg Kneer & Armin Nassehi:《卢曼社会系统理论导引》,鲁显贵译,台北:巨流图书公司 1999 年版,第 215 页。

④ Arthur J. Jacobson, "Review: Autopoietic Law: The New Science of Niklas Luhmann." The Michigan Law Review, 1989, 87(6).

进行分析,我们就不能以人、以统一的主体为出发点。因为,人的主体性不过是通过沟通建构出来的,并不存在一个先验的认知主体。卢曼通过对胡塞尔超验主体的检讨来证立此命题。卢曼指出现象学的理论精华在于对超验主体的集中研究。在胡塞尔那里,超验主体的超验性就表现在意识的"意向(性)"。所谓"意向性"是意识抽离其内容与对象之后的纯粹意识形式本身,是意向作用与意向对象之间必然的、结构性关系。通过意向性结构,意识就能够实现与对象的统一。胡塞尔力图借此克服自笛卡尔以来的主体与客体、身与心的二元分裂。但在卢曼看来,超越主体与对象之间的关系仍然是非对称的,前者依旧是后者的支配者。基于此,他提出意向性的运作是一种在外部指涉与自我指涉之间不间断的摆荡,并防止意识消融于世界当中,或静止于意识自身。简单地说,意向作用就是运用一个差异做出一个区分。如此一来,卢曼以"自我指涉/外部指涉"取代了胡塞尔的"意识活动/意识对象"。自我指涉是系统指向自身的运作,外部指涉是指系统指向外部环境。系统与环境的区别仅在于复杂性不同,任何一方都不能成为另一方的主宰。系统并不是先于环境的超验主体,系统并非优先于环境,二者同时出现。于是,卢曼以认知系统与环境的区分取代了认知主体与客体,借此克服主客之间的非对称性尤其是主体支配客体所导致的二元对立。[①]

基于此,有学者认为卢曼检讨了主体哲学的统一主体原则,挑战了社会是主体间的领域这一命题。[②] 实际上,法律系统不仅能够认知环境,还能够自我观察、自我描述。在这个意义上,系统就是认知主体。系统通过不同形式的结构来组织其认知和学习。而且,系统透过与环境的区别而得以维持。只有将其与环境区分开来,我们才能判断什么是系统。[③] 因此,没有一个先于认知主体的就在那儿的"外在世界",认知主体与世界、系统与环境是同时浮现的。就此而言,卢曼颠覆了绝对的意识主体以及独立于观察者而存在的"外在世界"。系统而不是人,成为他分析社会的出发点。恰如卢曼自己所言:

如果"人"只是到18世纪我们才有的概念这个观点成立的话,那就有

---

① Niklas Luhmann, Theories of Distinction: Redescribing The Descriptions of Modernity. William Rarch (ed.), Stanford, California: Stanford University Press, 2002, pp.33-61.

② Eva Knodt, "Toward A Non-Foundationalist Epistemology: The Habermas/Luhmann Controversy Revisited." New German Critique, 1994(61).

③ Niklas Luhmann, The Differentiation of Society. Stephen Holmos & Charles Larmore. (trans.), New York: Columbia University Press, 1982, p.257.

充分的理由说：忘掉人！人属于一个尚未对近代社会进行充分描述的过渡时代，那时的人不得不在有关未来的幻觉中寻求庇护，靠着对"社会""未来"和"人"这些语意的结合维持对一个可改善之整体的希望。这项对想象的人的筹划（或甚至更糟糕，是对人的形象的筹划）不得不放弃通过人与矿物、植物和动物的差异来界定人。它将自己表达为一种无对应面的概念，也就是说，它对"好人/坏人"做出的区分，使自己承载着沉重的道德负担。

如果人的概念可以牺牲掉——是以轻松的心情还是沉重的心情，取决于将带来的利好强度——以另一个概念（即社会的概念）取而代之，那会有什么收获？社会概念迫使我们在系统和环境之间分配一切事物，并且拒绝将差异转换为统一。①

法律系统论从差异不是统一出发的，不再从人而是从系统出发对世界进行统一的描述。在该理论看来，"世界"不过是我们运用某组差异所看到、观察到的"世界"。我们运用"合法/非法"这组差异观察到的是由合法与非法的事件构成的世界，运用另一组差异如"对/错"则会看到一幅对与错交织的二元图像。我们运用不同的差异所观察到的世界并不相同，通过观察建构的世界就呈现出多元的脉络。简单地说，我的"世界"并不是你的"世界"。生活世界同样如此，生活世界不过是运用"熟悉/不熟悉"这一差异进行观察的结果。对不同的观察者而言，熟悉的事物未必是相同的，他所看到的生活世界也可能不同。不具有同一性的生活世界，无法确保统一和共识。② 此种观点显然有别于哈贝马斯。哈贝马斯虽然承认行动者在生活世界中的处境存在差异，但仍然认为生活世界能够提供统一，因为它是听者和说者相遇的地方。在这里，通过主体间的"Kommunikation"，就能够达成共识。③

在哈贝马斯那里，"Kommunikation"也是其理论的一个重要概念。其英文同样是"communication"，中文也可翻译为"沟通"，但同一个词对哈贝马斯和卢曼的涵义是不同的。哈贝马斯把"沟通"看作是主体之间相互理解的过程，认为沟通有助于增加不同主体的相互理解，有助于达成共识。

---

① Niklas Luhmann, "The Concept of Society." Thesis Eleven, 1992(31).
② [德]尼克拉斯·卢曼：《熟悉、信赖、信任：问题与替代选择》，陈心碧译，《国外社会学》2000年第3期；Georg Kneer & Armin Nassehi：《卢曼社会系统理论导引》，鲁显贵译，台北：巨流图书公司1999年版，第85页。
③ [德]哈贝马斯：《交往行为理论》，曹卫东译，上海：上海人民出版社2004年版，第69-73页。

这种共识为我们进行价值选择提供了依据,是规范性的。① 而在卢曼看来,沟通未必能够消除分歧、达成共识,因为沟通所构成的社会系统与产生思想的意识、心理系统是两个彼此分离的系统,二者是独立运作的,思想并不能决定沟通如何进行,同时沟通也未必能够改变人的思想。② 而且,沟通未必能够实现,它也可能失败。基于此,卢曼认为哈贝马斯通过沟通、交往来达成规范性共识的努力难以成功。

对哈贝马斯而言,沟通就是行动。而在卢曼看来,沟通不是人的行动,因此,以沟通为元素的社会及其诸子系统就不是由作为主体的人组成,社会是一个没有"人"的系统。此观点如此特别,以致让人难以理解! 就连其博士论文指导老师、德国著名社会学家赫尔蒙特·谢尔斯基(Helmut Schelsky)也常常问卢曼:"在你那儿,人究竟要摆到哪儿去?"卢曼始终没有把"人"放到社会中,他只是尽可能详细解释自己的论点。但这样的解释似乎并不能让更多学者理解他的理论。就在1966年于比勒费尔德大学召开的一个有关知识社会学及科学社会学的国际研讨会上,重病在身的卢曼发表主题演讲后,法国学者拉图(Bruno Latour)一上台就大谈卢曼理论中看不到人,看不到主体,看不到行动者等无数批评者早已弹过的老调。卢曼在回应时劈头的第一句话就是:"我很不高兴。"接着又以他那固有的缓慢、细微却又十分坚持的语气徐徐展开他的答辩。③

的确,在卢曼式的社会系统当中是看不到人的。构成社会的元素是独立于人之外的沟通。作为社会子系统之一的法律也不例外,同样是一个没有"人"的系统。那么,这样的系统如何可能? 沟通怎样衔接在一起构成系统?

(三) 沟通如何衔接:系统的自创生

法律系统通过法律沟通的不断衔接而成。接下来的问题是,沟通如何衔接。法律系统论的回答是,沟通的衔接通过意义(meaning, Sinn)来实现。那么,什么是意义?

---

① [德]哈贝马斯:《在事实与规范之间——关于法律与民主法治国的商谈理论》,童世骏译,北京:生活·读书·新知三联书店2003年版,第4-5页。
② 就此而言,将哈贝马斯的"Kommunikation"译为"交往","Kommunikative Handeln"译为"交往行动",以区别于卢曼的"Kommunikation"是妥当的。
③ 汤志杰:《理论作为生命——悼念德国社会学家卢曼》,黄瑞祺主编,《当代欧洲社会理论》,杭州:浙江大学出版社2008年版。

一般而言,所谓"意义"是指语言文字或其他信号所表示的内容、含义,或者某事物所具有的价值和作用。前者如法律条款的意义,就指条款的内容、含义。后者如我们通常说的这件事是有意义的,此处的"意义"指有价值、有用或者符合某种目的。但法律系统论并不是在上述两种意义上使用"意义"这个概念。在法律系统论看来,"意义"是指现实性(Aktualität, actuality)与可能性(Möglichkeit, potentialities)这组差异持续不断转化的过程。具体而言,由于时间的有限性,法律系统不得不在诸多可能的选项中进行选择。在这一刻系统选择了某个选项,该选项被实现了、具备了现实性,其他选项则不具备现实性,只是具有将来成为现实的可能性。接着,在下一刻,刚才被选中的选项消失了,另一个选项被系统选出来,成为现实的东西,与此同时其他选项保持着可能性,将来可能变成现实的东西。现实性与可能性不断转化、推移的过程就构成了意义。可见,意义建立在"现实性"与"可能性"这组差异之上。究竟什么是现实的、什么只具有可能性,对此问题的回答并不是固定不变的,可能随着系统的选择而改变。意义正是建立在现实性变动不居的基础上。用卢曼的话来说,意义是指当此刻现实的东西由于自身的不稳定性而褪去、消失的时候,可衔接的诸可能性中的一个可以,并且必须被选择出来,在下一刻变成现实的东西。现实性和可能性的区分是随着时间不断推移的,是一个不断把可能的选项变成现实的过程,而这个过程通过可能性的指示(indication)来完成。因此,意义是现实化(actualization)与可能化(virtualization)、再现实化与再可能化的统一,这个统一是一个自我推进(可由系统设定条件)的过程。[1] 简单地说,意义就是现实性和可能性的同时再现(presentation)。

意义是一个通过差异来运作的过程,与人的意识、观念和心理无关,并不是由作为主体的人赋予。这是卢曼所谓的"意义"与通常所说的"意义"的根本区别,在于后者预设了一个主体的存在,认为意义是指对于主体而言所具有的价值[2]。如韦伯的"有意义的行动",此意义与行动者的主观意图相关联,是主体赋予的。基于此,卢曼把关于意义的讨论从主体转向了系统。在他看来,"意义"是系统本身具有的,而这里的"系统"不仅限于法律系统,还包括其他社会系统以及心理系统。上述系统都以意义的方式来运作,都是建构和使用意义的系统。需要注意的是,当卢曼谈及建构意义

---

[1] Niklas Luhmann, Social Systems. John Bednarz, Jr. & Dirk Baecker (trans.), Stanford, California: Standford University Press, 1995, p.65.

[2] Niklas Luhmann, Ecological Communication, John Bednarz, Jr. (trans.), Chicago: The University of Chicago Press, 1989, p.35.

的系统时,并不是指某种能量的来源、某种原因,或者有意义的经验赖以形成的心理、有机体基础,也不涉及具体的个人,而是指相互关联的意义的复杂体即心理系统和社会系统。当然,这没有排除意义所依赖的物质基础。但意义不是这些基础塑造出来的,而是系统建构(construct)的。①

接下来的问题是系统如何建构意义?在卢曼看来,系统通过不断的选择来实现现实性与可能性的不断推移,进而建构意义。在某一时刻系统从可能的选项中选出一个,该选项就具备了现实性,其他的则可能在将来成为现实的东西,也就是说具有可能性。到了下一时刻系统选出另一个选项,这个选项就成了现实的东西,其他的只具有可能性。可见,系统每选择一次,都会把现实的东西和可能的东西区分开来,制造出"现实性/可能性"这一差异。如此不断衔接,把可能的东西变成现实的东西,把现实性与可能性的区分不断推进,由此建构出意义。

或许有人会质疑,系统不断选择,最终不就把所有可能的选项都变成现实的东西,那时系统不就没法再进行选择,也就无法再建构意义?卢曼的回答是否定的。因为系统不可能实现所有选项,它通过选择化简复杂性的同时又制造了复杂性。所谓复杂性是指系统可选择的选项不止一个。面对复杂性即多种可能的选项,系统不得不做出选择。然而,选择并不是选出一个选项,而将其他可能的选项完全排除。相反,其他选项仍然具有可能性,在下一刻就可能成为现实的事物。其次,刚才被选中的选项在下一时刻可能再次变成现实的事物,因为选择可能重复,它是可逆的。再次,现代社会变化的速度非常快,新事物层出不穷,系统能够选择的范围可能扩大。因此,进行选择之后,系统仍然面临着诸多的可能性。系统在化简复杂性的同时,又在制造复杂性。复杂性并非在某个时刻才会出现,实际上它总是存在。复杂性是一种我们永远无法到达的、开放的视域(horizon, Horizont),选择就在这个视域中进行。②

在这里我们看到了胡塞尔对卢曼的影响。卢曼借用胡塞尔的"视域"概念,阐明了系统所看到的、所选择的范围的有限性以及开放无限性。一般而言,所谓"视域"是指一个人的视力范围,因而它是一种与主体有关的能力。它是有限的:即使视域不为事物所阻挡,它的最大范围也就是天地相交的地方,即地平线。所以在德文中,"视域"和"地平线"是同一个词。

---

① Niklas Luhmann, Essays on Self-Reference. New York: Columbia University Press, 1990, pp.21-22.
② Niklas Luhmann, Social Systems. John Bednarz, Jr. & Dirk Baecker (trans.), Stanford, California: Standford University Press, 1995, p.28.

但"视域"又是开放无限的：随着主体的运动，"视域"可以不断延伸；对于主体来说，"视域"的边界是永远无法达到的。地平线是一个只能看到，而无法划定的场所。因此，"视域"的有限性与被感知的现实性有关，"视域"的无限性与未被感知的可能性有关。当"视域"一词被作为哲学概念运用时，这两层含义都被保留了下来，同时它的意义还得到了扩充。简单地说，哲学意义上的"视域"不仅仅与生理—物理的"看"的范围有关，还与精神的"观"的场所有关。在胡塞尔那里，"视域"概念与"体验"有不可分割的联系。与最基本的感知体验相符合，"视域"是指一个感性感知对象（被体验的事物）的背景，或者说，它是指与某个一起在感性感知过程中被给予的那个"晕"。"晕"在时间上能够向前、向后伸展。也就是说，当一个体验消失，另一个体验出现时，旧的体验并不是消失得无影无踪，而是作为向后伸展的"晕"保留在新体验的视域之中。同样，一个更新的体验也不是突然落到新体验中，而是先作为"前展"（即向前伸展的"晕"）出现在新体验的视域之中。通过"视域"在时间上的不断延伸，"体验"能够成为一个在时间上连续的过渡，形成一个连续不断的感知的"体验流"。借此，我们才能"体验"到一首乐曲的旋律，否则听到的就只会是各种不同的音响而已。①

对卢曼而言，视域同样是一个不断伸展的"晕"，它自身就是一个限制，一种区分，一个不可能到达的超越。② 通过选择，系统把现实的和可能的区分开来，制造出一个现实事物的背景即"视域"。下一刻，系统再进行选择，再次区分现实性与可能性，视域也就往前延伸。如此一来，视域对于系统而言就是永远无法达到的，因为每一次选择在把某个选项变成现实的事物同时都会制造出该事物的背景。作为背景的视域与现实事物总是相伴而生，只有将事物与其背景区分开来，我们才能标示出事物。因此，我们能够限缩自己的选择范围，把有限的选项纳入此范围、纳入我们的视域当中，却无法把范围缩小到只有一个选项，进而达到视域的边界。视域的有限性使得我们能够把大量的选项缩简为有限的选项，也就是用较为简单的取代较为复杂的，化简复杂性。同时，视域又是开放的、无限的，我们无法消除复杂性，无法把所有可能的选项都变成现实的东西。复杂性并非只在某个时刻出现，相反它总是存在。于是，我们总是面临着多个选项，总是需要选择。选择就会区分现实性和可能性，建构出意义。所以，对于以意义

---

① 倪梁康：《现象学及其效应》，北京：生活·读书·新知三联书店1994年版，第18页。
② Niklas Luhmann, Theories of Distinction: Redescribing The Descriptions of Modernity. William Rarch (ed.), Stanford, California: Stanford University Press, 2002, p.9.

来运作的系统而言,不存在"没有意义""意义丧失"这个问题。当某事物变得没有意义、没有价值的时候,我们就会寻找新的有意义的(meaningful)事物,再进行沟通,由此诸多可能性中的一个就成为现实的事物,其他选项则成为可能实现的东西,也就引申出、生产出一个新的"现实性/可能性"。于是,作为"现实性/可能性"之统一的"意义"就延伸出来。基于此,系统不可能"无意义"地运作。

系统建构意义的过程与系统所面临的复杂性紧密相关。正因为面临着复杂性,系统无法将所有的选项都变成现实的东西,因此不得不进行选择,以化简复杂性。选择势必区分具备现实性的选项和只具有可能性的选项,由此建构出意义。基于此,法律系统论指出所谓建构不是指生产或者创造,而是指为了在化简复杂性的同时增加复杂性,使某些事物能够以意义(即被划归为现实的事物或者可能的、仍有待实现的事物)的方式来处理。[1]

那么,为什么法律系统会面临复杂性呢？与分层式的高度文明社会相比,现代社会不仅规模扩大了,而且其分化形式转向以功能分化为主,也就是说社会分化为诸多功能各不相同的子系统。与此同时,个人所归属的阶层不是恒久不变的,而且个人能做什么不是由其身份、社会地位及所属的阶层在等级秩序中的位置来决定,相反他能够参与到各功能子系统中,享有选择的自由。因此,哪些人会参与哪些社会子系统的运作,他们会采取什么行动,社会将出现怎样的沟通,都不是确定的,而是偶在的。子系统的边界无法通过特定的个人及其所处的地域来固定。相反由于语言、文字的出现,尤其是大众传媒的发展,地域的限制被打破,参与子系统运作的人增多,沟通的密度也提高,子系统的边界便随着扩张。边界的扩张又导致系统规模的扩大,也就是其元素即沟通数量的增加,元素之间的关联性也更加复杂。这就意味着子系统的选择性、运作的不确定性增加,于是现代社会呈现出高度复杂性。

与此同时,功能分化导致各子系统已经没法完全靠自己来解决问题,而不得不交给专门(specialized)处理这些问题的其他子系统。例如支付货款属于经济系统的事情,如果产生纠纷,就得由法律系统来解决。就此而

---

[1] Niklas Luhmann, The Differentiation of Society. Stephen Holmos & Charles Larmore. (trans.), New York: Columbia University Press, 1982, p.291.

言,各子系统运作的自主性提高了,与此同时,它们之间的依赖性也增加。自己的事情自己无法解决,要依靠其他子系统来处理,这意味着解决问题需要更多的时间。换句话说,相互的依赖是需要时间来调节的(mediated)。因此,与之前的古代社会或者分层式社会相比,功能分化的现代社会更需要时间,其时间压力更大。时间的压力迫使子系统必须迅速对出现的问题作出回应,这对结构产生影响,使得子系统结构改变的速度更快。这又进一步增加了子系统及其所构成的社会的复杂性。①

作为诸社会子系统之一的法律自然也不例外。一方面,由其他子系统所构成的社会环境变得更为复杂,并且环境的复杂性总是高于系统本身的复杂性,系统无法具备足够的多样性(requisite variety),也就没法与环境建立起一一对应的关联性。另一方面时间的压力增强,法律系统不得不迅速判断某个事件是否合法。如此一来,法律系统更不可能对环境的任何变化都作出回应,因为从传递信息到做出适当的选择都需要时间。系统不得不有选择地回应环境的变化,以化简环境的复杂性。因此,系统不可能对所有的事件都加以观察,只能将某些事件纳入自己的"视域"之内,限缩选项的范围。系统从众多事项中选出一个,判定这个事项是合法还是非法,再将这个决定传递出去,加以理解,形成沟通。接着,系统选择另一个事件,对其合法性作出判断,再次把这个判断传递出去,加以理解,形成新的沟通。一个沟通连着另一个沟通,茁生出一种独立于人之外的秩序,形成一个完整的法律系统。基于此,法律系统论认为法律系统是自己生产自己,是自创生的。自创生对应的词是"Autopoietic"。"Autopoietic"由 auto 和 poietic 两部分组成,前者指自我,后者是指创造、制造,结合起来就是自我创造、自我制造。② 这个概念首先由马图拉纳和瓦芮拉提出。所谓自创生系统就是一个网络,该网络生产出其组成部分。这些组成部分通过彼此之间的互动生产和实现这个网络,并在一个其所存在的空间建立起网络的边界,使它成为生产过程中的独立体。③ 简单地说,自创生系统通过自身元素的互动来生成新的元素,保持系统的存续。细胞就是一个自创生的系

---

① Niklas Luhmann, The Differentiation of Society. Stephen Holmos & Charles Larmore. (trans.), New York:Columbia University Press, 1982, pp.245-251.
② Niklas Luhmann, Social Systems. John Bednarz, Jr. & Dirk Baecker (trans.), Stanford, California: Standford University Press, 1995, pp.443-444.
③ Niklas Luhmann, Social Systems. John Bednarz, Jr. & Dirk Baecker (trans.), Stanford, California: Standford University Press, 1995, p.xx.

统。尽管核糖核酸、蛋白质、葡萄糖等构成细胞所需的物质由细胞的环境提供,但环境无法生产出细胞,反而是这些物质彼此互动形成一个网络,与此同时,这个网络又将上述物质组合在一起形成一个细胞。因此,我们说是细胞自己生产自己的,是自创生的①。

卢曼将此概念予以一般化,并运用到社会学研究当中。在他看来,不仅具有生命的系统,社会系统也是自创生的。当系统以那些构成它的元素,来生产和再生产出构成新的元素时,我们就将系统标示成是自创生的。② 可见,自创生系统与自组织系统是有区别的。在最广泛的意义上,所谓自组织系统是指在与环境相互作用条件下,能够通过自身的演化而形成稳定有序的系统。③ 尽管受到环境的影响,系统结构的形成及其改变却不是由环境决定,而是取决于系统自身特有的逻辑。因此,在环境的变化与系统结构的改变之间并不存在单向且直接的因果关系。自创生系统同样是自己决定自己的,但此种自我决定性不仅体现在结构即元素之间的具体关系当中,就连元素也是系统自己生产出来的。

如果系统能够生产出构成自身的元素,那么这些元素必然不是具有生命的。因为生命体(比如人)是自创生的,而不是由其所属的系统(如社会)生产出来。正因如此,马图拉纳和瓦芮拉认为由具有生命的人组成的社会系统并不是自创生的。④ 此观点与卢曼显然不同。他们的观点之所以出现分歧,是因为对于社会的组成部分究竟是什么的判断不同。马图拉纳和瓦芮拉认为社会由人组成,社会当然无法生产出作为其组成部分的人。卢曼则认为人不是社会的组成部分,社会系统由沟通构成。用他自己的话来说,"当我们说到任何一种'社会系统'的时候,如果是指由几个人的行动以其不同意义而相互关联起来,那么,这种相互关联性就使社会系统从一个环境中区分出来。一旦在个人之间发生沟通(无论是什么样的沟

---

① Autopoietic 包含了在没有母体的情况下系统从无到有产生出来的意思,而不仅仅指系统再制造、再生产出其组成部分。因此本文把它译为"自创生的",而没有采用"自我再制的"或"自我塑成的"等译法。

② Georg Kneer & Armin Nassehi:《卢曼社会系统理论导引》,鲁显贵译,台北:巨流图书公司1999年版,第76页。

③ [南非]保罗·西利亚斯:《复杂性与后现代主义——理解复杂系统》,曾国屏译,上海:上海世纪出版集团、上海科技教育出版社2006年版,第124页。

④ Humberto R. Maturana & Francisco J. Varela Autopoietic Systems, Univ. of Illinois Biological Computer Lab Report9.4, Urbana, IL. ,1975.

通），社会系统都呈现出来。"①人是社会系统形成的前提条件，但社会系统不是由个人组成，也不可能通过肉体的或心理的过程产生。② 人本身只是社会的环境，而不是系统的组成部分。社会系统的生产不是由参与沟通的人直接决定，而是通过持续地指向自己的元素来生产和再生产出新的元素即沟通。社会系统是茁生出来的新秩序，无法通过人及其行动来解释。

卢曼的社会系统论同由孔德提出并经过斯宾塞和涂尔干加以完善的社会有机体论有着明显的区别。后者将社会与生命有机体进行类比，认为社会是由相互关联的不同部分所组成，系统论则认为各组成部分是自创生的、相互分离的。再者，对有机体论者而言，各组成部分的整合建立在生命的基础上，社会有机体是由有生命的部分如个人组成的。他们势必面临着进一步的追问：如果社会是由"人"组成的，那么到底是由"人的身体"，还是由"人的心灵"，或者由两者共同组成的？如果是由两者共同组成的，那么两个互不相属的"东西"如何可能先"凑出"一个新领域，叫作"个人"，然而再"集合"成一个"社会"呢？③ 系统论从更抽象的层面来理解社会的组成，认为人、人的身体、人的意识都只是社会的环境，社会由意义相关联的沟通组成。借助"意义"这个概念，一切都不再被认为是具有特定本质的，而与问题相关。它在问题的出现与解决的过程中展开。基于此，卢曼认为我们不必再从实体的意义来理解社会，不用再寻找所谓社会的本质，这能够把社会学从实质论的束缚中解放出来，使得社会学不必再寻找一个先在的本质（a pregiven nature），如主体、理性作为其基础，④我们对社会的描述也就不再依赖于形而上学。毕竟，康德之后就不可能还有什么"终极性"和"整合性"的形而上学思想。⑤

对卢曼而言，社会不再是具有特定本质的"实体"（substance），而是一

---

① Niklas Luhmann, The Differentiation of Society. Stephen Holmos & Charles Larmore. (trans.), New York: Columbia University Press, 1982, p.70.
② Niklas Luhmann, Social Systems. John Bednarz, Jr. & Dirk Baecker (trans.), Stanford, California: Standford University Press, 1995, p.255.
③ 颜厥安：《鼠肝与虫臂的管制——法理学与生命伦理探究》，北京：北京大学出版社2006年版，第100页。
④ Niklas Luhmann, Essays on Self-Reference. New York: Columbia University Press, 1990, pp.634-665.
⑤ ［德］哈贝马斯：《后形而上学思想》，曹卫东译，南京：译林出版社2001年版，第18页。

个通过以意义方式展开其运作的系统。意义不是由作为主体的人赋予,而是系统通过运作建构出来。通过自身的运作,系统生产出构成自己的元素即沟通,进而生产出自身。卢曼不再从人出发,不再用主体哲学的概念来描述社会性的事物。对他而言,存在于社会当中的是经由沟通而产生的"事件"。卢曼沿用了怀特海(Alfred North Whitehead)的"事件"概念。怀特海认为世界不是由具有不变本质的实体,而是由相互联系的事件构成的网络。每一事件都不是固定恒久的,而是将其它事件考虑在内并对后者作出反应的经验瞬间。因此,事件构成的世界就如同有机体,处于流动中,它的根本特征是活动,活动则表现为过程。① 在卢曼看来,社会的组成部分并不是特定的实体,而是一个个稍纵即逝的沟通。一个沟通出现之后就消失,被新的沟通所取代。如此不断伸展就产生了事件,一个事件衔接另一个事件就形成了社会。在这个意义上,社会是一个不断展开的运作过程。

运作过程不是由人来推动和控制,相反它是一个由系统自己来选择,并建构意义的过程。这让我们想起康德的预设:多样性是既定的,统一体却是被建构出来的。只有建立多样性与统一体的关联性,并将二者区分开来,我们才能确立起主体的概念。只不过,卢曼不再需要主体的概念,在他看来进行选择的不是主体,而是系统本身,是系统建构了意义。② 对胡塞尔而言,意义同样是被赋予、被激活的。二者的区别在于,胡塞尔认为意义是意识主体的意向活动赋予意识对象的。卢曼则主张意义与各种主观的、心理的因素无关,是系统自身建构的。此外,对胡塞尔来说,意义得以显现的前提是浮现在意向活动所形成的意识流里头的现象本身具有同一性。卢曼则认为,意义的建构通过区分现实的事物与可能的事物来实现。也就是说,差异性而不是同一性成为意义得以显现的条件。

在卢曼那里,社会成为一个独立于人之外,运用差异建构意义的系统。作为社会子系统之一的法律,自然也是如此。系统就是进行选择的作者,究竟哪些事物是现实的、哪些仅仅是可能的,这取决于系统本身。③ 法律

---

① Alfred North Whitehead, Process and Reality: An Essay in Cosmology. New York: Macmillan Publishing Co. The Free Press, 1978, p.80.
② Niklas Luhmann, Social Systems. John Bednarz, Jr. & Dirk Baecker (trans.), Stanford, California: Standford University Press, 1995, p. 28.
③ Niklas Luhmann, Law as A Social System. Fatima Kastner, Richard Nobles, David Schiff & Rosamund Ziegert.(eds.), Klaus A. Ziegert (trans.), New York: Oxford University Press, 2004, p.167.

系统从其他社会系统的运作及其所产生的事件当中选出其一,对此作出合法或者非法的判断,再将该判断进行传递和理解,制造出沟通。在下一时刻,该判断遭到了拒绝,新的信息被制造出来,接着信息进行传递、理解,产生新的沟通。随着时间的推延,沟通不断产生,彼此衔接,生产法律系统自身,由此实现了系统的自创生。

四、法律的内部运作：系统的封闭性

法律实证主义将法律看作是一个封闭而自足的规范体系，具有独立于政治和道德的自主性。只有当法律具备了自主性，才能保证法律决定的稳定性和可预期性，为个人提供行动的指引，维持社会生活的有序性。同时，一个自主的法律体系也能够使法律决定的过程超脱于多元价值和世俗权力的争斗之外，从而有效地约束国家权力，实现依据法律的治理，即法治。与上述法律实证主义的方法论不同，社会学法学派主张对各种法律现象进行"隔开距离"①的观察。在这种方法论的指引下，社会学法学派大多认为"行动中的法律"并不是那些写在纸面上的规则，它受到政治、道德以及个人价值观等诸多因素的影响，因此是开放的。此外，自然法学派也主张法律受到道德和伦理的制约，而且应当服从于更高级的"自然法"，因此是开放的。

"法律是封闭抑或开放"成为法律实证主义与社会学法学派、自然法学派论战的焦点。即使"两面受敌"，法律实证主义仍然占据了法学的核心。这或许是因为该学派所主张的"法律封闭"命题有助于维护法律以及法学的自主性和正当性，而且以此命题为前提所展开的"应当如何做出法律决定"的研究为法律实践提供了理论支持。尽管如此，时至今日，将法律看作是绝对封闭的观点已非法学的主流。然而，大多数法律社会理论却没能对法律封闭与开放之间的悖论给出一个合理的解释，最终只能诉诸"相对封闭"这样模棱两可的概念。法律系统论正是试图为上述问题寻求解答的一种有力学说。那么，该理论究竟如何证成法律的封闭性？这是我们接下来要探讨的问题。

---

① "隔开距离"的观点所要求的，就是一种"异化"的态度，即以民族学者或考古学者对待异文化或未知文物那样的态度来对待人们迄今为止已经习惯的、没有任何疑问的自身文化和实践。参见[日]中山龙一：《二十世纪法理学的范式转换》，周永胜译，《外国法译评》2000年第3期。

（一）法律作为封闭的规范体系：法律实证主义的前设及其困境

在法律实证主义看来，法律是封闭而自足的规范体系。这是法律实证主义的基本理论前设。法律实证主义曾是德国法学的主流学说。作为在法学院受过系统学术训练的学者，卢曼和托依布纳自然不可能忽略这个对理论界和实务界都产生重要影响的法哲学命题。法律实证主义学派诸多学者当中，汉斯·凯尔森首次尝试证成法律封闭这一命题，并且其金字塔理论极具代表性。凯尔森认为一个"应当"的陈述，区别于一个关于"事实"的陈述，其效力并不是来自于对"是"的陈述。因为基于实然与应然的二分，关于为什么某件事应当发生的问题决不能用断言发生某件事来加以回答，而只能用断言某件事应当发生来加以回答。法律规范是应然命题，无法从实然当中推导出来。所以，探求一个规范效力的理由，并不导致回到现实去，而是导致回到可以引申出该规范的另一个更高的规范。

换句话说，每一个法律规范的效力只能来自于另一个更高位阶的规范。比如，具体案件中的个别法律规范如"甲欠乙的钱，应当把钱归还给乙"，是从民事法律中推导出来，民事法律的效力来源于宪法，宪法又是依据之前的宪法制定，这样往前推导可以追溯到"第一部宪法"。第一部宪法的正当性来自于基本规范（basic norm，Grundnorm）。从基本规范、宪法到法律、具体案件的法律依据，这样一层一层授权就形成了金字塔式的法律体系。如此一来，基础规范成为创建法律规范体系的奠基石，也就成为封闭法律体系得以建立的关键。那么，基本规范究竟是什么？在凯尔森看来，基本规范就是不能从一个更高规范中得到自己效力的规范。那它从何而来？凯尔森回答道，基础规范既不是由立法机关通过法律程序制定的，也不是由法律行为创立的，而是被假定为有效力的；它之所以被假定有效，是因为没有这一假定，人们的任何行为都不能被解释为法律行为，尤其是创立规范的行为。[①] 对凯尔森而言基本规范不过是一种假定，其来源不可追问。

退一步而言，即使不再追问基本规范从何而来，我们仍然需要确定该规范的内容。只有明确其内容，我们才能据此判断某一法律规范是否属于

---

① ［德］凯尔森：《法与国家的一般理论》，沈宗灵译，北京：中国大百科全书出版社1996年版，第124-132页。

根据基本规范建立起来的法律体系。对此,凯尔森指出基本规范的内容是由事实决定的。如果人们创造并适用特定的法律体系,人们的行为大体上都符合法律体系的规定,那么法律秩序就形成了,基本规范也随之确立起来。① 这就意味着,只有当确定了哪些规范属于某个法律秩序、法律体系,并且这些规范是否得到人们的遵守的时候,我们才能发现该法律体系的基本规范。那就会形成循环。一方面,我们必须根据基本规范的内容来确定哪些规范属于同一个法律体系;另一方面,基本规范内容究竟是什么又反过来取决于法律体系包括哪些规范。最终,我们只能无功而返。更为重要的是,凯尔森一方面坚持实然与应然之间存在着不可逾越的鸿沟,规范不能来源于它们的事实存在;另一方面又认为法律秩序是否被创造、被适用(即实际有效)这一事实决定了作为应然的基本规范的内容。凯尔森主张法律的效力、有效性区别于法律的实效性。效力是指规范的存在,标示某个人应当做出特定的行为,而不意味着真的有人要求他这么做。法律具有实效性则意味着人们的实际行为符合法律规范。与此同时,凯尔森又认为原有基本规范以及据此建立的旧秩序规范之所以被认为失去效力,是因为旧宪法以及以这一宪法为依据的法律规范、整个旧法律秩序已丧失了它们的实效,人们的实际行为不再符合这个旧法律秩序。这不正是由"事实"推导出"应当"、由实际有效(实效性)推导出应当有效(有效性)吗? 而推导的过程如何展开,凯尔森却存而不论。正因如此,凯尔森备受批判。

凯尔森的论敌、纳粹第三帝国的法学家卡尔·施米特就这样批评道,基本规范要么是同语反复、要么是严酷的社会政治现实,法学根本不可能是纯粹形式的,只会是政治的。② 凯尔森未能对基本规范加以清晰阐释,但他坚持法律进而是法学的纯粹性、自主性却不是毫无意义的。毕竟,通过与道德、宗教、政治相分离而获得自主性的法律,不仅能够避免陷入价值论战的诸神之争,保持价值的多元,还能够免于为政治实力所左右,保护个人自由免受国家的侵蚀。这样才能确保国家权力是依据法律组织起来的,是居于法律之下的权力。

法律不仅与政治分离,也不来自于宗教和道德,那么什么是法律,我们如何确定某个规范是否现行有效的法律? 这是法学需要回答的问题。法学研究的对象被认为是实际存在的法律,而不是应当存在的法律。因为一

---

① [德]凯尔森:《法与国家的一般理论》,沈宗灵译,北京:中国大百科全书出版社1996年版,第42、134—136页。
② 刘小枫选编:《施密特与政治法学》,上海:上海三联书店2002年版,第89页。

门科学必须陈述其对象实际上是什么,而不是从某种特定的价值判断出发来规定它应当如何或不应当如何。① 所以,法学要成为一门"科学",就应当研究那些可以观察的实在法。它不仅将那些无法加以量化的政治观念、伦理道德排除在外,避免陷入心理学、生物学、伦理学、宗教学的纠缠中,还局限于对实在法内在结构的分析。人们"实际上如何行为"则由以认知为要旨的社会学来研究。唯有如此,法律科学才能具备自己的独特品格,成为目标集中于对法律的认识的"纯粹法学"。

凯尔森力图厘清法学与政治学、社会学、心理学、生物学、伦理学、宗教学的界限,使法学成为一门独立的科学。而要达成此目标,就必须确立法学独特的研究对象。在凯尔森看来,独特的研究对象是实证法,也就是区别于宗教戒律、道德、价值和意识形态的"实际上是这样的法律"。实证法不是通过假设建构出来,而是可详加观察的材料。以此为研究对象的法学就具备了科学(确切地说是自然科学)的品质。在这里,我们看到了凯尔森"纯粹法学"的实证主义品格。这自然与其成长于实证精神和价值相对主义氛围非常浓厚的维也纳有关。此种立场其实可追溯至致力于建立实证的人文学科的奥古斯特·孔德。孔德力图将建立在假设基础上的形而上学排除在人文学科之外,使人文学科分享自然科学的逻辑基础和方法论,进而能够观察及合理预测那些可精确量度的事实或者材料。正因如此,凯尔森被认为是法律实证主义者,尽管他关注的不是确定的客观现实(an objective reality),而是"就在那儿"的法律。

对凯尔森而言,法律就是一个通过层层授权形成的金字塔似的封闭体系,是一个没有漏洞的规范之网。这与韦伯所谓形式理性法颇为相似。如前所述,韦伯依据两条标准区分不同的法律思维方式,进而形成四种理想型的法律。第一条标准是形式性(formality),也就是法律是否使用内在的决策标准。形式法的决策标准是内在的,也就是法律本身。实质法不仅考虑法律的规定,还要考量法律之外的道德伦理、公众情感、政治等因素。第二条标准是理性(rationality),即包含着一般性的规则或者原则。这意味着按照统一的标准来处理类似案件。两条标准结合起来,就形成四种法律:形式理性法、形式非理性法、实质理性法、实质非理性法。② 其中,"形式理性法"根据内在于自身的一般性规则做出决定。在韦伯看来,形式理性法

---

① [德]凯尔森:《法与国家的一般理论》,沈宗灵译,北京:中国大百科全书出版社1996年版,第II页。
② [德]马克斯·韦伯:《法律社会学》,康乐、简惠美译,台北:远流出版事业股份有限公司2003年版,第237—247页。

是仅出现在现代西方社会的独特法律类型,其典型是受罗马法影响的近代欧洲各国民法典。而要做到根据内在的一般性规则做出决定,法律必须是一个涵盖了所有情况的、不存在冲突的、完美无瑕的规范体系。从这个规范体系中,我们能够找到适用到具体情况的规范,并依据这一规范作出裁判,维护秩序。① 简单地说,法律是一个封闭而完美的规范体系。它把现实生活中的所有情况包揽无疑,所有的案件事实都能够对号入座,都能够找到相应的法律条款。只要通过对法律规范加以逻辑演绎,就可以获得精确的法律决定。

然而,法律真的是封闭而完美的规范体系?做出法律决定是自动售货的过程吗?此观点受到了诸多批驳和质疑。德国著名历史法学家卡尔·弗里德里希·冯·萨维尼就认为法律不是封闭的体系,相反法律与民族的存在和性格之间是有机联系的,民族的共同意识是法律的特定居所。② 另一位德国著名法学家鲁道夫·冯·耶林尽管不赞同萨维尼所谓法律产生于民族精神因此是无意识的主张,但也认为法律不是封闭完美的体系,仅仅通过逻辑推理并不能得出所有个案的法律决定。相反,做出决定首先要了解法律规范的内容,需要进行法律解释,而解释法律必须先了解法律想要实现的目的。通过适用法律来实现法律的目的,才是法官应当做的事情。③ 耶林的"目的法学"产生了显著的影响,一些年轻学者也随之对法律实证主义加以批评,由此形成了"自由法运动"(the free-law movement)。该运动还扩展到了其他欧洲国家。如奥地利法社会学家埃利希就主张"无论是现在或者是其他任何时候,法律发展的重心不在立法,不在法学,也不在司法判决,而在社会本身。"④为此,法律必须从社会中寻找,法官必须摆脱抽象的概念建构和虚构的可笑的假面舞会,应当根据社会的需要自由发现法律,而不是严格按照制定法作出裁判。可见,自由法运动强调法律决定过程中的直觉和情感因素,要求决定者(如法官)根据正义感去发现法律和运用法律。但是,这并不意味着完全抛弃现有的法律规范,而是主张当法律不明确或者根本没有规定(即法律出现漏洞)时,法

---

① Max Weber, Economy and Society: An Outline of Interpretive Sociology, vol.II, Guenther Roth & Claus Wittich(eds.), Berkeley, los Angelse, London: University of California Press.Weber, 1978, pp.665-676.

② [德]萨维尼:《论立法与法学的当代使命》,许章润译,北京:中国法制出版社2001年版,第7,9页。

③ Rudolph von Jhering, Rudolph von Jhering in Briefen an seine Freunde, Leipzig, p.28.

④ [奥]埃利希:《法社会学原理》,舒国滢译,北京:中国大百科全书出版社2009年版,第9页。

官应当根据占支配地位的正义观念裁判案件。然而,占支配地位的正义观念如何确定?它从哪里来?自由法运动的杰出领袖赫尔曼·伊赛认为它来自于意志,法律决定不过是一个意志活动,一个决定罢了。① 如此一来,决定者便享有了广泛的自由裁量权。

法律实证主义的基本前设——法律是封闭的规范体系——已经受到挑战和质疑。那么,如何能够证成法律决定是非人格化且确定的,并非随着社会情势、力量对比的变化而变化?如果法律决定不是连贯而一致的,就无法有效地约束掌控权力者,个人也无法安全地享有其自由。基于此,哈特继承并发展了凯尔森的理论,通过将法律界定为主要规则与次要规则的结合来证明法律是封闭的体系。根据哈特的"法律规则说",法律体系由相互关联的主要规则(即第一性规则)和次要规则(即第二性规则)组成。主要规则设定义务,也就是要求人们从事或不从事某种行为。次要规则授权人们引进新的规则、修改或取消原规则、决定规则的适用范围,包括承认规则、改变规则和审判规则。②

这是针对仅由主要规则构成的法律体系存在的缺陷所实行的补救办法。具体而言,我们要确定某个人负有什么义务,首先得弄清楚某个法律体系包括哪些规则,哪些规则是有效的,才能进一步根据有效的规则来确定义务的内容。这就需要特定规则来明确法律体系的范围,显然此种规则有别于设定义务的主要规则。因此,仅由主要规则构成的法律结构无法明确法律体系的范围。哈特称之为结构的不确定性,这是第一个缺陷。第二个缺陷是规则的静态性,也就是说只有主要规则的法律结构无法及时修改原规则,迅速而有效地回应社会环境的变化。第三个缺陷则是规则维护的无效性。由于规则未必能够得到遵守,关于某行为是否违反规则的争议经常发生,因此需要一个权威机构根据特定的程序最终确定规则是否被违反。否则,争议留给受到影响的各方处理,处理的结果就可能为各方的实力对比所左右,难以有效维护规则。基于此,哈特主张以三种不同种类的次要规则来补救。对第一个缺陷即不确定性的补救是引入"承认规则",设定确认某一规则是否属于特定法律体系的权威性标准,以区分法律与非法律。第二个缺陷通过引入"改变规则",授权个人或群体废除旧的主要规则或者引入新规则。针对第三个缺陷,则引入"审判规则",授权特定机

---

① [德]阿图尔·考夫曼、[德]温弗里德·哈斯默尔主编:《当代法哲学与法律理论导论》,郑永流译,北京:法律出版社2002年版,第169页。
② [英]哈特:《法律的概念》,张文显、郑成良、杜景义、宋金娜译,北京:中国大百科全书出版社1996年版,第82-111页。

构对特定情况下主要规则是否已经被违反的问题做出权威性法律决定。该规则不仅确认谁来做出决定,还规定决定过程应当遵循的程序。由承认规则、改变规则和审判规则组成的次要规则与主要规则构成了一个完整的法律体系。

依据审判规则,法律机构根据既定的程序形成适用于具体案件的个别规则。审判规则的效力来源于承认规则,只有获得后者的承认,审判规则才是有效的。主要规则是根据承认规则或者改变规则创立的,而改变规则的效力又来自于承认规则。无论是审判规则、改变规则还是主要规则,只有符合承认规则所设定的标准,才属于特定法律体系,才是有效的。所以,其他规则的效力都来自于承认规则。那么,承认规则的效力又从何而来?哈特认为某一承认规则来自于一个更高的承认规则,最后追溯到"最高的、最终的承认规则"。那么,此承认规则的效力又来自哪里?我们得找到授予此承认规则以权威的一个更高的承认规则。如此不断延展,最后就追溯到"女王议会制定的就是法律"这一规则,此时我们就到了效力的终点。可见,关于存在"最高的、最终的承认规则"的主张只能是一个有关事实的外在陈述,也就是旁观者关于其他人接受了承认规则这一事实的陈述。最终的规则的存在就成了一个"事实"问题。① 哈特就像魔术师表演帽子戏法一样,从"事实"当中变出了"规范"。哈特也因此遭到批评和质疑。

在众多批评者当中,同哈特展开论战之后声名鹊起,并在哈特之后继任牛津大学法理学首席教授的罗纳德·德沃金的批判可谓是切中要害。德沃金通过对"里格斯诉帕尔默"和"亨宁森诉布洛姆菲尔德汽车制造厂"两个疑难案件的分析证明法律原则的存在,并以此批判哈特的法律规则理论。所谓疑难案件(hard case)是指那些没有清晰的法律规则可以适用的案件。此时,法官不是依据法律规则而是根据法律原则(如任何人不能从自己的错误行为中获利)作出裁判。那么,什么是法律原则?它是指法律规则之外的其他准则的总体。原则与规则的区别在于规则在适用时或者全部有效或者全部无效,原则却非如此,它非全有或全无,并非毫无例外地统一适用,几个相互冲突的原则可能同时适用于特定案件,只是分量和重要性的深度有别。② 尽管原则和规则有所不同,但它们都是法律,都是法官裁判案件的依据。然而,根据哈特的法律规则理论,只有获得承认规

---

① [英]哈特:《法律的概念》,张文显、郑成良、杜景义、宋金娜译,北京:中国大百科全书出版社1996年版,第82-111页。

② [美]罗纳德·德沃金:《认真对待权利》,信春鹰、吴玉章译,北京:中国大百科全书出版社2002年版,第40页。

则授权、由立法或者司法机关制定的规范才是法律。而原则并不是来自于立法或司法机关的特定决定,而是源于相当长期间内在法律职业者或公众中形成的安适感,尽管它需要得到制度上的支持(如在先前案件中被援引)。如此一来,原则就不是法律。这显然有悖于真实的法律实践。基于此,德沃金指出,如果我们把原则看作法律,就必须拒绝把承认规则视为区分法律与非法律的最终标准。① 这无异于否认承认规则是法律体系的最终效力来源,对哈特而言,可谓是釜底抽薪,推翻了其整个理论的基础。

需要说明的是,德沃金批判哈特理论并不是为了反驳后者所主张的法律封闭命题,而是要证立此命题,证明司法裁判来自于法律。在德沃金看来,哈特的错误在于认为法律仅仅由规则构成。而仅由规则构成的法律之网是不可能没有漏洞的。如此一来,当出现疑难案件时,决定者如法官就拥有广泛的自由裁量空间,能够自行做出法律决定。哈特并不否认法官享有自由裁量权。在他看来,这是不可避免的,因为立法者无法事先预见所有可能出现的情形,也就不可能对每一种情况都做出详尽规定,毕竟"我们是人,不是神"②。再者,规则是由普通语言构成的,而普通语言总是存在着"开放结构"(open texture)。例如"禁止车辆进入公园"这一规则所指的"车辆"包括汽车、摩托车是明确的,但它是否包括三轮车、自行车?三轮车、自行车与汽车是否"相同"?回答可能是肯定,但也可能是否定,因为三轮车、自行车与汽车既有相似之处,又有所不同。语言总有一个"无争议的意义之中央核心"——汽车和摩托车就属于此核心,但也有一个"阴影地带"或"开放的结构"——三轮车、自行车就处于该区域。在中央核心区域内,案件事实是否属于法律规则所涵盖的范围是清楚明了的,但在阴影地带则有疑义,仅凭借逻辑推理和范畴研究无法解决此疑问。因此,需要作为决定者的法官来选择。③

一旦司法裁判取决于法官的个人偏好,如何能确保法治所要求的裁判的确定性和一致性,进而保障个人安享自由?为了证明裁判的一致性,德沃金主张法律包括规则和原则。当法律规则无法为法官提供决定的依据时,原则能够提供确定的指引。所以,由规则和原则共同组成的法律是封

---

① [美]罗纳德·德沃金:《认真对待权利》,信春鹰、吴玉章译,北京:中国大百科全书出版社2002年版,第37-48、60-67页。
② [英]哈特:《法律的概念》,张文显、郑成良、杜景义、宋金娜译,北京:中国大百科全书出版社1996年版,第126页。
③ [英]哈特:《法律的概念》,张文显、郑成良、杜景义、宋金娜译,北京:中国大百科全书出版社1996年版,第124-128页。

闭而完美的,它能够为所有案件(包括疑难案件)提供"唯一正确"的、最佳的法律决定即唯一正解。决定仍然来自于法律,法官并不是不受权威机关为他确定的准则的约束。那么,问题的关键就在于如何找到原则。德沃金回答道,原则就在我们周围,它们是从道德理论即值得向往的人类愿景中推导出来的。① 如此一来,自然法、自然正当的道德原则就包括在德沃金所谓的"法律"当中,法律已然向道德开放。正因如此,德沃金被认为是新自然法学派的代表人物,德沃金所谓的封闭法律其实是向道德开放的。

对法律与道德是否分离这一问题的不同回答是法律实证主义与自然法学派的根本区别。只有法律实证主义才坚持法律独立于道德、政治、宗教等社会领域之外,是完全封闭的体系。在法律系统论看来,凯尔森的金字塔理论和哈特以承认规则为最终规范的理论代表了法律实证主义学说的主流。然而,无论是凯尔森,还是哈特都无法逃脱形式逻辑的不断追问,无法走出法律的效力究竟从何而来的"明希豪森困境"。

(二) 从封闭的规范体系到自主运作的系统:法律系统论对法律实证主义的修正

无论是法律实证主义代表人物凯尔森的金字塔理论,还是新分析法学派巨擘哈特的法律规则理论终究无法逃脱形式逻辑的不断追问,无法证成法律封闭的命题。在卢曼看来,上述两种学说的根本缺陷在于把法律当作一种静态的规范体系。为了证明法律是封闭的,"什么是法律""什么不是法律"就必须由特定规范来界定。这必然难以逃脱更高级规范的有效性来自何方的追问。基于此,卢曼从规范(即结构)转向运作,将法律视为运作着的系统。② 也就是说,法律不是封闭静止的规范体系,而是一个运作封闭(operative closure, operative Geshlossenheit)的社会子系统。③

1. 系统的运作与二值符码

现代社会已经由分层式分化转向功能分化,分化出经济、宗教、教育、

---

① [美]罗纳德·德沃金:《法律帝国》,李常青译,北京:中国大百科全书出版社1996年版,第158-165、204-205页;罗纳德·德沃金:《认真对待权利》,信春鹰、吴玉章译,北京:中国大百科全书出版社2002年版,第40-47页。
② Niklas Luhmann, Law as A Social System. Fatima Kastner, Richard Nobles, David Schiff & Rosamund Ziegert.(eds.), Klaus A. Ziegert (trans.), New York: Oxford University Press, 2004, p.78.
③ Niklas Luhmann, Law as A Social System. Fatima Kastner, Richard Nobles, David Schiff & Rosamund Ziegert.(eds.), Klaus A. Ziegert (trans.), New York: Oxford University Press, 2004, p.78.

艺术、家庭等子系统。这些子系统透过自身的运作发挥着不同的功能。①它们的功能各不相同，并且无法相互替代，也就无所谓高低。因此，社会不再是上下、阶序或层级式的，各子系统是平等的。无论是宗教，还是道德，都不过是诸多社会子系统中的一个，和其他社会子系统是平等的，无法对其他子系统"发号施令"，无法将其他子系统整合到一起。为了解决可能发生的冲突，就需要某个子系统持续地对其他子系统的运作及其所产生的事件加以评判，这个子系统就是法律。

法律系统的运作就是对社会事件作出合法或者非法的判断。"合法/非法"是系统运作得以展开的二值符码。所谓二值符码就是一组差异、一种区分。合法与非法是一体两面，合法通过与非法区分开来界定自己，反之亦然。并且，在同一个案件里当事人中的一方合法，就意味着另一方处于非法的状态。二者相互依赖，没有优劣之别。合法仅仅意味着它不是非法的，而无其他。因此，对法律系统论而言某事件是合法的，这并不意味着它是合乎道德的、好的，或者是自然正当的。在这一点上，法律系统论和法律实证主义者是相同的，区别于自然法学派。对后者而言，法律来自于道德，合法的当然就是合乎道德的。但在法律系统论和法律实证主义者看来，法律就是法律，而不是其他。② 道德系统运用的二值符码是"对/错"（即"道德/不道德"），"合法/非法"这组二值符码为法律系统所特有。法律系统运用此二值符码来建构自己的运作，并使得自己区别于其他系统。就此而言，二值符码是系统运作的前提。它使得运作具备双重稳定性（bi-stability），也就是说系统能够从差异的一边跨越到另一边，此刻赋予某事件以"合法"这一值，下一刻则可能判定另一个事件是非法的。如此一来，法律系统就能够不断作出合法或者非法的判断，再将这个决定传递出去，加以理解，形成沟通。由此，法律得以维持自身的生产，实现法律的自创生。

然而，为什么是二值符码，而不是三值呢？的确，历史上曾出现多值运作的情况。比如在中世纪法官做出法律决定时，不仅要考虑某个人的行为与法律的规定是否一致，还要衡量它是否符合共同的善。于是，就出现了三个值：合法、非法以及共同的善。增加符码的值，决定的过程就变得更

---

① Niklas Luhmann, The Differentiation of Society. Stephen Holmos & Charles Larmore. (trans.), New York: Columbia University Press, 1982, pp.236-238.
② 需要注意的是，卢曼并不因此认为法律与道德毫无关联，相反这两个自主运作的系统是互相影响的。这也是卢曼与法律实证主义者的区别。

为复杂,需要的时间也更多。① 这在复杂程度不是很高的前现代社会或许还行得通,在现代社会却是不可能的了。与前现代高度文明社会相比,现代社会的规模扩大,复杂性也增加。加之,系统分化之后,各个子系统都没法完全解决自己面对的问题,需要交给专门的子系统来处理。这就需要更多时间,整个社会的时间压力随之增加。② 就法律系统而言,一方面,由其他子系统所构成的社会环境变得更为复杂,另一方面时间的压力增大,需要迅速对某个事件是否合法作出判断。在此情况下,如果有三个值,法律系统不仅要判断行为是合法还是非法,还要审查法律本身是否善的、有无违背自然法,若是违背了,其理由能否证成这是正当的。如此一来,时间可能不够用,法律系统就可能因为无法有效化简复杂性、应对时间压力而难以继续运转。因此,法律是否符合道德这个问题就交给道德系统来解决,法律系统只负责对事件是否合法作出判断。

法律系统借助二值符码把某些事件(如其适用的法律是否合乎自然法)排除在自己的视域之外,把第三值隐藏起来,以应对复杂的环境,确保自身运作的持续性。符码也就是二值,而不是三值或者更多。其实,在法律系统论看来,不仅法律系统,现代社会的所有子系统都运用二值符码展开其运作,例如科学系统运用"真理/非真理"这组二值符码进行知识的生产,大众传媒通过区分"资讯/非资讯"来生产、传播资讯。每个子系统的二值符码都是独一无二的,并没有一组适用于两个以上子系统的符码。各子系统通过特定二值符码的运作使自己具备特殊性,进而从社会中分化出来。③ 基于此,二值符码成为我们区别不同子系统的标准之一。

图一　法律系统的二值符码与第三值的关系

---

① Niklas Luhmann, Law as A Social System. Fatima Kastner, Richard Nobles, David Schiff & Rosamund Ziegert.(eds.), Klaus A. Ziegert (trans.), New York: Oxford University Press, 2004, p.185.

② Niklas Luhmann, The Differentiation of Society. Stephen Holmos & Charles Larmore. (trans.), New York: Columbia University Press, 1982, pp.245-251.

③ Niklas Luhmann, Ecological Communication, John Bednarz, Jr. (trans.), Chicago: The University of Chicago Press, 1989, pp.38-39.

或许有人还会问,为什么不是单值?如果是单值,法律系统就没法把不同的事件区分开来。对任何事物做出标示都得借助差异。例如借助非法,我们才知道什么是合法,反之亦然。运用"合法/非法"这组二值符码,法律系统才能对事件是否合法作出判断,其运作才能继续。而且,如果对所有事件的判断是一样的(如都是合法),法律系统就没有存在的必要了。就此而言,二值符码是法律系统建立的基础。

在厘清为什么法律系统运用的是二值符码之后,我们还要进一步追问:二值符码何以产生?法律系统论回答道,符码并不是凭空产生或不证自明的,它其实是从社会演化过程中胜出的。作为新近取得的历史成就,二值符码并非出现在所有社会共同体当中。在那些被描述为和谐而不是存在差异和矛盾的社会共同体中如具有儒家传统的中国、日本和韩国,刑法、组织法和行政法而不是处理私人间争议的民商法占据法律体系的优先地位,而且普通老百姓常常被建议不要和法律系统打交道,因为那会让人倒霉。法律只是解决疑难案件的最后手段,并没有分化出来,成为一个功能系统。① 因此,出现冲突,有纠纷需要解决并不足以说明"合法/非法"这组二值符码为什么会出现。

只有当法院成为独立的纠纷解决者,法律决定的过程被组织化了,二值符码才会被系统使用。具体而言,随着社会复杂性的增加,不同规范之间的冲突增多,社会寻找和平解决争议的需求也变得更为紧迫。因此,需要一个特定的系统来处理纠纷。而且,随着大众传媒的发展,地域的限制被打破,哪些人会参与哪些社会系统的运作,他们会采取什么行动都不是确定的。何时、基于什么理由以及某些人会发生纠纷也就是不确定的、不可预见的。与之相适应,处理纠纷的特定系统即法律系统就得具备应对各种不可预见情形的能力。法律系统也就不可能与环境形成一一对应的关系。它一方面"漠视"纠纷的某些特征如当事人的身份,另一方面也不关心做出的法律决定能否得到人们的接受,由此形成自身的免疫机制。要形成此机制,就需要一个专司法律裁判的特定机构即法院。独立于立法、行政机构的法院仅仅严格地适用法律,判定案件涉及的行为是否合法。于

---

① Niklas Luhmann, Law as A Social System. Fatima Kastner, Richard Nobles, David Schiff & Rosamund Ziegert.(eds.), Klaus A. Ziegert (trans.), New York: Oxford University Press, 2004, pp. 129-130.

是,"合法/非法"成为法律系统特有的二值符码。①

据此,成为独立决定者的法院不仅是二值符码产生的前提,还标志着法律系统的形成。而这仅出现在步入现代社会的西方,却没有在中国等前现代高度文明社会出现。这与昂格尔的判断十分相似。在昂格尔看来,法治是一种十分罕见的社会现象,仅仅存在于现代西方社会。所谓法治是一种由独立的司法官僚管理的法律秩序的统治。它的独特之处在于具备了自主性(自治性)和普遍性。法治的自主性体现在实体内容、机构、方法和职业四个方面。法律在上述四个方面的自主性相互依存,并共同促成了法律的普遍性。详言之,法律不仅适用于所有人、所有行为,而且在适用时不偏袒任何个人或者阶级、集团。法律在立法和司法上都是普遍而非特殊的。这不仅确立了公民在法律上的形式平等,还保护公民免受国家的恣意干涉。普遍而自治的法治的产生和现代欧洲自由国家的出现紧密相关。自由国家通过立法、行政和司法权力的分立,使得法律能够由独特的法律职业共同体(法官)运用一种区别于政治、伦理论证的方法(法律方法)来适用,使得运用法律解决纠纷的司法成为一种独特的法律论证实践,从而促就了法治的生成。②

对昂格尔而言,在现代西方社会,区别于立法和行政机构的法院在解决纠纷的过程中考虑的是案件事实是否符合法律。它要做的是把法律普遍适用于所有人,因此无需关注案件当事人的身份、地位,或者案件的结果是否合乎人们的道德观念。就此而言,法律决定的过程与各种利益竞相角逐的政治斗争、价值观念的诸神之争相区隔,是非人格化的,由此形成的法治就是一种对各方利益都保持中立的法律机制。由此可知,尽管法律系统论没有使用"法治"这个概念,但它所描述的现代西方社会的法律类型(即法律系统)就是法治。而且卢曼关于"合法/非法"这组二值符码的产生进而是法律系统的形成的分析与昂格尔有关法治出现的叙述也是相似的:法院与立法、行政机构分离,成为独立适用法律的决定者是这种独特的法律类型形成的关键。

2. 条件程式与目的程式

在现代西方社会,法院成为对个人的行为、社会事件做出合法或者非

---

① Niklas Luhmann, Law as A Social System. Fatima Kastner, Richard Nobles, David Schiff & Rosamund Ziegert.(eds.), Klaus A. Ziegert (trans.), New York: Oxford University Press, 2004, pp. 171-175.

② R.M.Unger, Law In Modern Society. New York:The Free Press,1977, p.186.

法判断的决定者。然而,"合法/非法"这组二值符码并没有告诉我们某个行为、某一事件是合法的还是非法的,那么如何做出法律决定?法律系统论的回答是根据"程式"(program, Programme)做出决定。所谓程式,简单地说就是法律规范。法律规范并不限于立法者制定的法律,还包括在法律适用过程中推导出来的具体规范。这些规范构成了一个动态的网络,即程式。

例如,《德国刑法》第250条规定,行为人携带武器实施强盗行为,并以武力或以武力胁迫,防止或压制他人的反抗的,构成加重强盗罪。① 在德国联邦法院的个案当中,犯罪嫌疑人把携带的盐酸泼洒到受害人的脸上,并抢走了她的钱包。那么,盐酸是否"武器",甲的行为是否构成加重强盗罪?仅从法律条款的文字,我们难以得知盐酸是否属于"武器"的范畴。我们需要追问立法者的目的是什么?立法者认为凡是想伤害他人时还要借助工具,就表示行为人有意使他人受到更为严重的伤害,其主观恶性和可能导致的后果都比没有拿工具的人更为恶劣,因此应当受到更严厉的处罚。也就是说,立法者设立此条款是为了对那些有意使他人受到更严重伤害的行为人施以更严厉的处罚,就此而言,所谓"武器"就是在客观上能够导致严重伤害的工具。具体到本案当中,在客观上盐酸容易造成明显的伤害,行为人甲使用盐酸意味着他有意使受害人遭受更为严重的伤害,其主观恶性更大。所以盐酸是行为人所借助的工具,属于该法律条款所指的"武器"的范畴,虽然它不像匕首、军刀、枪那般一目了然。甲的行为构成了加重强盗罪。② 由此,德国联邦法院在该案中确立了一条个别规范:行为人携带盐酸实施强盗行为,并以盐酸或以盐酸胁迫,防止或压制他人的反抗时,构成加重强盗罪。③ 如果将来出现类似的案件,法院就可以判处行为构成加重强盗罪,对行为人加重处罚。个案中确立的具体规范和刑法第250条一起构成了下一个法律决定所依据的程式。

依据德国刑法第250条程式,一旦满足特定构成要件(如果行为人携带武器实施强盗行为,并以武力或以武力胁迫,防止或压制他人的反抗),就产生相应的法律后果(那么行为构成加重强盗罪)。法律系统论将这种

---

① [德]阿图尔·考夫曼:《法律哲学》,刘幸义等译,北京:法律出版社2004年版,第107页。

② Bghst 1,1,参见林立:《法学方法论与德沃金》,北京:中国政法大学出版社2002年版,第122-124页。

③ [德]伯恩·魏德士:《法理学》,丁小春、吴越译,北京:法律出版社2002年版,第82-83页。

表述为"如果……，那么……"的法律规范称为条件程式（conditional program，Konditionalprogramme）。① 面对具体案件，法官一方面必须对法律规范进行解释，探求规范的意义、法定的构成要件，也就是针对生活事实调适规范的过程。另一方面，又要将待决案件与规范进行比较，并判断案件事实与规范的构成要件是否"相同"，也就是针对规范调适生活事实的过程。这两个同时进行的过程被恩吉斯称为"在事实与规范之间的流转往返"。② 通过此种"流转往返"，法官判断案件是否符合法律规范的规定，进而做出法律决定。可见，由相互关联的构成要件和法律后果组成的法律规范（即条件程式）是法官做出法律决定的前提。条件程式并不是在现代社会才产生。它最先出现在医学和法律文本中。后来随着社会规模的扩大、复杂性的增加，社会秩序需要通过事先设定规范、通过规范来约束人们的行为。这些规范就以"如果……，那么……"的逻辑形式出现。对规范的解释和逻辑推理并不是所有人都能够胜任的，它成为由专家即法律家凭借特殊技艺来推进的专门性活动。这就是司法最初的形式。而后，社会不断发展，出现了分化，但条件程式以及建立在此基础之上的专门性法律实践未曾受到影响。相反，条件程式使得分化出一个专门使用"合法/非法"这组二值符码的法律系统成为可能。

需要说明的是，条件程式不仅包括禁止性条款，还包含许可性条款。德国刑法第250条就是一个禁止性条款，它规定了被禁止的行为以及科处的刑罚。与禁止性条款不同，许可性条款并不禁止人们实施某种行为，反而是赋予人们一定的行为范围。在此范围内人们能够自由选择，是否接受这些许可由人们自行决定。尽管没有做出禁止性的规定，许可条款仍然是条件程式，因为它们设定了这样的规则：在特定情况下行为是否合法取决于其是否属于许可性条款所规定的范围。因此，条件程式的存在并不意味着所有具体的条件都事先确定了。条件程式只是设定了一个范围，在具体情形中如何适用这些程式仍然有选择的空间。在这个意义上，条件程式是向未来开放的。就此而言，尽管都是做出法律决定的依据，但条件程式和凯尔森的金字塔体系中的法律规范、韦伯的形式理性法是不同的。如前所述，无论是金字塔式的法律规范还是形式理性法，都是没有漏洞的规则体

---

① Niklas Luhmann, Law as A Social System. Fatima Kastner, Richard Nobles, David Schiff & Rosamund Ziegert.（eds.），Klaus A. Ziegert（trans.），New York：Oxford University Press，2004，pp.192-196.

② ［德］卡尔·恩吉施：《法律思维导论》，郑永流译，北京：法律出版社2004年版，第52-54页。

系即边沁所谓的"万全法",已经对所有可能出现的事实详加规定。既然所有具体的条件都事先规定了,我们只要将具体的案件事实对号入座,就能够获得准确的法律决定。决定的过程就是一个自动售货过程,我们要做的是推理和演算,无须选择。

对条件程式而言,不仅其具体内容需要根据特定情形来确定,是向未来开放的,而且在此过程中作为决定者的法律人还要将未来纳入其视野之内,需要考量自己所确定的具体规范将如何影响将来类似纠纷的解决。但此种对未来的考量是有限的,因为法律决定者的责任是根据条件程式解决已经出现的纠纷,而不是利用个案诉讼,将当事人之间的纠纷背后的社会问题带到司法裁判当中,进而确立规则,积极主动地对社会生活加以调整。法律人关注的是如何解释业已形成的条件程式,将其适用于当下的案件。就此而言,法律人是过去导向的,他们把所有问题包括政治经济问题和日常生活中出现的问题都按照具备普遍性和形式性的条件程式、以明确的权利义务关系来调整和处理。他们的思维方式就表现为一切依法办事的卫道精神。① 法律人偏爱秩序,趋向保守。② 政治家则着眼于未来,积极干预社会的运作,型塑人们的社会生活,甚至进行大刀阔斧的改革。这些都不是法律人的任务,法律人要做的是理清以前的案件是如何处理的,以前的案件与当下的案件是否类似,是否应当做类似处理。因此,即使法律决定将产生什么样的社会效果也属于考虑的范畴,它对法律人的影响力也是相当有限的。如果要改变原有条件程式,法律人将承担更强的论证义务。只有给出更具说服力的理由,他们才能修改既有程式。

除了条件程式之外,还有目的程式(purpose-specific programmes)。与条件程式不同,目的程式没有确立特定条件及其相应的法律效果,只是规定应当达成的目标。例如,《德国基本法》第1条第1款规定,"人的尊严不可侵犯。一切国家权力均有责任,去尊敬与保护之。"又如行政法当中的信赖保护原则,被誉为民法"帝王条款"的诚实信用原则。

目的程式的出现与社会福利国家的兴起有关。在资本主义初期,国家被视为消极的守夜人,只承担保护个人安全的职能。国家采取了自由放任的政治经济体制。然而,此种自由放任的体制却使得财富日益集中,拥有巨额资产的雇主成为经济上的强者,雇佣工人根本无法与之平起平坐,更

---

① 季卫东:《法治秩序的构建》,北京:中国政法大学出版社2000年版,第199页。
② [法]托克维尔:《论美国的民主(上)》,董果良译,北京:商务印书馆1997年版,第302-305页。

没有讨价还价的能力。所谓的财产权、契约自由与劳动自由，对拥有财产的雇主有利，却不利于雇佣工人。雇佣工人在恶劣的劳动环境中长时间劳动，却只换来微薄的、不足以维持其生活的工资。贫穷、饥饿、劳累和疾病困扰着他们。对雇佣工人而言，国家所保障的自由权只是毫无意义的写在纸上的权利，"所谓的自由，只意味着多数弱者被放在了少数强者的恣意之下。"①要解决上述问题，就需要国家积极介入，给予人民以"生存照顾"。国家一方面主动干预社会生活，对财产权加以各种限制；另一方面积极救济贫困者，给予个人福利。于是，以让每个人都能够过上有尊严的生活为要旨的社会福利国家逐渐确立起来，纠正个人在事实上的不平等、追求实质公正成为国家的目标。而法律是实现这些目标的重要工具之一。因此，出现了确立特定目标的目的程式。

目的程式欠缺固定的内容，其构成要件和法律效果并不明确，需要结合具体的案件事实才能确定。就此而言，目的程式能够顺应不同时空、情境的需要，使法律决定者得以根据个人在经济和社会生活中的差异，给予不同的对待，以实现实质公正。然而，目的程式在使得法律能有效回应社会需求的同时，也隐含着失去保护个人自由能力的危险。因为只依据无固定内容的目的程式并不能直接推导出法律决定，这就需要决定者根据具体情形来填充其内容。具体而言，决定者首先要确定目的程式所设立的目的，再依据目的对法律加以解释甚至是建设性的解释，并据此做出针对特定案件的决定。法律目的虽然可以通过考察法律文本、立法的相关资料、类似的先例来加以明确，但由于对这些法律素材（legal material）的解读可能因人而异、呈现出多种版本。它们只是提供了一些指导而非确定的答案，法律目的的内容有赖于法官的价值判断。其次，法律可能同时包含着多个目的，在具体的案件当中，哪个目的才是最为重要的、需要优先实现，决定者必须根据现实的需求作出判断。再次，实现法律目的的方式可能有多种，究竟何种才是最好的，建立在此基础上的法律解释应当如何？法律本身并没有给出答案，这依赖于决定者对最有效方式的认识。因此，目的程式只是对许多可能事件的准则，绝非真实事件的裁判，也就是说它不是法（律）的真实性，而只是法（律）的可能性——要由此产生法（律），就需要附加的建筑砖石。② 法律目的究竟为何，法律意图将社会塑造成什么模

---

① ［日］杉原泰雄：《宪法的历史——比较宪法学新论》，吕昶、渠涛译，北京：社会科学文献出版社 2000 年版，第 92 页。

② ［德］阿图尔·考夫曼：《类推与"事物本质"——兼论类型理论》，吴从周译，台北：学林文化事业有限公司 1999 年版，第 11 页。

样,如何对法律加以解释,决定者都有选择的余地。

目的程式一方面使法律更加灵活、对社会需求更为敏感,另一方面也使得法律具备了开放性。此种开放性就体现在法律决定过程中的目的导向性和对结果的考量。如此一来,法律便具有了人格化的倾向,难以保持中立,难以超脱于韦伯所谓的价值理性的诸神之争,而不得不在诸多价值目标之间进行选择,并力图使社会沿着某个方向前进以实现该目标,由此出现了法律的实质化。这势必使得法律决定受到决定者个人意志的影响和政治压力的干扰。此种开放性使得对目的程式的解释和适用、进而是法律决定可能受控于法官,因此可能随着当下的社会情势、力量对比的变化而摇摆不定。这样的法律决定、如此运作的法律制度如何保护个人的权利和自由?怎能要求人们服从?

目的程式不仅给予法律决定者自由裁量空间,而且使得行政机构的权力范围不断扩张,变成个人从"摇篮"到"坟墓"的照顾者。这与进入社会福利国家之后政府通过法律积极干预经济和社会生活是相伴而生的。实际上,政府积极作为对法律的影响并不仅限于此,还包括法律从保护个人免于受到干预的自由扩展到保障个人现实的享有自由即"事实自由"。这尤其体现在宪法当中。以保障个人能够做其想做的事情为要旨的社会权首先在1919年德国的《魏玛宪法》予以确立。随后,法国、意大利、波兰等国家纷纷效仿,在宪法中规定社会权的国家数量不断增加。与此同时,宪法对财产权的保障力度也发生了改变,从绝对保障转向相对保障,通过对财产权的限制来确保社会权的实现。美国虽然没有在宪法中明文规定对社会权加以保障,但在关于新经济政策的各项立法中也广泛地包含着社会保障立法和劳动保护立法等与社会权有关的立法,因此法律层面对社会权的保障已经确立起来。[1]

更为重要的是,宪法所规定的基本权利不仅仅是一种对抗国家的权利,作为一种"客观价值秩序",它对私人关系也具有约束力,对私法领域产生了"辐射"效力(radiating effect)。德国联邦法院在著名的"吕特案件"判决中就指出:"基本权主要是人民对抗国家的防御权,但在基本法的各个基本权规定中也体现了一种客观的价值秩序,被视为宪法上的基本决定,有效地适用于各个法律领域。"[2]原本只适用于公法领域的基本权利被

---

[1] [日]大须贺明:《生存权论》,林浩译,北京:法律出版社2001年版,第5-6页。
[2] BverfGE7,198,参见台湾地区最高司法机关编:《西德联邦宪法法院裁判选辑(一)》,台北:达昌印刷有限公司1990年版,第100页。

用于调整私人之间的关系,公法与私法之间的界限不再泾渭分明。如此一来,私法被实质化了,原本由个人自行决定的私人关系也被列入国家的管制范围。

福利国家的法律势必引起这样一个令人不安的问题:这是否符合个人自由的原则。对此,哈贝马斯曾作了深入剖析。在他看来,提供照顾、分配生活机会的福利国家力图通过有关劳动、安全、健康、住宅、最低收入、教育、闲暇和自然生活基础的法律,确保每一个人都具备符合人类尊严的生活的物质条件。但它显然造成了这样的危险:通过提供这种无微不至的关怀而影响个人自主性,而它——通过机会平等地利用消极自由的物质前提——所要推进的,恰恰就是这种自主性。也就是说,福利法蕴含着介入私人领域、对社会加以整体性规划的危险,势必侵及个人的自由。于是,以保护个人自主为初衷的法律反而阻碍了个人的自主选择,旨在保障个人现实地享有自由的法律最终却危及个人自由。① 正因如此,韦伯强调法律的形式理性化,对各种"实质化"的努力深表怀疑。毕竟,一旦国家成为"良知的受托者",通过法律管理人们的生活,以此实现社会正义,引导人们趋于自由,甚至希望塑造"新人",它就不仅成了社会福利的管理人,还是个人自由和个性完善的监护人。② 这样的国家很可能侵害个人自由。

法律系统论同样对法律的实质化持怀疑的态度。首先,在社会分化的背景下法律系统要做的、能做的就是做出合法或者非法的判断。如果法律系统不仅仅做出判断以解决纠纷,还通过司法审判为社会确立规则,那么法律系统与政治系统的界限将变得不再清晰。这与现代社会的主要分化形式即功能分化相违。其次,在处理具体案件过程中,如果法律决定者即法官根据如何才能够实现实质公正来做出决定,法官不得不综合考虑案件裁判的社会效果、考量裁判是否符合社会主流价值观念。如此一来,法官将难以证明决定是依据法律做出的,让人们愿意接受这个决定。法律决定就可能丧失公信力,遭到批评。再次,一旦以实现实质公正为要旨,法律系统就需要考量许多因素,还要根据不同的情形及时做出回应。而在现代社会,任何子系统都面临着巨大的时间压力,对所有因素都加以回应已经超出了系统的能力范围。法律系统就可能因为没有足够的时间进行选择,无法有效化简复杂性而崩溃。法律系统只能限制考量的因素,如法律决定能

---

① [德]哈贝马斯:《合法性危机》,刘北成等译,上海人民出版社2000年版,第506页。
② 李猛:《除魔的世界与禁欲者的守护神——韦伯社会理论中的"英国法"问题》,李猛编:《韦伯:法律与价值》,上海:上海人民出版社2001年版。

否帮助那些处于弱势地位的底层、能否实现实质公正。因此,法律系统论认为法律是做出法律决定的系统,尽管其运作能够促进实质公正,毕竟法律规范包含着限制国家权力、保护个人自由和平等的目的。但对系统而言,法律规范就是目的本身①,也可以说运作的过程本身是没有目的,它只是依据法律规范作出判断。这与罗斯科·庞德的"社会工程论"显然不同。后者主张通过法律实现社会控制,好的法律应当既强有力又公平,应当有助于界定公共利益并致力于达成实质公正,而不仅仅是提供程序正义。②

对法律系统论而言,法律系统不可能对所有与案件有关的因素都作出回应。而目的程式只是设定目标,而没有明确条件及其相应的法律效果,因此无法限制法律决定过程中需要考量的因素。基于此,在法律体系当中,条件程式是主要的,目的程式不过是例外和补充。目的程式能够帮助法官找到适用于当下个案的条件程式,并为如何解释条件程式提供指引。

3. 系统的"自我指涉"与自主性

法律系统的运作是根据程式即动态的法律规范,对社会事件是否合法作出判断。那么,法律规范从何而来呢?法律系统论认为法律规范是通过先前的法律决定创设的。

如前所述,德国联邦法院要对携带盐酸实施强盗、并以盐酸或以盐酸胁迫、防止或压制他人反抗的行为是否构成加重强盗罪作出判断,就得寻找刑法的相关规定以及类似案件中确立的具体规范。与本案有关的是刑法第250条的规定(即当行为人携带武器实施强盗行为,并以武力或以武力胁迫,防止或压制他人的反抗时,构成加重强盗罪)以及联邦法院在先前案例中确立的具体规范(即"行为人携带盐酸实施强盗行为,并以盐酸或以盐酸胁迫,防止或压制他人的反抗时,构成加重强盗罪。")。无论是刑法第250条还是个案中确立的具体规范都是经由法律决定形成。因此,法律决定形成了规范,规范成为下一个法律决定的依据,该决定又确立新的规范,如此不断衔接形成"法律之网"。据此,法律决定依据法律规范作出,同时法律规范透过法律决定得以实现。凯尔森的金字塔结构,在这里变成了"基于效力循环的网状结构"。法律决定和规范相互指涉构成网络

---

① [德]拉德布鲁赫:《法学导论》,米健、朱林译,北京:中国大百科全书出版社1997年版,第100页。

② [德]罗斯科·庞德:《通过法律的社会控制》,沈宗灵译,楼邦彦校,北京:商务印书馆2010年版,第58-76页。

结构，系统根据网络结构来判定特定事件是否合法。决定和规范都是法律系统生产出来的，就此而言法律系统是自我指涉的。

那么，什么是指涉？指涉是指运用一组差异对事物作出区分，并把它标示出来。比如，运用"合法/非法"这组差异来判断"甲要求乙赔偿精神损失"这一诉求是否合法。"自我指涉"就是一组差异通过标示出其中一边来指认自我。[①] 例如，我们标示出"支付"，就能够把"支付"和"不支付"区别开来，也就能够指认出"支付/不支付"这组差异。经过指出自己的对立值（"不支付"），来标示自我（"支付"）的过程就是自我指涉。换句话说，自我指涉就是自己指认、标示自己。法律系统的自我指涉体现为依据已有法律规范对某事件加以区别和标示，做出该事件是否合法的决定。

这个过程是通过递归性的（recursive）运作来实现的。[②] 递归性运作就是把前一次的结果当作下一次运作的起点，如此不断衔接的过程。就法律系统而言，法律决定是依据已有规范做出的，而已有规范是上一个运作的结果，是由前一个决定确立的，因此前一次的结果是系统的下一次运作即做出新的法律决定的起点。可见，法律系统的运作是在已有基础——也就是它自己做出的法律决定及其确立的法律规范所形成的法律之网——上展开的。运作的结果由法律之网决定。这个法律之网就是系统的结构。法律系统正是通过指涉结构来做出某事件合法或者非法的判断。

其实，在法律系统论看来广义的自我指涉包括三种形式：狭义的自我指涉即基本的自我指涉（basal self-reference）、反身性（reflexivity）和反思性（reflection）。当"系统/环境"成为首要差异的时候，我们所说的自我指涉就是反思性。[③] 此时，进行自我指涉的"自我"是系统，系统通过观察把自己与环境区别开来。而系统的存续有赖于边界的维持，因此当系统把自己和环境区分开，形成二者之间边界的时候，系统就建构了它自身。反思就是系统标示出自己与环境之间差别的运作。

进行反身性运作的"自我"则是过程，因此，反身性又被称为过程的自我指涉（processual self-reference），是指过程运用"以前（before）/以后（after）"这组差异建构出自身。那么，过程如何建构出来呢？举例而言，作

[①] Niklas Luhmann, Social Systems. John Bednarz, Jr. & Dirk Baecker (trans.), Stanford, California: Standford University Press, 1995, pp.439-442.

[②] Georg Kneer & Armin Nassehi:《卢曼社会系统理论导引》，鲁显贵译，台北：巨流图书公司1999年版，第33页。

[③] Georg Kneer & Armin Nassehi:《卢曼社会系统理论导引》，鲁显贵译，台北：巨流图书公司1999年版，第34-35页。

为过程的沟通是由其元素也就是对反应的预期(the expectation of a reaction)和对预期的反应(the reaction to an expectation)构成的。在此过程中,我们还能够对沟通进行沟通,如讨论"刚才甲和乙的对话"是否切合今天会议的主题。而"对沟通进行沟通"在我们所进行的沟通过程中展开,它同样是沟通这个过程的一部分,而不是独立于外。而之所以能够"对沟通进行沟通",是因为我们运用"以前/以后"这组差异,区分了之前进行的沟通(如刚才甲和乙的对话)和正在进行的沟通(如讨论"刚才甲和乙的对话"是否切合今天会议的主题)。对反身性而言,"以前/以后"是首要差异,这组差异使得过程能够被建构出来,并且自我指涉的运作(如对之前的沟通进行沟通、对刚才的观察加以观察)就是在这个过程中展开的。

而基本的自我指涉是指系统通过指涉构成其自身的元素(element)之间的关联性(relation)来生产出来新的元素。对它而言,首要的差异是"元素/关联性",而不是"系统/环境"。基本的自我指涉关乎的是元素(如社会事件、法律沟通)的生产,而不是系统,尽管元素与系统是紧密相关的,没有元素就没有系统,反之亦然。所以,这里的"自我"是元素,基本的自我指涉与元素的生产有关。没有此种自我指涉,系统自创生的生产是不可能的。如前所述,所谓自创生是指系统以那些构成它的元素,来生产和再生产出构成它的元素。因此,对法律系统论而言基本的自我指涉就是自创生。[1]

此种用法与自创生理论的创立者马图拉纳和瓦芮拉显然不同。对他们而言,生命体通过自身元素的互动来生成新的元素,保持了系统的存续,这就是自创生。自创生系统一方面是封闭的,因为它自己生产出元素来维持自身的存续,另一方面它又是开放的,因为它与环境进行能量和物质的交换,从环境中摄取制造元素所需的物质。而自我指涉强调的是系统的自我关联,系统将自己运作产生的结果当作继续运作的基础,在已有运作的基础上展开运作。该系统是封闭的,与环境无涉。所以,在他们看来自创生和自我指涉是有区别的。法律系统论却将二者等同。出现此种差别是因为法律系统论关注的是"社会",而如前所述社会并不是由人而是由沟通组成的系统,沟通就是信息的产生、传递和理解,因此社会并不是物质性的系统,无需与环境进行物质和能量的交换。社会通过自我指涉,通过不断指向元素之间的关联性就能够生产出新的元素即沟通。作为社会子系

---

[1] 一般而言,卢曼是在狭义的意义上使用"自我指涉"这个概念,因此如无特别说明,本书中出现的"自我指涉"一词指的就是基本的自我指涉。

统的法律系统根据现有法律规范，判定特定事项是合法还是非法，再将这个决定传递出去，加以理解，形成沟通。法律系统通过自我指涉来生产出自己，实现系统的自创生。

其实，哈特早有论及法律的"自我指涉"。对哈特而言，一个既适用于其他规则，也适用于自身的法律规则就是自我指涉的。设立禁止变更条款或者规定修改程序的规则就属于此类。例如1909年制定的《南非法案》。这部由英国议会通过的法案为南非联邦颁布了一部宪法，其中设立了禁止种族和肤色歧视的条款以及赋予荷兰语和英语同等地位的条款。为了保持这两个条款的持久有效性，《南非法案》特别设立的第152节，不仅禁止普通两院通过立法撤销或者变更这两个条款，而且规定第152节本身也是不得变更的。此规定如下：

议会可以通过法律来撤销或者修改这部法案规定的任何条款……并且规定……对包括在这一节的规定或第35或137节中的规定，不能给予撤销或变更。废止或修改这些规定的法案，必须经国会两院全体出席，并且在三读中以不少于两院总人数的2/3多数通过。

在哈特看来，第152节就是自我指涉的，法律并非像阿尔夫·罗斯（A.Ross）教授所说的那样自我指涉的法律在逻辑上不是有效的，因为法律不是命题，即使哥德尔全称命题不存在，法律也能够将自身涵括在内。实际上，第152节在指涉自身的同时，也指涉其他条款。[1] 可见，对哈特和法律系统论而言，"自我指涉"具有不同的涵义。在哈特看来，所谓法律的"自我指涉"指的是法律所确立的规则适用于其自身。而法律系统论所说的法律"自我指涉"是指法律是一个自我关联的系统，通过封闭的网络不断生产出自身的元素。具体而言，这一网络不断地生产一些元素，而后者又被用来继续生产另外一些元素。由此，该网络便把自身作为一个网络再生产出来。[2]

不仅如此，二者的区别还在于：对法律系统论而言，法律是运作着的社会子系统。而在哈特那里，法律是一个规则体系。这个体系正是通过不同条款、规则之间的相互指涉建立起来的。如前所述，哈特将法律分为主要规则和次要规则两种。主要规则是根据承认规则或者改变规则创立的，而改变规则的效力又来自于承认规则。所以，其他规则的效力都来自于承

---

[1] [英]哈特：《法理学与哲学论文集》，支振锋译，法律出版社2005年版，第183页。
[2] [德]尼克拉斯·卢曼：《社会、意义、宗教——以自我指涉为基础》，苏国勋、刘小枫主编：《社会理论的知识学建构》，上海：上海三联书店、华东师范大学出版社2005年版，第46页。

认规则。那么,承认规则的效力又从何而来?哈特认为某一承认规则来自于一个更高的承认规则,最后追溯到"最高的、最终的承认规则"。"最高的、最终的承认规则"的效力则来自于"女王议会制定的就是法律"这一规则,此时我们就到了效力的终点。可见,关于存在"最高的、最终的承认规则"的主张只能是一个有关事实的外在陈述,也就是旁观者关于其他人接受了承认规则这一事实的陈述。最终的规则的存在就成了一个"事实"问题。① 从"事实"当中变出"规范",这难以具有说服力。哈特终究无法逃脱形式逻辑的不断追问,无法走出法律的效力究竟从何而来的"明希豪森困境"。

法律系统论认为法律是自我指涉的、自创生的,这不也是套套逻辑(tautology, Tautologie)吗?这不就和哈特一样陷入了"明斯豪森困境"?就形式逻辑而言,法律自创生、循环论证自然是套套逻辑,卢曼并不否认这点,不过在他看来这种套套逻辑被隐藏了。法律的运作就是运用"合法/非法"这组差异对某一事件合法与否作出判断。但这组差异并没有告诉我们某一事件是合法的还是非法的,因此需要依据已有法律规范作出判断。基于此,法律决定是根据法律规范做出,同时法律规范透过法律决定得以实现。法律决定和规范相互指涉构成了网络结构,系统依据这种结构判定这个事项是合法还是非法,再将这个决定传递出去,加以理解,形成沟通。因此,法律是由法律决定创造出来的,其效力基础来自于决定本身,而不是更高的规范如自然法。② 正因如此,卢曼认为现代社会的法律就是实证法,即由特定决定创设的法律。

那么,现代社会的法律为什么是自我指涉的?这与现代社会复杂性的提升有关。由于现代社会高度复杂,对法律系统而言,政治、经济、道德等其他子系统所构成的社会环境变得更为复杂,并且环境的复杂性总是高于系统本身的复杂性,系统无法与环境建立点对点的对应关系,也就不可能对环境的所有变化都加以回应。因此,法律系统必须有选择地回应环境,才能有效化简复杂性。系统通过依据自身的网络结构来判断是否把环境中的事物标示出来,再制造出信息,并根据该信息做出新的法律决定。也就是说,系统只能通过指涉自己的网络结构即自我指涉,而不是依据环境的变化作出判断。

---

① [英]哈特:《法律的概念》,张文显、郑成良、杜景义、宋金娜译,北京:中国大百科全书出版社1996年版,第82-111页。

② Niklas Luhmann, A Sociological Theory of Law. Martin Albrow.(ed.), Elizabeth King & Martin Albrow (trans.), London: Routledge & Kegan Paul, 1985, pp.156,159-160.

据此,法律系统如何运作、做出什么法律决定取决于系统的网络结构,也就是以前的法律决定所确立的规范。法律决定的依据只能是法律规范,而不是其他。无论是证成还是推翻某个法律决定,其理由必须来自于法律本身,而不是道德、伦理观念或者更高级的规范。像古希腊戏剧家索福克勒斯笔下的安提戈涅那般,以"神法"来对抗国王克瑞翁颁布的法律是不可能有效的。在两造对抗的法律决定过程中,我们要反驳对方的主张,证明自己的观点,就必须提出法律上的理由。法律并不是由外部权威——无论是《圣经》的权威还是世俗的权力、自然法或者神启——决定的。法律只是来自于它自身。就此而言,法律是封闭而自主的。

实际上,法律是否自主、法律与其他社会领域的关系一直备受关注,因为这关涉法治的核心。毕竟,只有当法律具备了自主性,决定的过程能够超脱于价值的诸神之争、独立于现实政治的争斗,法律才可能是非人格化而中立的,才能约束国家权力、保护个人自由。国家依法而治、而非人治才可能实现。正因如此,学者们对法律的自主性多有论述。那么,法律的自主性体现在哪些方面呢?诺内特和塞尔兹尼克认为法律的自治性主要表现在具体案件的法律决定过程严格依据法律规则而展开的,独立于政治之外。而获得此种自主性的首要条件是做出具体法律决定的法律机构即法院成为独立的机构。正因如此,诺内特和塞尔兹尼克认为法治诞生于法律机构取得足够的权威以对政府权力的行使进行规范约束的时候。① 卢曼同样主张法院成为专司法律裁判的特定机构是自主的法律系统从社会中分化出来的条件。法律机构的独立性是法律实现自主运作的前提。

持此种观点的还有罗伯托·昂格尔。在他看来,为了使权力受到法律的约束,就需要将立法、行政和司法分离,需要一个独立于政治、与政治斗争相隔离的法院来适用法律、对国家的行为是否合法进行评判。由此形成了法律在机构上的自主性。② 但法律的自主性并不限于此,还体现在法律在实体内容、方法和职业等方面。具体而言,法律在实体内容上的自主性体现在国家制定和强制执行的规则与政治、经济或者宗教规范截然不同,也就是说,法律具有独立于政治道德以及宗教戒律的实体内容。并且,适用法律的方法是一种区别于科学解释、政治、经济和伦理论证的独特的方

---

① [美]P.诺内特、[美]P.塞尔兹尼克:《转变中的法律与社会:迈向回应型法》,张志铭译,北京:中国政法大学出版社2004年版,第59-60页。
② 关于权力分立与法治的关系,另可参见[美]莫顿·J.霍维茨《美国法的变迁:1780—1860》,谢鸿飞译,北京:中国政法大学出版社2005年版,第64页。

法(即法律方法、法律推理或者法律论证),于是法律获得了方法论上的自主性。① 而且参与到以此种独特的方法为基础的法律实践当中的是一个特殊的法律职业共同体,该共同体的成员亦即法律人乃是经由严格专业训练而具有法律思维的人。② 对昂格尔来说,法律是否自主不仅取决于法律规范的内容是否区别于道德、宗教戒律或者政治规则,还在于法律决定是否由具有特殊法律技艺的人即法官运用一种独特的法律方法严格依据法律规范来做出。可以说,独特的法律职业者及其所运用的方法是法律自主的关键。

其实,法律的自主通常被认为与法律职业者密切相关,是职业者不断努力所取得的成就。博登海默就认为法律的自主性与法学作为一门学科的自主性紧密相关,二者的自主性都有赖于通过专门训练而获得专门知识的法律家运用独特的法律方法来适用法律。③ 卢曼也认为法院的独立性进而是法律系统的自主性有赖于法律审判的组织化和职业化,但他更关注自主法律的形成同社会分化之间的关联性。在他看来,社会复杂性的增加是分化出不同功能的子系统的主要原因。其关注的焦点并不是法律职业者的行动及其所使用的法律方法,而是作为社会子系统的法律如何运作。

卢曼通过分析法律系统的运作过程,阐明了法律的效力来自于法律内部而不是来自于其外。他回答了法学核心问题即法律的效力究竟从何而来。④ 不仅如此,卢曼还通过对法律运作过程的分析,证成了法律的自创生,维护了法律的自主性。法律的自主性是实现法治的前提,是保障个人自由的基础,其重要性不言而喻。如果法律丧失了自主性,被"实质化"了,那么法律可能成为实现某种社会图景的工具,个人选择的空间可能难以得到有效保障。基于此,与韦伯一样,卢曼对法律的"实质化"持一种怀疑的态度。

4. 观察与悖论

法律系统的运作是一个依据既有法律规范做出新的法律决定的过程。

---

① 孙笑侠、周婧:《一种政治化的法律方法——对昂格尔法律方法论的解读》,《环球法律评论》2007 年第 4 期。
② 关于法律职业的独特性,可参见季卫东:《法治秩序的建构》,北京:中国政法大学出版社 1999 年版,第 229 页;孙笑侠:《法律家的技能与伦理》,《法学研究》2001 年第 4 期;孙笑侠:《法律人思维的二元论——兼与苏力商榷》,《中外法学》2013 年第 6 期。
③ [美]博登海默:《法理学》,邓正来译,北京:中国政法大学出版社 1999 年版,第 240 页。
④ [英]韦恩·莫里森:《法理学——从古希腊到后现代》,李桂林、李清伟、侯健、郑云瑞译,武汉:武汉大学出版社 2003 年版,第 4 页。

无论是法律决定,还是法律规范,都是对事件作出是合法还是非法的判断,也就是运用"合法/非法"这组差异对事物作出判断。这就是观察(observation, Beobachtung)。① 其实,观察又可以称为指涉。因为对法律系统论而言,指涉就是运用一组差异对事物加以区别和标示。当差异是用来获得关于什么被标示出来的信息时,指涉就成为观察。在这个意义上,指涉和观察是等同的,二者都是通过差异来展开的一种运作。既然如此,卢曼为什么要使用两个概念呢?正是因为"观察"这个概念暗示着观察者(如系统)希望通过观察获得信息,"指涉"则不然。② 法律系统论在不同的情境中使用不同的表述。

就法律系统而言,要做的就是运用"合法/非法"这组二值符码对行为或者事件作出合法或者非法的判断。因此,法律系统的运作其实也是一个观察的过程。③ 然而,如果我们对观察进行观察,进入"二阶观察"(second-order observation, Boebachtung zweiter Ordnung)的层面,将二值符码运用于系统本身,追问"运用合法/非法进行观察"究竟是合法还是非法,就会陷入两难的困境:要么是同义反复,要么在"合法-非法-合法-非法……"中循环,当我们选择其中一个值的时候,对立值就会随之出现。于是,我们陷入了"说谎者的悖论"。而且,在做出判断的时候我们的依据究竟是什么,是法律系统通过运作形成的规范本身,还是法律之外的更高级的规范如自然法则、神律?如果是前者,我们不过是用法律证明自己的合法性、正当性,这不是套套逻辑吗?如果是后者,那么决定的依据就不是法律本身,这样的运作就不再是法律系统的运作!也就是说,这样的决定不是法律系统而是其他系统(如道德系统)做出的。于是,我们再次陷入了悖论。此悖论清晰地呈现在索福克利斯笔下安提戈涅与国王克瑞翁就禁止掩埋其兄弟的法律是否"合法"而展开的论辩中。

克瑞翁:你真敢违反法令吗?

安提戈涅:我敢。因为向我宣布这法令的不是宙斯。那和下界神同

---

① Niklas Luhmann, "Reading Notes: Social Systems." John Bednarz & Dirk Baecker(trans.). Adrian Chan, 2005(25).

② Niklas Luhmann, Social Systems. John Bednarz, Jr. & Dirk Baecker (trans.), Stanford, California: Standford University Press, 1995, pp.439-440.

③ 如前所述,法律系统的运作是通过自我指涉作出是否合法的判断,再对这个判断进行传递和理解,产生新的元素即沟通,进而生产出系统本身。简单地说,系统的运作就是沟通。因此,我们可以说沟通就是观察。只是当我们论及沟通时,关注的是信息的产生、传递和理解这三个阶段是如何展开的。谈到观察,我们关注的是信息的内容、沟通的论题是什么。

住的正义之神也没有为凡人制定这样的法令。我不认为一个凡人下一道命令就能废除天神制定的永恒不变的不成文律条,它的存在不限于今日和昨日,而是永久的,也没有人知道它是什么时候出现的。我不会因为害怕别人皱眉头而违背天条,以致在神面前受到惩罚。我知道我是会死的——怎么会不知道呢?——即使你没有颁布那道命令,如果我在应活的岁月之前死去,我认为是件好事,因为像我这样在无穷尽的灾难中过日子的人死了,岂不是得到好处了吗?所以我遭遇这命运并没有什么痛苦,但是,如果我让哥哥死后不得埋葬,我会痛苦到极点,可是埋葬了,我倒安心了。如果在你看来我做的是傻事,也许我可以说,那说我傻的人倒是傻子。①

可见,法律系统将二值符码运用于自身的时候,悖论就会出现。无法解决此悖论,法律系统能否继续运作?可法律系统确实在运作着。这又如何解释?法律系统论的回答是,悖论的确无法消除,但它被隐藏起来了。在某一时刻,我们不可能同时指认和标示一组差异的两边,只能指认和标示出其中一边。举例而言,我们不能做出这样的法律决定——"被告不支付货款"是合法的又是非法的。我们只能判定"被告不支付货款"是非法的,或者"被告不支付货款"是合法的,因为货物不符合合同的约定。所以,我们不可能在运用"合法/非法"这组差异对"被告不支付货款"这件事进行观察的同时,还追问——运用"合法/非法"这组差异对"被告不支付货款"进行观察这件事究竟是合法还是非法。据此,法律系统的悖论被隐藏起来,成为系统的盲点,这个盲点使得观察成为可能。②

当然,二阶观察仍然是可能的,如道德系统观察"运用'合法/非法'观察打人"这件事是对的还是错的。又如大众传媒对法院审理案件的过程进行报道。实际上,不仅其他系统对法律系统进行二阶观察,法律系统也会观察自己。法律系统会追问先前的法律决定及其确立的规范是否合法。例如,在1954年"布朗诉教育委员会"③一案中美国联邦最高法院审查自己在1896年的"弗格森"案中所确立的隔离并不违反宪法第14条修正案的平等保护要求(即"隔离但平等")这一具体规范是否符合宪法的旨意,

---

① 《安提戈涅》是古希腊作家索福克勒斯于公元前442年创作的一部悲剧,被认为是戏剧史上最伟大的作品之一。剧中的女主角安提戈涅不顾国王克瑞翁颁布的禁令,坚持安葬背叛了城邦的哥哥波吕尼刻斯,最终被处予死刑。被处死前,安提戈涅与克瑞翁就禁止安葬波吕尼刻斯的法律是否"合法"展开论辩。

② Niklas Luhmann, Law as A Social System. Fatima Kastner, Richard Nobles, David Schiff & Rosamund Ziegert.(eds.), Klaus A. Ziegert (trans.), New York: Oxford University Press, 2004, p.182.

③ Brown V. Board Of Education of Topeka, 347 U.S.483 (1954).

理由是否充分。这就是法律系统对自己之前的观察进行再观察。此二阶观察能够展开，是因为系统运用"以前/以后"这组差异，区分了之前进行的观察（如针对"弗格森"案的法律决定）和正在进行的观察（如判断弗格森案的决定是否合乎宪法的要求）。这其实就是系统的反身性运作。通过此种运作，系统能够对之前的法律决定及其确立的规范进行反思，判断此规范能否适用于当下个案，进而明确法律的真正内容，并据此做出合法或者非法的决定。就此而言，二阶观察是法律系统做出决定的关键。

通过二阶观察，法律系统能够对之前的决定（如认定"黑白分校"的种族隔离措施是平等的，从而确立了"隔离但平等"理论）加以反思，甚至修改此决定（如推翻"隔离但平等"理论，判定"黑白分校"违反平等原则）。就此而言，运用二阶观察，我们可以看到自己在一阶观察（即之前的决定过程）中看不到的东西（如"隔离但平等"理论违背了平等原则）。但是，二阶观察也有自己的盲点，比如主张"黑白分校"违反平等原则这一决定本身是否合法。因为任何观察者都无法在以某个差异进行观察的同时质疑观察本身的正当性，所有观察都把自身排除在观察的对象之外。

就法律系统而言，当它在运作、观察时，它只能看到运用"合法/非法"这组差异所看到的世界，它并不知道自己处于观察之外，不知道存在着自己看不到的东西，而将自己观察到的东西当成整个世界。因此，它不可能将这组差异运用于差异自身，不可能质疑用"合法/非法"来观察这件事情本身到底是不是合法的。法律系统始终依据法律而不是自然法则、神律或者公众的意见做出决定。

法律系统无法同时看到"合法"和"非法"，也就无法看到"合法/非法"这组差异的统一。它把自己运用的差异当作是既定且不受质疑的。差异就如同在分层式社会中赋予各个阶层一个整体的"意义"的神，是我们无法追问的东西。进行观察的系统不可能对差异本身提出质疑，观察就能够继续。所以，差异成为观察的盲点。这是悖论，同时又是观察得以进行的前提。

任何观察都有盲点，都无法宣称自己看到的就是一幅与"客观世界"完全相符的图景。即使真的存在一个所谓的"客观世界"，我们也没法看到它的全貌。当我们对观察进行观察，进入"二阶观察"的层面，盲点就会显现出来。我们就会发现所看到的世界既不是必然的，也不是不可能的，既可以如当下所是，也可能是另外一个样态。简单地说，所看到的世界是偶在的。① 我们能够看到什么样的世界,取决于所使用的差异。任何观察都只能看到借由某种差异能够看到的世界。如法律系统看到的是一个合法或者非法的世界,道德系统看到的是对错交织的世界,而在政治的世界里只有"有权"或者"无权"。在这个意义上,世界并不是一个统一的世界,而是我们运用不同差异所看到的多元世界。所谓的世界不过是我们运用差异所看到的那个样子。就此而言,法律系统论所持的是建构主义的认识论。我所看到的"世界"未必是你所看到的"世界"。世界并不是统一的,而是建立在差异的基础上。

(三) 法律系统的内部分化:立法与司法

现代社会由功能各不相同的诸多子系统构成,法律是其中的一个。② 法律系统的运作就是持续地对社会中的事件作出是否合法的判断。要做到这一点,需要一个专门的机构来适用法律规范、针对具体事件做出评判。这个机构就是司法机关即法院。于是,法院成为专门的纠纷解决者,针对个案的法律决定过程被组织化了,"合法/非法"这组二值符码为法律系统所特有的。这标志着法律系统的形成。

一般系统论及相关的经验研究已经证明,系统的分立和内部的分化是同时进行的。只有当其内部出现分化,法律系统才从社会中分立出来,成为自主运作的社会子系统。因此,法律系统内部如何分化,这个问题不能通过考察不同法律领域及其历史变迁过程来回答。换句话说,系统的内部分化涉及的不是诸如公法和私法、行政法和宪法、财产法和侵权法的区分,也不涉及法律素材的划分(如罗马法对人、物和诉讼格式的分类),或者依据其形式的不同将法律规范划分为成文法和判例法。这些区分都无法说明法律系统如何分化出在运作上独一无二的子系统。由于法律系统的形成与法院的分立相伴而生,因此要厘清系统内部如何分化,就需要考察当法院分立出来的时候,法律系统采取了哪种分化形式。③

---

① Niklas Luhmann, Social Systems. John Bednarz, Jr. & Dirk Baecker (trans.), Stanford, California: Standford University Press, 1995, p.182.

② Niklas Luhmann, The Differentiation of Society. Stephen Holmos & Charles Larmore. (trans.), New York: Columbia University Press, 1982, pp.236-238.

③ Niklas Luhmann, Social Systems. John Bednarz, Jr. & Dirk Baecker (trans.), Stanford, California: Standford University Press, 1995, pp.274-275.

1. 立法与司法的分离

法院专司法律裁判,从法律系统中分化出来之后,成为与立法机构相对应的子系统。然而,司法与立法的区分早已有之。在高度文明社会,法律就分为立法和法律裁判两部分,以保障法律裁判不偏不倚。立法者制定法律规范,不负责法律在具体情形中的适用。以此确保立法者制定的是一般性的规范。法官则负责适用法律规范。为了避免法律裁判受到法官个人因素的影响,保证法律裁判的中立性和非人格化,就要限制法官的自由裁量权,要求法官严格适用法律。早在罗马,执政官行使审判权的过程已经受到严格的限制。但是,无论是立法还是司法都没有成为独立的法律实践。没有专门负责解决纠纷的法院,审判权由执政官掌控。而且,立法和司法都服务于国家的统治,不过是服膺于政治的两个交叉的圆。即使立法者制定出普遍的法律规范,此种普遍性也只是政治上的权宜之计,不过是使事情进行得更有效的方式罢了。并且,具体案件的裁判结果可能因人而异,可能随着君主的意愿、政治的不同需要而改变。

直到18世纪,上述情形才发生彻底的改变,立法和法律审判才相互分离开来,成为法律系统当中不同的子系统。这一过程与西方自由国家的权力分立密切相关。随着经济的迅猛发展和工业化进程的加快,包括商人在内的第三等级逐渐兴起,农民也从对地主的人身依附中解放出来。他们的力量日渐强大,逐步扩大政治影响力,对君主和诸侯形成了制约。与此同时,争取个人解放、个性独立的自由主义思潮不断涌现,思想家们如洛克、孟德斯鸠、卢梭等向旧制度发起进攻、为新制度呐喊,极力捍卫个人的自由和平等,要求政府权力受到限制和约束。于是,人们纷纷要求限制君主和诸侯所掌控的政府,防止政府侵入市民领域,保障个人的自由,同时要求政府同等对待所有人,以实现人与人之间的平等。此种保护自由和平等的机制就是普遍而中立的法律。法律的中立性体现在其不过是一个旁观者,不干预、不支持任何一种利益或价值偏好,也不参与社会资源的分配。法律的普遍性则表现在它不仅适用于所有人,而且在适用时并不偏袒任何个人或者阶级、集团。具备了普遍性和中立性的法律不仅确立了人与人之间的形式平等,而且能够保护个人免受国家的恣意干涉。为了确保立法的普遍和中立,行政必须与立法相分离,为了确保司法的普遍性和一致性,司法必须与行政相分离。基于此,西方国家纷纷制定宪法确立权力分立原则。国家权力呈现出分立的状态:立法机关只能通过普遍的规则来宣告自己的意志,而不能直接处罚任何人。行政机关不能制定普遍规则,只能在法律的范围之内活动。为了确保行政机关的活动没有超出法律所设定的边界,就由司法机关即法院来适用法律、决定法律的涵义,以明确行政者的活动有否超越边界。于是,法院成为保护个人自由免受政府干预的守护神。

要成为自由的守护神,法院必须是中立的,与政府相分离。那么,如何才能避免政府的干涉呢?立法者制定的法律便是一道有力的屏障,法院可以法律如此要求为由拒绝政府的干预。基于此,法院严格根据法律的规定作出判决,不用考虑法律的目的、法律的价值追求。法官不关注原被告双方的经济地位、社会地位是否对等,原被告事实上是否平等,原告或者被告是否具有与对方进行议价的能力,也不关注判决将对社会造成何种影响、是否符合实质公正。如此一来,法官就能够避免陷入不同价值观念的纷争,将自己置身于政治道德的论战之外。加之,立法机关被认为代表了人民,立法机关制定的法律代表了人民的意志,是必然正当的、不容置疑的。居于立法者之下的法院只是适用立法者制定的法律,而不是创制法律。法院受到了严格的限制,只享有严格依制定法裁判的职权。这在普鲁士①和法国的历史进程中可见一斑。② 基于此,法院只是立法者所制定"法律的喉舌"。③ 法院与立法者之间被认为是等级关系,前者居于后者之下。

然而,19世纪末20世纪初以来西方社会陆续进入社会福利国家时期,法院的权力不断扩大,法院与立法者之间的等级模式逐渐瓦解。我们如何解释二者之间关系的变化?

2. 作为系统中心的司法与作为外围的立法

随着生产力的发展和生产规模的不断扩大,西方国家进入垄断资本主义时期。生产的相对过剩导致经济危机的出现,经济危机不仅影响国家的经济发展,而且导致大量工人失业,社会秩序面临着挑战。与此同时,贫富差距的扩大也对社会稳定产生了不利影响。这些社会问题是个人凭己之力已经无法解决的,是社会的结构性问题。在此情况下,一些人无法获得生存的保障,而不得不仰赖国家的积极介入。于是,国家应当救济贫困者,给予个人福利,使每个人都能够过上有尊严的生活的福利国家理念逐渐确

---

① 在1871年德意志帝国统一以前,德国只是一个各自拥有主权的国家联盟。而在众多国家中,普鲁士一直是一流的强国,并在与奥地利的争霸中占据了上风,成为德意志帝国的主宰者。关于此可参见富布卢克(2017,310-354)。

② [美]约翰·亨利·梅利曼:《大陆法系》,顾培东、禄正平译,北京:法律出版社2004年版,第16-17、40页。

③ [法]孟德斯鸠:《论法的精神》(上册),张雁深译,北京:商务印书馆1961年版,第157页。

立起来。随着福利国家的兴起,法院不再固守严格适用法律,立法居于上、司法居于下的原有模式改变了。

首先,为了确保每个人都能够过上有尊严的生活,国家开始对社会生活尤其是经济生活进行干预,为个人提供各种经济救助和公共设施,积极保障个人拥有行使权利的条件,并且对大财产所有者和垄断性经济活动进行限制。行政活动的范围急剧扩张,行政机关的职能大大增加、机构逐渐膨胀。与此同时,对社会生活的干预需要立法机关增加立法,增进社会福利。然而,由于机构过于庞大,立法周期过长,立法机关无法及时制定法律回应社会需求,因此不得不将立法权委任给行政机关,或者授权其制定行政法规。于是,立法的重心逐渐向行政机关转移。加之,在立法机关制定法律的过程中,法律的提案和审议以行政机关为中心。以丰富资料草拟法律提案的行政机关,在审议阶段往往容易压倒不掌握充分资料的议员,成为事实上的立法者。尤其在采取议会内阁制的国家,组阁执政的多数党控制了议会,议会更不可能制定与行政机关提案相违的法律,也不可能追究内阁的政治责任。① 因此,一方面行政机关变成个人从"摇篮"到"坟墓"的照顾者,权力所及范围不断扩张,并且代行部分立法权;另一方面,由于立法权的让渡,立法机关逐渐式微,以议会为中心的立法国家日渐为行政国家所取代,实际上已经吞并了立法权的行政机关成为国家权力的中枢。这就需要司法机关强化司法权,确保行政机关仍然受到法律的约束。然而,法律的制定不免受到行政机关的影响,受制于被执政的多数党,立法机关还能否制定约束行政权力的法律,不无疑义。基于此,司法机关不再严格按照立法机关所制定的法律裁判案件,否则难以制衡行政机关。

其次,基于社会福利国家的理念,国家应当保障个人享有实现自由的条件。为此国家开始对那些原本被认为属于个人自治而排除在管制之外的领域进行干预,如规制经济活动、限制经济自由、通过税收移转参与再分配。国家进行管制和再分配的工具之一就是法律。② 此时,参与再分配的法律不再被视为恶法,反而获得了正当性。但这并非意味着法律可以任意对社会资源进行再分配。那么,国家应当如何分配资源,应当保护何种利益、选择何种价值观?国家如何证明所制定和适用的蕴含着某种价值观的法律是正当的呢?现代社会日渐多元化,而在这样一个多元异质的社会

---

① [日]杉原泰雄:《宪法的历史——比较宪法学新论》,吕昶、渠涛译,北京:社会科学文献出版社 2000 年版,第 128-130 页。

② R. M. Unger, What Should Legal Analysis Become? New York: Verso, 1996, p.47.

中,任何基本的社会决定,无论是由法院还是立法机关做出,都不会获得一致支持。① 没有了共识,国家的行为便失去了中立的幻象。那么,国家行为的合法性,包括司法行为在内也就日渐依赖于其所导致的福利后果,取决于其能否实现实质公正。为此,法院不再仅仅关心法律裁判是否严格遵从法律,判决是否对法律条款进行逻辑演绎的必然结果,还关注判决对于当事人而言是否公平,能否促进公共利益的实现以及所导致的社会效果。

再者,认为立法机关制定的法律无疑是正当的观点曾经盛极一时,因为它体现了人民的意志,人们不过是根据自己选举的代表所制定的法律行事。然而,在当下西方国家,议会主要由地方选举的政客组成,这些政客为了获得选票和支持就会同在政治和经济上占据优势的集团联姻,那些无法使其利益和价值观得到代表的少数人的权利和自由便可能以多数人的意志的名义被践踏。就像托克维尔所告诫的那样:

> 民主国家的公民把自己同周围国家的人比较时,会自豪地感到他和他们每个人都是平等的。然而当他放眼全体同伴,就会马上被自己微不足道和软弱无力的感觉所压倒。……因此,公众在民主的人民中间有一种独特的权力,这种权力在贵族制中是做梦也想不到的:因为它不是说服而强迫别人接受某种观点,把全体的想法这种巨大的压力强加于每一个人的思想。②

因此,需要司法机关予以干预,纠正那些立法机关本身无法纠正的集体错误,纠正那些经过冲突和妥协所形成的法律当中的"不法",以限制竞相角逐的立法过程中的那些自私自利的追求,保护那些失败了的少数人。所以,法官不再盲目地服从法律,而是依据法律目的即那些超越实证法的法价值,把法律塑造成为一个体现了正义和公平的体系。

最后,由于社会越来越复杂,立法者即使尽其最大的想象力也不能认识到所有案件类型并予以规定,完美法典不过是一种奢望。于是,出现了"疑难案件",也就是即使通过对现行有效的法律规范进行严密的逻辑推理,也无法得出毫无争议的司法裁判。尽管如此,法院仍然要对这些案件作出判决。因为这是它们的义务,法院不能因为没有法律对此做出规定而拒绝裁判。"不得拒绝裁判"(the prohibition of the denial of justice)是法院必须遵守的法律原则。正因如此,疑难案件尽管在数量上只占很小一部

---

① [美]朱迪丝·N.施克莱:《守法主义——法、道德和政治审判》,彭亚楠译,北京:中国政法大学出版社2005年版,第11页。
② [法]托克维尔:《论美国的民主(上)》,董果良译,北京:商务印书馆1997年版,第289页。

分,但对于法律发展而言却具有决定性的意义。面对疑难案件,法院不得不"发展"立法机关制定的法律,创设新的规则,尽管它所做的一切在当时是有争议的,甚至永远都有争议。①

于是,法院从严格适用法律、仅仅按照法律的字面意思做出决定,转向"有思考地服从"法律,根据法律的目的即法律"真正要做的事情"来确定法律的内容,甚至修改和创制新的规则。法院不再仅仅是纠纷的解决者,已然承担了立法者的部分职能。现代法律的比较历史研究已经表明,自1800年以来法官甚至是欧洲大陆的法官是如何承担起修正性法律解释和法律重构的使命。法官并不像19世纪早期的激进改革者和民主派所希望的那样,只是被动地服从于立法者。时至今日,就法律解释的技术而言,就像德国那样的国家的法官也和美国的法官越来越相似了。他们都成了法律的详细说明者,其权力行使甚至已经超出了个人权利的守护神的职责范围。当然,法院的职责仍然是通过对具体案件的裁判来应用法律,即使承担了立法功能,那也是有限的,不过是补充立法。② 毕竟,权力分立乃是国家权力的设置和行使必须遵循的原则。虽然该原则的内涵已经发生变化,并不要求立法、司法和行政的完全分立,而承认各种权力彼此的交互关联、相互重叠,但它仍然要求国家权力不能由一个机构单独行使,任何权力不得侵犯其他权力的核心范围以及不同权力之间的相互制衡。③ 恰如孟德斯鸠所言"如果司法权同立法权合而为一,则将对公民的生命和自由施行专断的权力,因为法官就是立法者。"④国家权力集中势必导致权力滥用,侵害个人的自由。

或许有人会辩称,法官承担立法功能并不会危及个人自由,因为法官是抵挡政治上机会主义的攻击、捍卫政治价值的守护神,维护着我们社会的那些持久的价值,保护个人自由免受体现多数人意志的侵害。即使如此,也只有当现行法律违背了这些价值的时候,法官才能修正法律。而且,此种修正只是在具体案件的审判过程中展开,是偶然的、局部的。如此一来,法院将难以完全消解拉德布鲁赫所谓的"法律的不法"⑤。然而,"法律

---

① Niklas Luhmann, Social Systems. John Bednarz, Jr. & Dirk Baecker (trans.), Stanford, California: Standford University Press, 1995, pp.285–289.
② 黄茂荣:《法学方法与现代民法》,北京:中国政法大学出版社2001年版,第87页。
③ 陈慈阳:《宪法学》,元照出版公司2004年版,第194-197页。
④ [法]孟德斯鸠:《论法的精神》(上册),张雁深译,北京:商务印书馆1961年版,第156-157页。
⑤ [德]拉德布鲁赫:《法学导论》,米健、朱林译,北京:中国大百科全书出版社1997年版,第170-171页。

的不法"必然危及个人的自由,并且一旦对法律的不满达到一定程度,人们就不会再诉诸法律,将彼此的纠纷交给法院来解决,法律制度势必难以存续。如何解决上述问题?卢曼认为人们只能通过政治参与促使立法者修改现行法律。

可见,进入社会福利国家以后,法院不再是立法机关所制定法律的喉舌,不仅适用法律,还补充立法,参与法律规范的创制。如此一来,司法和立法之间的分化形式就不再是等级制。那么,如何解释此种形式呢?卢曼的回答是,司法居于法律系统的中心,立法则居于外围(periphery)。

卢曼认为司法处于法律系统的中心,源自于"不得拒绝裁判"这一法律原则。具体而言,依据该原则法院必须对已提起诉讼的案件作出裁判。即使面对的是疑难案件,也就是那些没有清晰的法律规则可以适用的案件,也不例外。于是,法院面临着难题:它无法做出裁判,至少是找不到具有合理性并毫无争议的裁判理由,但它又不得不作出裁判。它无法裁判,却又不得不强迫自己作出裁判。此时,法院就只能自行创设法律规范。它不再受到立法者所制定法律的严格限制,享有了自由裁量的空间。简单地说,法院因被迫裁判而享有创制法律的权力,强制转变成了自由。法院为自己的裁判建构理由! 这其实就是现代社会的法律系统所面临的悖论。具体而言,法律系统要通过法律决定创设法律规范,必须找到最终的合理性依据,否则法律规范就不具备合理性和正当性。那么,最终的依据从何而来? 在片段式社会中,作为最后依据的共同体道德解决了不断追问正当性来自哪里的问题。在分层社会中,居于中心的负责人赋予整个社会以"意义",为具有普遍约束力的社会决定提供依据。但是,在功能分化的现代社会,道德和宗教、至高的神明和理性的个人都没法给出让所有人都认同的正当性依据。既然无法从外部找到最终的依据,只能自己为自己寻找依据。所以,系统不再从外部而是从自身寻找判断依据。[①] 法律系统自己判断什么是法律规范,再根据规范做出决定。法律自己生成自己,这是套套逻辑,是法律系统的悖论。

但是,悖论必须隐藏起来。一旦否认法院是依据立法者制定的法律裁判案件,承认法院能够而且实际上总是不断地改变法律的内容、创制新的规则,如何证明裁判的正当性,如何能让人们愿意接受法院的裁判,如何能让人们相信权力——无论是立法权、行政权还是司法权——的行使都受到

---

① Niklas Luhmann, Observation on Modernity. William Whobrey (trans.), Stanford, California: Standford University Press, 1998, pp.16-17, 35-36.

有效约束呢？问题的关键在于悖论如何隐藏。面对没有清晰规则可适用的疑难案件，法院将通过解释由已有法律规范所构成的"法律之网"来确定法律的目的，再根据法律目的创制规则，并据此作出裁判。也就是说，法院通过已有法律规则产生新的规则，进而把法律的不确定性转变为确定性。如此一来，新的规则进而是裁判仿佛仍然是来自于法律，而不是由法院自行决定。

与法院不同，立法机关无需遵循"不得拒绝裁判"的原则。如果各利益集团僵持不下，没能达成妥协，或者立法准备不足，时机尚未成熟，立法机关可以不制定相关法律。所以，立法机关并未承担化解法律系统悖论的任务。而在卢曼看来，法律系统运作的实质就是不断展开（unfolding）悖论、去悖论（deparadox）①。面对失去了法律决定的最终依据却又不得不做出决定的悖论，法律系统不得不依据先前法律决定所建构的网络结构，做出新的决定，创造出新的法律。这就是一个通过自我指涉，以前一次运作的结果当作下一次运作的起点，自己生产自己的过程。所以，法律系统运作的典型是司法而不是立法。基于此，卢曼认为司法是法律系统的中心，立法居于系统的外围。

然而，这并不意味着司法反过来居于立法之上，二者在等级上有别或者重要性不同。它们的区别在于做出法律决定的方式不同。立法者制定普遍适用的一般性法律规范。法院的裁判活动则是具体的，在特定个案中应用法律规范。更为重要的是，法院负有必须做出法律决定的任务。即使缺少相应的法律规范，法院仍要作出裁判。当然，案件的结果不能任由法官个人的偏好决定，也不能直接为政治实力对比关系左右。否则，它将失去合理性，也不可能被人们接受。裁判只能来自于法律本身，尽管这里的"法律"并不是明确的法律规范，而是整个法律体系当中蕴含的社会生活的最佳形式即法律目的。法官根据法律目的创制出新的规则，并据此作出裁判。所以，即使法官是依据自己创制的规则做出决定，此规则仍然在法律目的的"射程范围"之内。即使是从事超越现行法律之外的法的续造，也被认为虽然在"法律之外"（超越法律的规整），但仍然在"法秩序之内"（其仍须坚守由整体法秩序及其根本的法律原则所划定的界限）。② 正因

---

① 所谓去悖论就是暂时运用新的区分来消除原有区分所面临的悖论。See Michael King & Chris Thornhill, Niklaw Luhmann's Theory of Politics and Law. Hampshire, New York: Palgrave Macmillan, 2003, p.19.

② ［德］卡尔·拉伦茨：《法学方法论》，陈爱娥译，北京：商务印书馆2003年版，第286-287页。

如此,法官力图遵循过去,从以前的法律决定当中寻找裁判的理由,作出与类似案件一致的裁判。凭借裁判的一致性,法官证成了法律决定的合理性。

而要实现裁判的一致性,法官必须在认知上自我隔离(cognitive self-isolation),也就是只关注法律所涉及的因素(如行为人是否具有故意杀人的动机、行为人能否预见损害可能发生),而忽略其他因素(如斗殴者是男性还是女性、被告公司最近有无盈利)。要实现自我隔离,就需要相应的社会机制。首先是法官的组织化。利用组织的特点,既可以使其成为组织的成员,也可以将其排除在外,使法官遵守裁判一致性的要求。而且,组织还能消除裁判对法官收入和地位的影响,避免法官受到新闻界的攻击,或者行政长官的指责,从而保证法官的自主性。其次是法律的职业化。通过成员资格的限制,只有那些通过长期的学习和实践掌握了法律适用这一独特技艺的人才能成为法官。再次,还要建立特定机制来消除人们对案件结果的不满。由于缺少明确的法律依据,疑难案件的裁判大多是有争议的,人们可能对此不满。这就需要相应的机制,如上诉机制、启动制定新法律的机制。[1] 制定新的法律则是立法者的职权。就此而言,司法和立法是相互补充的。

实际上,司法与立法之间是循环性的,是对彼此决定的自由空间的限制。法官适用法律,遵从立法者的指示。因为他要依据法律做出决定,就要解释法律,而要解释法律,就得理解立法者的意图。而立法者如果不注意所制定法律与整个法院裁判是否适应,他就会陷入迷茫。立法者必须设想案件将以何种形式到达法院,法院又将如何处理。因此,作为中心的司法与作为外围的立法是相互依赖、彼此支持的,可以说没有外围,中心就无法运作,反之亦然。通过立法和司法的互相限制和补充,形成动态的循环也就是法律规范与法律决定之间的相互指涉,法律系统才能不断生成新的决定,由此维续系统的封闭运作。

---

[1] Niklas Luhmann, Law as A Social System. Fatima Kastner, Richard Nobles, David Schiff & Rosamund Ziegert.(eds.), Klaus A. Ziegert (trans.), New York: Oxford University Press, 2004, pp. 291-299.

五、法律对社会环境的认知：系统的开放性

在法律系统论看来,法律系统通过自我指涉的封闭性运作,自己生成自己,实现了系统的自创生。但这只表示系统自己生产出其构成元素,这并不意味着仅凭自己,无须环境的支持,系统就能够自行运转。如果没有环境的支持,系统是无法运作的。[①] 法律系统虽然具备自主性,却不是自足的,更不是与社会环境毫无关联。相反,系统向环境开放。那么,社会环境怎样影响开放的法律系统？"开放"究竟指什么,是何种意义的开放？法律系统既开放又封闭,岂不是悖论？这如何可能？难道在作为"规范"的法律系统与作为"事实"的社会环境之间真的存在着"沟通"的门扇？

（一）社会环境对法律系统的扰动

对法律系统论而言,法律系统通过自我指涉实现了运作的封闭性。自我指涉旨在强调系统是为了自身而存在(for itself)的独立体。"为了自身而存在"是指独立于其他系统的观察之外,这样的独立体是被生产出来的,而不是像个体、实体或者观念那样事先存在的。[②] 简单地说,自我指涉是指独立的系统透过自身的运作把自己生产出来,即自创生。然而,自我指涉并不意味着系统和环境之间没有关联性。法律系统通过自我指涉,根据已有的法律规范来判断特定事件是否合法。这些事件是社会环境中的事件,事件源自于环境。法律系统在指向自我的同时,也指向环境,自我指涉和外部指涉(external reference, Fremdreferenz)是同步的。系统指向环境,以明确系统需要对社会环境中的哪些事件做出法律决定。法律系统必须指向外部,通过把社会环境中的事件转换为法律问题,把纠纷争议加以论题化,才能对事件做出是否合法的判断,沟通也才能继续。否则,系统只能

[①] Niklas Luhmann, Die Wissenschaft der Gesellschaft. Frankfurt am Main: Suhrkamp, 1990, p.30.

[②] Niklas Luhmann, Social Systems. John Bednarz, Jr. & Dirk Baecker (trans.), Stanford, California: Standford University Press, 1995, pp.32-38.

进行毫无意义的空转。所以,系统的自我指涉是一个指涉外部环境再回到自身的过程。自我指涉和外部指涉并不是矛盾的,而是一体两面。

除了明确系统需要针对社会环境中的哪些事件做出法律决定,法律系统还通过外部指涉来判断做出法律决定时需要考量社会环境中的哪些因素。法律系统是社会的子系统之一,自然不可能对其他子系统构成的社会环境视而不见。法律系统会对社会环境的需求、变化加以考量,并体现在法律决定当中。恰如霍姆斯所言,在法律决定过程中,"被感受到的时代需要,流行的道德和政治理论,公认的或无意识的对公共政策的直觉知识,甚至法官与他们同胞所持有的偏见,在确定支配人们的规则应该是什么的时候,都比演绎推理显得更重要。"① 环境会"扰动"(irritation,Irritation)法律系统,系统可能做出回应。社会环境确实能够对法律系统产生影响。在这个意义上,在认知层面上系统是开放的。

接下来的问题是,环境如何"扰动"系统,系统又是如何回应环境的?卢曼将适用法律规范、做出法律决定的过程分为实质论证和形式论证,通过分析形式论证和实质论证如何同时展开来回答上述问题。实质论证和形式论证的区分可以追溯至韦伯。韦伯依据法律是否是形式性的(即法律是否使用内在的决策标准),将法律分为形式法和实质法。② 形式法的决策标准来自于法律本身。通过对法律规范进行逻辑推理来做出法律决定。在决定的过程中,无须考虑公众的情感、道德观念以及政治的需求。法律决定不会随着时空的迁移而改变,也不会因个人所属阶层、社会地位的不同而不同。就此而言,法律决定的过程是封闭而自主的。正因如此,法律决定是可预见的,人们能够据此安排自己的行动。然而,形式化的法律决定在保护个人自由的同时也将个人之间在事实上的不平等予以合法化了。③

与形式法不同,实质法的决策标准并不限于法律本身,而是通过对法律以及法律之外的道德伦理、情感、政治等因素的综合考虑做出决定。伦理义务和法律义务,道德戒律、神的旨意、国王的命令与法律规范彼此混合、纠结在一起。法律没有与伦理、宗教、政治等社会领域分离,其运作过程不是封闭而自主的。实质法所追求的不是获得形式上的极致精准,以便

---

① O.W.Holmes, Jr., The Common Law, Little Brown(1963), p.1.
② [德]马克斯·韦伯:《法律社会学》,康乐、简惠美译,台北:远流出版事业股份有限公司2003年版,第237—247页。
③ [德]马克斯·韦伯:《法律社会学》,康乐、简惠美译,台北:远流出版事业股份有限公司2003年版,第237—247页。

能够准确地预测法律裁判的结果,而是以最有效的方式实现实质目标。为此,法律决定者必须充分权衡得失,判断在具体情形中如何做出决定才能有效实现目标。于是,法律不是同等对待所有人、所有行为的普遍性规范,而是随着不同时空、情境的需要而改变。对于法律决定者而言,实现实质公正是极其重要的。为此,法律决定者不是仅仅依据"国法",而是综合考虑"天理""国法""人情"。中国传统法律便极具代表性。① 对韦伯而言,形式法和实质法是截然不同的,甚至是相互冲突的。正因如此,韦伯徘徊于隐藏着对社会生活加以全面规划危险的实质法与导致普通人只是一个法律的消费者并始终不得门而入的形式法之间。② 卢曼并不赞同此种观点。对卢曼而言,在现代法律的运作过程中,形式论证和实质论证是同步进行、相伴相随的。形式论证依据法律运作所形成的网络结构来展开,是自我指涉的。其目的是防止决定者向实质性的理由过度倾斜,陷入纷繁复杂的社会关系当中,甚至径行以实质理由(如弱者应当得到照顾)做出决定。实质论证则是对其他子系统构成的社会环境的综合考虑,避免出现法律决定和社会环境的脱节,是外部指涉的。

形式论证与法律文本、先前类似案件的法律决定(即先例)相关联,通过对文本的解释、与类似案件的比较和类推来展开。这一推理的过程必然依赖概念。通过对概念的分析,法律决定者能够将当下的案件和法律文本、先例所确定的规则关联起来。比如,当法官审理关于一个因花瓶被打破而要求赔偿的案件时,如果他在法律文本中寻找"花瓶"一词,必然是毫无收获的。他要找的是"财产",通过这个概念,他就能够把当下的案件和"故意损害他人财产应当赔偿"的规定联系起来,进而做出裁判。就此而言,概念为法官沟通法律规范和具体的案件事实提供了帮助。但这并不意味着仅通过对法律概念的逻辑分析就能够得出法律决定,案件裁判并不是自动售货。其实,裁判是一个将待决案件与法律规范进行比较,并判断案件事实与规范的构成要件是否"相同"的过程。恩吉斯称之为"在事实与

---

① [日]滋贺秀三:《清代诉讼制度之民事法源的概括性考察——情、理、法》,滋贺秀三等:《明清时期的民事审判与民间契约》,王亚新、梁治平编,王亚新、范愉、陈少峰译,北京:法律出版社1998年版。

② 李猛:《除魔的世界与禁欲者的守护神——韦伯社会理论中的"英国法"问题》,李猛编:《韦伯:法律与价值》,上海:上海人民出版社2001年版。

规范之间的流转往返"，①考夫曼则认为这是类推的过程②。然而，世间没有完全相同的两个事物，只有在某种"意义""法律目的"之下被考量才可能是相同的。也就是说，构成要件与案件事实的"相同"是在某种法律目的、人类制定法律所要实现的目标之下的相同。为此，规范与事实的等置毋宁是一个价值判断的过程，而非单纯的逻辑推理。价值判断需要实质性理由的支持，需要对法律系统之外的因素，如人们的道德观念、当下的社会情势加以考虑。

需要说明的是，对法律系统之外的因素加以考量并不意味着可以径行由此推导出法律决定。只有当这些因素是法律规范所能够涵盖的，它们才能发挥作用。比如，母亲在所有人心里都是极其重要的，保护自己的母亲自然是符合道德观念的，甚至是人们的道德义务。但是，我们不能直接从"保护自己的母亲理所当然"推导出"还击那些侮辱自己母亲的人是合法"。我们需要证明"还击那些侮辱自己母亲的人"属于"正当防卫"，并且这种"还击"并没有明显超出必要的范围，才能做出"还击那些侮辱自己母亲的人是合法"的判断。基于此，卢曼指出1900年左右兴起的新的法律理论与它所批判的概念法学虽各执一端，但不是完全对立的。概念法学对侧重逻辑推理和概念分析的法律形式主义倍加推崇。其代表人物、德国法学家乔治·弗里德里希·普赫塔（Georg Friedrich Puchta）认为法律体系、法律秩序就像是一座金字塔，金字塔的顶端是"法律概念""法律准则"，由此往下能够推导出原理和原则，再往下是整体的法律制度，最后是具体的法律规则。普赫塔把这个无缺陷的金字塔称为"概念的系谱"，并在此基础上建立起概念法学派。该学派的目标就是像精密的自然科学一样，借助于精确的概念揭示普遍有效的自然法则，为此其力图通过对法律概念加以逻辑演绎，获得精确的法律规则和准确的司法判决。

然而，到了19世纪后期，概念法学却招致诸多新兴学说强有力的批评。耶林就指出法律是人类意志的产物，有一定的目的，目的是全部法律的创造者，每条法律规范的产生都源于一种目的，即一种实际的动机。③所以解释法律并不是对概念的逻辑推理，必须先了解法律想要实现的目的，再以此为出发点对法律进行解释。耶林的"目的法学"产生了显著的

---

① [德]卡尔·恩吉施：《法律思维导论》，郑永流译，北京：法律出版社2004年版，第52-54页。
② [德]阿图尔·考夫曼：《类推与"事物本质"——兼论类型理论》，吴从周译，台北：学林文化事业有限公司1999年版，第11-15页。
③ Rudolph von Jhering, Rudolph von Jhering in Briefen an seine Freunde, Leipzig, p.28.

影响,由此形成了"自由法运动"。该运动强调司法裁判过程当中的直觉和情感因素,要求法官根据正义感去发现法律和运用法律。几乎是同时,在大洋的彼岸美国学界也对概念法学派加以批判。罗斯科·庞德还在此基础上提出了建立"社会工程学"。在他看来,法律就是一种制度,它是依照一批在司法和行政过程中运用权威性律令来实施的、高度专门形式的社会控制。① 也就是说,法律的目的是通过调整各种相互冲突的利益来实现社会控制,法律就成为一项"社会工程",而法律规范不过是实现此目的的手段。② 因此,作为"社会工程师"的法官应当了解社会的实际状况,并根据现实的需要适用法律。

20 世纪 30 年代兴起的现实主义法学家进一步推进该理论的发展,在某种程度上甚至可以说将之导向了极端。在他们眼中,法律规范并不是一个完美无缺的体系,甚至是存在冲突的。法律并不是确定的,而是不断变化的。③ 在现实主义法学家的推动下,法官不再严格依据法律规范作出裁判,而是考虑诉讼的社会背景,考虑裁判可能导致的社会后果。

大西洋两岸的目的法学、自由法学和"社会工程学"、现实主义法学可谓与概念法学针锋相对,由此形成了新的法律理论。在这一法律理论看来,法律决定不是一个简单的三段论逻辑推理过程。明确了法律的目的之后,我们才能推导出法律规范的含义,才能确定适用于个案的大前提究竟是什么。也只有在法律目的的指引下,我们才能判断个案的事实能否涵盖在小前提之下。

而在卢曼看来,无论是依据目的解释法律,还是根据如何才能保护利益作出裁判,都是围绕法律本身展开。具体而言,依据上述新理论的观点,最好的法律和案件裁判必须尽最大可能实现利益。但什么是利益？人们或许会说,公共利益、共同的福利、所有的公共财产都是利益。那么,什么东西不是利益呢？似乎所有的东西都成了利益,就连法律本身也成了利益。于是,只能依据法律本身来判断究竟什么是利益,除非我们愿意听凭法官根据个人偏好任意决定。我们要观察、要分析的是法律而不是利益。如果将法律文本抛在一边,我们势必陷入"方法论上之盲目飞行"④。如此

---

① [德]罗斯科·庞德:《法理学》,邓正来译,北京:中国政法大学出版社 2004 年版,第 15 页。
② [德]罗斯科·庞德:《法理学》,邓正来译,北京:中国政法大学出版社 2004 年版,第 15 页。
③ Jerome New Frank, Law and The Modern Mind, London: Stevens & Sons Ltd., 1949, p.6.
④ 陈林林:《方法论上之盲目飞行——利益法学方法之评析》,《浙江社会科学》2004 年第 5 期。

一来,法官的常识、人们的道德观念等外部因素还有作用吗?回答是肯定的。当法律所保护的利益不止一种,我们又不得不进行选择的时候,外部因素将为我们提供指引。因此,卢曼认为新理论所主张的目的论解释和利益衡量并不是与法律文本无涉的,相反此过程必须通过对法律文本的逻辑推理、对概念的分析来展开。将新理论与概念法学对立起来实际上是将问题简单化了。①

卢曼主张形式论证和实质论证同时展开的观点与德国法哲学家罗伯特·阿列克西的法律的内部论证和外部论证理论颇有异曲同工之妙。② 阿列克西把法律论证分为两个层面:内部论证和外部论证。内部论证要处理的问题是通过逻辑推理从前提中能否推导出结论。这里涉及的是推导过程是否合乎形式逻辑的要求,其本质是三段论的逻辑运算。然而,仅仅合乎逻辑并不足以证明结论的正确性。只有前提是正确的,结论才可能正确。因此,需要对三段论中的前提加以检验。外部论证就是确定前提是否正确。其中,法律规则和经验命题的检验最为重要。证立法律规则就是要指出它是有效的,也就是说它是来自法律文本。这需要对法律文本进行解释。首先通过解释法律概念、文本的字面意思来确定其内涵,再推导出适用于当下个案的具体规则。如果字面意思不明确,就求助于法律的目的。如果依据目的仍然可以对法律做出几种不同甚至相互矛盾的解释,那该选择哪一种呢?此时,当下流行的道德观念、法官的经验等外部因素将提供帮助。经验命题的检验更是需要法律之外的经济和社会调研、心理实验等相关知识的支持,通过跨学科合作的方式来解决。可见,由内部论证和外部论证组成的法律论证并不是一个单纯的逻辑推理、概念分析的过程,而是融合了法律解释与对法律之外的因素加以考量的过程。③ 就此而言,依据法律展开的形式论证和衡量外部因素的实质论证乃是一体两面的。实质论证防止法官与社会隔绝,自我孤立。形式论证则防止法官背离法律,防止法官任意裁判。正因如此,服从法律、确保裁判的一致性成为法官的特殊要求。

寻求裁判的连贯和一致的法官却被认为无法完全解决法律不公的问

---

① Niklas Luhmann, Law as A Social System. Fatima Kastner, Richard Nobles, David Schiff & Rosamund Ziegert.(eds.), Klaus A. Ziegert (trans.), New York: Oxford University Press,2004, p.346.

② 周婧:《封闭与开放的法律系统如何可能?——读卢曼〈法律作为社会系统〉》,《社会学研究》,2009(5)。

③ [德]罗伯特·阿列克西:《法律论证理论——作为法律证立理论的理性辩论理论》,舒国滢译,北京:中国法制出版社 2002 年版,第 273-351 页。

题。有学者指出,即使法律存在着多种解释,法官可以选择与先前类似案件不同的解释,进而改变法律的真正内容,但此种修正并没有超出法律目的的"射程范围",因为他们将法律视为某种目的之表达,对法律的修正必须以法律目的为据。对法律的修正是为了让法律决定能够更好地实现法律目的、让法律规范能够更好地体现法律目的。至于法律目的本身是不是公正的,却不在法官的考量范围之内。① 法官对法律的修正以承认整个法律秩序的正当性为前提,是在整个法律架构基本不变的情况下展开的,却不是对整个法律制度进行根本性的反思。所以,这样的修正不可能是对整个法律制度进行重新设计,只是对部分法律制度的小修小补,是一种保守改良。②

的确,即使法官能够修改法律,此修改仍然受制于法律的目的,不能超越整体法秩序及基本原则所划定的界限。并且,对法律的修正只能在具体的案件中展开,未必具有普遍性的效力。就此而言,单凭法官在案件裁判中修改法律难以完全消解"法律的不法"。基于权力分立原则,法院的职能是裁判案件,而不是创制法律。创制法律的主角是立法者。立法者被认为代表着人民的意志,而人民能够为自己立法。所以,与法官不同,立法者并没有确保法律前后一致的义务。除非有特别规定,立法者可以制定新的法律来修改原有法律。立法者无须像法官那样坚持认知上的自我隔离,不必依据已有法律做出新的法律决定,而是更多地考量法律之外的因素。因此,在立法过程中,我们不必按照法律把利益区分为合法利益与非法利益,相反各种利益都能够参与其中。实际上,立法在某种程度上就是不同利益和力量竞相角逐,达成妥协的过程。所以,与司法相比,立法对环境的开放程度更高,对环境更为敏感,回应也更多。

但是,这并不意味着制定什么法律完全听凭立法者任意决定。其实,究竟如何立法与法律的既有状况有关。虽然立法者能够制定新法来修改已有法律,但这并不是不受限制的,它反而受到已有法律的约束。也就是说,立法决定的过程必须依据已有法律进行,程序必须符合后者的要求,甚至新法内容也受到后者的约束。例如前述1909年制定的《南非法案》。这部由英国议会通过的法案为南非联邦颁布了一部宪法,其中设立了禁止种族和肤色歧视的条款以及赋予荷兰语和英语同等地位的条款。为了保持这两个条款的持久有效性,《南非法案》特别设立的第152节,不仅禁止普

---

① R.M.Unger, The Critical Legal Studies Movement, Harvard University Press(1986), pp.50-51.
② R. M. Unger, What Should Legal Analysis Become? New York: Verso, 1996, pp.39-40.

通两院通过立法撤销或者变更这两个条款,而且规定第 152 节本身也是不得变更的。① 如此一来,立法者就不能通过一部新的法律来废止禁止种族和肤色歧视的条款。就此而言,尽管在奉行议会至上的英国,作为立法者的议会确实拥有巨大的权力,但并非无所不能。立法者实际上把先前法律决定及其所创设的法律即网络结构当作下一次立法的起点,通过不断展开的递归性运作来生产出新的法律决定。因此,与司法一样,立法的运作也是一个通过自我指涉不断生产出自己的自创生过程,只是二者受到网络结构的限制(即封闭)以及对环境的认知开放程度有所不同。

就此而言,哈贝马斯认为卢曼将法律实证主义的客观逻辑贯彻到极致的观点未必妥当。在哈贝马斯看来,卢曼的法律系统论是用功能主义方式把实证主义法律观转译成一个分化了的、充分自主化的法律系统模式,不过是法律实证主义的翻版。② 的确,无论是法律实证主义还是卢曼,都坚持法律本身的封闭性,坚持法律具备独立性和自主性,③但是,卢曼在强调法律系统运作封闭性的同时,也证成了系统的开放性。法律实证主义始终坚持法律和政治、道德彻底分离。并且,法律实证主义采纳的是哈特所谓的内在观点④,接受规范的约束,将自己假定为法律决定的作出者,致力于回答"应当如何做出决定",以维续法律的确定性与可预期性。卢曼并未将自己视为规范的约束者,而是从外部描述法律的运作。这种研究是哈特所说的"外在观点"。卢曼并不关心在具体的案件中应当如何作出法律决定,也没有为法律实践提供指引,卢曼只是对法律的运作加以"社会学式"的观察与描述。在这个意义上,卢曼的理论是一种社会理论,而不是法学理论。

(二) 法律对环境扰动的认知:以系统封闭运作为基础的开放性

法律系统在认知上是开放的。与此同时,系统通过自我指涉来判断特定事件是合法还是非法,其运作是封闭而自主的。如此一来,法律系统既

---

① [英]哈特:《法理学与哲学论文集》,支振锋译,北京:法律出版社 2005 年版,第 183 页。
② [德]哈贝马斯:《在事实与规范之间——关于法律与民主法治国的商谈理论》,童世俊译,北京:生活·读书·新知三联书店 2003 年版,第 589 页。
③ James E. Herget, Comtemporaty German Legal Philosophy, Philadelphia: University of Pennsylvania Press, 1996, p.91.
④ [英]哈特:《法律的概念》,张文显、郑成良、杜景义、宋金娜译,北京:中国大百科全书出版社 1996 年版,第 90-91 页。

封闭又开放。这不是矛盾吗,如何可能?

对此法律系统论指出,法律系统的确对环境保持认知开放,但这些认知不是从环境输入系统,而是系统通过观察制造出来的。并不是环境输入信息(如种族隔离是不公平的),系统就自动作出回应(如做出种族隔离违宪的判决)。所谓"环境的扰动""环境的影响"并不是环境真的"扰动"、影响了系统,而是系统自身注意到"扰动",依据自己的结构来判断是否以及如何回应"扰动"。环境的"扰动"只有被系统识别之后才能成为"扰动",才能发挥作用。因此,只有通过自身的运作,系统才能对环境保持认知开放。而前文已述,系统的运作就是依据自身的网络结构制造出新的沟通进而再生产自己的过程,是封闭的。换句话说,只有透过封闭,开放才成为可能。[1]

为什么信息不是从环境输入系统,而是系统通过观察制造出来的?难道系统与环境之间不是输入输出的关系?法律系统论的回答是否定的,法律系统与其他系统所构成的社会环境之间不存在输入或者输出。因为任何系统都是由沟通构成的,特定系统究竟由何种沟通构成,取决于其使用的二值符码。如科学系统由使用"真理/非真理"的沟通构成,家庭系统的元素是关于"爱/不爱"的沟通。在现代社会,由于功能分化,各系统的二值符码各不相同,如法律系统使用"合法/非法"这组二值符码,经济系统则运用"支付/不支付"。而且,没有一种能够适用于所有系统的"共同符码"。因为在现代社会,各系统尽管功能各不相同,却是平等的。社会同时被不同系统所代表,并且没有先后、上下之别。没有哪个代表是必然的,也没有哪个是不可能的。换句话说,对社会的代表就是偶在的。任何系统都无法宣称自己代表了整个社会,自己的命令是正确的,其他的则是错误的。[2] 始终由某个系统代表整个社会已经不可能,某个系统始终拥有权威也是不可能的。任何一个系统都不是社会的"中心",都不具备对其他系统发号施令的能力,也就无法将自己使用的二值符码强加给其他系统。所以,任何系统的二值符码都只是它自己的符码,并不存在一种通用的"共同符码"。因此,特定系统的沟通只存在于该系统内,无法进入其他系统。比如,法律沟通只有法律系统里才有,它无法进入政治系统。同样,政治沟通也无法进入法律系统。换句话说,由不同沟通构成的各系统之间是无法

---

[1] Niklas Luhmann, Law as A Social System. Fatima Kastner, Richard Nobles, David Schiff & Rosamund Ziegert.(eds.), Klaus A. Ziegert (trans.), New York: Oxford University Press, 2004, p.112.

[2] Niklas Luhmann, Observation on Modernity. William Whobrey (trans.), Stanford, California: Standford University Press, 1998, p.89.

"沟通"的。基于此,社会各系统之间无法输出输入。

　　法律系统论主张现代社会没有中心的观点与涂尔干所谓国家是社会的中心显然不同。在涂尔干看来,国家就像社会有机体的中枢神经系统,指挥着社会不同组成部分的运作。当然,这并不意味着国家是不受约束的,毕竟过于强大的国家可能危及个人的自由。正因如此,涂尔干主张国家与个人之间需要一个中介,这个理想的中介就是法团。法团一方面是对国家权力的缓冲,避免了国家对个人的压制;另一方面,增进其成员的归属感,并为他们设定内部的规范和道德准则。如此一来,个人的自由和自主选择都得到保护,同时又不会导致个人失去约束,导致社会的失序。而在法律系统论看来,国家是一个制约政治系统和法律系统成为自主运作的两个系统的人为概念。① 实际上,国家涉及政治和法律两个不同系统的运作。无论是政治还是法律,或者是宗教、道德都不过是社会的一个子系统,并不是高居于其他子系统之上的"中心"。任何系统都无法将赋予社会一个整体的"意义",并借此将各个子系统加以整合控制。现代社会是一个没有中心的社会,各子系统不过是通过自我指涉来展开自己的运作。它们之间没有"沟通",无法输入输出,也就无法得到来自于外部的指引。

　　或许有人还会质疑,即使系统的元素无法输出输入,信息总是可以在各系统间传递的吧?对法律系统论而言,信息是作为观察者的系统制造出来的,而不是事先就在那儿的,② 也就无法在各系统之间传递。此种观点与我们的常识截然不同! 问题的关键在于究竟什么是信息。法律系统论对信息概念的界定采用了信息论的创始人香农和控制论的创始人维纳的观点。所谓信息就是两次不定性之差。③ 这就意味着并非那些包含着接收者未知内容的消息、密码、数据等符号才是信息,只要存在一定差别的两个因素之间就可能产生信息。因此,差异是产生信息的前提。运用某组差异对事物加以区分和标示即观察,我们才能得到信息。在这个意义上,信息并不是独立于观察者的,在观察的那一刻它才出现。简单地说,没有观察就没有信息。因此,信息不是从外部输入系统,而是系统通过观察、运用差异制造出来的。信息来自于系统自身的运作,而不是系统之间的输入输出。

　　法律系统通过自己的观察制造出信息,进而认知环境的"扰动"。因

---

① Niklas Luhmann, Law as A Social System. Fatima Kastner, Richard Nobles, David Schiff & Rosamund Ziegert.(eds.), Klaus A. Ziegert (trans.), New York: Oxford University Press,2004,p.379.
② Niklas Luhmann, Essays on Self-Reference. New York: Columbia University Press,1990,p.32.
③ 高宣扬:《鲁曼社会系统理论与现代性》,北京:中国人民大学出版社2005年版,第70页。

此,"扰动"不是从环境直接进入系统,相反,只有当"扰动"为系统所关注、成为系统沟通的论题的时候,"扰动"才成为"扰动",才能够影响系统的运作。在这个意义上,与其说是环境"扰动"系统,不如说是系统本身注意到"扰动"的存在。接下来的问题是系统能够识别环境的哪些"扰动"、哪些外部因素,是否回应以及如何回应?这取决于系统的网络结构,即程式。与程式无关的一些因素(如被要求赔偿损失的被告公司最近因经营不善而出现亏损),不会引起法律系统的关注与回应。只有和程式相关的"扰动",才能为系统所识别。例如,在"穆勒诉俄勒冈州"案[1]中,律师路易斯·布兰代斯(Louis D. Brandeis)提出了超过100页社会学、经济学和心理学数据来说明男性与女性在生理上存在差别,对女性给予特殊的照顾是必要的,并且长时间工作将对女性健康造成不利影响,以此证明俄勒冈州规定"在工厂工作的女性一天工作时间不得超过10小时"的法令是为了保障女性的健康,因此这一涉及财产权与劳工契约的法令没有违反宪法。美国联邦最高法院肯认了这一辩护意见,并判定俄勒冈州的法令并不违宪。上述社会学、经济学和心理学的数据之所以引起律师的关注、法庭的辩论,并最终被最高法院肯认,成为法律决定的理由,是因为在之前的类似案件即"洛克纳诉纽约州案"[2]中,最高法院确立了"如果能够证明法令实际上是为了保障健康与安全,那么该法令是被允许的,并未违反宪法"这一规范。

在做出法律决定的过程中,法官并不只是严格遵循法律规范的字面意思,而是考虑决定可能对法律之外的环境造成什么影响。而且,一旦外部环境改变了,法律决定也可能随之改变。但这并不表示环境的任何变化都能够导致法律改变,法律系统只能有选择地回应环境。因为现代社会高度复杂,而且政治、经济、道德等其他子系统所构成的外部环境的复杂性总是高于系统本身,环境变化的速度也高于系统,系统无法与环境形成一一对应。如果将所有外部因素都考虑在内,系统就可能因无法有效化简复杂性而难以继续运作。因此,法律系统不是简单机器(tirviale maschine),即按照"输入-转换-输出"模式运转的机器。并不是环境向系统输入指令,系统就按照设定好的程序输出结果。相反,系统通过依据自身的网络结构把环境中的事物标示出来,再制造出信息,并根据该信息做出新的法律决定。也就是说,系统只能通过指涉自己的网络结构(即自我指涉),而不是依据环境的变化作出判断。在这个意义上,环境无法对事物进行区别

---

[1] Muller V. Oregon, 208 U.S.412(1908).

[2] Lochner V. New York, 198 U.S.45(1905).

和标示,并借此制造出信息。信息也就不可能从环境传递到系统当中。差异及其建立在此基础上的信息只能由系统自己制造出来。① 外部环境"扰动"法律系统,系统的网络结构却使系统具有免疫能力(immunity, Immunisierung),使得它只能对那些结构所能识别的"扰动"(如儿子杀死父亲是错误行为)加以回应。环境的"扰动"就像可能影响系统运作的诸多声音,但并非所有声音都能够引起回应。只有频率相同的声音才会产生共振(Resonance, Resonanz),系统正是依据自己的频率有选择地回应环境。

网络结构就像系统的保护机制,限制系统只能识别一部分因素并作出应答,只处理自己能力范围之内的事项。否则,系统可能因负荷过度而无法运转。正因如此,卢曼主张人们必须清醒地认识到系统自身的限制。例如抗议破坏环境、呼吁保护生态的运动可谓风起云涌,但收效甚微。其中一个很重要的原因就在于运动的意义在于使其主题被注意和关注,但这只是环境的"扰动","扰动"能否被系统关注却不是这些运动所能决定的。只有当"考虑环境"这个命令能够通过法律概念引入法律规范(即程式)的时候,它才能得到法律系统的回应。而这个过程很慢,往往需要数十年,才能把个案的经验变成普遍适用的准则,进而改变整个法律。此外,这个改变的过程有个前提,那就是人们起诉到法院。可实际上只有很小一部分涉及环境的问题会动用法院。

不仅抗议运动引起法律系统改变的过程非常缓慢,而且法律系统过度回应还可能导致系统本身出现问题。其中一个社会学上的重要指标就是在与环境有关的法律决定中恣意的成分明显增加。这会让法律决定失去连贯性和一致性,变得难以预见。如此一来,人们很难知道哪些预期即使在落空或者没有得到实现的情况下也受到社会的肯认、得以维持,并据此安排自己的行动。人们的选择自由和空间也将难以得到保障。实际上,在功能分化的现代社会,不仅法律系统,所有社会子系统都只能处理一部分事项。如果处理的事项过多,超出了自己的能力范围,各系统将难以迅速作出回应,其运转也将受到影响。这还可能导致各系统之间的界限不清,呈现出"去分化"的趋势。如此一来,整个社会可能因此无法迅速化简复杂性,难以有效运作。②

---

① Niklas Luhmann, Social Systems. John Bednarz, Jr. & Dirk Baecker (trans.), Stanford, California: Standford University Press, 1995, p.444.

② Niklas Luhmann, Observation on Modernity. William Whobrey (trans.), Stanford, California: Standford University Press, 1998, pp.106-119.

卢曼指出人们必须认识到生态问题的复杂性、社会子系统之间既相互依赖又彼此隔离，以及由此导致的环境保护运动效果的有限性。不仅如此，卢曼还认为这些运动所提出的主张未必是正确的，因为任何观察都受限于所使用的差异，都有盲点。我们无法看到社会的全景，而且我们的观点无法免于受到观察和质疑的，所谓绝对正确的真理已经不存在了。抗议运动却看不到自身的盲点，仿佛自己的主张就是正确的。基于此，卢曼对保护运动提出了质疑，甚至是辛辣的嘲讽。他也因此遭到了批评。卢曼并不否认自身的限度。他回答道，作为社会学家，他属于科学系统。这只是社会诸子系统中的一个，未必能够影响政治系统的运作，而且为政治决策提供支持并不是他的责任。卢曼的回答不免让人失望。我们只能尽力使自己的主题受到关注，但能否得到关注和回应却不是我们所能预见和控制的，因为这取决于社会子系统的既有结构。而且，我们不知道什么是正确的。失去了最后的正当性依据，我们就像身处茫茫大海之中找不到方向。或许正因如此，卢曼放弃了社会学中传统的规范性诉求，认为批判只是二阶观察，也就是运用一个新的差异对观察进行观察。他自己也就成了 20 世纪上半叶文坛巨匠罗伯特·穆齐尔笔下那个"没有个性的人"[①]。然而，这个"没有个性的人"却对环境保护运动采取如此激进的态度。如此辛辣的嘲讽的确让人难以接受。但卢曼揭示出其中的盲点和我们自身的限制，即使我们更愿意相信人类有能力找到未来之路。

由于失去了来自外部的最后的正当性依据，社会子系统只能自己为自己寻找决定的理由。于是，系统只能通过自我指涉，在既有基础上展开运作。就法律系统而言，系统依据之前的法律决定和法律规范相互指涉所形成的网络结构做出新的决定，进而生产出自己。在这个意义上，法律自己生产自己，法律来自于法律。就此而言，系统是封闭的。但在对环境的认知这一点上，系统却是开放的。因为法律决定所针对的是社会环境中的事件，系统需要认知、识别环境，才能判断案件事实是否符合程式所设定的条件，进而做出决定。并且，对于判定程式本身是否适合、是否需要改变而言，认知也是必要的。因此，系统在运作上始终是外部指涉的，对环境及其可能的变迁开启着。系统能够学习，能够随环境而改变。[②] 但系统并不是一部照相机，学习、对环境的认知也不是复制出一幅完全忠实于外部环境

---

① [德]英格博格·布劳伊尔、彼德·洛伊施、迪特尔·默施：《德国哲学家圆桌》，张荣译，北京：华夏出版社 2003 年版，第 146、164 页。

② Niklas Luhmann, Observation on Modernity. William Whobrey (trans.), Stanford, California: Standford University Press, 1998, pp.64-65.

的图像,而是通过封闭运作来形成自己关于外部的图像。也就是说,透过运作,系统才能认知环境,回应环境的变化。因此,系统的认知开放是以运作上的封闭为基础的。基于此,对卢曼而言,系统对环境的认知开放"是指通过外部指涉,系统产生相关信息,并运用该信息进行自我生产,以维持区别于环境的系统自身的存在。"①

由此,法律系统论描述了法律系统如何在封闭运作的同时保持对环境的开放,解释了为什么法律一方面与政治、道德等其他社会领域相分离、维持其自主性,另一方面又随着社会环境的不同而改变,解决了封闭与开放之间的悖论。而且,法律系统论似乎发现了在法律规范与社会事实的边缘上存在着"曲径通幽"的门扇,提供了作为规范的法律与作为事实的外部环境互相沟通的线索和桥梁,②解决了规范如何随着事实而改变以避免规范的滞后性、规范与现实相脱节的难题。值得注意的是,卢曼始终主张系统的认知开放建立在封闭运作的基础上,并不认为作为事实的外部因素能够直接成为法律决定的理由。可见,法律系统论坚持"规范"与"事实"的二分,否认从"事实"当中径行推导出"规范"。就此而言,该理论与秉承新康德主义传统的韦伯是相同的。

尽管都主张法律是开放的,但法律系统论与现实主义法学仍有不同。针对法律实证主义主张法律封闭的观点,后者指出法律是开放的,法律决定的过程受到政治、道德、个人价值观等诸多因素的直接影响。其代表人物卢埃林基于"应然"(ought)和"实然"(is)的二分区别了"纸面规则"和"真实规则",并在此基础上指出写在纸上的法律规则对于法律决定的影响相当有限。他甚至认为法律并不是写在纸上的规则,而是官员解决纠纷的行为。③ 其实,此种观点并非卢埃林首创。早在卢埃林之前,曾任美国联邦最高法院大法官的霍姆斯就指出法律并不是那些由概念组成的"书本中的"规则,而是"对法院事实上将做什么的预测"。④

霍姆斯对法律的定义深受现实主义法学的另一位代表人物弗兰克的青睐。弗兰克也认为法律就是某个具体的案件中做出的法律决定或对这一决定的预测。但弗兰克比霍姆斯更为极端,他认为许多时候法官将做出

---

① Niklas Luhmann, Law as A Social System. Fatima Kastner, Richard Nobles, David Schiff & Rosamund Ziegert.(eds.), Klaus A. Ziegert (trans.), New York: Oxford University Press,2004, p.112.
② 季卫东:《宪政的规范结构——对两个法律隐喻的辨析》,《二十一世纪》2003 年 12 月号。
③ Karl .N. Llewellyn, Bramble Bush: on Our Law and Its Study, New York: Oceana Press,1960, p.12.
④ O.W.Holmes, The Path of The Law, 461 Harv.L.R.10(1897).

什么决定是难以预测的。因为法官做出决定的过程和一般人作出判断的过程一样，都受到各种复杂因素的影响。这些因素不仅包括政治或者道德观念，还包括法官的个性如性情、偏见、习惯、经历等。并且，法官的个性是司法的中枢因素，例如对黑人持有偏见的白人法官可能对黑人处以更严厉的惩罚。法律依碰巧审理某个案件的法官的个性而定，我们还能够对法律决定加以预测吗？为了回答此问题，弗兰克分析了1914—1916年对纽约市治安法院几千个轻微刑事案件处理的调查。该调查表明，法官在处理同类案件时的差别非常大，例如在扰乱秩序的案件中，一个法官只释放了18%的人，另一个法官则释放了54%的人。针对个案的决定取决于法官的个性，而人的个性千差万别，我们很难预测即将做出什么决定。所以，法律在很大程度上曾经是，现在是，而且永远是含混且有变化的，法律封闭而完美因此能够从中推导出每个案件的确定答案不过是个"基本的法律神话"罢了。①

现实主义法学通过对法律实践的考察分析，揭示出法律并非绝缘于社会环境，势必受到各种外部因素的影响，却忽视了法律并非消融于政治、道德之中，而是具有自身的独特性与自主性。此外，无论是将法官的个性还是将"上诉审风格"视为法律决定过程的中枢因素，都不过是看到了法律"普洛透斯之脸"的一个侧面，毕竟法律并不是仅仅与某一个社会因素相关联。现实主义法学尽管为我们提供了一种不同于传统法学的全新视角，开启了一扇观察、描述法律的窗口，却没能找到一个把握法律与社会环境之间复杂关系的理论框架。法律系统论在关注法律系统以及其他社会子系统之间差异的同时，也照顾到不同系统之间彼此的依赖与支持。强调法律运作的封闭性和自主性，可以避免将法官的心情、经历、价值观念等径行当作决定法律如何运作的直接原因，而将法律与外部因素之间复杂的关系简单化。运用"系统/环境"这组差异，我们能够看到社会环境如何"扰动"法律系统，系统又如何回应，系统对环境的敏感性如何，进而澄清哪些因素、为什么以及怎样影响系统。并且，借助于"系统/环境"这组差异，我们能够将法律与其他社会子系统所构成的环境全然关涉在内，而不仅仅看到法律与某个子系统的关联性。就此而言，法律系统论为我们提供了更为完整的理论架构。

---

① Jerome New Frank, Law and The Modern Mind, Brentano's (1949), pp.100-120.

（三）法律与其他子系统的交互作用Ⅰ：法律与政治

法律与政治具有紧密的相关性，诸如"法律是实现政治目标的工具"，"居于法律之下的政治"等论点可谓耳熟能详。法律系统论并不否认二者是互相依赖的，但仍然坚持此种依赖以彼此的独立运作为前提，也就是说法律和政治并不是重叠的，而是两个相互分离的社会子系统。

1. 法律与政治的分离

在法律系统论看来，法律系统和政治系统的区别首先表现在功能上。法律系统通过自我指涉，依据法律决定和法律规范相互指涉形成的网络结构做出是否合法的决定，执行确立和稳定规范性预期的功能。政治系统的功能则是做出具有集体约束力的决定。只有当权力可以被用来作为具有集体约束力的决定的保证时，权力才是政治性的。在做出决定的过程中，作为统治者的政府提出自己的主张，没有统治权的一方提出反对意见。反对意见一个衔接一个，如此不断继续形成反对派。这一点在专制国家基于盘根错节的个人关系所形成的"派系"斗争中也可见一斑。到了现代社会，随着政治权力为国家所掌控，围绕着统治权、做出集体决定的权力而展开的争斗就集中体现为是否占有职位。在职位上的人可以使用政治权力，并且这些职位规定了谁、在什么事务上拥有什么样的权力。政党制度形成之后，职位的占有就不仅仅是个人的事情，执政党和反对党之间的角逐直接影响议会、政府中职位的分配。于是，是否做出以及做出怎样的决定就由"政治团体是否在议会掌控多数席位、占有总统的位子和重要的政治职位"这件事所左右。于是，"有权/无权"（或者"执政/在野"）成为政治系统的二值符码。系统的运作就围绕着谁占有职位和拥有权力而展开。[1]

究竟谁有权、谁无权，选择的依据来自于政治系统本身，而不是系统之外。因为自欧洲宗教改革之后，宗教和政治分离了，宗教无法再为社会提供整体的"意义"，无法再为政治决定提供正当性基础，政治不得不自己反省自己，为自己的选择提供依据。[2] 那么，政治系统如何选择？它根据自

---

[1] Niklas Luhmann, Observation on Modernity. William Whobrey (trans.), Stanford, California: Standford University Press, 1998, pp. 85-87.

[2] Georg Kneer & Armin Nassehi:《卢曼社会系统理论导引》，鲁显贵译，台北：巨流图书公司1999年版，第155页。

身运作所形成的结构做出选择。也就是说,系统把前一次的结果当作下一次运作的起点,通过递归性运作做出新的决定。在这个意义上,政治系统也是通过自我指涉做出新的决定,再对此决定进行传递和理解,制造出新的元素即沟通,从而生产出自己(即自创生)。简单地说,政治系统的运作是封闭而自主的。

政治系统与法律系统的功能、二值符码各不相同。而且,尽管二者都做出决定,但决定的内容及其效力范围是不同的。尽管在决定的过程中,二者都面临着诸多的可能性(如购车究竟补贴多少钱,对交通肇事者处以罚金、拘役还是有期徒刑六个月),但在政治系统中影响选择的反对派是牢固的,其影响力持续存在。而在法律系统中可能被选择的替代项是分散的,在不同的案件里可能不同,也没有一个牢固的反对派总是影响法律系统的决定。

然而,法律和政治却一直被认为是统一的。此种观点的形成其实与"法治原则"(或者"法治国原则")的确立密切相关。随着资本主义的发展,包括商人在内的第三阶级逐渐强大,足以对君主形成制约,于是要求将国家权力限制在法律所规定的较小范围内,避免国家侵入私人领域,保障个人的自由。为了免受国家的过度干预,他们建构起防御国家侵害的一堵墙,这堵墙就是法治。[①] 依法律而治的要求在英国体现为"法治原则",在德国则是"法治国原则"。尽管二者限制权力的方式不同,前者侧重于通过程序要求来规制权力行使的过程,后者则为权力的行使设定实体性的标准,[②]但二者都力图约束权力,避免国家不受限制的独断专横。此种对国家加以约束的要求最终促成了18、19世纪兴起的制宪运动。宪法不仅确立了以经济自由权为主的人权体系,而且明确政治权力是实现人权保障的手段。如此一来,国家的职能就是在法律的框架内保护自由。相应地形成一个国家运作的法律框架,最终产生了一个法律上的国家的概念。国家既是一个政治的概念,也是法律的概念。

法律成为限制政治权力,保护个人自由的重要机制。与此同时,法律又为政治提供一个自由塑造的空间。在法律所设定的框架内,政治做出的决定就具备合法性。不仅如此,对政治目标的实现而言,法律还成为除了税收和制定财政预算之外最为重要的手段。与此相应,形成了主张立法居

[①] R.M.Unger, Law In Modern Society. New York:The Free Press,1977, pp.67-76.
[②] 关于二者的区别,可参见陈新民:《公法学札记》,北京:中国政法大学出版社2001年版,第39页。

于法院裁判之上的观念。法律的有效性不再由自然法而是由立法赋予,立法可以改变法律。由此实现了法律的实证化,也就是通过特定决定赋予法律以效力。但立法并非毫无限制,立法的过程必须遵循先前法律设定的程序和要求,必须容许代表不同利益的各个集团的参与。于是,出现了政治的民主化。在这个意义上,立法是政治向法律转换的场域,也是法律限制政治的场域。政治的合法性来自于国家制定的法律。法院的裁判依据国家法律做出的,因此是合法的。国家成为政治系统和法律系统的最终正当性来源。法律系统中的法律实证化借助于一种归结于(政治)国家的法源理论而得以贯彻,同时政治系统凭借国家法律所设定的活动空间,获得了做出集体决定的合法性。就此而言,通过国家概念建构起"政治-法律"这个统一的系统是可以理解的,它促成了法律的实证化和政治的民主化。

但是,随着此目标的实现,主张政治和法律统一的观点日渐失去说服力。在法律系统中并不存在作为最高统治者的国家,它也不需要最高统治者赋予其效力。法律系统只是借由法律规范和法律决定之间的相互指涉隐藏自己产生自己、其有效性来自于自身的悖论。政治也不是和国家相关联的,尽管自19世纪以来人们一直这么认为。政治系统也是通过自身的运作制造新的元素,进而生产出自身。其运作并不是由国家主导。于是,国家概念变成了一个制约我们分析政治系统和法律系统各自运作的人为框架。因此,我们需要分别观察二者,而不能把政治设想为对合法制定的宪法的实施,尽管政治目标可能产生于"商谈"(talk),宪法为此种商谈设定了相应的程序和要求。同样,如果我们把法律系统中发生的事情理解为不过是为了实现政治目标,就不可能获得正确的法律系统论。[①] 纠正法律与政治统一的错觉就成为法律社会学的一项任务。

或许有人会以政治通常掌握在法律职业者手中为由对政治与法律分离提出质疑。的确,在占有政府职位的人当中具有法科背景的比例不小。比如,在美国的政府部门几乎被法律职业者垄断,而且能够影响国会决策的集团在华盛顿都有代表的律师事务所。在德国公务员大多是法科出身。但是,要研究政治与法律之间的关联性应当落脚在系统的运作而不是人员层面。法律职业者占有职位并不意味着,他们对政治的影响是建立在法律对政治的决定作用这一基础之上。就像在公司企业里高级管理人员往往

---

① Niklas Luhmann, Law as A Social System. Fatima Kastner, Richard Nobles, David Schiff & Rosamund Ziegert.(eds.), Klaus A. Ziegert (trans.), New York: Oxford University Press, 2004, pp.363-365.

是法科出身,但他们良好的形象、在互动过程中甚至电话里处理事情的能力、综合知识和组织能力等等或许比法律知识更为重要。仅仅根据与法律职业者有关,我们无法断定沟通属于政治系统而不是法律系统。①

实际上,法律系统与政治系统存在着很大的差别。在现代社会,政治系统总是处在紧迫的时间压力之下,总是需要处理范围无限广泛的大量议题。相比而言,在裁判具体案件方面法律系统由于受到决定一致性和必须说明决定理由的限制,反应要慢得多。做出个案决定需要较长时间,通过个案决定来改变原有法律更是如此。通过概念和判例形成法律惯例,再把惯例传承下去,往往需要很长时间。加上,随着复杂性不断提高,出现类似案件的可能性越来越小,形成惯例的难度也增加了。由于时间上的差异,二者之间在运作上的恒久联系被割断了。

2. 法律与政治的结构耦合

政治系统和法律系统的分离并不意味着二者彼此无涉。相反,它们相互支持。一方面,法律是使政治目的得以产生和实现的一个工具。法律划定了政治的界限,在此范围内政治能够确立其目标而不会遭到反对。并且,政治能够启动立法,修改现行法律,制定新的法律来实现自己的目标。当然,除了法律之外,经济系统对政治系统的支持也是不可或缺的。政治能够极大地扩展活动的空间,应当归功于法律和钱。政治的雄辩术、对政党纲领的表达和对反对方罪行的揭露,这些都是从作为葡萄藤的法律和钱那里收获的葡萄酒。② 另一方面,只有当政治能够保证和平,也就是阻止物理暴力的任意行使,法律才能够发展。只有当政治让法律成为法律,并且自己也遵守法律,法律才能具备政治合法性。由此,政治能够通过立法修改法律,与此同时,它又必须遵守法律。简单地说,政治遵守自己制定的法律。

在这个意义上,立法既是法律系统的运作,同时又属于政治系统。议会通过提案,制定新的法律,这可以看作是长期努力所取得的政绩,同时它也改变了法律的效力状态。但这并不能证明政治系统和法律系统是统一的。只要我们考虑到各系统不断运作形成的网络结构,二者的统一性就被

---

① Niklas Luhmann, Law as A Social System. Fatima Kastner, Richard Nobles, David Schiff & Rosamund Ziegert. (eds.), Klaus A. Ziegert (trans.), New York: Oxford University Press, 2004, pp.375-376.

② Niklas Luhmann, Law as A Social System. Fatima Kastner, Richard Nobles, David Schiff & Rosamund Ziegert.(eds.), Klaus A. Ziegert (trans.), New York: Oxford University Press, 2004, p.390.

分解了。在政治系统中,立法议案提出之后,通过表决来形成决定。做出何种决定并不完全依赖于这项法律将对个案裁判产生的影响。从政治的角度来看,立法是一段"协商"史,是唇枪舌剑的历史,不同利益之间的斗争史。而从法律的角度来看,立法提供了改变下一个法律决定的可能性。因此,我们无法通过立法把政治系统和法律系统统一起来。

然而,互为环境的法律系统和政治系统,都以对方的某些特点为前提,并且在结构上依赖于此。也就是说,二者是结构耦合的(Coupling, Kopplung)。结构耦合是一种同时具有两边的形式,也就是说它同时包含了"耦合"与"不耦合"两面。它在使得政治对法律的某些"扰动"更为敏感的同时,也使得政治忽略另一些"扰动",反之亦然。就像细胞膜,可以使细胞只接收某些离子(如钠和钙),而不接收另外一些离子(如铯和锂)。就此而言,兼具包含与排除双重效果的结构耦合有利于"扰动"的集中,限制同时促成了法律与政治的相互影响。

政治系统和法律系统结构耦合的形式就是宪法。对执政者的不信任促使人们寻求对执政者的约束,而宪法就是帮助尤里西斯不受赛壬优美歌声蛊惑的绳索。但执政者并非自愿接受绳索的束缚。只要等级关系还占统治地位,法律上仍然承认等级差别(如贵族和平民打官司,遇到事实不清或者法律缺少相应规定的时候,贵族胜诉),法律系统尚未分化,执政者就不可能接受约束。[①] 只有当第三等级的力量足够强大,足以制约作为执政者的君主,作为自缚之绳的宪法才得以产生。那是 1800 年左右的事情。以限制政府为要旨的宪法不仅规定如何组织政治权力以及权力行使的边界,而且设定了立法的程序和实体要求(如禁止以法律取消言论自由)。这些规定有效地排除了政治与法律的某些联系方式(如赋予贵族优越于平民的法律地位),避免政治腐败滋生。宪法限制了双方接触的范围,同时又增强对"扰动"的敏感度。如此一来,法律系统就更有可能以法律形式记载下政治决定,政治也有更多的机会运用法律来实现自己的目标。

需要注意的是,结构耦合只是提高了系统对环境的某些"扰动"的敏感度,系统能否识别并回应环境的"扰动"则取决于系统自身的结构。系统与环境是否产生共振,其速度如何仍然取决于系统的结构,毕竟只有频率相同的声音才会产生共振。因此,结构耦合只是保证发生在一个系统当

---

① Niklas Luhmann, Law as A Social System. Fatima Kastner, Richard Nobles, David Schiff & Rosamund Ziegert.(eds.), Klaus A. Ziegert (trans.), New York: Oxford University Press, 2004, pp.389-390.

中的事件引起另一个系统的关注,却无法保证两个系统运作的同步性。尽管在结构上是耦合的,法律系统和政治系统之间也不可能存在同步运作的协调关系。政治不可能完全左右法律系统的运作。就像美国宪法第3条修正案所说的那样,法院的判决只接受案例和辩论。要诉诸法院的问题必须具有可司法性,也就是说可以通过司法裁判的方式来解决。而且,法院针对个案的决定是依据已有法律规范做出的。政治因素并不能直接推导出法律决定,相反,只有得到法律规范的支持,政治因素才能成为决定的理由。

或许有人问道,立法不也是政治系统的运作吗,政治仍然可以透过立法左右法院的决定。的确,制定新的法律是不同利益集团竞相角逐的结果,与职位的占有、"有权/无权"有关。但是,如前所述进入社会福利国家以后,法院不再是立法机关所制定法律的喉舌,不仅适用法律,还补充立法,法院享有较大的自由裁量空间。因此,作出什么法律决定取决于法律系统先前运作形成的网络结构,而不是由政治系统左右。同样,法律只是划定了政治的界限,在此范围内采取何种措施仍然由政治系统自己决定。而且,是否冒险突破此界限,这也是一个政治问题而不是法律问题。基于此,法律系统论认为法律系统与政治系统是两个相互分离又彼此依赖的社会子系统。二者在运作上是封闭的,却具有密切的关联性,在结构上是耦合的。此种观点和主张"法即政治"的批判法学有所不同。

在批判法学看来,法律规范并未形成一个协调一致的体系,相反规范之间存在冲突。例如,法律既保护财产权,又对财产权加以限制。何种情况保护,何时加以限制,缺少统一的标准。如此一来,法律规范本身无法为个案中的法律决定提供确定的答案,法律决定和政治一样都是斗争和妥协的结果,法律不过是披着外衣的政治。简单地说,"法即政治"。法律被装扮成"确定的"、"中立的",不过是为了将现行的法律及其所建构的社会秩序加以合法化。为此,批判法学要揭示法律就是政治、法律并不确定的实质,使法律、法律理论背后所隐藏的、所服务的统治地位阶级的利益浮出水面,阐明法律如何隐藏或拒绝任何事物都是可以改变的这一事实。他们力图让人们认识到法律的不确定性、非中立性和非客观性,认识到法律的偶在性和可塑性,认识到传统法学如何借助于法律、司法裁判的客观性使得法律及其所建构的社会秩序具有了不可避免的天然正当性。所谓的"必然性"不过是一种幻象,此种幻象对法律、社会改革施加了阻碍。只有认识到这些,人们才可能摆脱现行法律的束缚,创造一个全新的法律制度、进而塑造全新的社会。① 基于此,批判法学致力于摆脱现行法律制度的束缚,使法律成为理想的、正当的政治。②

尽管法律系统论和批判法学都认为法律和政治存在着密切的关联性,但批判法学将二者完全等同,法律系统论却认为二者之间的紧密联系是以彼此分离为前提的。虽然二者互为彼此的环境,都能够"扰动"、影响对方,并且相互依赖、彼此支持,但系统对环境的认知与回应必须透过内部运作才有可能,每个系统的未来状态仍然由各自系统本身的运作来决定。所以,法律不是政治,法律就是法律。而且,法律系统论并不认同批判法学将法律政治化的主张。如果政治系统可以完全贯彻自己做出的决定,社会预期不可能落空,不再有任何问题需要法律系统来解决,法律系统也就没有存在的必要了。此种将政治与法律等同的"去分化"主张,将诸子系统融合到一起,无助于社会化简复杂性,因此法律系统论并不赞同将法律政治化,而坚持法律的自主性。③

此外,如果像批判法学所主张的那样,法院直接依据政治世界的需要来作出个案裁判,裁判结果就可能取决于政治实力的对决,那些对决中的失败者的权利又怎能得到保障?实际上,这并不是批判法学的初衷。其目的是使法律服务于理想的政治目标,即自由的人民实现自我统治。但此种主动向政治投怀送抱、从政治世界中寻找决定依据的裁判,如何能够抗拒政治力量的左右,避免个人的权利与自由为政治实力对比所支配?试图在实力政治中寻找个人自由的保障或许是缘木求鱼。④ 基于此,无论对于社会复杂性的化简还是保护个人自由来说,避免将法律政治化都是有意义的。此外,就分析层面而言,径行将法律等同于政治,势必忽略二者各自运作的逻辑。只有将其分离开来,才可能看清二者的关联性。就此而言,法律系统论为我们提供了一个更为完整的分析框架。

---

① 周婧:《一种批判的法治理念——昂格尔对司法功能与方法的重构》,北京:法律出版社2010年版,第27页。

② Allan C. Hutchinson & Patrick J. Monahan, Law, Politics, And The Critical Legal Scholars: The Unfolding Drama Of American Legal Thought, 36 Stan. L. Rev. 245 (1984); R.M. Unger, The Critical Legal Studies Movement, Harvard University Press, 1986, p.20; Mark Tushnet, Critical Legal Studies: A Political History, 100 Yale Law Journal 1515(1991).

③ 周婧:《封闭与开放的法律系统如何可能?——读卢曼〈法律作为社会系统〉》,《社会学研究》2009年第5期。

④ 孙笑侠、周婧:《一种政治化的法律方法——对昂格尔法律方法论的解读》,《环球法律评论》2007年第4期。

(四) 法律与其他子系统的交互作用 II：法律与经济

现代社会的法律一直被认为是经济发展乃至资本主义产生的重要助推力。始终聚焦于"资本主义为什么仅出现在欧洲而不是世界上别的什么地方"这一问题的韦伯曾全面阐述法律与资本主义经济的密切关联。在韦伯看来，基于理性事业的现代形式的资本主义不仅需要可计算的生产技术手段，还需要可计算的法律制度和根据形式化规章来实施的行政管理。① 经济因素在现代法律理性化的过程中起着关键性的作用，而理性化的法律反过来又推动了资本主义经济组织形式的生成。法律系统论也认为法律与经济密切相关，但由于关注的焦点是现代社会如何透过分化出各功能子系统来化简复杂性，法律系统论对法律与经济关联性的分析以二者的分离和自主运作为前提。这一点有别于韦伯，尽管韦伯同样认为法律和经济无法互相决定对方的运作。

对法律系统论而言，法律和经济是现代社会中功能不同且封闭运作的子系统。法律系统的功能是确立和稳定规范性预期，经济系统则是减少短缺。此种功能通过"支付/不支付"这组二值符码的运作来实现。支付和不支付是一体两面的，只有指认出什么是"不支付"，我们才能标示"支付"。就此而言，支付始终包含着不支付，反之亦然。换句话说，谁要是付了款，就没法继续持有资金，反过来，谁要是把资金留下来，他就不能付款。保留资金就是保留花钱和持币的自由，而这种可能性和另一个人的决定是相辅相成的。决定放弃这一自由，就是把自由转交给了别人。通过支付，人们互通有无，解决了短缺的问题。正因如此，法律系统论认为经济系统由关于支付的沟通构成。②

由于现代社会日益复杂，选择过程更为多样化，为了保证人们的沟通以及支付行为的有效传递成为可能，就需要象征性的一般化沟通媒介。此种媒介就是货币。货币建构了对可交换物品做出有限选择的自由，使得拥有货币的人能够选择在何时、与何人、为何目的、在何种条件下进行交换。货币是通过交换获得的，而在交换的过程中，货币的价值没有变化。如此一来，人们无需担心换来的货币会不会花不出去、没法用来交换其他物品，

---

① Max Weber, Economy and Society: An Outline of Interpretive Sociology, vol.II, Guenther Roth & Claus Wittich(eds.), Berkeley, los Angelse, London: University of California Press, 1978, p.1394.

② Niklas Luhmann, Die Wissenschaft der Gesellschaft. Frankfurt am Main: Suhrkamp, 1990, pp.52-53.

借助于货币这一媒介,彼此的交换就能够顺利进行。① 货币对经济系统的分立具有决定性的意义。货币完全可以重复使用,使得不同的人之间的支付能够衔接起来,形成一个网络,进而生产出经济系统。在这个网络中,我们可以通过付款放弃支付能力,也可以从他人那里获得资金从而重新具备支付能力。可见,经济系统借助于货币生产出新的支付,其运作是封闭且自主的。

分立出来的经济系统对法律提出了更高的要求。法律对经济的支持主要通过财产权和契约自由来实现。具体而言,在经济系统中要进行支付,首先得确定谁对什么物品拥有支配权,谁没有支配权。这是通过"财产权"来实现的。财产权是根据不同财产所有人所做的一种区分,它意味着所有人对物的支配。只要财产所有人同意,而无须其他任何人的同意,就可以进行交换。可见,财产的所有人和非所有人之间的关系是不对称的。此种不对称性体现了所有人对财产的支配,同时也排除了其他人对财产的干涉甚至暴力夺取。法律通过对财产权的保护,为经济系统的支付提供条件。基于此,财产权成为法律系统与经济系统之间结构耦合的形式。

但在不同的系统中财产权的表现形式有所区别。经济系统只是简单地使用"财产权/非财产权"这组差异来确定财产的归属,然后进行支付。财产受损涉及的是物权还是债权,如何保护该权利则是法律系统关注的事情。可见,财产权既有经济的意义,又有法律的意义。它使得经济系统的运作能够"扰动"法律系统,同样法律系统内部的运作也影响经济系统,但这以两个系统各自封闭运作为前提。二者的联系并没有改变经济进行有利可图的投资,也没有改变法律系统致力于做出前后一致的决定。恰如洛克所言,财产权使任何法律制度都变得不公正,但是人们恰恰借此获得了经济上的好处。②

除了财产权,法律系统还通过对契约自由的保护为经济系统提供支持。具体而言,要进行交易互通有无,人们必须能够自由选择何时、何地、同谁交换什么东西。如果根据等级地位的不同,一些人能够自行选择,另一些人则被迫接受(如不得不换取自己不需要的物品),就无法有效解决短缺的问题。因此,需要保护个人订立契约的自由。这是通过法律上的契

---

① [德]尼可拉斯·卢曼:《信任:一个社会复杂性的简化机制》,瞿铁鹏、李强译,上海:上海人民出版社2005年版,第63-64页。

② Niklas Luhmann, Law as A Social System. Fatima Kastner, Richard Nobles, David Schiff & Rosamund Ziegert.(eds.), Klaus A. Ziegert (trans.), New York: Oxford University Press, 2004, pp.390-391.

约自由来实现的。随着契约自由的制度化,法律和经济的结构耦合获得了现代的形式。经济可以协商交易,而不必考虑契约的类型。如果出现纠纷,经济系统只要关注法律系统对此做出什么决定(如判定甲赔偿乙1万元)就可以了。契约促进了贸易的发展和企业的扩大。与此同时,法律系统也获得了发展的空间。它可以通过对缔约者意愿的解释,把一些未明确的东西纳入契约的含义当中,通过"补充解释"增加契约的内容,或者以"违反风序良俗"为由删除契约的某些条款。然后,把这些司法实践所确立的惯例汇编起来,形成新的规则。例如,在第一次世界大战以后德国法院通过对"经济上不可能"的扩张解释,确立了因"不可能履行合同"而免除履行义务这一规则。

此外,法律系统和经济系统的结构耦合还体现在故意损害的例外规定。该规定赋予行为人一种特权,也就是说当行为人因经济竞争中获得成功而损害他人的,免于承担法律责任。例如,人们可以开家商店,尽管他知道并且听凭别人因此减少收益,甚至不得不关闭自己的店铺。赋予此种特权,是因为经济系统建立在竞争的基础上。但这一特权在不同系统中的重要程度不同。在经济系统中,它体现为自由竞争,竞争对于系统的运作而言是不可或缺的。在法律系统那里,此特权却不像财产权或者契约那般重要。

由此可见,尽管法律系统与经济系统相互支持,并且在结构上是耦合的,但它们仍然是两个分离的社会子系统。当然,这并不排除某次运作可能同时归属于二者。比如,给付损害赔偿金既是经济系统的运作,又属于法律系统。但是,它对于不同系统而言具有不同的含义。对经济系统而言,它是支付,建立在货币能够重复使用这一前提之上。对法律系统而言,它是执行法院判决的行为,将导致法律状况的改变。而且,此种同时归属两个系统的状态只是暂时的,不可能持久。① 所以,我们并不能基于在运作上的耦合就推导出法律和经济在运作上是重叠的。

法律系统和经济系统都是彼此的环境,而不是对方的一部分。结构耦合使得它们之间的"扰动"更为集中,系统对来自于环境的某些"扰动"更为敏感,却无法决定系统何时以及如何回应"扰动"。毕竟,法律和政治都是自主的系统,其运作都是把上一次的结果当作下一次运作的起点,如此不断衔接的递归过程。因此,下一刻系统将呈现出何种样态取决于系统的

---

① Niklas Luhmann, Law as A Social System. Fatima Kastner, Richard Nobles, David Schiff & Rosamund Ziegert.(eds.), Klaus A. Ziegert (trans.), New York: Oxford University Press, 2004, p.381.

既有基础即网络结构,而不是环境的"扰动"。其实,所谓"环境扰动系统"并不是环境将信息输入系统,进而影响系统的运作。只有观察者才说"环境影响了系统"。系统只是通过自己的观察认识到环境的"扰动",再决定是否以及如何回应。就此而言,只有通过自身的封闭运作,系统才能对环境保持认知开放。系统把观察得来的信息记录在自己屏幕上,而不是直接把环境的状况及其变动复制下来。因此,结构耦合并不意味着法律和经济的运作是同步的,实际上二者在时间上存在着很大的差距。这尤其体现在关于财产权和契约等法律制度的形成过程中。

对于经济系统的分立而言,财产权的确立十分重要,法律却是以自己独特的概念和程序作出回应。实际上,这个过程十分缓慢,其原因主要是现代国家充分发展之前,法律必须同时履行财产的政治职能。也就是说,个人的法律地位与其占有的地产相联系。尽管英国在11世纪后期允许经国王合法确认的地产自由买卖,但这须以君主对国家税收和司法管辖权的监控为前提,而且此种自由是有限制的。在稍晚的时候类似情形在欧洲大陆也出现了。直到中世纪晚期,巴尔多鲁才明确规定"支配权"。支配权隐含着财产自由支配的意思,就像货币经济的特洛伊木马那样悄悄地在法律中注入了财产权概念。但支配权更多的是和财产的占有联系在一起,强调的是保护财产不受干预,而不是通过放弃财产来实现物品的自由流转。直到晚近,财产权才和占有区分开来,成为与各种类型的契约相关的要素。于是,人们在诉讼当中就可以不涉及占有问题,仅就谁是财产的所有人展开论辩。从欧洲民法发展的历史来看,从出现财产所有人到支配权的出现,再到财产权的确立大约经过了两千年。而在殖民地这个过程仅在19到20世纪一百年内就完成了。①

在契约合法化的过程中,我们同样可以看到类似的情况:法律对经济的回应是缓慢的。无论在古希腊还是罗马,无正式形式的契约都没有获得法律的普遍承认。而且,在罗马民法对有效买卖合同做出规定以前,没有一起因没有履行买卖合同而提起诉讼的案子。中世纪以后很长的一段时间内,合同法只是规定诉讼形式和根据特殊条件来处理的合同类型的集合概念,而不是一部统一的法律。后来,随着经济的发展、贸易的增加,承认合同缔约者自由意愿的要求越来越紧迫,欧洲各国才逐渐取消合同法中的

---

① Niklas Luhmann, Law as A Social System. Fatima Kastner, Richard Nobles, David Schiff & Rosamund Ziegert.(eds.), Klaus A. Ziegert (trans.), New York: Oxford University Press, 2004, pp.249-251,392-394.

约因条款,转而承认缔约者有权选择合同的对象、内容以及履行合同的时间和地点等事项,将合同视为缔约者意愿的声明。这个过程直到19世纪才结束。而以货币为基础的经济却早已出现。可见,法律和经济的演化并不是协调一致的,而是具有自身的独立性。此种独立性还体现在经济较为落后的德意志地区反而比经济较为发达的英国得出更为激进的结论,那就是根据缔约者的利益来解释缔约者的意愿。基于此,法律系统论认为法律的变革不是在特定目的指引下展开,也不是由经济的发展及其需求来主导。尽管法律对经济的某些"扰动"更为敏感,但法律始终根据自身的结构对"扰动"作出回应,回应的速度也取决于法律的结构,因此二者的变化不可能是步调一致的。

在韦伯那里,法律理性化和经济理性化却是同步性的。具体而言,资本主义企业的有效运转、经济贸易的顺利进行有赖于计算,计算则以理性化的法律所提供的可预见性为前提。资本主义市场经济与可计算的理性法律是相伴而生的,即使后者并不是促成资本主义产生唯一的"因"。[①] 然而,英国法的理性化程度远低于晚期罗马法以及通过继受罗马法而形成的大陆法系,但英国却是近代资本主义的发源地。这难道是个例外?该如何解释这一例外?这就出现了韦伯理论的"英国法问题"。其实,该问题可追溯至韦伯社会理论所面临的困境:在诸神之争的"除魅"世界里,个人自由与社会秩序理性化之间的紧张关系。[②] 与韦伯不同,法律系统论认为法律和经济是两个封闭运作的社会子系统,即使二者在结构上是耦合的,对彼此的某些变化较为敏感,但是如何以及何时回应仍然取决于系统本身的结构。所以,二者变化的速度存在着差异,不可能是同步的。如果我们进一步追溯,此种区别其实源自于他们对于整个现代社会的不同判断。对韦伯而言,现代社会即资本主义的实质就在于不断"除魅"进而实现理性化,此种理性化渗透到社会的各个领域(包括法律和经济)。在法律系统论看来,现代社会分化成诸多子系统,各子系统通过自我指涉的递归性运作执行各不相同的功能。无论是理性化还是自我指涉,都与宗教和道德再也无法为我们提供一个整体的"意义"有关。越来越多的"无意义性"导致世界的"除魅"。各子系统通过自我指涉,自己为自己寻找决定的依据,是因为赋予我们"意义"、为我们提供最后的正当性的先知已经不在了。只不过

[①] John R. Love, Antiquity and Capitalism: Max Weber and The Sociological Foundation of Roman Civilization. London and New York: Routledge, 1991, p.247.

[②] 李猛:《除魔的世界与禁欲者的守护神——韦伯社会理论中的"英国法"问题》,李猛编:《韦伯:法律与价值》,上海:上海人民出版社2001年版。

韦伯感叹意义的丧失,而在法律系统论那里却听不到叹息。

(五)法律与其他子系统的交互作用 III:法律与道德

法律与道德是否分离乃是法律实证主义与自然法学派论战的焦点,对此问题的不同回答构成了两个学派的根本分歧。在法律实证主义看来,法律具有独立于道德的自主性,是一个封闭而自足的规范体系。自然法学派则主张法律受到而且应当受到道德的制约,应当服从于更高级的"自然法",因此是开放的。在法律系统论看来两个学派可谓是各执一端。实际上,法律向道德开放,但此种开放却是通过法律系统自身的封闭运作来实现的。

法律向道德开放是指法律系统能够识别道德系统的"扰动",并对此作出回应。法律系统在做出是否合法的决定时,会考虑道德因素。实际上,通过法律决定所形成的法律规范在许多时候与道德要求是重合的,尽管法律调节的是人们的外部行为,道德则约束人们的内心。这在刑法中体现得尤为明显,刑法所惩罚的行为大多违背道德的要求。但这并不意味着法律必然反映道德的要求,或者法律来源于道德。尽管道德对法律的制定产生影响,但道德因素并非径行成为制定法律的理由。例如,拒绝给老人让座通常被认为违背了道德,但我们并不能由此断定该行为违反了法律。其实它并不为法律所禁止。这是因为道德和法律是两个彼此分离的社会子系统,作为环境的道德系统只是"扰动"法律系统,却无法直接左右后者的运作。相反,道德的"扰动"只有被法律系统识别之后,才能对系统的运作产生影响,才成为"扰动"。法律系统是通过自身的运作来识别道德的"扰动",再作出回应的,而不是道德系统发号施令,法律系统就执行命令。因此,所谓的开放是认知层面的开放,却不是运作上的开放。此种开放是通过系统本身的运作来实现的。法律系统的运作就是依据自身的网络结构制造出新的沟通进而再生产自己的过程,是封闭的。所以,只有透过封闭,开放才成为可能。封闭性使法律系统区别于道德等其他社会子系统所构成的环境,保持系统与环境的分离。开放性则保持法律系统与环境之间的关联性,避免法律与道德相脱节。

就法律的开放性这一点而言,法律系统论与自然法学派的观点是相似的。二者都认为法律深受道德影响,许多道德要求在法律规范中都有所体现。但自然法学派主张法律和道德具有天然的联系,法律反映而且应当反映道德的要求。在法律系统论看来,开放性仅仅是认知层面的,并不意味着道德系统能够左右法律系统的运作。简单地说,法律不为道德所决定。就此而言,法律系统论与将法律视为独立于政治、道德的"既定物"的法律实证主义颇为相似,因为二者都将法律过程进行"纯净化",排除法律对其他社会子系统的依赖。① 然而需要注意的是,法律系统论强调法律通过封闭运作生产出构成系统的所有元素,却没有排除系统与外部环境的关联性,相反系统是认知开放的。法律实证主义则力图把法律从政治、道德等领域中彻底分离出来。此外,法律实证主义所谓的封闭性是指法律作为规范体系的封闭性。法律系统论却认为法律的封闭性体现在运作层面。换句话说,法律并不是封闭的规范体系,而是封闭运作的社会子系统。法律不是早就在那儿的,只有出现关于是否合法的沟通的时候,法律系统才存在。尽管如此,"法律就是法律"却是法律系统论和法律实证主义共同肯认的观点。恰如奥斯丁所言,法律的存在是一回事,它的优缺点是另一回事,法律是否存在与它是否符合某假定的标准是两个不同的范畴。一个法律,我们可能恰巧不喜欢它,或者它可能不符合我们用以认可法律的标准,但只要它确实地存在,它便是法律,这是一个事实。②

如此一来,立法机关依据已有法律制定的规范就是法律吗,即使它完全违背道德的要求？简单地说,是否恶法亦法？例如纳粹德国制定的违反道德的法律是法律吗？德国法院在"告密者案"中就面临着道德上恶的法律所导致的一系列困境。③ 该案的被告向当地纳粹头目告发了自己的丈夫对希特勒及纳粹党其他领导人的不满,导致其丈夫被判刑。纳粹政权倒台后,被告因设法使自己的丈夫遭到囚禁而被送上法庭。对此,被告反驳道,根据当时的法律,她丈夫所说的关于希特勒和纳粹党的言论已经构成犯罪,她不过是使罪犯归案受审,并没有违反当时的法律。法院面临着两难选择。如果认为当时纳粹德国制定的"恶法"是法律,那么被告不过是在依法办事。如果认为纳粹制定的法律根本不是法律,因为它们违反了最基本的道德原则即良知和公正,那么被告的辩护就被推翻。但是,惩罚被告的法律依据又是什么,毕竟她没有违反当时的法律。如果认定被告的罪行成立,那就是以新的法律来处罚法律生效之前的行为,而溯及既往的法

---

① James E. Herget, Comtemporaty German Legal Philosophy, Philadelphia: University of Pennsylvania Press, 1996, p.91.
② [英]约翰·奥斯丁:《法理学的范围》,刘星译,北京:中国法制出版社2002年版,第2页。
③ [英]哈特:《实证主义与法律和道德的分离》,翟小波译,载强世功:《法律的现代性剧场:哈特与富勒论战》,北京:法律出版社2006年版。

律同样是不公正的。在此种形势下,德国法院援引了"良知""正义"之类的观念,依据法律之外的道德判定被告违法。①

然而,何谓"良知""正义"?我们似乎没有找到毫无争议的答案。其实,在这个多元异质的现代社会,我们已经找不到绝对永恒、不受质疑的道德原则。当我们以违反某个道德原则为由宣告恶法非法的时候,这个原则的正当性依据又是什么呢?在这个已经"除魅"的现代社会,我们已经无法找到最终的正当性依据。正因如此,哈特坚持将法律和道德分隔开。在他看来,只有将法律和道德完全分离,我们才能看到透过法律所折射出来的各种道德之间的冲突,意识到即使法律反映了某种道德原则,该原则也不是必然正当的,不过是某种情势之下的一种选择,进而较为透彻地认识问题的复杂性。②

对法律系统论而言,不仅法律与道德分离,而且道德未必能够影响法律。道德因素只有被法律系统识别之后,才能影响通过决定形成法律规范的过程。就此而言,二者的运作并不是同步的。实际上,道德原则是否应当纳入法律规范也有争议。例如就刑法应否禁止卖淫和同性恋,哈特与英国法官德夫林勋爵曾展开一场激烈的论战。③ 德夫林认为个人私下的道德行为应当受到刑法的调整,因为刑法只有以特定的道德原则为基础,才能被人们接受。基于此,刑法应当强制执行道德,应当禁止卖淫和同性恋。哈特对此提出了批评。在哈特看来,德夫林通过刑法强制执行道德其实是一种家长主义的做法。尽管家长主义并非全然不必要,但只有当其目的是为了保护那些不知道自己究竟想要什么的人免受自己不当行为的侵害,家长主义才具有正当性。如果对某种行为加以限制,仅仅是因为在别人看来这是不适当的,那么家长主义将危及个人的自由。因此,法律不应当禁止私隐行为,如成年人私下自愿的同性恋。④ 的确,法律不应当禁止那些未妨碍他人自由的行为,尽管这些禁令也许能够提高社会的道德水平。法律

---

① 强世功:《法律的现代性剧场:哈特与富勒论战》,北京:法律出版社2006年版,第57-61页。
② [英]哈特:《实证主义与法律和道德的分离》,翟小波译,载强世功:《法律的现代性剧场:哈特与富勒论战》,北京:法律出版社2006年版。
③ 该论战由著名的沃尔芬登委员会(该委员会以时任里丁大学副校长约翰·沃尔芬登男爵的名字命名,并由其担任主席)于1957年的提交一份报告引起。该报告对刑法中关于卖淫与同性恋的规定提出了相应的改革建议,主张不应将成年人私下自愿的同性恋行为视为犯罪;至于卖淫,尽管它不再被视为非法,但是应该通过立法"把它从大街上驱逐",因为在大街上拉客的行为是一种对公民权的无理且令人讨厌的冒犯。
④ [英]哈特:《法律、自由与道德》,支振锋译,北京:法律出版社2006年版,第16-47页。

不能强迫个人去做所谓"对"的事情,因为"对"与"错"之间的界限并非在任何时候都是清晰而明确的,并不存在绝对永恒的道德。当有人提出这是道德的要求的时候,我们需要具体分析究竟是谁的道德。如果道德或者以道德名义出现的政治主张能够径行决定法律的内容,法律将无力保护个人免受强制。法律要做的是保障价值的多元,这本身已经成为不受置疑的价值。在这个意义上,法律并不必然反应道德。这就是昂格尔所谓法律在实体内容上的自主性。①

就制定法律的立法而言,法律系统独立于道德系统。那么,在适用法律做出个案决定的司法层面呢?与立法相比,司法更为封闭,其独立性理当更强?对此,许多学者都做出了肯定的回答。如帕森斯就认为随着现代社会的演化,法律逐渐与对个体行动加以约束的道德相分离,从而具备独立自主性。具体而言,尽管在终极意义上法律的正当性需要价值的支撑,而这不可避免地涉及宗教和道德问题,但就法律的适用层面而言,法律是自主的。因为对法律规则的解释由法律职业者自主完成,而且职业者依据法律而不是道德做出解释。②

在例行案件即法律有明确规定的案件中,案件事实属于法律所涵盖的典型事实,法院要做的就是将认定的事实对号入座,以法律规则为大前提,将案件事实视为小前提,并运用三段论的推理模式将规则适用于具体的个案。在这个过程中,法院只是按照字面意思对法律进行解释,无需求助于法律的目的,也无需对社会的评价、对伦理的、宗教的、法律政策及国民经济加以权衡斟酌。③ 此时,法院对现实世界里不同利益、价值之间的冲突冷眼相对,将自己置身于政治道德的论战之外。就此而言,道德并未对针对个案的司法过程产生影响。

但在疑难案件中,由于没有明确的法律规则可循,法院又不能因此拒绝裁判,法院不得不根据法律的目的建设性地解释法律,并据此决定个案应当如何裁判,以实现法律"真正要做的事情"。在这个过程中,法律目的尤为重要,是判断法律解释、事实重构以及明确特定案件的事实是否符合法律要求的准据。由于环境总是不断改变,不仅仅法律目的不可能保持不

---

① M.Unger, Law In Modern Society. New York:The Free Press,1977, p.56.
② TalcottParsons, "A Sociological Look at The Legal Profession", in Essays in Sociological Theory. New York: Free Press, 1954; Talcott Parsons, "The Law and Social Control", in Law and Society, William M. Evan(ed.), New York: Macmillan Publishing Co., 1980.
③ [德]K.茨威格特、[德]H.克茨:《比较法总论》,潘汉典、米健、高鸿钧、贺卫方译,北京:法律出版社2003年版,第214页。

变,实现目的的最佳方式也可能随着情境的不同而不同,因此法官必须根据具体的情境解释法律、甚至改变法律的内容。如此一来,法律规范并未形成对法官的严格约束,相反法官享有较大的自由裁量空间。正所谓谁握有最后的绝对权威去解释成文或口头表述的法律,谁就是真正的立法者。① 法律的真正内容就取决于法院,法律是法院创制的,法院为自己的裁判建构理由。这其实是现代社会的法律系统所面临的悖论。但这个悖论必须隐藏。否则,司法裁判不是来自于立法者制定的法律,而是由法院自行决定,裁判将失去权威,难以得到人们的服从。因此,法院将通过依据由已有法律规范所构成的"法律之网"来确定法律的目的,再根据法律目的创制规则,并据此作出裁判。如此一来,裁判就仿佛是从法律中推导出来的。

在这个推导的过程中,法律之外的道德、情感、政治等因素都可能影响案件的裁判结果。道德正是通过实质论证来影响法律系统的运作,考虑实质性价值的实质论证和以法律文本为基础的形式论证同时展开的。只有得到法律规范的支持,道德原则才能成为法律决定的理由。道德系统并不能直接左右法律系统的运作,二者是分离的,法律决定仍然来自于法律规范。

然而,在昂格尔看来,法院依法裁判不过是一个"高贵而必要"(a noble and necessary lie)的谎言,是个为了让人们服从裁判、服从现行法律而不得不坚守的谎言。如果裁判来自于法律,那么裁判就应当具备一致性和融贯性。然而,即使在被誉为融贯性司法实践之典范的美国平等保护审查当中,法院对分类的界定、适用的审查基准进而是裁判都不是统一的,所谓法院裁判的一致性只是徒具虚名。法院做出什么裁判由当时流行的道德观念、政治实力的对比关系决定。法律规范只是一件外衣,任何实质性的价值都能够裹在其中。究竟包裹些什么就取决于法院基于当下的社会情势做出的判断。于是,法官就像是"一些丧失了自己的信仰但却保持了自己的工作的教士"。②

对此,德沃金坚决予以否认。德沃金指出,即使在疑难案件中也存在着唯一确定的答案即"唯一正解"。因为法律规范不仅包括法律规则,还包括法律原则。当那些明确规定构成要件和法律效果的规则无法提供指

---

① H.L. A Hart, American Jurisprudence Throuth English Eyes: The Nightmare And The Noble Dream, Geo. Law Review, 1977(11).

② R.M.Unger, The Critical Legal Studies Movement, Harvard University Press, 1986, pp.1,113.

引的时候,法官就依据法律实践一贯秉承的法律原则做出决定。所谓"一贯秉承"的法律原则就是那些能够解释得通过去所有的判例的原则。但能够解释得通过去所有的判例的原则可能不是唯一的,此时就选择保护个人自由最为有力的原则。只是最为有力的原则并非固定不变,相反,在不同的情境中,最为有力的原则可能不同。因此,需要决定者找到判例中的价值立场,结合具体的情境,作出判断。①

但这只是方向上的指引,并不能确保不同的决定者所建构的道德理论、进而是做出的决定是一致的。德沃金自己也承认,如果两个原则中每一个都可以对过去所有的判例加以解释……在这种情形下,实质的政治理论将在取舍之间扮演决定性的角色。② 由此,所谓的"唯一正解"不过是法官个人的"唯一正解"。最终做出什么决定取决于法官的政治道德观,法律决定的过程就不再明显区别于价值论争,法律也不再绝缘于政治、道德,又怎么可能是封闭的呢?德沃金没能证成"法律决定来自于法律规范",反而揭示出法律如何透过原则向道德开放。

其实,无论德沃金、昂格尔还是法律系统论,都不否认道德对司法裁判产生影响。但这个过程究竟如何展开,他们的叙述有所不同。德沃金突出此过程中法律规范的主导作用,否认道德直接决定裁判的结果。就此而言,德沃金和卢曼的观点是相似的。在他们看来,法律规范就像是过滤网,只有得到法律规范支持的道德原则才能成为裁判的理由。与他们不同,昂格尔则认为法律规范不过是件外衣,法律论证也只是一种修辞,实际上起作用的是实质性的道德和政治。从表面上看,他们的区别不过是描述的侧重点不同。就像同样是半杯水,法律系统论和德沃金说一半是满的,昂格尔则说一半是空的。

但如果我们进一步追溯,就会发现对不同侧面的强调其实源自于各自不同的旨趣。德沃金强调"裁判仍然来自于法律",法律能够约束司法裁判,司法对立法和行政的合宪性、合法性判断就是中立且确定的。法律也就能够确保权力的非人格化,能够约束权力。简单地说,德沃金旨在证明法律的正当性,捍卫现代性的法律意识形态。昂格尔揭示出司法裁判的不

---

① [美]罗纳德·德沃金:《法律帝国》,李常青译,北京:中国大百科全书出版社1996年版,第158-165、204-205页;[美]罗纳德·德沃金:《认真对待权利》,信春鹰、吴玉章译,北京:中国大百科全书出版社2002年版,第40-47页。

② [美]罗纳德·德沃金:《法律帝国》,李常青译,北京:中国大百科全书出版社1996年版,第272页。

一致性及其背后所隐藏的道德观念、政治纷争、强力，①是为了说明法律决定并非建立在普遍客观基础之上，不是必然正当的。如果我们将法律视为必然的东西，就不可能对它加以审视和批判，便失去了反思的能力。实际上，人们并非不得不服从于现行的法律制度，而是能够主动设计出新的法律制度，摆脱现行制度所导致的被隔离、被孤立的状态，改变人们对现存社会秩序并不满意却又无力改变的状态，进而塑造更美好社会生活。如果说德沃金是捍卫这个大体上正当的法律制度，那么昂格尔就是致力于对现行法律制度加以批判和重塑。无论是捍卫还是反思，二者都持一种规范主义的立场。

就是否坚持规范性立场而言，德沃金和昂格尔都坚持规范性立场。卢曼则放弃了社会理论中的规范传统。②卢曼是社会的观察者，却不是行动者。他致力于提出一个能对现代社会作全面描述的一般社会理论，而不是建构一个"完成现代未竟事业"的行动纲领。而要全面分析现代社会，卢曼认为必须以"系统/环境"为首要差异，运用此差异来分析现代社会如何通过功能不同的子系统的运作来化简复杂性。具体到法律系统，就是厘清法律如何在通过自我指涉生产自身元素的同时保持与其他社会子系统所构成的环境的关联性。运用"系统/环境"这组差异，卢曼标示出"一些无法以阶序或直线方式表达出来的关联"③，那就是法律系统通过封闭运作认知环境，进而保持与环境的关联性。尽管存在着关联，作为环境的道德系统并不能主导、控制系统，二者之间并不具有目的论式的统一。究竟如何运作取决于系统自身。因此，法律是独立而自主的，裁判仍然来自于法律。

就强调"裁判来自于法律而不是道德"这一点来说，德沃金与法律系统论是相似的。但二者仍有区别。在德沃金看来，道德原则借助于法律原则就能够成为裁判的理由。而对法律系统论来说，是否考虑道德原则取决于法律系统的本身。只有当法律系统通过观察识别道德原则，后者才可能影响裁判。法律系统就像一个具有认知能力的主体，裁判结果取决于主体，而不是有待认知的道德。就此而言，道德系统和法律系统之间并没有

---

① Darla L. Daniel, of Deckchairs, Icebergs, and Gestalt Shifts: Unger, Kahn and A Student on Contemporary Legal Thought, 72 U.Colo.L.Rev. 851(2001).

② Stephan Fuchs and Jonathan H. Turner. , "Reviewed A Sociology Theory of Law by Niklas Luhmann", Contemporary Sociology,1987, 16 (6).

③ Niklas Luhmann, Observation on Modernity. William Whobrey (trans.), Stanford, California: Standford University Press, 1998, p. x.

直接的因果关系,认为道德原则影响了法院裁判不过是作为观察者的我们的一种归因。在这里,我们再次看到了法律系统论所持的建构主义立场如何影响其对法律运作的描述。此外,认知是法律系统的运作,信息由法律系统通过观察制造出来,而不是从道德系统输送过来。因此,法律系统观察得来的信息和道德系统中的信息可能有所不同。例如,人们会认为帕尔玛谋杀祖父的行为是违反道德的。而在"里格斯诉帕尔玛案"①中,相关的法律原则是每个人不应从自己的错误行为获利,因此法官关注的并不是帕尔玛的行为是否违反道德,而是该行为是否法律所禁止的错误行为。这就像画家笔下的梅花并不是和我们所看到的梅花一模一样。毕竟画不是照片,这一点在中国的山水画中尤为明显。而在德沃金那里看不到此种差别。

(六) 诸社会子系统的连续振荡

在现代社会,各功能系统互为彼此的环境,每个系统都是其他系统的环境,会对后者形成"扰动"。但并非所有的"扰动"都能够得到系统的回应。只有在特定的情况下,系统才会作出回应,才会被环境影响。法律系统论将这种情况称为"共振"。② 就法律系统而言,共振并不限于与政治、道德、经济之间,法律并非仅与上述三个系统相关联,而是与任何系统都可能形成共振。并且,共振不仅限于两个系统之间(如道德原则成为法院裁判的理由),而是可能在几个系统之间形成一连串的共振,也就是连续振荡。

一个系统的运作同时受到其他两个系统的"扰动",就形成连续振荡。

---

① 这是德沃金多次论及的一个疑难案件。案情如下:明知祖父已订立遗嘱把遗产留给他,但由于新近重新结婚的祖父可能改变遗嘱,帕尔玛杀死了祖父,以便按遗嘱来继承财产。不久东窗事发,帕尔玛被判监禁。于是,死者的两个女儿提起诉讼,要求将遗产交给她们而非帕尔玛。她们认为,帕尔玛为了得到遗产而谋杀被继承人,法律当然不能允许其继承遗产。当时,美国纽约州遗嘱法并未规定遗嘱继承人谋杀遗嘱人后可否继承遗产。究竟应当判定谁胜诉,法官的观点也不一。格雷法官认为,除非存在有关制定法字面语境的其他信息或有关立法者主观意图的其他信息,否则法官必须逐字逐句地解释制定法。而法律并未禁止谋杀遗嘱人的遗嘱继承人继承遗产,因此主张帕尔玛胜诉。伊尔法官认为,设想纽约州立法者在制定遗嘱法时会有谋杀者可继承遗产的意图,是十分荒谬的。因此,真正的制定法并不包含允许谋杀者继承遗产的内容。并且,法官应使制定法的解释尽可能地符合法律设定的一般司法原则。而其他法律都尊重一个原则:不应从自己过错中获得利益。所以,制定法应被解释为否定谋杀者有权继承遗产,法院应当判决剥夺帕尔玛的继承权。(Riggs v. Palmer, 115, N. Y. 506)

② Niklas Luhmann, Ecological Communication, John Bednarz, Jr. (trans.), Chicago: The University of Chicago Press, 1989, p.15.

例如17、18世纪欧洲各国纷纷在法律中设立财产权制度,并通过宪法明确财产权是一项基本权利。财产权的确立一方面与经济系统的分化有关。经济系统透过货币支付来运作,要支付首先得确定谁对什么物品拥有支配权,谁没有支配权。这就需要确定财产所有人及其对财产的支配的相关法律制度。另一方面,随着工商业的迅猛发展,包括商人在内的第三等级的力量逐渐增强,对君主形成了制约。于是,第三等级致力于通过法律限制国家权力,以期实现对人权的保障。人权保障的关键是保护经济自由权,经济自由权的核心则是财产权。1789年的《人权和公民权宣言》专门设立财产权"神圣不可侵犯"的条款。由此可知,经济系统和政治系统的改变同时促成了财产权法律制度的确立,后者又反过来支持了经济系统,使货币支付得以顺利进行,同时也对政治系统作出的具有集体约束力的决定施加了限制。

在法律系统的运作过程中,法律之外的诸多因素可能同时对法律系统产生"扰动",而且这些"扰动"彼此之间还可能相互影响,形成一系列的共振。比如美国1973年的"罗伊诉韦德案"[①]因涉及堕胎问题而备受关注,不仅宗教团体强烈反对允许堕胎,而且媒体也参与热议,并大量报道宗教团体的观点,导致许多美国人参与案件的讨论。该案成为整个社会热议的话题。在此种情况下,联邦最高法院以6∶3的多数意见判定得克萨斯州限制堕胎的法令因过度宽泛地限制了孕妇在妊娠期间的选择权,侵犯了宪法第14条修正案保护的隐私权而违宪。此判决不仅通过对宪法修正案的扩张解释确立了"隐私权"是基本权利,还发展了著名的"三月期"理论:妊娠的头三个月,孕妇可以自行决定是否堕胎;妊娠的第4至第6月,政府可以保护孕妇健康为目的限制堕胎;妊娠的后三个月,政府可采取包括禁止堕胎在内的限制措施,除非堕胎是为了挽救孕妇的生命。这不但推动了美国宪法解释的发展,而且为其他国家的宪法审查实践所借鉴。

尽管如此,法院的判决还是一石激起千层浪,备受争议与质疑。该案甚至成为美国联邦最高法院宪法审查史上争议最大的案件,并对整个美国社会产生了巨大的影响。这不仅仅因为许多州制定了堕胎法,终止妊娠的孕妇逐渐增多,进而影响了人口出生比率。更为重要的是堕胎背后的宗教因素。对于信奉上帝的教徒而言,堕胎是一种罪,人是上帝创造的,即使是母亲也无权扼杀。

正因如此,在美国关于堕胎的争议一直此起彼伏,而且同时引起了多

---

① Roe v. Wade, 410 U.S. 113 (1973).

个社会子系统的运作。推翻罗伊判例成为共和党执政期间的重要政治目标。1975年福特总统甚至通过提名斯蒂文森(J.P.S. Stevens)出任大法官来改变最高法院的力量对比,进而推翻该判例。① 但此种努力并未获得成功。1983年和1986年最高法院的分裂意见再次维持了"罗伊案"的决定。这些判决又引发了宗教人士的强烈反对和媒体的大力宣传,口水大战再次兴起。到了2003年总统布什执政期间,美国国会通过了禁止妇女怀孕3个月后堕胎的所谓禁止"半生产堕胎"法案。2008年美国大选时,堕胎问题成为竞选纲领的重要内容,也就成为反映候选人价值立场的指示器。颇为有意思的是,天主教还因此而出现政治上的分歧。② 2009年康涅狄格州、加利福尼亚州、伊利诺伊州、马萨诸塞州、新泽西州、俄勒冈州、罗得岛州向联邦法院提起诉讼,请求推翻联邦政府颁布的新法令,因为该法令扩大了那些因宗教和道德原因而拒绝参与堕胎手术的医生和其他医务工作者的权利,这不仅影响州法对生育的控制,而且影响生育医疗服务,因此侵犯了妇女的健康保障权。或许,围绕着堕胎问题展开的论争还将继续下去。

堕胎问题涉及甚广,有关堕胎的争议、沟通并不限于法律、宗教、道德或者政治系统之内,而是扩展到系统之外,形成诸系统之间的多重"扰动"。法律问题引起了宗教系统、道德系统和大众传媒的关注,宗教、道德沟通和媒体资讯交织在一起,后者反过来"扰动"法律系统的运作。法律决定做出之后再次引发宗教、道德和大众传媒的沟通,并"扰动"了政治系统的运作。如此一来,社会诸系统的运作相互交织、缠绕,引起连续振荡。然而,连续震荡并不意味着多个系统的运作是同步的。相反,无论是哪一个系统,能否识别环境里的事态及其变化、是否回应以及如何回应,都取决于系统运作所形成的网络结构。任何系统都只能"扰动"其他系统,却无法直接决定后者的运作。是否形成共振取决于系统自身,而不是由作为环境的其他系统决定的。也就是说,在这个意义上,现代社会没有一个所谓的"社会的代表",是没有中心的,也就不存在将各系统整合在一起的统一运作。没有来自于外部的指引,各系统就只是在既有基础上展开其运作,由此所呈现出来的社会的样态就是高度复杂的。

正因如此,法律系统论指出以"整体/部分""上/下"这些差异、通过分

---

① 方流芳:《罗伊判例:关于司法和政治分界的争辩——堕胎和美国宪法第14修正案的司法解释》,《比较法研究》1998年第1期。

② David D.Kirkpatrick, "Abortion Issue Again Dividing Catholic Votes." New York Times, 2008, September 16.

层结构来分析现代社会,难以清晰地描述这个已然复杂的社会。毕竟,现代社会的主要分化形式不再是分层式分化,而是功能分化。社会的运作透过各功能系统的运转来实现,而且没有一个来自社会的某处的统一的"意志"协调各系统。所以,对社会的分析不再从"统一"出发,而是从"差异"出发。在众多差异中,"系统/环境"这组差异是首要的。运用这组差异,我们就会看到系统是有边界的,系统从社会中分化出来,进而区别于自己之外的一切即环境。借此,我们就能够进一步分析作为独立体的系统如何生产构成自身的元素,并通过此运作来回应环境的事态及其变化,也就能回答生态学无法回答的问题:在系统与环境相互适应的过程中,谁是主导者。在系统理论看来,系统的回应并不是对环境的反馈,系统不仅要适应环境,还要与其自身的复杂性相适应。系统要对元素加以选择,以便与自身的复杂性相适应。因此,回应、适应不是取决于环境,而是系统的运作。① 就系统间的共振而言,运用"系统/环境"这组差异,我们就看到其他系统所构成的环境中的哪些因素、为什么以及如何影响特定系统,这样的过程如何继续下去,进而导致诸系统相互交织、缠绕,并形成连续振荡。

基于系统运作的封闭性,只有当系统借助自己的二值符码(如法律系统的"合法/非法"、政治系统的"有权/无权"、经济系统的"支付/不支付")能够看到的环境的"扰动",而且该"扰动"能得到系统的程式(即系统通过自身运作所形成的网络结构)的支持,"扰动"才会得到系统的回应。换句话说,当环境的"扰动"能够穿越系统的二值符码和程式的双重过滤之后,它才能获得系统内的相关性。为了有效化简复杂性,系统只能考虑有限的因素,因此共振并不常见的,是例外情形,连续振荡更是在极少数情况下才会出现。② 如此一来,系统岂不是无法及时对环境的变化作出回应?确实如此。这在生态问题中尤为明显。地球的生态问题已受到人们的普遍关注,各国政府积极作出回应,采取了一系列节能减排措施(包括经济上的鼓励措施),还颁布了相关的环境立法,但成效并不显著。就法律系统而言,程式的改变需要很长时间。

那么,我们能否寻求更多的共振来促进各系统的协调,以及时解决社会问题?比如通过政治来助跑?法律系统论的回答是否定的。把政治当作输送动力的系统可能会增强社会内部各系统之间的共振,但与此同时会

---

① Niklas Luhmann, Social Systems. John Bednarz, Jr. & Dirk Baecker (trans.), Stanford, California: Standford University Press, 1995, p.31.
② Niklas Luhmann, Ecological Communication, John Bednarz, Jr. (trans.), Chicago: The University of Chicago Press, 1989, p.116.

干扰其他系统的运作。对于功能分化的整个社会而言,这可能具有摧毁性的后果。因为由政治来输送动力意味着政治对其他系统的影响力增强,其他系统就可能不再仅仅依据自身的网络结构来做出决定,而是将政治因素变成决定的理由。这可能导致系统考虑的因素过多、需要更多的时间,反而无法及时做出决定。再者,政治因素左右其他系统的运作无异于"去分化",势必造成整个社会没法透过分化的各系统的运作来化简复杂性。以法律系统为例,如果决定过程必须考虑政治因素,而政治的变化通常更为迅速,法院将在"保守"和"激进"当中摇摆不定,无法及时解决纠纷。与此同时,诉诸法院的纠纷越来越多,甚至出现了"诉讼爆炸",法院所面临的时间压力会越来越大。法院未能满足需求,不满势必增加,社会问题反而增多。更为重要的是,如果政治因素成为法律决定的理由,做出某个决定是因为支持它们的那些政治力量取得了胜利,那么决定就可能直接受制于赤裸裸的政治实力对决,而对决中的赢家通常是强者。如此一来,法律如何能够保护和促进那些输家、那些弱势群体的权利和自由?保护个人自由的法治理想不就落空了吗?就此而言,保持各系统运作的自主性和封闭性的重要性可见一斑。如果各系统之间的共振太多,甚至有一种逻辑贯穿于整个社会,其后果可想而知。

六、法律系统运作的偶在性

法律系统通过外部指涉,对环境保持认知开放。但是否对环境的"扰动"加以识别,是否以及如何回应则是系统内部的运作,取决于系统的网络结构。下一时刻,系统在认知环境的基础上制造出什么信息,并进行传递和理解,生产出怎样的法律沟通,都取决于系统自身的结构。这是否意味着下一时刻将生产哪个沟通,做出哪个决定是确定的,存在着德沃金所说的"唯一正解"?

法律系统论的答案是否定的。尽管受制于结构,并不存在所谓的"唯一正解"。相反,法律决定是动态而不确定的。就此而言,法律系统的运作是偶在性的,也就是说既不是必然的,也不是不可能的。①

(一)系统的结构与运作过程

在现代社会,法律系统要做的是对个人的行为、社会事件作出合法或者非法判断,系统的运作始终围绕着"合法/非法"这组二值符码展开。然而,二值符码并没有告诉我们某个行为、某一事件是合法的还是非法的,因此需要根据"程式"作出判断。所谓程式,简单地说就是法律规范。但这里的法律规范并不是静态的,仅仅指那些写在纸面上的法律条款。它还包括具体案件中确立的个别规范。所有法律规范就构成一个动态的网络,即程式。法律规范通过法律决定(包括立法和司法决定)确立,而法律决定又依据先前的规范做出。换句话说,法律决定依据法律规范做出,同时法律规范透过法律决定得以实现。法律决定和规范相互指涉构成了系统的结构。

所谓结构是指系统元素之间的具体关系。法律系统的元素是关于法律的沟通,也就是法律相关信息的产生、信息的传递和理解三个阶段的选择过程。需要注意的是,对法律系统论而言,信息并不是从外部输入系统,

---

① Niklas Luhmann, Observation on Modernity. William Whobrey (trans.), Stanford, California: Standford University Press, 1998, p.45.

而是法律系统通过观察(即运用"合法/非法"这组差异对事件加以区别和标示)制造出来。观察其实就是对事件做出是否合法的判断,是一个决定的过程。基于此,作为元素的法律沟通之间的关系其实就是法律决定之间的关联性。

纵观法律系统的运作,先后做出的法律决定之间的关系有三种:

第一,法律决定依据之前的决定所确立的法律规范做出。此种情形最为常见,如根据刑法第264条认定以非法占有为目的,秘密窃取他人5000元现金的行为构成盗窃罪。

第二,通过对法律条款作出新的解释,改变其原有含义,进而修改先前的规范。典型的例子是美国联邦最高法院在1954年"布朗诉教育委员会"一案中,推翻了自己在1896年的弗格森案中所确立的隔离并不违反宪法第14条修正案的平等保护要求(即"隔离但平等")这一具体规范,认定隔离违反平等保护要求,进而判定"黑白分校"的隔离措施违反宪法。

第三,根据先前的法律决定所设立的规范推导出新的法律规范。这通常出现在疑难案件中。没有清晰的法律规范,法院又不能拒绝裁判。于是,法院自己创制规范,并据此作出针对个案的裁判。在这个过程中,法院享有非常广泛的自由裁量空间,不仅仅适用规范,还制定规范。然而,诚如孟德斯鸠所言,"如果司法权同立法权合而为一,则将对公民的生命和自由施行专断的权力,因为法官就是立法者。"此时,"同一个机关,既是法律执行者,又享有立法者的全部权力,它可以用它的'一般的意志'去蹂躏全国,因为它还有司法权,它又可以用它的'个别的意志'去毁灭每一个公民。在那里,一切权力合而为一,虽然没有专制君主的外观,但人们却时时感到君主专制的存在。"①所以,法院依据自己制定的规范做出的裁判隐含着侵犯个人自由的危险,难以得到人们的服从。基于此,法院不能像立法者那样自由创设规范,不得不通过对已有法律规范的建设性解释,推导出新的规范。仿佛新的规范来自于法律,法院不过是"发现"规范,并不是制定规范。

无论上述哪一种情形,先后做出的法律决定的关系都体现在法律规范中。在第一种情形中法律规范没有改变。第二种则是原有法律规范被新的规范取代。第三种是"原有规范"不存在,适用于当下个案的规范是全新的。究竟出现哪一种情形,适用于当下案件的法律规范是怎样的,这些

---

① [法]孟德斯鸠:《论法的精神》(上册),张雁深译,北京:商务印书馆1961年版,第156-157页。

都无法事先确定。基于此,法律系统论认为法律规范是动态的,法律系统的结构不是事先就在那,而是通过系统的运作过程(process)形成。在运作过程中,新的法律决定可能遵循先前决定所确立的法律规范,也可能改变此规范,甚至创制出原本没有的新规范。法律规范即程式并不是固定不变,反而可能随着法律决定的不断出现而更新,也就是说系统的结构并不具有不变的面向。在这个意义上,结构就是过程,过程总是有结构的。结构和过程的区别在于二者与时间的关联性不同。对结构而言时间是可逆的,我们能够否定和改变结构,也可以再次塑造出相同的结构。而过程是不可逆的,因为组成过程的事件是不可逆的。再者,谈到过程,我们要区分的是可能或者不可能的事件。说到结构,我们区分的是常规的(conforming)或者例外的(deviant)事件。[1]

其实,不仅法律系统的结构不是静止的,其他社会子系统的结构也呈现出动态性。因为在功能分化的现代社会,所有子系统的结构都是由系统自身通过不断做出相关决定(如道德系统关于事件是对还是错的决定、科学系统做出的理论是否正确的决定、经济系统有关是否支付的决定)制造出来的。这些决定其实是运用某组二值符码(如"对/错""正确/不正确"、"支付/不支付")对特定事件做出区别和标示。做出决定的规则和基准是程式。由于失去了最终的正当性依据,各子系统无法再从外部环境寻找决定的理由,只能自己为自己确立决定的根据,依据先前决定所确立的规则(即程式)做出新的决定。在这个意义上,程式体现了先后做出的决定(即系统元素)之间的关系,而元素之间的关联性就是系统的结构。就此而言,程式等同于结构,只是程式与二值符码相对应,结构则区别于过程,二者是不同的情境中的不同表达方式。各子系统的结构(即程式)并不是固定的,因为新的决定是系统在诸多可能的选项中选出来的,与先前的决定未必相同,也就可能更改先前决定所确立的程式。

法律系统论突出强调现代社会各子系统结构的动态面向。帕森斯也不认为社会的结构是恒久不变的,因为形成社会共同价值观念的社会化并不是一个发布命令和机械执行命令的过程,而是存在着冲突和紧张。在这个充满张力和振荡的过程中,共同价值观念可能改变,依据共同价值观念展开的人的行动模式可能改变,由行动所构成的社会诸系统的结构自然不是固定不变的。就此而言,批评帕森斯重视社会的统一,为现状辩护的冲

---

[1] Niklas Luhmann, Social Systems. John Bednarz, Jr. & Dirk Baecker (trans.), Stanford, California: Standford University Press, 1995, pp.43-45.

突论者未必是有的放矢。尽管如此,帕森斯关注的焦点不是社会系统结构的变动性,他也没有对社会系统运作的动态过程加以详尽的分析。这成了法律系统论继续思考的起点。

作为法律系统论的创立者,卢曼没有像冲突论者那样走到了帕森斯系统论的对立面。在他看来,径行以冲突代替整合,以转变取代秩序是走不出什么结果的。因为那样,我们将失去普遍性的要求,并且从对手那里拿到那曾经让我们不愉快的东西即偏执。所以,对帕森斯理论的批判不应当从其缺点,而是从缺点的基础出发。只有这样,我们才可能实现一般社会理论的目标,并改善达成此目标的手段。① 于是,卢曼将"结构"与"功能"倒转过来,把功能放在前面。各系统的功能就不再关乎具有特定结构的整个社会的存续,也不取决于作为社会的需求。社会由哪些系统构成不是由维持社会需要满足哪些功能先决条件来决定的。换句话说,系统之所以存在,并不是因为它发挥 AGIL 四种功能中的一种。只要多个人的行动连结在一起,社会系统就出现了。系统究竟发挥什么功能,则与系统所面临的问题以及如何解决问题有关。解决的办法可能不是唯一的,而是多种,也就是说存在着功能上对等的替代项。究竟选择哪一项,由我们自行决定。因此,执行特定功能的社会诸系统究竟怎样运作,其运作过程如何并不是由静态甚至僵化的结构预先决定,而是取决于我们的选择,取决于我们在限制性条件下所采取的自主行动。相反,作为行动间关联性的结构随着不同的选择而改变,具备了变动性。

(二) 系统运作的动态性

在法律系统论看来,新的法律决定可能改变原有规范,甚至创制出原本没有的新规范。随着法律决定的不断出现,程式可能改变,系统的结构可能被更新。② 结构并不是静态的,因此,依据结构做出的法律决定也是变化着的。

1. 法律的动态稳定性

法律系统的结构只是设定了系统运作的框架,却无法预先决定下一刻

---

① Georg Kneer & Armin Nassehi:《卢曼社会系统理论导引》,鲁显贵译,台北:巨流图书公司 1999 年版,第 49 页。

② Niklas Luhmann, Law as A Social System. Fatima Kastner, Richard Nobles, David Schiff & Rosamund Ziegert.(eds.), Klaus A. Ziegert (trans.), New York: Oxford University Press, 2004, p.85.

系统将生产什么沟通。依据结构,我们知道哪些法律决定是可能的、符合惯例的,另一些则不然。系统的结构对可能出现的法律决定进行预先选择,使得某些法律决定更可能出现,另一些如"故意杀人是合法的"出现的概率则较低,甚至被排除在外,由此划定一个可能的视域即范围。运用结构,我们能够限缩自己的选择范围,把有限的选项纳入此范围、纳入我们的视域当中。视域的有限性帮助我们化简复杂性,把大量的选项减少为有限的选项,把无限的复杂性转变为有限的复杂性。但我们无法把范围缩小到只有一个选项,进而达到视域的边界。毕竟,选择并不是选出一个选项,而将其他可能的选项完全排除。相反,其他选项仍然具有可能性,在下一刻可能成为现实的事物。加之,现代社会的变化非常迅速,可谓日新月异,法律系统不得不扩大选择的范围,如此才能有效应对社会环境的改变。所以,法律系统面临的选项并不是唯一的,选择存在着诸多可能性。就此而言,系统在化简复杂性的同时,又在制造复杂性。复杂性并非在某个时刻才会出现,实际上它总是存在。系统的结构限制了复杂性,却没有消除复杂性。[①]

在结构预先确定的有限范围内,究竟选择哪一项取决于系统运作的过程。换句话说,依据系统的结构(即程式),我们只能确定可能做出哪些法律决定,却无法确定做出的是哪个决定。对程式的解释可能因时因地而异、出现多种版本,程式的真正含义是什么,只有在做出决定的过程中才能确定。举例而言,法律规定禁止马路上出现与血有关的行为。依据此程式,我们自然而然知道法律禁止在马路上打架斗殴。[②] 但法律是否禁止事故发生后医生的抢救行为?这有赖于对法律的目的和意图的判断。如果认为法律目的是"维护公共安全",则救助行为并不违法。如果认为法律目的是禁止弄脏地上的石头,救助行为就是违法的。可见,程式并不能提供确定的答案。因此,并不存在着德沃金所说的"唯一正解",相反下一时刻法律系统将做出哪个决定是不确定的。这就意味着法律系统运作是动态的。

但"不确定性"并不等于完全任意,并不意味着系统的运作毫无章法可言。这只是说明下一刻出现的法律决定并不是必然的,也不是不可能

---

① Niklas Luhmann, Social Systems. John Bednarz, Jr. & Dirk Baecker (trans.), Stanford, California: Standford University Press, 1995, p. 28.
② R.M.Unger, Knowledge and Politics. New York:The Free Press,1975, pp.92-93.

的,即偶在的。① 所谓的"不确定性"其实是一定范围内的不确定性,毕竟系统的结构已经预先限制了可能出现的选项的范围。但这并不意味着此范围之外的选项全然不可能出现,实际上例外的事件总是发生,比如 1954 年的布朗案中美国联邦最高法院就修改了宪法第 14 条修正案平等保护条款的原有含义,改变了原有程式。这些例外事件改变了系统的结构,进而改变了之后的法律决定。基于此,法律系统论认为法律系统是动态稳定的。

法律系统运作的动态性、不确定性在涉及生态问题的环境法中体现得尤为明显。随着环境污染和破坏问题的日渐突显以及人们环保意识的不断提高,与生态有关的风险成为备受关注的社会问题。人们不仅通过倡议、教育来推行环保的生活方式,而且力图运用经济调节、政治约束和法律制裁来降低生态风险。就法律而言,由于新的危害层出不穷,生态风险的类型和范围不固定,我们难以事先制定清晰明确的法律规则,以减少可能出现的过高风险并保护遭受损害的一方。基于此,在针对生态风险的环境法中出现了许多包含不确定法律概念的标准、原则和一般性条款。这些法律规范都欠缺固定的内容,其构成要件和法律效果需结合具体的案件事实方能确定。如此一来,法律规范与其说是确定的中性规则,毋宁说是空洞的公式,法律决定就会随着不同案件、不同情境的改变。

具体而言,要做出法律决定、明确当事人的权利关系,首先得确定是否有人应当为已经或者可能出现的危害结果承担责任? 这取决于风险是否可接受和容忍。比如对于机场附近的居民来说飞机起落所导致的噪声是不得不容忍的,尽管噪音可能造成居民难以入眠并因此影响其身体健康,居民要求航空公司赔偿的请求不会得到法院的支持。造纸厂却可能因超标排污、污染水源导致附近居民患病概率增加而受到处罚。那么,如何确定可容忍的风险的范围? 法官必须依据法律来确定。然而,法律包含许多没有固定内容的规范,从这些规范中法官并不能确定当事人应否接受和容忍特定案件所涉及的风险。那么,根据"事物的本质"(the nature of things, Natur der Sache)能否得出一致性的判断呢? "事物的本质"是德国联邦宪法法院在判例中确立的概念,它是指存在于事物本身的法则、包含在事物中的秩序或者决定利益价值的本质因素。② 但"事物的本质"并非独立于

---

① Niklas Luhmann, Observation on Modernity. William Whobrey (trans.), Stanford, California: Standford University Press, 1998, p.45.
② BverfGE 1,16.

人类意志的"客观存在",而是人类基于一定目的放进去的道理、意义。它虽与人类所追求的目标相关联,但并非完全由人类意志决定,而是理念或者规范与事实之间的中间点、桥梁。[①] 如此一来,"事物本质"就不只是隐藏在法律中,还隐藏在具体的生活事实中。因此,"事物本质"就会随着不同的生活事实、不同的个案而改变,对法律理念的判定、对法律规范的发现也会随之改变。借助于"事物本质",我们还是无法确定可容忍的风险的范围,进而是个案判决的确定性。

或者,以特定风险事实上是否被接受为标准,我们就能够得到确定的答案?对此法律系统论的回答是否定的。经验研究已经表明接受风险的意愿不仅在相当程度上依赖于个体的人格特征、过去的经验以及具体的社会情境,还取决于对风险发生概率高低的评估,而在此种评估过程中主观因素起着重要的作用。所以,某种风险是否被接受,对该问题的回答可能因人而异。再者,我们无法将不同的接受风险的意愿相加,由超过百分之五十(甚至更多)的人接受特定风险(如核试验可能导致的核辐射)就推导出该风险是可接受的。换句话说,关于特定风险是否被接受的判断其实并不是毫无疑义的。因此,依据风险是否被接受将可容忍的风险的界限固定下来可能是恣意的。即使对于特定风险是否被接受这一问题,我们能够得到无争议的确定答案,我们仍然不能由此推导出当事人应当接受此风险,毕竟从事实上接受(即实存)无法直接推导出应当接受(即当为)。基于此,在哪些风险应当被接受和容忍、进而应否有人为此承担责任的判断当中,恣意的成分明显存在。

退一步而言,即使能够确定风险是不可接受的,究竟由谁来承担责任也不是事先确定的。由于现代社会各系统在相互分离的同时彼此的依赖也越来越强,各个因素互相勾连,导致风险存在甚至危害发生的原因通常不是单一而是多种。在诸多原因当中何者是直接原因,何者的作用又是间接的,间接原因究竟在多大程度上促成危害的出现,我们往往难以作出精确的判断。比如,受污染的水源是否导致健康受损的直接原因。并且,在此过程中通过法律解释,法官难以作出判断,不得不求助于经济、政治和伦理论证的方法,借助于某种价值观念。于是,法律系统的运作就不仅仅是依据已有法律做出是否合法的判断,其风格开始接近政治、伦理的决定方式。这不仅难以完全排除风险归因中的恣意成分,还会导致政治系统把法

[①] [德]阿图尔·考夫曼:《类推与"事物本质"——兼论类型理论》,吴从周译,台北:学林文化事业有限公司1999年版,第11-15页。

律仅视为自己特有的执行工具,做出法律决定的方法也不再是一种独特的法律方法。一旦"去法律化",将法律等同于政治,法律如何能够保护个人自由免受掌控权力者的侵害?正因如此,在法律系统论看来所谓法律应当服从于政治目标,政治能比法律更好的应对生态问题不过是一种幻象。此外,与环境有关的因果关系的广泛性和不透明性还会增加达成以一致评价为基础的价值共识的难度。如此一来,法官很难发现一种稳定的基本共识作为判断风险应否被接受、当事人应否承担责任的标准。这无疑增加了法律决定的不确定性。[1] 基于此,法律系统论认为在与生态有关的法律决定过程中,外部环境影响法律的强度和范围明显增加,随之而来的便是法律变动程度的提高。

其实,法律系统所具有的动态性是不可避免的。在现代社会,尽管各系统的运作是封闭的,下一刻将做出什么决定取决于系统自身,但由于每个系统的功能都是有限的,彼此之间的依赖性更强,相互交织、缠绕。不仅其他社会系统可能同时对法律系统产生"扰动",而且这些"扰动"彼此之间还可能相互影响,形成一系列的共振。但是,连续的振荡能否形成取决于各个系统封闭运作所形成的网络结构,取决于系统自身。没有任何一个系统能够代表整个社会,能够将不同系统的运作统一起来。因此,法律系统只是依据自身结构做出新的决定,而新的决定可能改变先前的决定,以回应已然变化了的社会环境。随着社会复杂性的不断增加,法律系统改变先前决定的速度也提高,其变动性也就更强。不确定性成为现代法律的重要特征。

然而,多样化的法律如何保持其统一性?变动不居的法律系统怎能维持自身与环境的边界,以区别于政治、道德等其他社会系统?或者说,我们怎么知道这就是法律,而不是其他?判断的标准是什么?法律系统论的回答是,法律系统通过自我指涉的封闭运作生产出新的元素即法律沟通,进而制造出系统与环境的差异。具体而言,法律决定及其确立的法律规范相互指涉构成了网络结构,法律系统根据这一网络结构判断特定事件是合法还是非法,再对这个判断进行传递和理解,制造出新的沟通,从而再生产出自己。系统自己生产出来的沟通就是法律沟通,而不是其他。如此一来,法律系统就能够区别于其他系统,保持自身的统一性。简单地说,法律的边界是系统自己生产出来的。只有系统本身才能判断什么是法律沟通,只

---

[1] Niklas Luhmann, Ecological Communication, John Bednarz, Jr. (trans.), Chicago: The University of Chicago Press, 1989, pp.68-82.

有依据规范才能创造出规范,法律通过自我指涉制造出系统与环境的差异进而实现法律的自我创生。正因如此,法律系统论认为法律的统一性不是别的,就在于系统通过连续运作自己生产自己即自创生这一事实。①

可见,法律系统论并不是通过寻找确定的基础、标准来划定法律的边界,这与其他理论显然不同。一般来说,我们要判断什么是法律、什么不是法律,就得有个标准可循。自然法学派主张只有符合自然法的规范才是法律。该学派将不同的法律排列成等级序列,最上面是自然法,其次是神法,接着是人定法。符合更高级法的规范才是法律。法律实证主义虽然不认为符合自然法的规范才是法律,主张法律就是法律,但也认为法律之所以成为法律,是因为获得了其他法律规范的授权。凯尔森的金字塔理论和哈特以承认规则为最终规范的理论即是典型。然而,在法律系统论看来,福利日渐成为政治的正当性基础,自然法理论只能把法律的基础建立在社会契约上。但社会科学证明将社会视为契约的产物是行不通的。正因如此,法律实证主义求助于法律规范之间的授权,但无论是凯尔森,还是哈特都无法逃脱形式逻辑的不断追问,无法走出法律的效力究竟从何而来的"明希豪森困境"。可见,自然法学派和法律实证主义试图为法律寻找确定的基础以明确法律的边界的努力都失败了。基于此,法律系统论认为法律的形成并不有赖于确定的基础,法律其实是通过自身的封闭运作生产出来的。

2. 公正作为偶在的准则

如果法律系统是偶在的,其运作过程和结构具有动态性,法院做出的新裁判就可能改变人们对法律的原有理解、修改先前的裁判,它还是一致的吗? 只有做到前后一致,裁判才能做到相同案件同样对待,实现同等对待所有人的形式平等。而公正最一般的形式表现为平等,确切地说是形式性的平等。在这个意义上,我们可以把公正表述为裁判的前后一致性。而且,裁判一致性是实现法律对国家权力的有效控制即法治的关键。为了防御国家的侵害,实现对掌控权力者的控制,必须避免权力行使的正当性任由其掌控者决定,这就需要一个专门的机构即法院来行使裁判权力。并且,法院应当独立于立法和行政机关,司法应当与政治权力斗争隔离。如果司法仅仅是政治的延长线,是社会不同利益集团竞相角逐的另一个场

---

① Niklas Luhmann, Law as A Social System. Fatima Kastner, Richard Nobles, David Schiff & Rosamund Ziegert.(eds.), Klaus A. Ziegert (trans.), New York: Oxford University Press,2004,p.12.

域,它就如同风向标,只是利益集团实力对比的反映,是偶然事件和政治交易的产物,呈现出随着斗争的优胜者、掌控权力者的意志而变动之势。一旦司法为掌控权力者左右,法官将对法律做出有利于前者的解释。无论法律如何规定,法官都能够以法律解释为名改变法律的内容,重新立法。如此一来,法律就只是把不同集团之间的暂时性妥协加以形式化和法典化。任由掌控权力者所左右的法律如何能够有效地约束权力,保障个人权利免受权力的任意干涉呢?

在法律系统论看来,作为公正最一般形式的裁判一致性并不是法律系统必然实现的价值,而是偶在性的准则。法律系统的运作就是判断社会事件是合法的还是非法的,所运用的是"合法/非法"这组二值符码,对它而言只有两个值即合法与非法,公正并不是和这两个值并列的第三值,就像在建筑法、道路交通安全法、继承法和知识产权法之外并不存在一个称为公正法的东西。

对于法律系统而言,公正是必须奉守的圣谕。也就是说,法律系统应当符合一定的准则,应当致力于实现裁判的一致性即公正。但公正准则为具体案件指明了方向,但单纯从某个决定属于法律系统这一事实并不能推导出该决定必然是公正的。"裁判应当前后一致"并不意味着它必定能做到,并不意味着所有的法律决定及其所确立的法律规范都是公正的。尽管道德规范可能被法律化,道德要求可能通过实质论证影响法院裁判,但是这必须通过与法律文本相关联的特定方式来实现。只有通过立法,道德规范才可能变成法律规范。道德要求(如拒绝给老人让座是错误的)得到法律规范(如任何人不得因错误的行为而获利)的支持才成为法院裁判的理由。因此,道德未必能影响法律系统的运作,现有的法律未必符合人们的道德观念,实际上可能存在着不公正的法律。[①]

法律系统论认为公正只是偶在性准则,不是法律系统具备的一种价值。公正既不是判断法律是否具有效力的标准,也不是关于法律之本质的表述。它无法证明法律具备正当性、是值得捍卫的。同样,形式性的平等即裁判一致这一原则和社会流行的其他价值判断并没有必然的关联。例如它和当事人是穷人还是富人,是否过着一种合乎道德的生活,是否急需帮助等问题无关。做出怎样的法律决定才能保持裁判的前后一致性,其标

---

① Niklas Luhmann, Law as A Social System. Fatima Kastner, Richard Nobles, David Schiff & Rosamund Ziegert. (eds.), Klaus A. Ziegert (trans.), New York: Oxford University Press, 2004, pp.116-120.

准由法律系统自己确立,而不是取决于社会中流行的价值判断。具体而言,裁判一致性要求类似案件类似处理,对相同的案件做出同样的裁判。反过来,不同的案件则给予不同的处理。据此,要做到裁判一致,首先得区分先前的案件与眼下的待决案件是否相同。这就需要归纳出待决案件与先前案件的相似之处,比较这些相似点,判断二者是否"相同"。然而世间没有完全相同的两个事物,只有在某种"意义"之下予以考量才可能是相同的。这个"意义"并非独立于人类意志的"客观存在",而是人类基于特定目的放进去的。对案件的比较而言,这个"意义"就是人们力图通过制定法律规范实现的价值目标即法律目的。为此,法官需要提炼出先前裁判确立的相关法律规范,依据该法律的目的判断两个案件是否"相同",再决定是否做出相同的裁判。就此而言,两个案件是否相同、应否做出同样的裁判,取决于已有法律而不是法律之外的因素。

然而,这并不意味着裁判一致性(即形式性平等)的标准与社会环境无涉。实际上,究竟何谓平等,对该问题的回答并不是一成不变的,相反它具有历史性和社会结构性。比如在美国民权运动兴起之前是否白人成为区分案件是否相同的一个重要标准,分别针对黑人和白人的两个案件就被认为是不相同的,做出不同的裁判也是平等的。而在当下,这却被认为违背了平等。尽管我们可以将平等解释为"等者等之、不等者不等之",但对于何为"等者"、何为"不等者"的回答却可能随着社会环境的变化而改变。这也说明了法律系统是反应性的,能够回应社会环境的变化。

需要说明的是,平等即前后一致的要求主要是对裁判具体案件的司法而不是制定法律的立法而言。[①] 司法的主要任务不是制定法律以回应社会的变化,而是将立法产生的法律适用于具体的案件。在立法并未形成新的法律之前,司法应当遵循已有法律做出前后一致的裁判,除非那些经过冲突和妥协形成的法律当中存在着"不法"。立法则不同,它是多元利益集团之间冲突和妥协的过程,具有寻租性的特征,不免受到政治实力对比的影响。不仅如此,与司法相比,立法对社会环境的开放程度更高,而现代社会变化迅速,立法改变先前法律的频率也随之增加。事实上,立法往往废止或者改变之前的法律,而不是做到前后一致。

当然,立法并非毫无限制,新法律的制定程序、过程甚至其内容都受到先前法律的约束。如意大利宪法第139条明确规定,"共和政体不能成为

[①] Niklas Luhmann, Law as A Social System. Fatima Kastner, Richard Nobles, David Schiff & Rosamund Ziegert.(eds.), Klaus A. Ziegert (trans.), New York: Oxford University Press, 2004, p.121.

修改对象"。该条款明确了共和政体是不能修改,给未来的宪法修改划定了界限。此外,宪法审查也确保法律公正的重要制度。该制度最早在美国1803年的"马伯里诉麦迪逊案"(Marbury V. Madison)中确立,但它成为诸多国家具有实效性的法律制度却是在第二次世界大战之后。由于纳粹德国的立法机关制定了许多侵害人的自由甚至剥夺生命的法律,"立法机关制定的法律无疑是正当"的这一观点受到了质疑和挑战。并且,在当下西方国家,议会主要由地方选举的政客组成,这些政客为了获得选票和支持就可能同在政治和经济上占据优势的集团联姻,那些无法使其利益和价值观得到代表的少数人的权利和自由便可能以多数人的名义被践踏。因此,需要特定的有权机关审查立法机关制定的法律是否符合宪法的要求,以实现对立法的控制,避免立法损害宪法所确立的永久价值。宪法审查是法律系统自我观察、自我监督的一种机制。此种自我调节在一定程度上也说明了法律所追求的价值目标是什么、怎么做才能实现平等是由法律系统自身给出答案的。法律系统给出的答案并非固定不变,法律由此呈现出不确定性。

法律的不确定性在西方进入社会福利国家之后表现得更为明显。首先,基于社会福利国家的理念,国家应当保障个人享有实现自由的条件。为此国家开始对那些原本被认为属于个人自治而排除在政府管制之外的领域进行干预,如规制经济活动、限制经济自由、通过税收移转参与再分配,国家便无法对不同利益之间的竞争采取自由放任的态度,而不得不在相互冲突的利益和价值之间进行选择,不得不对社会生活加以管制。国家进行管制和再分配的工具之一就是法律。① 此时,参与再分配的法律不再被视为是恶法而获得了正当性。然而,这并非意味着法律可以任意对社会资源进行再分配。那么,国家应当如何分配资源,应当保护何种利益、选择何种价值观?国家如何证明所制定和适用的蕴含着某种价值观的法律是正当的?现代社会的复杂性增加,差异性明显,多样性凸显。在这样的社会里,无论是立法机构做出的基本的社会决定,还是司法机构做出的基本的社会决定,都很难获得所有人的赞同和支持。② 面对多元的价值立场,法律不得不选择其一。法律的选择是否具有可接受性,司法裁判是否具有合法性就越来越依赖其是否有助于实现实质公正。为此,法官不再仅仅

---

① R. M. Unger, What Should Legal Analysis Become? New York: Verso, 1996, p.47.
② [美]朱迪丝·N.施克莱:《守法主义——法、道德和政治审判》,彭亚楠译,北京:中国政法大学出版社2005年版,第11页。

关心司法裁判是否严格地遵从法律,判决是否是法律条款逻辑演绎的必然结果,还关注判决对于当事人而言是否公平,能否促进公共利益的实现以及所导致的社会效果。

其次,为了实现实质公正,使法律能够顺应不同时空、情境的需要,立法、行政和司法中都迅速扩张适用无固定内容、包含不确定法律概念的标准、原则和一般性条款。例如,民法中的公序良俗原则。这些原则不同于法律规则。法律规则是由相互关联的构成要件和法律效果组成,一旦案件事实符合构成要件的要求,那么该规则所确立的法律效果就适用于本案。而法律原则欠缺固定的内容,其构成要件和法律效果需结合具体的案件事实才能确定,法院在法律适用过程中只依据法律原则并不能直接推导出案件判决。例如,缔约双方应当遵守诚实信用原则,然而怎么做才符合诚实和信用的要求,从该原则本身并不能产生明确的答案,这需要人们根据各个案件的不同情形来填充。在此过程中,仅仅依靠其独特的法律知识,法官并不能做出判断,而不得不走出法律学识所限定的狭小范围。对此霍姆斯大法官曾言,白纸黑字式的法官将被具有统计学知识和经济学硕士的人取代。[①]

再者,由于语言的理论解释方面发生了变化,法官已经无法径行从法律规则当中得出个案的裁判,无论法律是制定法还是判例法。具体而言,日常生活语言不再被认为与现实世界中的事物相对应而具有一个固定的内涵,反之日常语言的概念的内涵只能在具体的语境中确定,必然随着语境的不同而不同。恰如霍姆斯所言,实际上,一个特定的词汇只有一种含义,别无其他含义,这是不真实的。一个词汇通常有几种含义,即便在词典中也不例外。[②] 而法律也是一种自然语言,法律概念的意义也随着具体案件的不同而呈现出多样性和多变性。法律语言学家威利姆斯也认为,法律当中的许多语言或多或少总有不明确之处。语言的核心部分的意义固然明确,但越趋向边缘就越模糊,案件事实是否属于法律规范的外延领域就没有固定的答案。这是语言本身难以避免的,无论立法者如何谨慎,都无法完全消除语言的模糊性,只能由法官来划定法律规范的边界。[③]

于是,法官不再是盲目服从立法者制定的法律,而是有思考地服从,甚至弥补立法上的疏漏,适当地发展立法,使之与不断变化的社会相适应。

[①] O.W.Holmes, The Path of The Law, 461 Harv.L.R.10(1897).
[②] O.W.Holmes, The Theory of Legal Interpretation, 12 Harv. L. Rev. 457 (1899).
[③] 杨仁寿:《法学方法论》,北京:中国政法大学出版社 2004 年版,第 100-101 页。

法官的关注点从同等对待所有人的形式公正转向消除事实上的不平等的实质公正,也就不再严格地适用法律,由原来仅仅根据法律本身以及是否具备法律所设定的构成要件来裁判案件,变为依据如何才能实现公平和效益做出判决。当然,法律角度的过程从来不是纯粹的形式,但形式永远不会消失。① 二者的差别只是形式化的程度不同而已。对于严格适用法律的法官而言,最重要的是普遍的法律规范得到一致适用,其形式化更强。在社会福利国家,法官则注重法律目的,追求实质公正,并不仅仅根据法律规范本身做出裁判,因此其更侧重于推理的实质性。换句话说,法律系统更多地考虑环境因素,对社会环境的开放程度更高。这不仅体现在对社会变化的敏感度增强,还表现在回应速度加快。而此种变化与社会复杂程度的增加密切相关。

为了实现实质公正,法官不得不依据不同的时间、地点、情境以及人物选择具体的法律,而不是适用普遍规则。于是,法律不仅仅是具有固定内容的中性规则,相反无固定内容的法律原则的适用范围日渐扩张,法律决定成为具体利益衡量的活动。而随着社会环境的不断变化,对法律原则的具体内容、实现实质公正最有效手段的判断也随之改变,因此法官做出的裁判未必是前后一致的。

要求裁判前后一致的公正变成偶在的,法律何以保护个人自由免受恣意侵害? 公正面临着危机。为了应对此危机,一些法学家力图将法律的各个部分呈现为对相关联的价值目标的表达,并依据此种表达来解释法律。也就是把某些集体福利政策、政治道德权利、原则视为法律的目的、价值目标,现有的法律规范包括立法机关所制定的法律和已形成的先例都是为了贯彻这些目的,实现这些价值。如此一来,法律就被型塑为融贯的规范体系,是相对有序的,以此法律为基础做出的裁判也就是一致的。然而,法律的目的、价值目标究竟是什么,当今主流学派做出了各自不同的回答,如分配效率、道德和政治权利、使法律程序中的各个机构各司其职。② 由此可知,对于"法律目的是什么"这个问题,并没有确定的答案。退一步而言,纵使能够明确某个法律条款的目的,它也可能包含多重目的,可能与其他相关条款的目的相矛盾,因此不得不在种种目的、法律所追求的价值之间进行衡量和选择。此种选择却不可能事先固定下来,因为人类的知识和理性思考的能力有限,无法事先排列出所有法律目的、价值的位阶,不得不结

---

① R.M.Unger, Law In Modern Society. New York:The Free Press,1977, pp.188, 197.
② R. M. Unger, What Should Legal Analysis Become? New York: Verso, 1996, pp.37,76.

合具体的情境来做出判断。而在不同时期不同场合,对于法律目的、价值重要性的判断及其选择可能不同。公正所面临的危机无法通过回归伦理或者运用价值衡量来消除。

在法律系统论看来,要解决危机,人们不是在法律之外而是法律之内寻找标准。这些标准是在回答两个案件是否相同的过程中提出来的,它来自于已有法律。法律之外的价值判断可能却不是必然影响标准的形成。只有那些得到法律规范支持的价值判断才具备影响力。就此而言,公正与价值判断之间界限分明。这确保了法律系统的自主性,也保证了法律在进行价值判断时的独立性,尤其是保证了在作出法律决定的时候可以提出不同意见,以保护价值的多元以及人们的多种选择。①

3. 法律的确定性 vs 不确定性

公正即裁判一致是法律应当遵循的准则,却未必能够实现,因为法律是不确定的。此种观点与坚持每个案件都有唯一正确的裁判由此具备了一致性的德沃金显然不同。

对德沃金而言,即使在没有清晰的法律规则可以适用的案件即疑难案件中,也有"唯一正解"。② 如前所述,存在"唯一正解"的前提是法律是一个封闭而完美的体系,德沃金却没能证立此命题。对德沃金而言,法律体系由法律规则和法律原则构成。当缺少相应法律规则的时候,法官需要寻找解释得通既往所有判例的、司法一贯秉承的法律原则。如果符合条件的法律原则不止一个,法官就选择那个保护个人权利最为有力的原则。但究竟哪个原则最为有力,由法官根据当下的道德观念来判断。判断标准来自于道德,法律便不是封闭的体系。而在法律系统论看来,法律是封闭而开放的,由于受到环境的"扰动",系统通过学习回应环境的变化。此种学习通过系统自身二阶观察来完成,也就是说法律系统对自己先前的决定加以观察,分析该决定的理由是否充分、是否合理、应否修改。如此一来,系统就会发现一阶观察看不到的盲点,发现先前决定的不足,并作出修正。需要注意的是,学习、修正是系统自身的运作,并不是由环境所主导的。但环境改变可能成为法律系统改变先前决定的诱因。正是基于封闭的开放性使法律系统总是可能改变先前的决定,其运作也就不是确定的。

---

① Niklas Luhmann, Law as A Social System. Fatima Kastner, Richard Nobles, David Schiff & Rosamund Ziegert. (eds.), Klaus A. Ziegert (trans.), New York: Oxford University Press, 2004, p.123.
② [美]罗纳德·德沃金:《认真对待权利》,信春鹰、吴玉章译,北京:中国大百科全书出版社2002年版,第115页。

现实主义法学和批判法学也认为法律是不确定的。但对于法律不确定的原因,法律系统论与它们的分析却有所不同。现实主义法学和批判法学都认为法律之所以不确定,是因为适用法律作出司法裁判并不是一个逻辑推理的形式化过程,法律之外的因素(如流行的价值判断、法官的个性、政治实力对比、社会情势)对裁判产生影响,甚至在实质的意义上正是这些外在的因素而不是已有法律规范决定了裁判的结果。法律系统论却不赞同裁判结果为法律的外部因素直接左右的观点。只有当外部因素能够被法律规范所涵盖,能够被法律系统所识别,这些因素才能对裁判产生影响。外部因素对法律系统的影响,系统对外部环境的开放是通过系统自身的运作来实现的。前文已述,系统的运作就是依据自身的网络结构制造出新的沟通进而再生产自己的过程,是封闭的。因此,所谓系统的开放性是基于封闭的开放性。正是此种基于封闭的开放性使法律系统识别外部因素,并改变先前的决定来回应环境的变化。

其次,现实主义法学都认为裁判的结果与人有关,或者受到法官和当事人属性的影响,或者受制于流行的价值判断。简单地说,法律是人格化而非中性的。而法治的实现依赖于法律的中性和非人格化,因为在司法过程中,法官唯有将法律规范平等地适用于所有人——无论其属于哪个阶级、居于何种社会地位、经济状况如何——才能成为无偏私的纠纷解决者,居中裁判,根据法律裁判行政活动的合法性,确保权力受到法律的有效约束。正因如此,批判法学认为法治的理想落空了。法律系统论却认为法律系统独立于人之外,人只是系统的环境。尽管作为主体的人可能"扰动"系统,与人有关的因素可能影响系统的运作,却无法径行决定裁判的结果。基于此,法律系统论运用"系统/环境"这组差异来描述法律,分析作为环境的人如何"扰动"法律系统的运作。

再次,二者的旨趣也不同。现实主义法学提出"法律不确定"是为了反驳概念法学的基本论点,即司法裁判是一个从案例中发现客观的公理性法律原则,再通过对原则的逻辑演绎推导出判决的过程,一个排除了法律之外的因素的过程。[①] 而批判法学走得更远,它所批判的不仅仅是概念法学,而是整个自由主义法学力图证明的司法的正当性基础——司法裁判的前后一致性。现实主义法学反对概念法学并不是为了推翻自由主义法律制度,而是强调法官个人和政治的作用。批判法学却意图以司法为突破口

---

① [美]斯蒂芬·M.菲尔德曼:《从前现代主义到后现代主义的美国法律思想》,李国庆译,北京:中国政法大学出版社2005年版,第166-183页。

摧毁整个自由主义法学以及法律制度。① 正是在此意义上,现实主义法学所倡导的变革被认为不过是一场宫廷革命。② 无论是改良还是革命,现实主义法学和批判法学的旨趣都在于批判和反思西方现有的法律制度和法律理论。作为法律系统论创立者的卢曼却只是观察。他只是从外部观察法律,致力于对法律运作的整个过程进行分析,厘清其背后的逻辑,却不曾对现行法律进行整体的批判。退一步而言,即使是批判,那也只是进行二阶观察,揭示出我们先前没有看到的盲点,而不是直接依据更高一级的规范如自然法或高级法来批判和完善现行法律。③ 如果我们进一步追溯,这其实与卢曼的非规范性立场有关。

(三)偶在的法律何以有效?

在法律系统论看来,现代法律不是确定的,而是动态稳定的。在自己运作形成的网络结构所限定的范围内,法律系统究竟做出什么决定,这既不是必然的,也不是不可能的,质言之是偶在的。然而,偶然出现的法律何以有效?其效力从何而来?

1. 法律的有效性:来自于法律自身还是其外?

根据法律系统论,法律系统是自创生的,它通过自我指涉的递归性运作,也就是依据自己做出的法律决定及其确立的法律规范所形成的网络结构作出某事件合法或者非法的判断,生产出新的法律决定,从而具备了有效性(validity, Geltung)。简单地说,有效性是法律系统赋予自己的。

然而,自己怎能赋予自己效力?难道不是只有更高级的规范才能赋予下级规范以有效性吗?这正是自然法学派的观点。对该学派而言,立法者制定的法律(即人定法)的效力来自于更高层次的神法或者自然法。只有符合神法或者自然法的规范,才是有效的。违背自然法所确立的道德准则的规范就不是法律。如此一来,立法者制定的法律一旦违反自然法,它就不是法律。简单地说,法律不是法律。那么它是什么?

---

① 周婧:《一种批判的法治理念——昂格尔对司法功能与方法的重构》,北京:法律出版社 2010 年版,第 33 页。

② Jonathan Turley, The Hitchhiker's Guide to CLS, Unger, and Deep Thought, 81 Nw. U.L. Rev. 593(1987).

③ Niklas Luhmann, Law as A Social System. Fatima Kastner, Richard Nobles, David Schiff & Rosamund Ziegert.(eds.), Klaus A. Ziegert (trans.), New York: Oxford University Press, 2004, p.71.

自然法学派因此遭到法律实证主义的强烈批判。在后者看来,法律就是法律,法律并不因为违反自然法或者道德规范而无效。一切法律都是有效的法律,没有效力的规范就不是法律。这就意味着法律的有效性就来自于它自己,而不是法律之外的道德。就此而言,法律系统论和法律实证主义者的观点是一致的。

法律实证主义者如何证明法律的有效性来自于其本身?凯尔森的金字塔理论和哈特的法律规则理论是最具代表性的回答。根据凯尔森的规范理论,每一个法律规范的效力都来自于另一个更高位阶的规范,如此层层授权形成了金字塔式的法律体系。举例而言,具体案件中的个别法律规范如"甲故意伤害乙,应当受到惩罚"由一个刑事法律推导出来,刑事法律的效力来自于宪法,该宪法则根据前一部宪法创立,如此最终可以追溯至"第一部宪法"。于是,在金字塔式法律体系顶端的规范就是第一部宪法。居于顶端的第一部宪法的有效性就不可能来自于现行法律规范,只能是一个外在的基础。这个外在的基础是什么?凯尔森认为是基本规范。那么,基本规范又是什么?凯尔森回答道,基本规范既不是立法机关制定的,也不是由法律行为创立的,而是被假定为有效力的;它之所以被假定有效,是因为没有这一假定,人们的任何行为都不能被解释为法律行为,尤其是创立规范的行为。[①] 对凯尔森而言,基本规范不过是一种假定,其来源不可追问。

为了对这个问题做出回答,哈特对凯尔森的理论加以修正,通过将法律界定为主要规则与次要规则的结合来说明法律的有效性从何而来。在哈特那里,主要规则设定义务;次要规则授权人们引进新的规则、修改或取消原规则、决定规则的适用范围,包括承认规则、改变规则和审判规则。据此,其他规则的效力来自于承认规则的授权,某一承认规则又来自于一个更高的承认规则,最后追溯到"最高的、最终的承认规则"。然而,此承认规则是否有效呢?如果有效,其效力从何而来?哈特的回答是,第一条承认规则既不能是有效的,也不能是无效的,而是被单纯认可为是适合以这种方式使用的。此承认规则的存在则是一个"事实"。[②] 然而,规则怎能既有效又无效?它怎能将跨越差异的两边(即有效和无效)统一起来呢?这是哈特没有解决的问题。

[①] [德]凯尔森:《法与国家的一般理论》,沈宗灵译,北京:中国大百科全书出版社1996年版,第130-132页。

[②] [英]哈特:《法律的概念》,张文显、郑成良、杜景义、宋金娜译,北京:中国大百科全书出版社1996年版,第82-111页。

在法律系统论看来,这个问题可以通过法律系统的自创生理论来解决。具体而言,承认规则并不是静态,不是事先就在那里的。某个规则只有得到法律系统的承认,才能成为承认规则。就此而言,承认规则的有效性不是来自于法律之外的其他规范的授权,而是来自于法律系统依据现行法律做出的法律决定,来自于法律系统自己产生自己的运作。这种运作是系统内部的运作,而不是系统之外的环境的运作。基于此,有效性是法律系统自己赋予自己的。[1] 可见,法律系统论把效力从静态的等级制转向了动态的循环制。法律规范的效力不是来自于更高一级的规范的授权,而是来自于法律系统以自身为前提展开的运作。正是此种自我指涉的递归性运作使得法律具备了效力。而法律系统进行递归性运作的现实基础在于社会分化这一事实,也就是说社会系统中分化出一个法律子系统。

于是,法律就不再是一个规范体系,而是一个运作着的社会子系统。问题就转到运作层面上,法律效力不是一种静止的法律状态(如某个规范是有效的法律),而是前一种法律状态(如有效)和后一种法律状态(如无效)之间差别的统一。也就是说,效力是一种形式,是"有效/无效"这组差异的统一。法律具有效力就意味着它是有效的,但下一刻它可能因被废止而变成无效的。即使某个规范无效,这也是法律系统的一种状态,而不是其环境的状态。无论有效还是无效,都是依据现行法律做出,是法律系统内部而不是环境的运作。效力意味着法律系统自己能够改变自己,通过作出新的法律决定,改变法律的效力状态。

在这个意义上,效力是法律系统的运作。它是法律系统固有的,它产生于系统自身的运作,而不能在其他任何地方使用。具有效力的规范就是法律,就在法律系统中发挥作用。反之,没有效力的规范在系统中是没有任何作用的。最好的证明就是:没有人会声称某些法律规范尽管没有效力,却能够帮助他获得权利。由此,法律系统论通过对法律系统运作过程的观察,指出判断法律有效性的标准就是法律本身,回答了两千多年来一直争论不休的法学核心问题,即法律的效力究竟从何而来。

对法律系统论而言,有效性不是规范,并不意味着法律的运作是一种规范性的、应当被接受的秩序,也不是预期,并不意味着即使落空,此种运作仍然会得到持续。有效不过是一种形式(form, Form),也就是"有效/无效"这组差异中的一边,有效仅仅表明不是无效的,而无其他。有效性并未

---

[1] Niklas Luhmann, Law as A Social System. Fatima Kastner, Richard Nobles, David Schiff & Rosamund Ziegert.(eds.), Klaus A. Ziegert (trans.), New York: Oxford University Press, 2004, p.121.

将不道德的合同、违宪的法律排除在外,它与法律的品质无关。只要是系统封闭运作所产生的法律就是有效的,例如经由法律规定的程序制定的法律有效,即使它可能违反了宪法所规定的平等原则。

有效性并不是依据外在标准(如自然法、道德)对法律作出的评价。就此而言,法律系统论对法律有效性的理解和法律实证主义者相同,有别于自然法学派。在自然法学派看来,只有符合自然法的规范才是有效的法律。这就意味着法律是具有优良品质的。法律实证主义者则认为法律的有效性与其品质无关。恰如奥斯丁所言,法律的存在是一回事,它的优缺点是另一回事,法律是否存在与它是否符合某假定的标准是两个不同的范畴。一个法律,我们可能恰巧不喜欢它,或者它可能不符合我们用以认可法律的标准,但只要它确实地存在,它便是法律,这是一个事实。① 如此一来,立法机关依据已有法律制定的法律就是有效的吗,即使它完全违背道德的要求?例如纳粹德国于1935年制定的剥夺犹太人公民权的法律也是法律吗?简单地说,是否恶法亦法?

2. 恶法亦法?

是否立法机关依据原有法律制定的法律就具备有效性这一问题可谓是法学的核心问题,它不仅关系到如何辨别现行有效的法律体系,而且关乎法律的正当性基础。② 法律实证主义和自然法学派关于此的争论由来已久。自然法学派认为这无疑是主张恶法亦法,实际上一旦法律完全违背道德,它就根本不具有法律的品质,也就不是法律了。如此一来,就出现了"不是法律的法律",它究竟是法律还是不是法律?自然法学派似乎没有找到合理的答案。法律实证主义则坚持立法机关依据已有法律制定的法律就是有效的,尽管它可能违背道德。毕竟法律不是道德,它并不因为违反道德而无效。法律系统论同样主张没有效力的法律是不存在的。

问题是如果立法机关制定的完全违背道德的法律是有效的,那么执行这些罪恶之法的人是否犯有罪行呢?在第二次世界大战结束之后德国纽伦堡举行的国际战争犯罪审判(即纽伦堡审判)就不得不面对这一难题。

在审判中,被指控犯有密谋罪、破坏和平罪、战争罪、种族屠杀罪以及反人道罪的纳粹战犯辩称,他们不过是执行战时德国的法律和战时元首希

---

① [英]约翰·奥斯丁:《法理学的范围》,刘星译,北京:中国法制出版社2002年版,第2页。
② [英]韦恩·莫里森:《法理学——从古希腊到后现代》,李桂林、李清伟、侯健、郑云瑞译,武汉:武汉大学出版社2003年版,第4页。

特勒的指令,他们杀害盟军军人和平民是在执法,他们没有犯罪!面对此种辩护理由,我们如何应答?问题的关键在于纳粹德国制定的"恶法"究竟是不是法律。如果认为它们是法律,那么战犯不过是在依法办事,他们何罪之有。如果认为纳粹制定的法律根本不是法律,因为它们违反了最基本的道德原则即良知和公正,那么战犯的辩护就被推翻了。但是,我们又会面对另一个难题:惩罚战犯的法律依据又是什么,毕竟他们没有违反当时的法律。如果认定他们的罪行成立,那就是以新的法律来处罚法律生效之前的行为,而溯及既往的法律同样是不公正的。最终,纽伦堡国际法庭判定战争发生前或战争期间对于任何平民的非人道罪行或是迫害,无论它是否违反犯罪所在国的法律,只要该迫害属本军事法庭判决权限之内或与之相关,均属此罪,因此对 22 名战犯的指控成立。

纽伦堡审判及其后一系列对战犯的审判被视为开启了一扇抵制"恶法"之门,是自然法学派的胜利。德国著名法学家古斯塔夫·拉德布鲁赫从以新康德的二元论为基础的相对主义立场转而接受自然法学派的观点更被当作自然法复兴的标志。他提出的"拉德布鲁赫公式",即"凡是正义根本不被追求的地方,凡是构成正义的核心——平等在实在法制定过程中有意不被承认的地方,法律不仅仅是不正确的法,甚至根本就缺乏法的性质"更是被奉为金科玉律。① 这让我们想起了两千多年前亚里士多德所说的"良法之治"。然而,何谓"良法"?何谓"正义根本不被追求"?"根本"如何界定?这里的"正义"指的究竟是什么?在自然法学家那里,我们似乎没有找到毫无争议的答案。

其实,在这个高度分化的现代社会,我们已经难以找到不受质疑的道德原则。当我们以违反某个道德原则为由宣告恶法非法的时候,这个原则的正当性依据又是什么呢?无论是神还是理性的人都没法提供最终的正当性依据,我们终究无法逃出"明斯豪森困境"。这是第一。第二,没有确定的标准,以"良知"、"正义"等道德原则来否认法律的效力就可能成为法官的恣意行为。如此一来,法律势必陷入不安定的状态,人们将难以预见哪些预期是规范性预期,并据此对自己的行动加以安排。第三,没有确定的标准,是否宣告"恶法非法"就可能是任意的,不过取决于新的社会情势。在《纽伦堡审判》这部电影中格林就对此提出了质疑。剧中格林对心理医生说道,你们的国家,不也存在种族歧视吗,黑人不是也不能得到白人

---

① [德]古斯塔夫·拉德布鲁赫:《法律的不法与超法律的法》,《法律智慧警句集》,舒国滢译,北京:中国法制出版社 2001 年版。

的法律地位吗？的确,种族隔离的法律在当下已被公认为是恶法。但就在纽伦堡审判进行的时候,美国的法官还在严格执行种族隔离法。为什么没有以违反道德为由推翻种族隔离法？为什么严格执行法律的法官没有受到惩罚？

如果不将法律和道德分隔开来,我们将难以看清所面临的困境。恰如哈特所言,不道德的东西在某有限程度上不可能是法律或者不可能合法。运用这一原则之弊端在于：它将掩盖我们所面对的问题的真正本质,从而鼓励浪漫的乐观主义,认为所有为我们所珍视的价值最终将在单一的体系中融洽相处,而任何一种价值不会因调和另一种价值而被牺牲或损伤。①

法律系统论同样坚持法律不是道德,二者是不同的两个社会系统,法律并不因为违背道德而无效。当然,我们仍然可以对法律进行评判、进行二阶观察,毕竟任何观察本身也不能免于被观察。我们能够用"对/错""善/恶"对法律作出评价。但这是道德系统的运作,只能影响法律,却无法直接改变法律。只有法律系统做出的法律决定才能使某部违背道德的法律失去效力。

和法律实证主义者一样,法律系统论也主张立法机关依据已有法律制定的法律就是有效的,甚至认为恶法亦法,但这并不意味着我们只能服从恶法。我们并非毫无作为,而是可以通过启动法律程序废止违背道德的法律,使它无效。只不过这一切都是依据现行法律做出的,是法律系统内部的而不是其环境(如道德、政治)的运作。实际上无论是取消还是赋予有效性,效力状态的改变都是法律系统通过作出新的法律决定来完成。就此而言,效力的基础在于法律系统自身的运作,而不是法律之外。

3. 事实的有效性 vs 规范的有效性

在法律系统论看来,法律的有效性来自于法律系统递归性地封闭运作。但有效性不是规范,并不意味着法律应当被接受。它就像货币一样,是一种不具有内在价值的标志。拥有货币我们就能够购买商品,作为一般性沟通媒介的货币为交易提供了方便,但交易是否顺利进行、商品是否优质与货币无关。同样,作为标志的有效性只是表明某个规范是具有效力的法律,但并不表示该法律因与道德的要求相一致而具有优良的品质,是一

---

① [英]哈特：《实证主义与法律和道德的分离》,翟小波译,载强世功：《法律的现代性剧场：哈特与富勒论战》,北京：法律出版社2006年版。

部良法。①

此种观点受到了曾与卢曼展开激烈论战的哈贝马斯的强烈批判。在哈贝马斯看来,卢曼所谓法律通过持续不断运作而具备的"有效性"不过是一种"事实的有效性"(factual validity, Geltung),并不意味着法律具有"规范的有效性"(normative validity, Gültigkeit)、正当性(legitimacy, Legitimität)。如此一来,古典社会理论对法律的规范性理解就荡然无存。法律系统仅仅因其运作而具备有效性,通过法律决定所创设的规范就是法律。至于法律是否符合道德要求、与政治目标是否一致则无关紧要。因为对于封闭运作的法律系统来说,无论道德还是政治,都只是它的社会环境。系统和环境之间不存在直接的交换关系,环境无法直接决定,只能"扰动"法律系统,这些"扰动"最终能否影响系统的运作取决于系统本身。同样,法律系统不能直接调节作为其环境的道德、政治等其他社会子系统,不能避免社会内部各组成部分之间的冲突,保持各组成部分之间的相互适应。法律系统论将法律与道德、政治的内在关系完全切断,最终消除了理性法的规范主义的最后一丝痕迹。如此一来,我们无法通过法律对其他社会子系统的运作进行调控,更谈不上将其整合起来,进而塑造出美好的社会。并且,一旦政治和道德都无法影响法律系统的运作,那么完全不具有正当性的法律也是有效的,而这隐含着法律沦为暴政工具的危险。②

法律系统论却认为这是另一个问题。就像一个人往咖啡里加了盐而不是糖,味道自然不好,但我们不能说这是咖啡的问题。我们要做的是分清咖啡、盐和糖,并把糖和盐分别放在明显不同的玻璃罐里,这样咖啡的味道才可能不被破坏。③ 与之类似,法律成为封闭运作的自主系统,这并不会导致暴政。相反一旦实力政治(包括以道德名义出现的政治)能够径行决定法律是否有效,法律将无力保护个人的自由。就此而言,如果法律的有效性由道德或者政治决定,失去自主性的法律反而可能成为暴政的工具。一个有效性来自于自身的法律系统是值得向往的。

在现代社会一个赋予自己有效性的法律系统是不可避免的。因为现

---

① Niklas Luhmann, Law as A Social System. Fatima Kastner, Richard Nobles, David Schiff & Rosamund Ziegert.(eds.), Klaus A. Ziegert (trans.), New York: Oxford University Press, 2004, pp.122-123.

② [德]哈贝马斯:《在事实与规范之间——关于法律与民主法治国的商谈理论》,童世骏译,北京:生活·读书·新知三联书店 2003 年版,第 60-64、590-594 页。

③ Niklas Luhmann, Law as A Social System. Fatima Kastner, Richard Nobles, David Schiff & Rosamund Ziegert.(eds.), Klaus A. Ziegert (trans.), New York: Oxford University Press, 2004, p.96.

代社会是一个功能分化的社会,各子系统尽管功能各不相同但都是平等的。无论是宗教还是道德,都不是高居于上的,无法赋予社会一个整体的"意义"作为所有决定的最终合理性依据。作为最后观察点的"阿基米德点"不存在了,没有哪个观察免于被观察,任何通过观察所作出的判断都可能受到挑战和质疑,不存在具有普遍意义的最终合理性依据。所以,作为社会子系统之一的法律系统只能自行决定哪些规范是有效的。

加之,现代社会不仅高度复杂,而且变化迅速。法律系统必须能够改变和修正自己,才能有效地回应社会。回应是通过法律决定来创设新的法律规范、废止或修改现行法律(即改变法律的效力状态)来实现的。基于此,法律的有效性来自于法律系统自己做出的决定,而不能建立在权威或者意志的基础上,一如奥斯丁所主张的那样。人类社会的"社会事实"也不会赋予法律以效力。就是法律秩序的"存在"这一点,也并不能构成法律秩序本身的来源。而且凯尔森关于某一项基本准则的假设并不能构成(或者仅仅是假定为)法律认知的对象。奥斯丁和凯尔森为避免循环性并找到法律效力的其他某种基础而尝试提出不同的理论,但所有这些求诸于外的方法都无法证成法律的有效性,因为它经不起不断的追问,最终只能是陷入循环论或者决断性的终止追问。实际上,有效性就是循环性——当然,这种循环性需要在逻辑上展开。① 决定规范是否有效法律的是法律系统本身,而不是其他。

法律的有效性究竟来自于它自己还是法律之外,这一直是个争论不休的难题。不仅作为社会理论家的卢曼和哈贝马斯各不相让,法律实证主义和自然法学派也为此大打出手。两个学派之间的争斗开始于法律实证主义形成之初,至今仍未结束。仅20世纪,哈特就为此分别与富勒和德沃金展开旷世持久的论战。颇为有意思的是,在哈特去世12年后,德沃金还发表一篇长文对哈特予以回击。这一行为似乎与常理相悖,毕竟斯人已逝。然而,论争的问题是如此重要,岂能敷衍。或许,德沃金的回击是对哈特之崇敬的一种表达。

其实,在长久的论战中法律实证主义和自然法学派也借鉴和吸纳了彼此的观点。这也是战后出现包容性法律实证主义和新自然法学的原因。如此一来,原本针锋相对的两个学派也就并非全无相似之处。卢曼和哈贝马斯同样如此。实际上,哈贝马斯并不否认政治和道德要影响法律系统的

---

① [德]尼克拉斯·卢曼:《法律的自我再制及其限制》,韩旭译,《北大法律评论》1999年第2卷第2辑。

运作、影响法律决定,必须经过论证,而不仅仅是作为对与法律无关的利益的自圆其说而发挥作用。① 法律之外的因素只有得到法律规范的支持,经过论证和检验,才能成为法律决定的理由,成为判断什么是有效法律的依据。尽管对现象的叙述没什么差别,哈贝马斯和卢曼理论的形成原因及背后的实质性判断却有所不同。在卢曼看来,得到法律规范支持的政治、道德因素才能影响法律系统,这是因为法律系统是自创生的,也就是说系统通过自我指涉的递归性运作,依据先前运作所形成的网络结构做出新的决定。外在因素能否影响决定,最终取决于系统本身。就此而言,法律系统在运作上是封闭的,尽管在认知上开放。哈贝马斯则认为法律系统不是完全封闭的,不是自己生产自己(即自创生)。相反,就实质意义来说法律受到道德、政治等外在因素的影响。可见,对于法律系统是否封闭,二者的回答是不同的。

从表面上看,此种差别似乎只是程度不同。但如果我们继续追溯,就会发现差别不仅在于程度,更重要的是其中包含的对现代社会的实质性判断不同。在卢曼那里,现代社会由功能不同的子系统构成。这些社会子系统都是自创生的,也就是说系统依据自己运作所形成的结构作出新决定,再将该决定进行传递和理解,制造出沟通,从而再生产自己。在这个过程中,系统的结构决定了哪些沟通可能出现,但出现的到底是这些沟通当中的哪个,却是我们无法预知的。不仅如此,各系统究竟如何运作取决于系统自身,是我们无法控制的。没有终极意义的立法者,没有一个居于子系统之上的整体意志能够将各子系统整合起来。② 加之,不同子系统之间可能形成连续的振荡。其形式可能像几个频率相同的声音那样同时产生共鸣,也可能像涟漪在逐渐扩展的过程中依次遇上其他涟漪而形成多次共振。连续振荡使得多个子系统相互关联,也使子系统所构成的社会变得难以预测,因为社会中的共振并不等于多个子系统的共振之和,毕竟任何两个子系统之间的共振都可能激起新的共振。如此一来,整个社会系统的运作是一种没有最后确定性的运作,是无法进行计划与安排的。③ 简单地说,现代社会是偶在的。

---

① [德]哈贝马斯:《在事实与规范之间——关于法律与民主法治国的商谈理论》,童世骏译,北京:生活·读书·新知三联书店 2003 年版,第 597 页。

② Niklas Luhmann, Ecological Communication, John Bednarz, Jr. (trans.), Chicago: The University of Chicago Press, 1989, pp.134-135.

③ Niklas Luhmann, Essays on Self-Reference. New York: Columbia University Press, 1990, p.179.

对哈贝马斯而言，情形则有所不同。哈贝马斯并不认为构成社会的各子系统是自创生的，其运作是由系统本身决定的。尽管各子系统都具有一定的自主性，但它们相互渗透和影响。某个子系统（如政治系统）中的事件将对其他系统进而对整个社会产生什么影响，并不是不可预见的。而且，具有普遍效力的法律系统能够对其他系统加以调节，从而实现对社会的控制。就此而言，现代社会并不是无法预知和安排的。

如果我们进一步追溯，二者对现代社会的不同判断其实与他们对社会的不同界定有关。对卢曼而言，社会就是一个系统，其元素是沟通而不是人的行动。作为主体的人并不是社会的组成部分，不过是其环境。尽管人的意识能够"扰动"社会各子系统，却无法决定其如何运作。因此，下一时刻社会所呈现的样态就取决于各子系统瞬息之间同时出现的运作，质言之，是偶在的。[①] 哈贝马斯则秉承从作为主体的人的角度来理解社会的传统，认为人是社会的组成部分，而且相信人能够通过行动塑造社会，社会的样态取决于人的行动。

此外，作为批判学派掌门人的哈贝马斯以完成现代未竟事业为己任，始终坚持规范性的立场。对哈贝马斯而言，社会学的任务不仅仅是分析社会，还要批判和重塑社会。就法律而言，我们不但要厘清哪些规范是事实上有效的法律，还要对它加以检验，修正那些不符合道德准则的法律，使其具备"规范的有效性"。因此，哈贝马斯批判卢曼忽略了有效性在事实和规范层面的差别，将事实的有效性（即合法性）等同于规范的有效性（即正当性）。在哈贝马斯看来，卢曼的系统理论是一种非批判式的描述，不过是一种社会技术学。这无异于放弃对正当性的追问，对"法律的不法"熟视无睹、无所作为。基于此，哈贝马斯则致力于重建自韦伯以降逐渐式微的"理性法的规范主义"，通过所有利害相关人的平等且自由的理性商谈和话语论证达成规范共识，以形成合理且正当的法律。

然而，在卢曼看来哈贝马斯通过民主的商谈程序确保法律的正当性与合理性（rationality, Rationalität）的努力未必成功。因为"我们不要指望通过沟通，可以改善个体之间的整合，改善他们彼此之间的透明度，或者改善他们之间行动的协调性。"[②] 换句话说，商谈、沟通未必能够消除分歧，达成共识，我们只能对分歧进行对话和沟通。退一步而言，即使能够达成共识，

---

① Niklas Luhmann, Observation on Modernity. William Whobrey (trans.), Stanford, California: Standford University Press, 1998, pp.61-62.

② Niklas Luhmann, Die Wissenschaft der Gesellschaft. Frankfurt am Main: Suhrkamp, 1990, pp.22-23.

共识是以相互理解为前提的,而我们今天处于一个与启蒙时代、法国大革命或者普鲁士的新人文主义完全不同的境况当中,过去与未来之间的连续性已经断裂开来,我们已经无法对未来进行确定的描述。因此,即使我们能够相互理解,也不存在一个确定的基础能够保证相互沟通与理解在未来总是有效的,更何况形成确定的共识。① 再者,商谈伦理的有效性标准难以在法律系统中实施。在哈贝马斯看来,有效的就是那些作为理性参与者的所有相关人员都会表示同意的行动形式。② 据此,有效的法律就是所有相关人员都同意的规范。然而,这一标准在法律上是无法检验的,它无法转化为可操作的程序,也就没法运用到法律系统内部。③

诚然,哈贝马斯的商谈伦理仍有值得商榷之处,但其理论给我们带来了重塑法律、使之成为"良法"的希望。如果我们放弃此种正当性追问,最终只能是面对福柯所说的"人之死"而无可奈何。面对卢曼式完全封闭运作的法律,我们似乎只能无奈的任由其自行运转,不免陷入"匿名的方阵"(the anonymous matrix)——在"方阵"中,我们无法主宰法律系统的运作,无法有计划地安排法律的未来。④ 为此,图依布纳继续发展法律系统论,将卢曼的法律系统自我指涉和哈贝马斯的商谈理论结合起来,通过特定的程序形成法律自身的反思性,由此确保法律的正当性。⑤

卢曼之所以放弃从系统之外寻求法律的正当性与合理性基础,或许是因为在他看来这已经是不可能的了。卢曼认为,传统的合理性依赖于外部的理据,如根据自然法制定的法律就被认为是合理的,从而具备了正当性。然而,在当下无论是超验的诸神还是理性的人都不再被视为最后的观察者,无法为我们提供最终的合理性依据。所以,对合理性的判断必须脱离外部的依据,转移到系统当中⑥。所谓的合理性就是系统的合理性。而一

---

① Niklas Luhmann, Observation on Modernity. William Whobrey (trans.), Stanford, California: Standford University Press, 1998, p. 67.

② [德]哈贝马斯:《在事实与规范之间——关于法律与民主法治国的商谈理论》,童世俊译,北京:生活·读书·新知三联书店 2003 年版,第 90 页。

③ Niklas Luhmann, Law as A Social System. Fatima Kastner, Richard Nobles, David Schiff & Rosamund Ziegert.(eds.), Klaus A. Ziegert (trans.), New York: Oxford University Press, 2004, pp.122-123.

④ Guther Teubner, "The Anonymous Matrix: Human Rights Violations by Private." Modern Law Review, 2006(6).

⑤ Guther Teubner, "Substantive and Reflexive Elements in Modern Law", Law & Society Review, 1983, Vol.17, No.2.

⑥ Niklas Luhmann, Observation on Modernity. William Whobrey (trans.), Stanford, California: Standford University Press, 1998, pp.16-17, 35-36.

个能够有效化简复杂性的系统就是合理的。① 那么,系统怎样化简复杂性呢?系统不再与环境一一对应,而是依据内部封闭运作形成的网络结构有选择地回应环境。如此一来,系统就能够化简环境的复杂性。由此,合理性不是建立在某个固定的基石之上,也不是与某个目标有关。② 卢曼摒弃了合理性的外在基础,切断了其与作为主体的人之间的关联性。卢曼所指的"合理性"已然区别于"传统的合理性"。

基于此,卢曼认为在失去作为最后观察点的"阿基米德点"的现代社会,我们已经不可能从系统的外部找到合理性依据,并以此来判断法律系统是否合理、是否具备规范的有效性。在这个意义上,所谓"规范的有效性"其实是不存在的。当然,我们可以对法律进行观察、做出评判,甚至提出修改建议,但这仅仅是我们自己的观察和判断,未必具有优先性,未必是毫无争议的。毕竟任何观察都有盲点,而且不可能免于受到观察。其盲点可能被揭示,基于观察做出的判断也会遭到质疑和挑战。正因如此,卢曼放弃了社会理论中的规范传统,③不再从某个立足点出发、从外部对社会进行观察和批判,更谈不上建构一个塑造出美好社会的理论。退一步而言,即使是批判,那也只是运用另一组差异对先前的观察(即一阶观察)进行再观察(即二阶观察),进而揭示一阶观察的盲点。就此而言,卢曼并不是为现状辩护的。但他的确不是积极的行动者,不曾像哈贝马斯那样致力于创建一个值得向往的未来。

---

① Michael King & Chris Thornhill, Niklaw Luhmann's Theory of Politics and Law. Hampshire, New York: Palgrave Macmillan, 2003, p.134.
② Niklas Luhmann, The Differentiation of Society. Stephen Holmos & Charles Larmore. (trans.), New York: Columbia University Press, 1982, p.268.
③ S. Fuchs, & J. H. Turner, "Reviewed A Sociology Theory of Law by Niklas Luhmann." Contemporary Sociology, 1987, vol.16 (6).

七、系统论视角下的法律全球化

无论在世界什么地方,只要存在运用"合法/非法"这组二值符码进行的沟通,法律系统就会出现。① 因此,法律系统不受限于特定的地域,能够逾越国界。于是,出现了超出一国领土之外的全球法律。这些法律规范不仅产生于国内国际正式法院的冲突解决过程,也产生于非政治性的社会争端解决部门、国际组织、仲裁庭、调解机构、伦理委员会和条约体系。② 而且,随着经济全球化、信息全球化以及人员流动的增加,超越国界的法律沟通越来越多,法律全球化的现象愈发明显。

(一) 跨国家法律:新商人法

随着全球化的推进,逐渐出现了跨国家的法律。跨国家法律是没有国家的全球法。它在全球范围内适用,而且适用的过程几乎没有国家的参与。它甚至和国际政治、国家之间的协议、国际公法无关。只要存在相对远离于政治的、自主的社会领域,法律就会被生产出来。跨国家的法律包括互联网的网络数位法、跨国建筑法、运输法、教育法等。这些法律包括诸多原则、规范、规则和决策程序。它们由跨国私人组织创立,区别于国家法律和国际条约。③

跨国家法律最成功的范例是新商人法,也就是经济贸易的跨国法。④新商人法相对脱离了政治,却与经济紧密相关。随着经济全球化的出现,商品、技术、信息、服务、货币、人员、资金等跨国跨地区的流动不断增加,仅

---

① [德]尼克拉斯·卢曼:《社会的法律》,郑伊倩译,北京:人民出版社2009年版,第303页。
② [德]贡塔·托依布纳:《魔阵·剥削·异化——托依布纳法律社会学文集》,泮伟江、高鸿钧等译,北京:清华大学出版社2012年版,第169页。
③ [德]贡塔·托依布纳:《魔阵·剥削·异化——托依布纳法律社会学文集》,泮伟江、高鸿钧等译,北京:清华大学出版社2012年版,第69-78、168页。
④ Guther Teubner ed., Global Law without a State, Aldershot: Dartmouth Publishing Company Limited, p.1.

靠某个国家的法律规则难以对这一系列的经济活动进行有效的调整，跨越国家的法律孕育而生。具体而言，第二次世界大战结束之后，贸易、投资、金融、生产等活动逐渐超出国界，在全球范围内进行。特别是20世纪90年代以来，以信息技术革命为中心的高科技迅速发展，不仅走出国界，使得产品的生产、分配、交换、消费遍布全球，而且缩短不同地区之间的距离，使地球成为"一个村"。各国各地区经济活动的相互影响和相互融合越来越强，但不同国家不同地区的法律规则各不相同。依据属地原则分别适用不同国家的法律将导致规则不统一，类似情况的处理结果也不一。这无助于实现商品、服务、技术、劳动力和资本在全球的快速有序流动。因此，需要超越国家之外的、在全球范围内适用的、统一的法律规则。这套统一的法律规则就是新商人法。

新商人法包括全世界的商业实践、单一指令、格式合同、全球协会的活动、行为准则和国际仲裁庭的判决。[1] 也就是说，新商人法是适用于全球经贸活动的一系列规则。在新商人法的形成过程中，跨国公司发挥了非常重要的作用。跨国公司在全球进行生产布局，在世界各地设立分支机构或子公司。这些分支机构或子公司的生产经营具有高度相关性，合作程度很高。它们或者生产和经营同一行业不同阶段的产品，或者分别负责设计研发和生产制造，内部经常转移生产技术、商标专利和管理经验等。为了确保资金、技术、人员、产品在公司内部的有序流动，跨国公司的母公司订立了规则，母公司、子公司或分支机构之间订立的契约也设立了一些规则。这些规则逐渐固定下来，成为跨国公司的内部规则。这些内部规则具有很强的约束力，由跨国公司专门设立的监督部门来保障规则的执行。[2]

跨国公司的资金、技术、人员等资源配置实现全球化，不仅在内部流动，而且与外部互动。有序高效的外部互动同样需要相应的规则。对于跨国公司而言，将内部规则扩展至外部无疑是最佳选择。这不但节省了规则制定的成本，而且有助于更好地维护自身权益。接下来的问题是跨国公司的内部规则何以成为全球经济活动中普遍遵循的规则。这与跨国公司的实力紧密相关。跨国公司不仅资本雄厚，具有市场垄断优势，而且在全球范围内进行生产布局，资源使用效率高，具有突出的规模经济优势。与其他公司相比，跨国公司在资本、市场、技术等方面具有明显的优势。在实力

---

[1] Guther Teubner ed., Global Law without a State, Aldershot: Dartmouth Publishing Company Limited, p.5.

[2] Guther Teubner, Constitutional Fragments: Societal Constitutionalism and Globalization, Oxford: Oxford University Press, 2012, p.48.

对比悬殊的情况下,跨国公司更容易推广自己的商业实践模式、格式合同、行为方式和标准等。凭借自身雄厚的实力,跨国公司将内部规则推广至企业之外,逐渐成为全球经济活动的普遍规则。

需要说明的是,跨国公司在内部制定规则与对外推广规则并非先后发生的两个过程,而是同时发生、相互影响。从东道国走出去逐步实现全球化的过程中,跨国公司不仅在世界各地设立分支机构或子公司,而且与遍布全球的其他公司开展经贸往来。由此,实现生产要素和销售市场的全球化布局,实现全球范围内的统一决策。在这个过程中,跨国公司既制定内部规则,又塑造外部规则。而且,内部规则与外部规则是相互影响的,二者相互融合形成了适用于全球的新商人法。跨国公司内部的各个公司之间通过一系列的契约、协议来协调一致,这形成了在跨国公司内部和跨国公司所覆盖的业务网络之间运行的"商人法"体系,同时借助跨国公司在全球的业务扩展,这种商人法随之被带到了世界的各个角落,跨国公司的"全球化"与新商人法的"全球化"是同一个过程。[①]

其实,商人法早已有之。在 11 世纪晚期和 12 世纪,商人法逐渐成为一种完整的法律体系。商人法是随着商人阶级的出现而出现的。11、12 世纪的农业改造使得许多农民脱离了庄园,其中一些农民变成了商人。商人的增加带来了商事活动的增多,在欧洲的许多城市和城镇开始定期举办规模巨大的国际集市。这些集市具有复杂的组织形态,并随着教会法体系和世俗法体系的发展,逐渐形成了特定的商人法。商人法包括集市的习惯、有关贸易的海事习惯、城市和城镇本身的商法。这些习惯从习俗意义的习惯逐渐变成更为细致地习惯法。而且,部分商人法规范逐渐成为文化。由此,商人法具备了客观性。此外,随着商事活动范围的扩大,其国际性越来越强,商人法的适用也更加统一、更加普遍。由此,商人法具备了普遍性。[②]

商人法是一种习惯法。有学者认为,新商人法也是习惯法。但托依布纳并不认同。因为,惯例之所以成为习惯法关键在于具备了"必要的确信",即人们普遍认为它是正确的。[③] 如果人们的持续重复行为都接受惯例的约束,那么"法的确信"与惯例这两个要素就结合在一起,这时习惯法

---

① 鲁楠:《匿名的商人法:全球化时代的商法及其特点》,高鸿钧主编:《清华法治论衡(第 14 辑)》,北京:清华大学出版社 2011 年版。
② [美]哈罗德·J.伯尔曼:《法律与革命——西方法律传统的形成》,贺卫方等译,北京:法律出版社 2019 年版,第 439、449-450 页。
③ [德]卡尔·拉伦茨:《法学方法论》,陈爱娥译,北京:商务印书馆 2003 年版,第 17 页。

就被创造出来了。① 对于新商人法而言,如何证明它是一种惯例?标准是什么?如何证明新商人法已具备"必要的确信"?新商人法如何能够获得所有民族国家的认可而成为适用于全球的法律?如果无法对这些问题做出回答,"新商人法是习惯法"的观点就不具有说服力。实际上,新商人法的产生并不是基于"法的确信",并不是因为人们从内心里认同这些惯例。相反,新商人法的产生是基于私人通过契约设立的规则,基于私人选择的仲裁所确立的规则。因此,新商人法是实在法。当然,这并不意味着"商事惯例"丝毫不起作用。实际上,一些"商事惯例"被吸收到契约当中。对于新商人法来说,"商事惯例"有作用,但作用有限。我们无法将新商人法视为习惯法。②

除了习惯法,现有理论主要从另外两个角度做出解释,但这些解释都不具有说服力。一种解释将新商人法视为协会内部的法律,类比中世纪的行会法。协会内部的法律之所以有效,是因为协会制定了纪律准则,而且有权对成员进行制裁,比如列入黑名单和取消成员资格等。但是,在全球化的当下,并不存在一个能够完全约束所有成员的"行业协会"。尽管也有一些行业协会,但这些协会不能制定出适用于所有成员的法律并让所有成员都遵守。新商人法并不是协会内部的法律。它来源于全球化的经济活动,产生它的机制不是行业协会。另一种解释主张新商人法是一种被称为"自我管理的合同",不需要任何国内或国际法基础就能够成立。但是,合同的效力来自哪里?如果来自于国家法,来自于国际仲裁,或者来自于国家之间的协议,又怎能说新商人法不需要国内或国际法基础?有学者对上述解释提出了质疑。在他们看来,世界上任何的法律都必须植根于国家,至少和国家保持"最低限度的关联"。如果没有这种关联性,就不可能被称为法律。商人的惯例只有通过主权国家的认可,才能转变成为法律。行业协会创制的规则没有国家制裁作为后盾,是没有拘束力的。国际仲裁也无法创制法律,因为一方面仲裁裁决并不具有最终性,可以通过诉讼来推翻;另一方面仲裁裁决能否得到认可取决于特定国家的规定。只有被多个国家立法机关批准的国际条约,其效力范围才可能是遍及全球。因此,

---

① William ThomasTete, "Code. Custom and the Courts: Notes Toward a Louisiana Theory of Precedent."Tul. Law Review, 1973-1974, vol.48.

② Guther Teubner ed., Global Law without a State, Aldershot: Dartmouth Publishing Company Limited, p.5.

以上三种解释都无法证明新商人法是法律。① 有学者提出,只有通过民族国家的认可,新商人法才可能转变为法律。

这种否定新商人法是法律的观点,托依布纳并不认同。在托依布纳看来,以上三种解释都行不通,主要是因为它们都从国家的角度来理解新商人法。实际上,国家法是由国家制定或认可的,而新商人法的产生不依赖于民族国家。新商人法的产生并未经过民主程序,其效力不是来自于国家的授权。它不依赖国家法院的制裁来确保其被遵守,它的实施并不以国家的保障为后盾。而且,它也不依赖国际条约来保障其被执行,与国家之间的协议无关。实际上,它独立于任何国家的主权,处于民族国家甚至处于国际关系之外。而法律一直被认为与国家之间存在关联性。法律的产生要么源自于特定国家的制定或认可,要么源自于两个以上的国家间缔结的协议。新商人法改变了原有理论对法律与国家之间关系的认识,对原有理论提出了挑战。如果仍然从民族国家的角度、从政治的角度,很难对这些跨国法做出有力的解释。但是,新商人法和通常所说的"私人秩序"不一样,和国内的私人法也不一样。所以,要从后国家的角度来理解跨国法。②

实际上,新商人法不是从民族国家和国际体制的政治中心发展起来,而是从社会外缘发展起来的。恰如埃利希所言,法律发展的重心既不在立法,也不在法学或司法判决,而在于社会本身。③ "活法"存在于社会当中。只不过,埃利希所说的"活法"是习俗和惯例,所对应的是社会共同体。在社会共同体中,彼此熟悉的人们在往来中逐渐形成一些习俗和惯例。这些反复适用的习俗和惯例就是社会中实际发挥作用的法律,即"活法"。而在全球化的当下,经济交往的范围早已遍及整个世界,往来的双方大多不是熟悉的而是陌生的,更谈不上组成社会共同体。所以,此时的"活法"并不是社会共同体的习俗和惯例,而是国际经济活动主体之间形成的规则。这些规则是高度技术化的,用于确保国际经济活动的顺利进行,用于解决国际经济活动中可能产生的争议。这些规则是专门化的,涉及交易、投资、并购等特定经济领域,而非囊括整个的社会领域。④ 产生新商人法的领域

---

① Guther Teubner ed., Global Law without a State, Aldershot: Dartmouth Publishing Company Limited, pp.4-5.
② [德]贡塔·托依布纳:《魔阵·剥削·异化——托依布纳法律社会学文集》,泮伟江、高鸿钧等译,清华大学出版社2012年版,第69-78页。
③ [德]埃利希:《法社会学原理》,舒国滢译,北京:中国大百科全书出版社2009年版,第39页。
④ Guther Teubner ed., Global Law without a State, Aldershot: Dartmouth Publishing Company Limited, p.4.

离政治较远,与国家关系并不紧密,处于社会的边缘。

除了起源,新商人法和传统意义的国家法还有诸多区别。一是适用范围不同。传统意义的国家法适用于特定国家领土范围之内,而新商人法超越一国的领土范围,不限于由民族国家结合形成的联盟所覆盖的领土之内,在全球范围内适用。二是独立程度不同。一经国家制定或认可,国家法就存在了,具有独立性。而新商人法高度依赖于国际商事领域。新商人法的产生和适用场景都是国际商事活动,并非独立于国际商事活动而存在。在这个意义上,新商人法的独立性较为有限。三是统一程度不同。新商人法不是统一的。它并不像一国的商事法那样统一于一部法典或多部法律中,而是散见国际商事活动中,是多样的。这一点也和国家法有明显的区别。四是制裁的作用不同。制裁曾经是界定法律的中心概念,是法律规范不同于其他社会规范的根本标志。对于确保国家法具有实效性而言,制裁的重要性不言而喻。但是,对于新商人法而言,制裁并不具有如此重要的地位。新商人法的实效性并不有赖于制裁。违反新商人法的主体确实承受一些不利后果,但这并不源于国家的制裁。

如果无法从制裁的角度解释为什么新商人法具有约束力,能否从"社会控制"的角度呢?托依布纳的回答是否定的。在他看来,如果从社会控制的角度来界定多元的法律,那么法律就和社会强制没有多大差别了。依据社会控制的标准,把全球的商业习惯、惯例、交易模式甚至全球市场中纯粹的经济方面的迫切需要和赤裸裸的权力压力(即经济的"游戏规则")都视为新商人法,那么新商人法就无异于"社会强制"。新商人法就不再是人们应当遵守的规范,而是人们迫于现实的压力不得不遵循的规则。实际上,作为法律制度的新商人法与作为经济制度的经济的"游戏规则"虽然紧密交织在一起,共同发挥作用,甚至同时出现,但是它们分别在法律系统和经济系统中独立运作。法律系统和经济系统是两个不同的社会子系统,它们的运作都是封闭的,是依据各自的程式展开的,因此不存在统一运作。[1]

如果新商人法是从社会外缘发展起来,而不是从民族国家和国际体制的政治中心发展起来。那么接下来的问题是,在没有国家权威,没有国家的制裁权力,没有国家的政治控制和没有民主程序合法性的情况下,新商人法如何能够自发的在全球范围内出现?托依布纳运用法律系统的自创

---

[1] Guther Teubner ed., Global Law without a State, Aldershot: Dartmouth Publishing Company Limited, pp.10-11.

生理论对此做出了回答。

在托依布纳看来,新商人法的效力来自于合同本身。合同创立了当事人双方的权利义务,也就是设立了哈特所说的"主要规则"。与此同时,合同还设立了一些关于将冲突提交仲裁庭的条款。这些条款使得仲裁裁决具有效力,就是哈特所说的"次要规则"。对哈特而言,"主要规则"的效力来源于"次要规则"特别是承认规则,承认规则的效力则来自于官员集体对承认规则产生了认同。官员不但自己愿意遵守,而且愿意用这些规则来约束其他人,此时承认规则的效力就产生了。①

与哈特不同,托依布纳没有向外寻求规则的效力来源,而是主张效力是自己赋予自己的。合同明确了国际仲裁庭有权对有关合同的争议做出裁判,设立了次要规则。次要规则使得仲裁裁决具有效力。一旦提交仲裁,仲裁机构必须做出裁决,判断合同的效力。就此而言,合同的效力来自于仲裁。如此一来,合同赋予仲裁有效性,仲裁又反过来决定了合同是否有效。新商人法的效力来自于合同与仲裁之间相互赋予效力的"封闭循环"。这种反身性的运作,其实是运用"合法/非法"这组二值符码展开的运作。反身性的运作将合同自己赋予自己效力的悖论转换为合同与仲裁之间的外部循环,解决了合同效力自赋的悖论。由此,在新商人法中合同与仲裁在功能上等同于"国家法律"与"合同",只不过前两者的效力是循环的,而后两者不是。②

在合同与国际仲裁相互赋予效力的过程中,合同设立权利义务是非官方的行为,创立的是"非官方法",是私人立法。仲裁则是官方的,仲裁庭的"官方法"开始控制新商人法的运作。合同与仲裁之间的循环运作,使得全球的商人国际贸易创建了一种私人"裁判""立法"和"缔约"的制度性三角关系。在这个过程中,并没有国家的立法机关,也没有国家的司法机关。"承认规则"(即授权人们引进新规则的规则)不是由从外部产生,不是由立法机构来制定,而是由当事人双方通过合同形成。就此而言,合同远远不止是一种特定的商事交易,它其实创建了一套在全球有效的私域法律秩序。新商人法能够自己赋予自己效力,有两个前提。一是在全球范围内,已经存在的法律秩序(如特定国家法或者国际条约)无法成为全球合同有效性的渊源。这种情境使得我们把合同本身作为法律渊源,和议会立

---

① [英]哈特:《法律的概念》,张文显、郑成良、杜景义、宋金娜译,北京:中国大百科全书出版社 1996 年版,第 82-111 页。

② Guther Teubner ed., Global Law without a State, Aldershot: Dartmouth Publishing Company Limited, pp.11-15.

法、法官法具有同等地位。二是"承认规则"不是必须由特定国家的立法机构来制定,再适用于私人合同协议。具备上述两个前提的情况下,合同的运用超出了国家的边界,大量的国际商事合同、国际职业协会的格式合同、国际组织的范式合同以及发展中国家的投资项目合同等具有跨国效力。它们不仅切断了与特定国家的关联,而且切断了与任何法律秩序的关联。于是,新商人法不再属于国家的法律,而是转变成全球的法律。由此,新商人法是自发地出现了,实现了自创生。①

托依布纳关于新商人法效力来源的论述和卢曼关于法律系统有效性的论述是一致的。在卢曼看来,承认规则并不是静态,不是事先就在那里的。某个规则只有得到法律系统的承认,才能成为承认规则。就此而言,承认规则的有效性不是来自于法律之外的其他规范的授权,而是来自于法律系统依据现行法律做出的法律决定,来自于法律系统自己产生自己的运作。这种运作是系统内部的运作,而不是系统之外的环境的运作。基于此,有效性是法律系统自己赋予自己的。② 可见,卢曼把效力从静态的等级制转向了动态的循环制。法律规范的效力不是来自于更高一级的规范的授权,而是来自于法律系统以自身为前提展开的运作。正是此种自我指涉的递归性运作使得法律具备了效力。

无论对托依布纳还是卢曼,法律都不是一个规则体系,而是封闭运作的系统。它运用"合法/非法"这组二值符码对特定事件是否合法做出判断,进而赋予特定事件以法律效力。这种持续不断的有效性判断,形成了"基于效力循环的网状结构"。法律系统依据这种结构判断特定事件是合法还是非法,再对这个判断进行传递和理解,制造出新的沟通,从而维持了系统运作的封闭性和自主性。

新商人法不是精准的私法规则,而是由宽泛的原则构成,它们在适用中因案而异。有的学者据此否认新商人法是法律。在托依布纳看来,有的学者之所以否认新商人法是法律,是因为他们将法律视为实体的法律体系,而不是运作的系统。新商人法确立了价值和原则,其具体内涵需要在具体的案件中确定。就此而言,新商人法是软法,但不能据此否认新商人

---

① Guther Teubner ed., Global Law without a State, Aldershot: Dartmouth Publishing Company Limited, pp.11-15.

② Niklas Luhmann, Law as A Social System. Fatima Kastner, Richard Nobles, David Schiff & Rosamund Ziegert.(eds.), Klaus A. Ziegert (trans.), New York: Oxford University Press, 2004, p.121.

法是法律。①

新商人法与国家法的区别可追溯至它们产生的不同领域。国家法产生于法律系统的中心,这个中心就是法院。法院依据一国立法者制定的法律来判断某一事件是合法还是非法。而形形色色的自治法律组织这一边缘,则被政治、经济、宗教等方面的组织化的或自发的集体性法律主体或个体性法律主体所占据。由此呈现出法律的中心、法律的边缘、法律的社会环境三个渐次扩展的地带。在法律的边缘,这些法律主体与自治的社会事务领域之间建立起紧密的联系。在法律的边缘和自治的社会领域之间的地带,出现了多元法律,如各种标准合同,各种专业协会协定,各正式机构的惯例,技术与科学的标准化,行为的标准化,以及非政府组织、媒体和社会公共领域之间的非正式共识。这些法律是由自我管理的组织设立的,而不是由现有的法律制定中心即国家立法机构、国际立法机构和国际组织制定。自足的组织通过设立次要规则创立了适用于特定领域的跨国家法律,这些与国家法或国际法显然有别。②

在法律的边缘地带,经济容易对法律产生影响,这两个系统甚至实现结构耦合。但是,结构耦合并不意味着法律系统和经济系统紧密交织在一起。相反,结构耦合以两个系统的独立运作为前提。其实,不仅法律和政治,法律、经济、政治、科学、教育的之间也会相互影响,多个系统之间的影响还会循环出现。例如,企业培训是经济系统的运作。为了规范这些运作,政治系统制定了一系列关于资格和考核的新法律规范。这些法律规范会引起教育系统的一系列改革。这些改革随后又对经济系统产生反作用。这些相互影响是在不同的系统之间,而不是在同一个系统之内的,是跨越不同系统的"扰动"循环,而不是闭合系统的运作循环。这些相关系统并没有组成一个新的具有共同元素的超级系统,它们仍然是各自独立运作的。③

托依布纳的上述观点和卢曼关于现代社会连续振荡的解释是一致的。对卢曼而言,在现代社会,各功能系统互为彼此的环境,某个系统的运作对其他系统而言就是环境的因素,会对后者形成"扰动"。但并非所有的"扰

---

① [德]贡塔·托依布纳:《魔阵·剥削·异化——托依布纳法律社会学文集》,泮伟江、高鸿钧等译,北京:清华大学出版社2012年版,第15-17页。
② [德]贡塔·托依布纳:《魔阵·剥削·异化——托依布纳法律社会学文集》,泮伟江、高鸿钧等译,北京:清华大学出版社2012年版,第78、169页。
③ [德]贡塔·托依布纳:《魔阵·剥削·异化——托依布纳法律社会学文集》,泮伟江、高鸿钧等译,北京:清华大学出版社2012年版,第249-250页。

动"都能够得到系统的回应。只有在特定的情况下,系统才会做出回应,才会被环境影响。卢曼将这种情况称为"共振"。就法律系统而言,共振并不限于与政治、道德、经济之间,法律并非仅与上述三个系统相关联,而是与任何系统都可能形成共振。在法律决定的过程中,法律之外的诸多因素可能同时对法律系统产生"扰动",这些"扰动"彼此之间还可能相互影响,形成一系列的共振。共振不仅限于两个系统之间(如道德原则成为法院裁判考虑的因素),还可能在几个系统之间形成一连串的共振,也就是连续振荡。[1]

(二) 全球化之后法律趋同还是趋异?

随着经济、信息的全球化以及人员的全球流动,法律全球化越发显著。全球化之后各国的法律究竟趋同还是趋异,这是一个值得深入研究的问题。在托依布纳看来,法律在趋同的同时也在趋异。

跨国家法律的出现推动了各国法律趋同。作为跨国家法律之典型的新商人法带来了各国商法的趋同。具体而言,随着经济全球化的增强,跨国商事活动成为一国经济的重要组成部分。对于外向型经济的国家而言,跨国商事活动的重要性更是不言而喻。实现跨国商事规范和国内商事规范的统一有助于减少制度成本,确保国内外商事活动的效率和效果。有关跨国商事活动的规范已由新商人法确立。新商人法在全球范围内适用,其影响力超过仅适用于一国领土之内的国内商法。这使得民族国家不得不参考和借鉴新商人法。[2] 由此,出现了各国商法趋同的现象。

那么,各国商法的趋同是否以某个国家的商法为模板,还是形成了完全区别于任何国家原有商法的新制度? 这取决于商人法是否与某个国家的法律具有更多的亲缘性,是否存在关联性。高鸿钧教授认为新商人法的"自创生"只是表面的特征,实际上暗中正在受到美国法的型塑。美国法逐渐占领新商人法,主要归功于美国大型律所。一方面,美国大型律所通过为跨国公司起草合同,将美国法注入新商人法之中。美国大型律所把它们在纽约形成的跨国商事合同予以全球化。这些跨国商事合同是新商人法产生的基础。这些合同赋予新商人法效力,将新商人法建构出来。但这

---

[1] Niklas Luhmann, Ecological Communication, John Bednarz, Jr. (trans.), Chicago: The University of Chicago Press, 1989, p.15.

[2] 鲁楠:《匿名的商人法:全球化时代的商法及其特点》,高鸿钧主编:《清华法治论衡(第14辑)》,北京:清华大学出版社2011年版。

种合同并不属于无(国家)法律的合同,而是以美国纽约州或英国法为基础的合同。这种法律也并非与国家法没有关联,而是与美国法(或较低程度上英国法)存有潜在的关联。另一方面,美国大型律所通过打入国际仲裁机构,把国际商事仲裁变成了"美式海外诉讼"。由于能够为客户提供更多保护、争取更多的利益,加之良好的国际信誉,美国律所很快就受到商界精英的青睐,并在同欧陆仲裁员的竞争中占据了上风。美国律所逐渐主导巴黎国际商会的仲裁院、伦敦国际仲裁院、斯德哥尔摩商会仲裁院以及其他国际仲裁机构,并成功地改变了仲裁过程,即从欧陆式权衡协调转向了美式交叉询问。合同与仲裁虽然并不等于新商人法的全部,却是其中的主要领域与核心内容。美国律所通过提供跨国商事合同的模板与主导国际仲裁的过程,实现了新商人法的美国化。[1] 借助新商人法对各国商法的影响,美国商法实现了全球化。各国商法趋同的实质是世界各国商法的美国化。

长期研究法律全球化的桑托斯也认为新商人法的产生其实是特定国家的法律成为全球法律的过程。这是一种全球化的地方主义。与之相对应的是地方化的全球主义,即地方为了适应跨国的实践做的相应调整。之所以认为新商人法是一种全球化的地方主义,是因为新商人法由核心国家创立,并强加给外围国家和半外围国家。桑托斯运用沃勒斯特的世界体系理论,依据国家实力、国际地位由强至弱将国家分为三类,即核心国家、外围国家和半外围国家。核心国家最强,外围国家最弱,半外围国家介于二者之间。核心国家和外围国家的跨国力量是不对称的。由于常常受到来自核心国家的压力,外围国家和半外围国家接受了核心国家创立的新商人法。具体而言,总部主要设立在核心国家的跨国公司以本国法为蓝本起草合同确立商事规则,并将此合同广泛适用于跨国经济活动中。面对实力强大的合同一方,外围国家和半外围国家的公司接受了这些格式合同。跨国公司通过跨国合同将核心国家的法律去领土化,外围国家和半外围国家的公司对跨国合同的接受使得这些法律再领土化,由此实现了核心国家法的全球化。全球化和地方化其实是相伴而生的。参与这个过程的还有律师事务所、国际银行、国际商事仲裁机构、国际组织。虽然在此过程中,新商人法会发生一些变化,但核心国家法确立框架仍然盛行。在桑托斯看来,除了新商人法,核心国家对法律全球化的主导力还表现在跨国公司以及支持跨国公司的国际组织的兴起、根据跨国金融资本的需要对民族国家立法

---

[1] 高鸿钧:《美国法的全球化:基于四种典型的观察与分析》,《中国法学》2011年第1期。

的改造、由美国或者美国类型的公司制律师事务所促成的法律服务市场的全球化、国际商事仲裁的兴起等。① 这主要集中在与经济系统相关的法律领域。

除了与经济有关的法律领域,美国宪法也对世界其他国家产生了深远的影响,实现了全球传播。作为根本法、最高法的宪法,对一个国家的基本政治制度和经济制度做了规定,美国宪法的传播对于移植美国制度,强化美国对其他国家的同化力,乃至整个国际政治经济秩序的影响力而言至关重要。②

美国宪法的全球化始于第二次世界大战结束之后,虽然美国宪法自制定之初就影响着其他国家(如德国、阿根廷)。"二战"结束后,美国宪法首先对日本和德国产生影响。当时,以美国为主的盟军占领了日本和德国,积极参与日本和德国的修宪过程,并推动他们参考美国宪法。被称为"麦克阿瑟宪法"的日本新宪法广泛接受了美国的"建议"。依照美国的指示,日本宪法修改了天皇制,放弃了战争权。日本宪法还借鉴美国,设立权利法案,确立三权分立,将宪法审查权授予法院。在宪法审查过程中,日本最高法院援引美国法院的判例,参考其方法。与日本宪法类似,德国基本法也学习美国宪法。与俾斯麦宪法、魏玛宪法不同,德国基本法深受美国自然权利观念的影响,开篇就明确规定"人的尊严不可侵犯",还对基本权利做了详细规定。③ 德国基本法建立的一些原则和制度也与美国宪法相似,比如三权分立原则、宪法审查制度。只是德国基本法并没有将宪法审查权授予法院,而是创设了联邦宪法法院专司宪法审查权。德国联邦宪法法院和美国联邦最高法院在宪法审查程序、方法和标准等方面存在差异,但都奉行能动的立场。④

如果说德国日本学习美国宪法是因为其被盟军占领了,那么印度等国家则是主动借鉴。1947 年独立的印度在新《宪法》中设立程序性权利,建立司法审查制,确立三权分立原则。这些都与美国宪法相似。印度法院还

---

① [美]博温托·迪·苏萨·桑托斯:《迈向新法律常识:法律、全球化和解放(第二版)》,刘坤轮、叶传星译,北京:中国人民大学出版社 2009 年版,第 221、240-264 页。
② 周婧:《美国宪法全球传播论析》,《世界经济与政治》2016 年第 7 期。
③ [德]赫尔穆特·施泰因贝格:《美国宪政主义和德国宪法发展》,[美]路易斯·亨金、阿尔伯特·罗森塔尔编:《宪政与权利》,郑戈等译,北京:生活·读书·新知三联书店 1996 年版。
④ 周婧:《美国宪法全球传播论析》,《世界经济与政治》2016 年第 7 期。

参考美国的司法审查原则。① 菲律宾直接将以美国宪法为模板的1935年宪法作为独立建国后的"最高法"。这部宪法的基本权利条款和美国权利法案相似,确立的政治制度(如总统制、三权分立)也和美国类似。② 除了新独立国家,一些欧洲国家也参考了美国宪法。其中,颇为典型的是诸多国家通过制定新宪法创立宪法审查制度,如法国、塞浦路斯、马其他、摩纳哥等。

在亨廷顿所谓"第三波民主化浪潮"之后,美国宪法的全球化开始加速。这首先始于南欧。1976年率先发生民主运动的葡萄牙颁布了新宪法。该宪法不仅规定三权分立,确立总统制,还设立了宪法法院。紧接着,希腊也推翻军人政权颁布新宪法,设立总统制,建立宪法法院。1978年12月西班牙全民公投通过新宪法,确立三权分立原则,设立宪法法院。这三个国家通过宪法设立的制度都与美国相似。第二波在拉美。随着拉美民主化浪潮的出现,美国宪法的影响也扩展至拉美。大多数拉美国家推翻军人政权后,都在制定新宪法的过程中参考美国的基本权利保护模式、三权分立原则、宪法审查制等。第三波在亚洲。推翻了原有政权的菲律宾和韩国都制定了新宪法,确立总统制,建立宪法审查制。第四波在中东欧和苏联解体后的转型国家。20世纪80年代末东欧剧变、苏联解体之后,美国宪法的影响扩展至中东欧和苏联转型国家。这些国家在建立新政权之后制定的新宪法也广泛借鉴了美国的总统制、三权分立原则、宪法审查制、基本权利保护模式等。③ 第五波在非洲。在东欧剧变后,非洲出现大规模的制宪浪潮。许多国家参考美国,通过新宪法设立总统制,确立三权分立,创立宪法审查制。此外,英国以及属于英联邦国家的加拿大、澳大利亚、新西兰也借鉴了美国宪法的经验。这些国家的法院开始行使宪法审查权,虽然这种权力弱于美国法院。④ 由此,美国宪法实现了在全球范围内的传播。

---

① Lawrence W. Beer, "The Influence of American Constitutionalism in Asia," in George Athan Billias, (ed.), American Constitutional Abroad: Selected Essays in Comparative Constitutional History, New York: Greenwood Press, 1990.

② 王文良:《新殖民主义的发端——二十世纪初美国对菲律宾的统治》,《美国研究》1993年第3期。

③ 《世界各国宪法》编辑委员会:《世界各国宪法(欧洲卷)》,北京:中国检察出版社2012年版,第95-210、211-266、311-369、633-688、731-745页;《世界各国宪法》编辑委员会:《世界各国宪法(亚洲卷)》,北京:中国检察出版社2012年版,第206-237、555-563、629-637、651-663、707-721页。

④ 刘晗:《宪法的全球化:历史起源、当代潮流与理论反思》,《中国法学》2015年第2期。

表四　美国宪法的全球影响①

地　区	国家和年份	影响的内容
欧洲	爱尔兰 1937、安道尔 1993、比利时 1994、德国 1949、法国 1958、芬兰 1991、马其他 1964、摩纳哥 1962、葡萄牙 1976、瑞士 1999、塞浦路斯 1960、圣马力诺 1974、西班牙 1978、希腊 1975、意大利 1947、英国 1998	宪法审查
	法国 1958	总统制
	冰岛 1944、丹麦 1953、德国 1949、马其他 1964、塞浦路斯 1960、圣马力诺 1974、希腊 1975	三权分立
	德国 1949	权利法案
中东欧和苏联转型国家②	阿塞拜疆 1995、格鲁吉亚 1995、哈萨克斯坦 1995、吉尔吉斯斯坦 2010、塔吉克斯坦 1994、亚美尼亚 1995、塔吉克斯坦 1994、亚美尼亚 1995、爱沙尼亚 1992、白俄罗斯 1994、保加利亚 1991、俄罗斯 1993、黑山 2007、捷克 1992、克罗地亚 1990、拉脱维亚 1993、立陶宛 1992、罗马尼亚 1991、马其顿 1991、摩尔多瓦 1994、塞尔维亚 2006、斯洛伐克 1992、斯洛文尼亚 1991、乌克兰 1996、匈牙利 2011	宪法审查
	阿塞拜疆 1995、格鲁吉亚 1995、哈萨克斯坦 1995、塔吉克斯坦 1994、土库曼斯坦 2008、乌兹别克斯坦 1992、亚美尼亚 1995、塔吉克斯坦 1994、土库曼斯坦 2008、乌兹别克斯坦 1992、亚美尼亚 1995、白俄罗斯 1994、波兰 1997、波斯尼亚和黑塞哥维那 1995	总统制
	哈萨克斯坦 1995、乌兹别克斯坦 1992、阿尔巴尼亚 1998、爱沙尼亚 1992、保加利亚 1991、波兰 1997、黑山 2007、捷克 1992、克罗地亚 1990、拉脱维亚 1993	三权分立
	匈牙利 2011、波兰 1997	权利法案
亚洲	巴林 2002、不丹 2008、东帝汶 2002、菲律宾 1987、韩国 1987、柬埔寨 1993、卡塔尔 2003、马来西亚 1952、蒙古 1992、缅甸 2008、尼泊尔 2007、日本 1946、斯里兰卡 1978、泰国 2007、土耳其 1982、新加坡 1965、叙利亚 2012、伊拉克 2005、伊朗 1979、印度 1949、印度尼西亚 1945、约旦 1952	宪法审查
	韩国 1987、菲律宾 1987、马尔代夫 2008、缅甸 2008、叙利亚 2012	总统制
	韩国 1987、菲律宾 1987、日本 1946、伊朗 1979、以色列 1984	三权分立
	韩国 1987、菲律宾 1987、日本 1946、印度 1949、伊拉克 2005	权利法案

① 周婧：《美国宪法全球传播论析》，《世界经济与政治》2016 年第 7 期。
② 中东欧国家曾属于社会主义阵营，且在苏东剧变后经历了政治经济大转型，其移植美国宪法的过程与苏联转型国家具有很强的相似性。因此将中东欧国家与苏联转型国家一并分析。

续表

地区	国家和年份	影响的内容
非洲	阿尔及利亚1996、埃塞俄比亚1994、安哥拉2010、博茨瓦纳1966、布基纳法索1991、布隆迪2005、赤道几内亚共和国1982、厄立特里亚1997、佛得角1992、冈比亚1996、刚果共和国2002、刚果民主共和国2005、吉布提1992、几内亚比绍1984、加纳1992、加蓬1991、喀麦隆1972、科摩罗2001、科特迪瓦2000、卢旺达2003、马达加斯加2010、马里1992、毛里求斯1968、毛里塔尼亚1991、摩洛哥2011、莫桑比克2004、纳米比亚1990、南非1996、南苏丹2011、尼日尔2010、尼日利亚1999、塞拉利昂1991、塞内加尔2001、塞舌尔1993、圣多美和普林西比2002、斯威士兰王国2005、苏丹2005、索马里1960、坦桑尼亚1977、乌干达1995、乍得1996、中非2004	宪法审查
	阿尔及利亚1996、布隆迪2005、多哥1992、冈比亚1996、刚果共和国2002、吉布提1992、几内亚2010、几内亚比绍1984、加纳1992、津巴布韦1979、喀麦隆1972、科摩罗2001、科特迪瓦2000、利比里亚1984、马拉维1994、马里1992、莫桑比克2004、纳米比亚1990、南非1996、南苏丹2011、尼日利亚1999、塞拉利昂1991、塞内加尔2001、塞舌尔1993、突尼斯1959、乌干达1995、赞比亚1991、乍得1996、中非2004	总统制
	阿尔及利亚1996、布隆迪2005、刚果共和国2002、厄立特里亚1997、吉布提1992、几内亚2010、加蓬1991、科摩罗2001、科特迪瓦2000、利比里亚1984、卢旺达2003、马达加斯加2010、马拉维1994、毛里求斯1968、南非1996、塞拉利昂1991	三权分立
	博茨瓦纳1966、厄立特里亚1997	权利法案
拉丁美洲	阿根廷1853、巴拉圭1992、巴拿马1972、巴西1988、秘鲁1993、玻利维亚2009、伯利兹1981、多米尼加2010、多米尼克1978、厄瓜多尔2008、哥伦比亚1991、海地2011、洪都拉斯2003、墨西哥2011、尼加拉瓜1986、萨尔瓦多1983、圣基茨和尼维斯1983、圣卢西亚1979、圣文森特和格林纳丁斯1979、苏里南1987、特立尼达和多巴哥1976、危地马拉1985、委内瑞拉1999、乌拉圭1966、智利1989	宪法审查
	阿根廷1853、巴拉圭1992、巴拿马1972、巴西1988、秘鲁1993、多米尼加2010、多米尼克1978、厄瓜多尔2008、哥伦比亚1991、哥斯达黎加1949、圭亚那1980、海地1987、洪都拉斯1982、墨西哥1917、尼加拉瓜1986、萨尔瓦多1983、苏里南1987、特立尼达和多巴哥1976、危地马拉1985、委内瑞拉1999、乌拉圭1966、智利1980	总统制
	巴拿马1972、巴西1988、哥伦比亚1991、墨西哥1917、尼加拉瓜1986、萨尔瓦多1983、危地马拉1985、乌拉圭1966	三权分立

续表

地 区	国家和年份	影响的内容
拉丁美洲	安提瓜和巴布达 1981、巴巴多斯 1966、巴哈马 1973、巴拿马 1972、巴拉圭 1992、巴西 1988、玻利维亚 2009、伯利兹 1981、多米尼加 2010、多米尼克 1978、厄瓜多尔 2008、哥伦比亚 1991、哥斯达黎加 1949、圭亚那 1980、格林纳达 1974、洪都拉斯 1982、墨西哥 1917、尼加拉瓜 1986、萨尔瓦多 1983、圣基茨和尼维斯 1983、圣卢西亚 1979、圣文森特和格林纳丁斯 1979、苏里南 1987、特立尼达和多巴哥 1976、危地马拉 1985、乌拉圭 1966	权利法案
北美洲大洋洲	加拿大 1982、澳大利亚 1990、巴布亚新几内亚 1975、斐济 1997、基里巴斯 1979、密克罗尼西亚 1975、所罗门群岛 1978、图瓦卢 1978、瓦努阿图 1979、新西兰 1990	宪法审查
	基里巴斯 1979、密克罗尼西亚 1975	总统制
	斐济 1997、基里巴斯 1979、密克罗尼西亚 1975	三权分立
	马绍尔 1979、帕劳 1979	权利法案

综上,无论在私法领域,还是在公法领域,法律全球化都推动各国法律趋同。而且,趋同并非形成了完全区别于任何国家原有法律的新制度,而是以核心国家特别是美国的法律为模板。在这个意义上,法律全球化是以桑托斯所说的"全球化的地方主义"为主的。而且,这个过程也不是一个天然产生的过程,国家、私主体和律师事务所都发挥了作用。但不同主体的作用大小各不相同。总体而言,一个国家及其总部在该国的跨国公司和律师事务所作用的大小与该国家在世界体系中的位置是紧密相关的。美国法的全球化即是典型。

但是,各国法律在趋同的同时,也出现了趋异的现象。托依布纳通过欧洲大陆的诚信条款在英国的变化来阐明这一点。1994 年《欧洲消费者保护指令》把欧洲大陆的诚信条款直接移植到英国合同法中。诚信条款是欧洲大陆民法上的重要条款。欧洲大陆的法律人处理一般性条款的方式通常是抽象的、目的开放的、原则导向的,而且是体系化、教义化的。这和英国的法律推理风格完全不同。后者是规则导向的、技术化的、具体的,而且不那么体系化。那么,诚信原则引入英国之后,英国的法律人是否也以大陆法系法律人的方式来处理?英国法官是否也通过对抽象原则的具体化来推导出判决?通过一系列明确界定的抽象的学理分析来确定诚信条款的内涵,将之作为大前提,再根据目的解释来判断该条款是否适用于特定案件?托依布纳的回答是否定的。诚信条款写入英国法,是对英国法的一种"扰动"。在这种影响下,英国法律经历一番巨大的变化,发展出一种新的原则导向的法律解释机制。这种法律解释是在区分合同订立的不同情况的基础上,将诚信的要求加以细化。对诚信的解释是情景化的,而不是体系化的。① 此种机制和欧陆国家的机制显然不同。

诚信条款在英国和欧陆国家的适用机制不同是因为法律与社会的关系发生了变化。诚信条款是法律与社会相关联的要素。在历史上,诚信条款是合同法诉诸社会道德的手段。如果严格适用合同法的规则导致的结果在道德上是难以接受的,就需要依据诚信条款,用社会道德的要求去平衡严格执行合同法规则的要求。合同当事人做出的行为在社会道德上是可以接受的,合同才算诚信履行了。但是,在当下,法律与社会的关系已经由法律完全内嵌于法律转向法律与社会有选择的关联。法律系统要考量的因素并不限于社会道德,还包括政策、公共秩序。法律系统是自治的,根据自己的方式来回应社会的"扰动"。诚信条款具有抽象性和不确定性,其具体内涵取决于法律系统当时的选择。这种选择是系统本身做出的,并不取决于社会环境。② 因此,诚信条款从大陆法移植到英国法之后,发生了变化。

其实,不仅民法制度,宪法制度移植之后也会发生变化。例如,第二次世界大战之后被盟军占领的德国,在制定基本法的过程中不得不听取美国的强烈"建议",借鉴美国的司法审查制度,接受对立法行为进行宪法审查的思想。但是,德国并没有径行嫁接美国制度,同美国一样授予法院宪法审查权,而是将美国的司法审查制度与本国的法律传统相结合,创立联邦宪法法院作为专司宪法审查的机构。

在二战后同样被盟军占领的日本,情况也颇为相似。在盟军总司令麦克阿瑟的直接指示下,新制定的日本宪法也设立了宪法审查制。但和德国不同,日本直接引入了美国的司法审查制,将宪法审查权授予法院。而且,日本的司法审查也深受美国影响。例如,1952年的警察预备队违宪案件中,日本最高法院不仅确立了附带式审查模式(即只有在审理案件的过程中,法院才有权对案件涉及的法律是否违宪进行审查),而且明确各级法院

---

① Guther Teubner," Legal Irritants: Good Faith in British Law or How Unifying Law Ends Up in New Divergencies",Modern Law Review,1998,Vol.61,No.1.

② Guther Teubner," Legal Irritants: Good Faith in British Law or How Unifying Law Ends Up in New Divergencies",Modern Law Review,1998,Vol.61,No.1.

都有宪法审查权。① 这两项具体制度都和美国类似。但是,日本最高法院选择了谦抑立场,和美国联邦最高法院的司法能动立场迥然有别。在宪法审查中,日本最高法院时常采用回避宪法判断、进行合宪性解释等方法避免直接作出违宪判断。此种差别不仅与两国法院在国家政治体制中的地位不同有关,而且与两国不同的法律文化不无关系。可见,在法律制度移植的过程中,输出国和移植国制度之异同并非泾渭分明,可谓是犬牙交错。

在托依布纳看来,不仅法律制度存在趋同与趋异并存的现象,在更广意义上的制度也是如此。这在经济相关领域更为明显。尽管全球化正在迅速推进,关于世界统一市场的法律规范也已确立,但这并不会导致各国经济行为的制度环境趋同。托依布纳将经济行为的制度环境称为生产体制。生产体制不属于经济系统或者法律系统。它们通过市场、与市场有关的制度组织生产,通过运用这些制度来约束经济行为来确立规则。前者是经济制度,后者是法律制度。二者紧密相关,有所重合,但仍然是不同的。比如,经济上的财产权意味着财产权人拥有处理财产的机会,能够在市场上进行交易。法律上的所有权强调的是所有权人针对特定财产享有要求他人做或者不做某行为的权利,是一种请求权。经济上的交易和法律上签订的协议是不同的,虽然二者常常同时出现。经济中的"游戏规则"和法律规范显然有别,前者是事实上有效的规则(实然),后者是应当遵守的规则(应然)。前者属于经济系统,后者属于法律系统。它们根据各自系统的二值符码来运作,从未形成一个统一运作的系统。二者共同构成了生产体制。因此,生产体制既不是社会的功能系统,也不是形式化的组织或者互动,只是不同系统的耦合,也就是社会-经济的杂交体。②

需要说明的是,生产体制并不限于法律系统和经济系统的互动,还可能是诸多系统(如法律、政治、经济、教育、道德伦理等)共同形成的结构耦合,即多个系统之间的循环。比如,随着科学研究的深入,相应的技术标准得以确立。这种技术标准被立法者确认,成为一种法律标准。依据这一标准,运用二值符码合法/非法做出判断,可能原来合法的行为被认定为是非法的。如此一来,科学系统的运作就对法律系统产生了影响。但这种"影响"不是由科学系统传输到法律系统当中的,法律系统仍然运用自己的二

---

① 韩大元、莫纪宏主编:《外国宪法判例》,北京:中国人民大学出版社2005年版,第29-31页。

② Guther Teubner," Legal Irritants: Good Faith in British Law or How Unifying Law Ends Up in New Divergencies", Modern Law Review,1998,Vol.61,No.1.

值符码,依据自己的程式对科学系统的"扰动"做出回应。某一行为被认为非法之后,企业调整了原有的标准,导致生产成本上升。于是,企业联合会开始进行政治游说,促使政府让技术人员重新制定技术标准。在这个过程中,"扰动"在不同的系统之间进行传递,就像传声接龙一样,形成了一个极循环。[①]

托依布纳的"极循环"和卢曼的"连续振荡"非常相似。在卢曼看来,现代社会已经由分层式分化转向功能分化,分化出功能不同的子系统如政治、经济、法律、宗教、教育等。互为环境的诸系统彼此分离,同时又相互"扰动"。不同系统相互交织、缠绕与互动,引起连续振荡。其形式可能像几个频率相同的声音同时产生共鸣,也可能类似涟漪在逐渐扩展的过程中依次遇上其他涟漪而形成多次共振。[②] 连续振荡使得多个系统关联起来,但不是超越于各系统之上的统一的运作。一个系统的运作可能会扰动另一个系统。这只是一种可能,只有与后一系统的运作相契合,这种影响才会发生。现代社会由诸多系统组成。多个系统共同构成了特定系统的环境,比如政治、经济、教育等系统共同构成了法律系统的环境。环境能否产生影响取决于系统本身。因此,对卢曼而言,虽然政治、经济、技术、信息等全球化的推进使得法律系统的环境具有更多的相似性,但是不同国家的法律制度未必是趋同的。

托依布纳也认为作为制度环境的生产体制是多样的。具体而言,经过不同系统之间不断的相互"扰动"、影响,生产体制逐渐处于平衡状态,塑造出特有的经济文化。这是一个共同演化的过程。托依布纳将共同演化分为两个维度,一个是制度相互间共同演化影响的质量,另一个是共同演化联系的协调密度。就共同演化的质量而言,制度之间的相互影响可分为三类:一是刺激,也就是一个制度受到作为环境的另一个制度的扰动;二是模仿,也就是一个制度内部的选择机制重构了另一个制度的外部标准;三是同质共生,也就是一个制度的外部选择结果通过同化而在另一个制度内部重新稳定下来。共同演化的协调密度可以从四个角度来进行分类:一是自生自发的或者是有组织的;二是同时进行的,或者是先后进行的;三

[①] [德]贡塔·托依布纳:《魔阵·剥削·异化——托依布纳法律社会学文集》,泮伟江、高鸿钧等译,北京:清华大学出版社2012年版,第249-252页。

[②] Niklas Luhmann, Ecological Communication, John Bednarz, Jr. (trans.), Chicago: The University of Chicago Press, 1989, p.49.

是片断化的,或者是整合性的;四是对抗性的,或者是协调的。① 各国制度共同演化影响的质量和共同演化联系的协调密度不尽相同,其生产体制不可能是相同的。

(三) 全球社会的宪法问题

在法律系统中,司法是系统的中心,立法居于系统的边缘。这并不意味着司法反过来居于立法之上,二者在等级上有别或者重要性不同。它们的区别在于做出法律决定的方式不同。法院的裁判活动是具体的,在特定个案中应用法律规范。立法者制定普遍适用的一般性法律规范。在法律的边缘,政治、经济、宗教等方面的组织化或者自发的集体性法律主体和个体性法律主体与社会事务领域之间建立起了紧密的联系。立法主体由国家立法机构扩展到国际立法机构、国际组织、跨国公司和全球性的非政府组织等。在处理这些社会事务的过程中,上述主体制定了各种标准合同、专业协会协定、机构的惯例、技术与科学的标准化、行为的标准化以及非政府组织、媒体和社会公共领域之间的非正式共识等,由此形成了具有约束力的法律规范。这些法律规范超越民族国家,在全球范围内适用。因此,可称之为"全球法"。②

全球法是由同特定的全球社会领域相对应的不同法律构成。全球法不是一个统一的整体,不同的全球法之间甚至存在冲突。这种冲突源自于社会的分化。现代社会已经分化成不同的社会子系统,各个系统都是自治的,依据自己的程式运用特定的二值符码展开运作。随着不同国家地区往来的增加,这些系统都突破了某一国家的领土界限,在全球范围内运作。最早突破领土边界的是市场,随后是科学、文化、技术、卫生、军事、运输、旅行、体育,而后是政治、法律。由此,出现了全球化。运用于不同领域的全球法是多元的,彼此之间存在冲突。比如,新商人法中反映了全球市场经济合理性的标准合同与世界卫生组织设立的规范相冲突,跨国建筑法(全球范围内的建筑设计师专业规则)与国际环境法相冲突,设定禁止武力使用规范的国际法与国际人权法相冲突,世贸组织上诉机构设立的规范与人

---

① [德]贡塔·托依布纳:《魔阵·剥削·异化——托依布纳法律社会学文集》,泮伟江、高鸿钧等译,北京:清华大学出版社 2012 年版,第 255 页。
② [德]贡塔·托依布纳:《魔阵·剥削·异化——托依布纳法律社会学文集》,泮伟江、高鸿钧等译,北京:清华大学出版社 2012 年版,第 78 页。

权组织、环保组织、经济组织创设的规范相冲突,国际人权法与国际环境法相冲突。①

如何解决全球法之间的冲突?能否通过仲裁来解决?回答是否定的。不同的全球法由不同的仲裁机构来适用,没有一个机构能解决不同全球法的冲突。那么,能否寻找效力等级?不同全球法的法律效力没有差别,全球法并没有形成一个等级体系。因为全球化是多中心的,不同的生活领域、不同的系统同时跨越一国的领土边界,在全球范围内运作。因此,全球化由经济、政治、科技、军事、法律、文化等不同领域的行动和互动构成,是一个多维的现象。在不同的领域,关系和行动模式也不相同。诸多子系统构成的社会是多中心的,这些子系统在全球范围内的运作就是全球化,全球化同样是多中心的。没有一个全球化的子系统居于其他子系统之上,也没有一个同特定子系统相对应的全球法居于其他全球法之上。全球法之间的冲突无法通过效力等级来解决。②因此,要解决全球法之间的冲突,需要全球社会的宪法对之做出相应的规定。

此外,近年来发生了一系列和与跨国主体有关的丑闻。跨国公司侵犯人权;世贸组织以全球贸易之名,做出危及环境或者人类健康的决定;体育赛事禁药泛滥,医药行业和科学领域腐败横行;互联网上的私人媒体威胁言论自由;私人组织的资料信息收集活动大规模地侵犯隐私权。这些丑闻不仅提出了规制问题,还涉及全球法的宪法问题。

全球社会的宪法问题是个新问题,与18、19世纪的宪法问题不同。18、19世纪的宪法问题在于约束民族国家权力。全球法的宪法问题在于有效限制全球运作的各社会子系统(包括经济、科学、技术、医药、新型传媒)的破坏作用。这意味着宪法问题已经超越民族国家的边界,而且不限于政治领域。这引发了一场讨论。有学者认为政治的跨国化和私人化导致民族国家宪法无法充分发挥作用,由此导致现代宪法的危机。一方面,不断涌现的各种跨国机构发挥着原本属于民族国家的部分功能,行使着原本属于民族国家的部分权力,出现了政治的跨国化。欧盟不仅有立法机构,还有司法机构,部分地替代了欧盟各国的立法和司法,这就是明证。另一方面,私人组织开始行使部分原本属于国家的权力,出现了政治的私人化。例如,第三方平台设立交易规则,对商户的交易行为进行管理,甚至对

---

① [德]贡塔·托依布纳:《魔阵·剥削·异化——托依布纳法律社会学文集》,泮伟江、高鸿钧等译,北京:清华大学出版社2012年版,第69-79页。
② [德]贡塔·托依布纳:《魔阵·剥削·异化——托依布纳法律社会学文集》,泮伟江、高鸿钧等译,北京:清华大学出版社2012年版,第165-166页。

商户与买家的纠纷做出处理决定。而且,商户和买家的跨国化,平台的权力已超出一国的领土界限。国家职能向跨国层面转移,与此同时,私人组织部分地承担了国家职能。无论是跨国组织行使权力的行为,还是私人组织行使权力的行为,民族国家的宪法都无法加以有力约束。① 这就是现代宪法的危机。

然而,在托依布纳看来,所谓的危机在民族国家全盛时期就已经存在。现代社会早已分化为各不相同的子系统。每个子系统都是封闭运作的。产生于政治和法律系统的民族国家宪法能够约束政治权力的运作,却没法直接影响其他社会子系统的运作。只不过,民族国家的宪法通过约束国家权力有效保护了个人,这成为人们的关注点。宪法无法约束其他社会子系统则被忽略了。到了全球化的当下,跨国组织、跨国公司行使国家权力的现象越来越普遍,涉及的社会领域越来越多,影响也越来越显著。人们不禁追问,这些跨国主体行使权力的正当性基础在哪里?界限在哪里?如何保护人的基本权利免受侵害?一国宪法规定的基本权利条款能否适用于这些跨国主体?与其说是全球化导致现代宪法危机的出现,不如说是全球化使得现代宪法的危机凸显出来。②

综上,全球社会的宪法问题包括两个方面。一是全球子系统之间的相互协调问题。各个社会子系统的全球化速度和强调是不一致的。经济、科学和宗教已成为全球系统,政治和法律的全球化程度相对较低。各个子系统都是独立运作的,不同的子系统之间只是相互扰动却无法直接决定对方的运作。因此,子系统之间的协调非常必要。就法律层面而言,这主要体现在不同的全球法之间的冲突。二是受限于领土边界的宪法如何约束全球范围内运作的社会子系统。③

那么,能否寻求适用于所有社会领域的全球宪法?全球宪法是国际政治体系?国际法?国际组织制定的规则?跨国体制?全球网络?还是某些新的集合、构造或者综合体?许多学者提出了不同的方案。

方案一是联合国宪章。因为联合国宪章已经成为国际共同体真正的宪法,可以通过联合国宪章建立一种新的全球宪法秩序。在这种新的宪法

---

① Guther Teubner, Constitutional Fragments: Societal Constitutionalism and Globalization, Oxford: Oxford University Press, 2012, pp.1-5.
② Guther Teubner, Constitutional Fragments: Societal Constitutionalism and Globalization, Oxford: Oxford University Press, 2012, pp.6-7.
③ Guther Teubner, Constitutional Fragments: Societal Constitutionalism and Globalization, Oxford: Oxford University Press, 2012, pp.42-44.

秩序中,成员国不再是国际条约的唯一缔约者。甚至公民也可以成为缔约者。如此一来,联合国宪章已经超越了最初的纯粹条约性质。与其他国际法条约一样,联合国宪章已经成为国际共同体的真正的宪法。然而,在托依布纳看来,如果仍然从民族国家的角度来解释联合国宪章,那么联合国就像一个巨大的民族国家集合体,就应当承担起制定世界宪法规范的任务。然而,联合国不是民族国家的集合体,无法完成创立全球宪法的任务。实际上,联合国创立的是一个组织宪法,并不是世界宪法。国际劳工组织、世界卫生组织、联合国儿童联合会、人权委员会虽然也创立规范,但这些规范是特定主题领域内的规范,并未涵盖所有社会领域。而且,这些规范并非总是有效执行的。[1]

方案二是人权条款。人权条款具有"宪法"性质,人权限制了各国主权,编制了一份具有普遍约束力的基本价值目录,设立了规范等级,而且为法律续造提供了论证基础。更为重要的是,人权无须各国达成合意,甚至可以约束不同意的国家。然而,那种认为人权即使在违反条约缔结者明确意志的情况下,也能具有约束力的主张是难以成立的。而且,从基本权利的第三方效力这个角度来探讨如何解决跨国公司侵犯人权的问题,这种聚焦国家的思路会导致重点不是向侵害人权的跨国私主体施加责任,而是要求国家防范这些跨国私主体的侵害行为。实际上,真正的任务是约束跨国私主体,限制各个独立运作的社会子系统的无限扩张。我们不能再坚持基本权利是针对国家而言的,不能仅仅关注国家权力。因此,托依布纳认为人权条款都难以成为"全球宪法"。[2]

方案三是跨国公司的内部规则即民族国家的软法。跨国公司的内部规则被视为民族国家的软法,因为它缺少国家强制力的保障。但是,跨国公司设立了监督机构专门负责制裁措施的执行,保障这些内部规则的实施。这些内部规则具有约束力,在很大程度上已经变成了"硬法"。一些跨国公司的内部规则是存在效力差别的,效力不同的规则形成了一个金字塔式的等级结构。居于顶端的是公司宪法,中间的是有关执行和监督的规定,最下面的是具体的行为指令。但是,是否形成金字塔式的规则体系取决于跨国公司本身,而不是来自于国际组织的外部推动。因此,试图通过

---

[1] Guther Teubner, Constitutional Fragments: Societal Constitutionalism and Globalization, Oxford: Oxford University Press, 2012, pp.45-47.

[2] Guther Teubner, Constitutional Fragments: Societal Constitutionalism and Globalization, Oxford: Oxford University Press, 2012, p.12.

跨国公司来形成全球社会的宪法未必可行。①

方案四是国际公法。这些规范具有宪法的特征,包括具有强制性、具有普遍效力、设立了人权条款。特别是人权条款不仅明确了哪些权利具有普遍的价值,对各国具有约束力,而且为法官续造法律提供了基础。但是,人权条款能够约束各国政府,却未必能够约束跨国公司等私主体。②

上述方案聚焦民族国家,或者从民族国家原有的路径出发,难以对全球化议题做出有效的回应。一般而言,宪法是指国家的根本法,具有最高的法律地位、法律效力、法律权威。宪法的产生与近代民族国家的形成密切相关。在近代民族国家的形成过程中,宪法是对国家政权正当性的确认。与此同时,宪法又是对国家权力的一种限制。在这个意义上,宪法就是"限法"。据此,只有民族国家才有宪法。

但在托依布纳看来,我们要修正作为宪法基础的各种先决条件。首先,宪法应切断与国家地位的关联,使处理专门问题的超国家监管体制能够被视为宪治候选者。其次,宪法应与制度化的政治相分离。再次,宪法应当与权力媒介相分离,从而使其他沟通媒介成为可能的宪治对象。经过这些重要的修正,这里的"宪法"与通常所说的宪法明显有别,但托依布纳仍然使用"宪法"这个概念。因为,诸如"元规则""必要规范""高级法律原则"等其他术语,都不足以充分容纳"宪法"概念所涵盖的问题复杂性。在传统宪法理论中,制宪权来自于人民的授权。法律系统论却拒绝将"制宪权"与个人、全体人民或者社会群体间的纯粹权力关系联系在一起。"世界国家"其实是乌托邦。甚至"国际通天塔"也是不切实际的。因为世界社会的片段化非常明显。一方面,各种自主的全球社会部门固守自己的宪法,与诸民族国家宪法形成竞争;另一方面,全球社会还要再片段化为各种区域,这些区域建立在不同的社会组织原则之上。我们不可能通过"世界国家"来创制一部统一的全球宪法。因此,托依布纳主张将"制宪权"理解为一种沟通潜力,一种社会能量类型,一种实实在在的"权力"。可见,法律系统论将"制宪权"去人格化。这并不意味着制宪权与人无关,相反,正是社会与个人、沟通与意识的相互扰动催生了制宪权,催生了自我宪治

---

① Guther Teubner, Constitutional Fragments: Societal Constitutionalism and Globalization, Oxford: Oxford University Press, 2012, pp.48-49.

② Guther Teubner, Constitutional Fragments: Societal Constitutionalism and Globalization, Oxford: Oxford University Press, 2012, pp.49-51.

化的潜力、能力、能量,也就是实实在在的自我宪治化的权力。①

从这个意义上理解宪法,适用于全球的宪法缺位是个错误的预设。实际上,在跨国空间,宪法已经建立起来。比如,哈瓦那宪章,关税与贸易总协定(GATT),布雷顿森林体系等。问题不是要在宪法缺位的全球领域从头创立新宪法,而是要改造既有的跨国宪法体系。跨国治理不仅是一个政治过程。治理常常超出国际政治之外,涉及全球社会行动领域。我们只有超越了狭义的政治过程,认识到私主体不仅参与了全球治理的政治过程,而且在政治之外建立起自己的体制。那么,在跨国治理的过程中形成了一部统一的宪法来管理非政治的诸多社会领域,还是各个社会领域创立了自己的宪法即社会子宪法?托依布纳的回答是后者。对他而言,社会子宪法分别约束全球各个子系统,并没有一部统一的宪法。②

在全球社会,各个领域拥有了各自的制宪权,形成了自己的宪法。政治宪法无法建立在所有社会沟通之上,只能建立在权力领域。科学宪法也只能建立在科学领域。总之,诸部门宪法都只能建立在特殊沟通媒介之上。而且,任何权威都不能代表社会整体。无论是政治宪法、科学宪法还是其他领域的宪法,都只能约束本系统,无法超出系统之外。由此,诸部门宪法是平等的,都不具有优先性。这和民族国家的宪法有着本质的区别。在民族国家的宪法是政治与法律的结构耦合。政治宪法通过将政治权力媒介予以形式化,获得了相对于宗教、家庭、经济和军事等其他权力来源的独立性,保障政治获得自治。而在全球社会,政治宪法并不具有此种功能,并不能对其他领域的宪法形成约束。就此而言,全球社会的法律是多元主义的。法律多元主义否定民族国家、联合国或国际组织的官方法律制度具有位阶上的优越性。相反,它所造就的是不同法律话语并驾齐驱的局面。

各种组织,无论是通过国际条约产生(比如世贸组织),还是通过私人秩序形成(如跨国公司),都倾向于从创始成员的原初协议中解放出来。托依布纳称之为"宪法解放"。通过国际条约创制社会子宪法的典型是世贸组织的宪法解放,这个过程沿着四个不同的方向展开:冲突解决的法律化;最惠国条款;贸易规则优先于政治的原则;直接效力的选择权。冲突解决的法律化最为重要,最初建立的是坚定的"专家组",他们通过外交谈

---

① Guther Teubner, Constitutional Fragments: Societal Constitutionalism and Globalization, Oxford: Oxford University Press, 2012, pp.8-9,13-14,55-60.

② Guther Teubner, Constitutional Fragments: Societal Constitutionalism and Globalization, Oxford: Oxford University Press, 2012, pp.5,8,10.

判,协调成员国和世贸组织之间关于条约解释的冲突。然而,日久生变,"专家组"逐渐发展为成熟的法庭,拥有广泛的管辖权、自己的裁判等级和更强的执行力。他们不仅裁判普通的法律问题,而且裁判与宪法性规范相关的问题,这些宪法性规范界定了世贸组织与各民族国家的关系。

通过私人秩序创立社会子宪法的最典型情况,就是跨国公司的宪治。和地方组织、社会运动、非政府组织和国际组织的长期冲突,迫使跨国公司出台行为准则,作为国家公司宪法的功能等值物发挥作用。这些情况表明跨国公司宪法初现端倪,跨国公司作为由诸多实体组成的自治共同体,开始通过建构独立于国家的治理体系来规制自身。甚至 ISO 等国际标准化组织,现在也将自己从相应的国家机构中解放出来,形成自己的宪法。它们形成了国家机构、专家和利益群体代表制的相关规范,正当程序和制度化对话的规范,以及各种实体裁判原则。企业联合组织如"社会责任国际"发展出了其他宪法性的自我规制形式。作为一个 NGO 组织,"社会责任国际"代表各方利益,根据《国际劳工组织公约》和《联合国人权宣言》形成了劳动标准。[1]

不同的子宪法之间可能相互冲突,这种冲突源自于全球性的诸多子系统之间的协调非常困难。因为一旦社会诸子系统成为全球性的系统,它们就从民族国家的政治支配下释放出来,再也没有机构为它们设定界限,防止它们的离心倾向,或者规制它们之间的冲突。而且,逾越国家边界的诸子系统与受限于国家边界的民族宪法之间存在着张力。政治-法律子系统孕育了民族国家的社会子宪法,但它在全球背景中并无对应之物,无法发挥促成并限制系统自治的作用。[2] 那么,建立全球法的等级体系是否可行? 要建立等级体系,需要一个权威性的机构。联合国至今没能让自己制定的规则都得到执行。作为联合国的"主要司法机构",国际法院的作用也有限。很难找到一个能赋予不同全球法以不同效力等级的权威机构,建立全球法的等级体系也就很难行得通。[3]

基于此,托依布纳并不寻求全球法的统一,不追求社会子宪法之间的稳定平衡,而是另辟蹊径,追求相互矛盾的发展过程之间的动态非均衡,寻

---

[1] Guther Teubner, Constitutional Fragments: Societal Constitutionalism and Globalization, Oxford: Oxford University Press, 2012, pp.54-57.

[2] Guther Teubner, Constitutional Fragments: Societal Constitutionalism and Globalization, Oxford: Oxford University Press, 2012, pp.42-44.

[3] [德]贡塔·托依布纳:《魔阵·剥削·异化——托依布纳法律社会学文集》,泮伟江、高鸿钧等译,北京:清华大学出版社 2012 年版,第 102 页。

求不同全球法的弱的兼容性。这需要解决两个方面的关系。纵向是全球新体制和民族国家之间的关系,重点在于应当向全球新体制施加哪些限制。横向是各种全球新体制之间的关系,协调不同的社会子宪法,避免各个子系统的自主运作造成的负担超出整个社会系统分化结构的极限。那么,如何协调不同的社会子宪法呢?托依布纳认为只能采取严格非等级式的冲突解决机制。这种冲突解决机制包括两种形式:或者将纠纷内部化,由相互冲突的体制本身做出决定;或者将纠纷外部化,进行体制间的谈判。也就是说,各种纠纷,要么交由各自的体制宪法,要么交由体制间的合作。今天,两种情况都已经在制度层面实现了。一方面是各体制法院的判例法,另一方面是各体制间的合作程序。[1]

在托依布纳看来,社会子宪法是平等的,没有哪个处于优越地位。如此一来,全球社会就是一个没有顶点也没有中心的社会。在卢曼那里,现代社会就是没有中心的。因为现代社会是一个功能分化的社会,各子系统尽管功能各不相同,但都是平等的。无论是宗教还是道德,都不是高居于上的,无法赋予社会一个整体的"意义"作为所有决定的最终合理性依据。作为最后观察点的"阿基米德点"不存在了,没有哪个观察免于被观察,任何通过观察所做出的判断都会受到挑战和质疑,不存在具有普遍意义的最终合理性依据。所以,每个子系统只能根据自己的结构自行运作,由此构成的社会就是无中心的。

---

[1] Guther Teubner, Constitutional Fragments: Societal Constitutionalism and Globalization, Oxford: Oxford University Press, 2012, pp.11, 64, 152-154.

八、法律系统论的意义与限度

(一)作为隐形网络的现代法律与社会

一般而言,社会被认为由人或者人与人之间的关系构成。作为社会组成部分的法律自然也如此,法律如何运作、呈现出何种样态就取决于人的行动。然而,在法律系统论看来,作为社会子系统的法律不是通过人的行动展开,而是由沟通构成。沟通(也就是信息的产生、传递和理解三个阶段的选择过程),并不是主体的告知行动或者理解行动,不能回溯到某个单一的主体,而是多个主体参与的过程。并且,主体只是参与沟通,不是制造沟通,沟通的参与者无法直接决定沟通、对话是否继续以及如何继续①。相反,一个沟通接着下一个沟通,如此不断衔接,苗生出一种独立于人之外的秩序,进而构成一个完整的法律系统。因此,作为主体的人并不是法律系统的组成部分,而是环境。

但这并不意味着法律系统与人之间没有关联性。实际上,如果没有人的参与,就没有沟通,人是沟通及其所构成的法律系统的前提。不是说人不重要,而是说人尽管能够影响系统,却无法决定系统的运作,因为系统是封闭运作的。人不是法律系统的组成元素,只是系统的环境。人和法律系统之间没有沟通,法律系统的运作是独立于人之外的。人无法预知下一刻法律系统将出现什么沟通,无法控制法律系统的运作。"没有人"的法律系统就像一个隐形的网络。面对这样的网络,人无法对它的未来进行计划和安排,颇感无力,甚至身不由己。

法律系统的产生不取决于人们的意愿,法律系统的运作不局限于特定国家的领土之内。无论在世界什么地方,只要存在运用"合法/非法"这组

---

① Niklas Luhmann, Social Systems. John Bednarz, Jr. & Dirk Baecker (trans.), Stanford, California: Standford University Press, 1995, pp.139-170; Niklas Luhmann, Theories of Distinction: Redescribing The Descriptions of Modernity. William Rarch (ed.), Stanford, California: Stanford University Press, 2002, p.83.

二值符码进行的沟通,法律系统就会出现。① 随着经济全球化、信息全球化的推进以及人员的跨国流动,法律系统在全球范围内的运作也不断增多,出现了跨国家法律。作为跨国家法律最成功范例的新商人法,并未经过民主程序,也未得到国家的授权便已产生。它的实施不依赖于国家的制裁、国家间协议。可以说,新商人法独立于任何国家的主权,处于民族国家甚至处于国际关系之外。它的效力就来自于合同与仲裁之间相互赋予效力的"封闭循环"。具体而言,合同明确了国际仲裁庭有权对有关合同的争议作出裁判,设立了次要规则。次要规则使得仲裁裁决具有效力。一旦提交仲裁,仲裁机构必须作出裁决,判断合同的效力。就此而言,合同的效力来自于仲裁。如此一来,合法赋予仲裁有效性,仲裁又反过来决定了合同是否有效。合同与仲裁之间的循环运作,使得全球的商人国际贸易创建了一种私人"裁判""立法"和"缔约"的制度性三角关系。在这个过程中,并没有国家的立法机关,也没有国家的司法机关。通过自我指涉,新商人法解决了效力自赋的问题。② 自我指涉就是法律系统依据自己的程式,运用"合法/非法"这组二值符码,判断特定事件是合法还是非法。这是法律系统内部的运作。通过自身的运作,法律系统切断了与特定国家的关联,成为全球运作的系统。

全球运作的新商人法对特定国家的商法产生影响,推动各国商法趋同。其实,不仅新商人法,其他跨国家法律(包括国际组织制定的规则)也推动了各国法律趋同。但是,趋同只是在一定范围之内,各国法律仍然保留自己独特的运作方式。即使是将一种法律制度移植到其他国家,也会形成新的运作机制。诚信条款从欧陆国家移植到英国所发生的变化即是明证。其缘由在于法律已经从内嵌于社会转向自治,法律已经成为封闭运作的系统。系统通过自身的运作来回应环境的"扰动"。

法律系统通过自我指涉,依据先前的法律决定和规范所构成的网络结构判断特定事件是合法还是非法,再对这个判断进行传递和理解,制造出新的沟通,从而维持了系统运作的封闭性和自主性。然而,这并不是说,系统单靠自身,靠自己的力量,无需环境的贡献就能存续,而是指系统生产自身的同质性,并借着这个同质性生产出构成系统的一切元素。当然,这一

---

① [德]尼克拉斯·卢曼:《社会的法律》,郑伊倩译,北京:人民出版社2009年版,第303页。

② Guther Teubner(ed.), Global Law without a State, Aldershot: Dartmouth Publishing Company Limited, 1998, pp.13-16.

切只有在环境支持的基础上才有可能。① 法律系统是自主的,却不是孤立而自足的,并非与其他社会子系统所构成的环境全然无关。相反,系统向环境开放。法律系统能够观察外部因素及其变化,能够识别并回应外部环境的"扰动"。但这些认知不是从环境输入系统的,而是系统通过观察制造出来的。并不是环境输入信息(如,种族隔离是不公平的),系统就自动作出回应(如,作出种族隔离违宪的判决)。所谓"环境的扰动""环境的影响"并不是环境真的"扰动"影响了系统,而是系统自身注意到"扰动",依据自己的结构来判断是否以及如何回应这些"扰动"。环境的"扰动"只有被系统识别之后才成为"扰动",才能发挥作用。因此,只有通过自身的运作,系统才能对环境保持认知开放。而系统的运作是封闭的。因此,只有透过封闭,开放才成为可能。②

尽管法律系统对社会环境保持认知开放,经济全球化、信息全球化以及跨国家法律的出现使得社会环境变得更为相似,但是否识别环境的变化、如何回应环境的变化,仍然取决于系统本身的运作。在不同的时空,法律系统运作的结果未必是相同的。在不同的时空,法律系统的程式不尽相同,依此做出的法律决定也有所不同。基于此,在全球化的背景下,法律趋同只是在一定范围之内,差异仍然存在。

法律系统对社会环境的开放是基于封闭运作的认知开放。系统是否识别环境的"扰动",是否以及如何回应则是系统内部的封闭运作,取决于系统自身的网络结构。但结构只是设定了系统运作的框架,在这个范围内,究竟选择哪一项取决于运作的过程。③ 换句话说,法律系统的结构(即程式)限定了法律决定的范围,究竟是此范围内的哪个无法事先做出判断。毕竟,对程式的解释并不是唯一的,可能因时因地而异,程式的真正含义是什么,只有结合具体案情才能确定。再者,程式的含义不是一成不变的,新的法律决定可能改变程式的原有含义。程式并非固定不变的,依据程式作出的法律决定也是变化着的、不确定的。因而,系统的运作是偶在性的,也就是说既不是必然的,也不是不可能的。④

---

① Niklas Luhmann, Die Wissenschaft der Gesellschaft. Frankfurt am Main: Suhrkamp, 1990, p.30.

② Niklas Luhmann, Law as A Social System. Fatima Kastner, Richard Nobles, David Schiff & Rosamund Ziegert.(eds.), Klaus A. Ziegert (trans.), New York: Oxford University Press, 2004, p.112.

③ Niklas Luhmann, Social Systems. John Bednarz, Jr. & Dirk Baecker (trans.), Stanford, California: Standford University Press, 1995, pp.44-45.

④ Niklas Luhmann, Observation on Modernity. William Whobrey (trans.), Stanford, California: Standford University Press, 1998, p.45.

其实,对法律系统论而言,不仅作为子系统的法律,整个社会系统都是偶在的。因为现代社会已经由分层式分化转向功能分化,分化出功能不同的子系统如政治、经济、法律、宗教、教育等。互为环境的诸系统彼此分离,同时又相互"扰动",形成共振。比如,在美国关于堕胎的法律争议引起了宗教系统、道德系统和大众传媒的关注,宗教、道德沟通和媒体资讯交织在一起,后者反过来"扰动"法律系统的运作。法律决定做出之后再次引发宗教、道德和大众传媒的沟通,并影响政治系统的运作(如美国大选)。如此一来,社会诸系统相互交织、缠绕与互动,从而引起连续振荡。其形式可能像几个频率相同的声音同时产生共鸣,也可能类似涟漪在逐渐扩展的过程中依次遇上其他涟漪而形成多次共振。连续振荡使得多个系统关联起来,也使诸系统所构成的社会变得难以预知,因为整个社会内的共振并不等于各系统的共振之和,任何两个系统之间的共振都可能再次得到其他系统的回应,形成连续振荡。①

不仅如此,社会各系统是否回应其他系统的"扰动",二者是否产生共振,这是我们无法预见和控制的。系统能否识别外部因素的影响、是否回应以及如何回应,取决于它自己运作所形成的网络结构。网络结构就像系统的保护机制,限制系统只能识别某些外部因素并作出应答。就像只有频率相同的声音才会产生共振,系统正是依据自己的频率有选择地作出回应。因此,是否形成共振取决于系统本身,而不是作为环境的其他系统。也就是说,任何系统都只能"扰动"其他系统,却无法直接决定后者的运作。在这个意义上,各系统是平等的,无论是宗教、道德,还是由国家所代表的政治都不过是社会的一个子系统,并不是高居于其他子系统之上。就此而言,现代社会没有一个所谓的"社会的代表",没有所谓的中心,也就不存在各系统的统一运作。

然而,一个没有中心的社会如何可能?法律系统论的回答是各系统互为彼此的环境,环境尽管无法决定系统如何运转,却成为运作的条件。在相互地限制当中,系统形成了自己的动态稳定结构,并凭借结构限制需要考虑的因素,化简复杂性,从而维持自身的运作。现代社会正是通过各系统的封闭运作来实现的。社会就好似哥特式教堂里的屋顶,不同的系统犹如形状各不相同、来自不同方向的石块,汇集在一起就成了拱形的屋顶。②

---

① Niklas Luhmann, Ecological Communication, John Bednarz, Jr. (trans.), Chicago: The University of Chicago Press, 1989, p.49.

② Kenneth C Bausch, The Emerging Consensus in Social Systems Theory. Kluwer: Academic Plenum Publishers, 2001, p.230.

只是法律系统论眼中的社会并不是一种实体,而是一个运作的过程。运作不是由某个中心来控制,也不是被特定目标指引,它取决于构成社会的各个系统本身。毕竟,现代社会已经没有终极意义的"宪法",没有一个居于所有系统之上的整体意志能够将各系统整合起来。① 没有来自于外部的指引,各系统通过自我指涉展开其运作。于是,整个社会的运作成为一种没有最后确定性的运作,是无法进行计划与安排的。② 下一时刻社会呈现的样态就取决于各个系统瞬息之间同时出现的运作,质言之,是偶在的。③

但偶在并不等同于完全不确定或者随机。社会各系统的结构已经预先对可能出现的选项进行筛选,使得某些选项更可能出现,另一些出现的概率则较低,甚至被排除在外。结构事先划定了一个可能的范围,设定了系统运作的框架,把无限的复杂性转变为有限的复杂性。所以,各系统进而是整个社会的运作是有组织的,而不是混沌和无序的。但是,有组织并不意味着完全可预见,毕竟结构只是限缩了选择的范围,在这个范围内究竟选择哪一项取决于运作的过程。换句话说,结构化简了复杂性,却没有消除复杂性(也就是只有一个选项,将其他选项完全排除)。它只是建构了新的复杂性即有组织的、数量较少的复杂性。简单地说,就是用较为简单的取代较为复杂的。系统仍然会面对复杂性,因此系统不得不做出选择。而不得不选择就意味着偶在性,意味着一定范围内的所有选项都可能被实现、成为现实的东西。更何况,例外事件可能发生,系统可能突破结构的限制,选择结构所设定范围之外的事项。如此一来,就没有什么是不可能的,或者是必然的。一旦失去了必然性,风险就出现了。

风险已成为现代社会的显著特征。随着全球化的推进,风险早已超越了一国的领土边界,成为各国共同面对的问题。那么,什么是风险?风险对法律系统论而言,并非区别于安全。因为安全是空洞的,是无法定义的,只有从风险出发才能说明安全是什么。为了定义安全,人们就进一步探讨什么是风险,仿佛在风险的对立面就存在着绝对的安全。如此一来,人们就会忽略危害总是无处不在,以为安全是可以实现的。基于此,法律系统论提出风险和危险的区分。危险是指超出人的控制之外的危害。风险则是人的决定所导致。它关乎的是,谁是决定者,谁是受害者。哪些人做出

---

① Niklas Luhmann, Ecological Communication, John Bednarz, Jr. (trans.), Chicago: The University of Chicago Press, 1989, pp.134-135.
② Niklas Luhmann, Essays on Self-Reference. New York: Columbia University Press, 1990, p.179.
③ Niklas Luhmann, Die Wissenschaft der Gesellschaft. Frankfurt am Main: Suhrkamp, 1990, pp.61-62.

决定,哪些人成为决定的牺牲者。既然风险来自于人的决定,我们能否通过做出不同的决定来避免风险呢?法律系统论的回答是否定的。因为我们在做出 A 决定的时候,就要承受失去 B 决定的优点这一风险。在这个意义上,我们总是在制造风险,风险是无法避免的。① 可见,风险并不仅仅意味着危害发生的可能性高,它强调的是未来的高度不确定性和不可预见性。

正因如此,卢曼说:"未来无法开始。"②也就是说,我们无法设计未来,无法预知和控制社会将出现的事件。下一时刻发生什么事件取决于各个系统的运作,而各系统是封闭且自主的,究竟如何运作由各系统自己决定。如此一来,诸系统所构成的社会就像一个"隐形的网络"。在托依布纳看来,我们深陷其中,却只能无奈地任由其自行运转,而无法主宰社会的运作,也无法有计划地安排社会的未来。③

这与韦伯的判断何其相似!在韦伯看来,经济秩序深受机器生产的技术和经济条件的制约。今天这些条件正以不可抗拒的力量决定着降生于这一机制的每一个人的生活,而且不仅仅是那些直接参与经济获利的人的生活。也许这种决定性作用会一直持续到人类烧光最后一吨煤的时刻。巴克斯特认为,对圣徒来说,身外之物只应是"披在他们肩上的一件随时可甩掉的轻飘飘的斗篷"。④ 然而命运却注定这斗篷将变成一只铁的牢笼。⑤ 我们身处其中,无处可逃。如此一来,个人的自由如何可能?在法律系统论那里,我们却看不到丝毫悲观的色调。尽管我们无法控制社会的运作,但社会同样无法左右我们,我们可以自行决定是否参与以及如何参与功能不同的各系统的运作。在这个意义上,我们不再被禁锢,不再受限于特定的系统,获得了选择的自由。不可否认,面对功能分化的社会,我们根本无法控制其运作,这不免让人无可奈何。但与此同时,这也避免社会被少数人控制。在这个意义上,自行运转的现代社会使得个人的自主选择成为

---

① Niklas Luhmann, "Reading Notes: Social Systems." John Bednarz & Dirk Baecker(trans.). Adrian Chan, 2005(25).

② Niklas Luhmann, The Differentiation of Society. Stephen Holmos & Charles Larmore. (trans.), New York:Columbia University Press, 1982, p.281.

③ Guther Teubner,"The Anonymous Matrix: Human Rights Violations by Private." Modern Law Review,2006(6).

④ Guther Teubner,"The Anonymous Matrix: Human Rights Violations by Private." Modern Law Review,2006(6).

⑤ [德]马克斯·韦伯:《新教伦理与资本主义精神》,于晓、陈维钢等译,北京:生活·读书·新知三联书店 1996 年版,第 105 页。

可能。

与此种自由相伴而生的却是某种无家可归的境地。尽管能够参与任何一个系统的运作,但我们只是作为各个不同的角色参与其中。我们仿佛分裂成各种角色,而不是一个作为整体的"人"。而且,我们参与系统的运作,却不归属于其中任何一个,只是在其间不断地漂移、游荡。我们就像无根浮萍一般,随波流荡。这不禁让人想起萨特在垂暮之年的感慨:生活给了我想要的东西,同时它又让我认识到这没多大意思。① 不过,你又有什么办法呢? 于是,我们只能在虚无与不甘虚无之间徘徊。

然而,在法律系统论看来,过去与未来之间的连续性已经断裂开的现代社会,我们无法再对世界加以确定性的描述,没有一个可预期的确定的未来,也无法从神或者理性的人那里找到整体的"意义"与最终的正当性。谁也没法告诉我们应当如何正确地思想和行动。失去了终极意义的"宪法",我们只能求助于自己,自己决定如何行动。我们还要学会忍受未来的高度不确定和不可预知(即风险),以及由此带来的命运的不可支配。这,也许就是现代人无法逃脱的宿命。但"没有风险的生命,没有实现个人偏好的生命同样是没有价值的"。②的确,在这样一个从外部观察世界的"阿基米德点"已然不在的现代社会,③操持生命之弦的守护神只能是我们自己。也许正因如此,自主选择的空间和色彩斑斓的社会才成为可能。

(二) 法律系统论的方法论意义

在法律系统论的创立者卢曼看来,只有足够复杂的理论才能解释高度复杂的现代社会和法律。法律系统论显然是复杂的。那么,法律系统论能否为我们描述现代社会中的法律提供一个恰当的理论架构? 为我们提供更多的洞见?

法律系统论致力于创建能够对现代社会中的法律进行解释的理论架构。作为社会学家的卢曼更是致力于提出能够对整个社会学的对象加以解释的概念工具,建构一般理论,从而为社会学乃至整个社会科学提供理

---

① [法]让-保尔·萨特:《七十岁自画像》,《萨特文集》(第七卷),沈志明等译,人民出版社2000年版。
② Niklas Luhmann, Ecological Communication, John Bednarz, Jr. (trans.), Chicago: The University of Chicago Press, 1989, p.74.
③ [德]哈贝马斯:《后形而上学思想》,曹卫东译,南京:译林出版社2001年版,第18、28页。

论基础。要建构一般理论来对社会理论的核心问题(即社会如何可能)作出回答,需要明确社会要解决的首要问题是什么。在法律系统论看来,化简复杂性是社会要解决的首要问题。任何一个社会处理可能出现的事件和状态(即复杂性)的能力都是有限的,社会必须化简复杂性,消除或减少可能的事件和状态。唯有如此,社会才能维续下去。要化简复杂性,社会就需要分化出不同的部分来处理不同类型的事件和状态。

不同社会的复杂性有别,居于主导地位的社会分化形式也不同。古代社会以片段式分化为主,高度文明的社会主要是分层式分化,现代社会则侧重于功能分化。[1] 随着社会规模的扩大,复杂性增加,分层式分化已不足以化简复杂性,于是转向了功能分化。现代社会分化出功能不同的子系统如政治、经济、教育、艺术等。[2] 因此,与以前的社会相比,现代社会的显著特征是高度复杂。法律系统论的分析对象是高度复杂的现代社会。

中国不仅人口众多,社会规模大,而且地域差别大,思想观念多元。加之全球化的推进,中国与世界各地的联系越来越紧密,彼此的互动也越来越频繁。发生在其他国家和地区的事件也可能对中国产生影响。在如此复杂的社会当中,无论是片段式分化,还是分层式分化都不足以化简复杂性。功能分化成为主要的分化形式,社会由诸多功能不同的子系统构成,如政治、经济、科技、道德、宗教等。

法律是诸子系统中的一个,它依据法律决定和规范相互指涉所形成的网络结构判断特定事件是合法还是非法,再对这个判断进行传递和理解,制造出新的沟通,从而维持了系统运作的封闭性和自主性。简单地说,法律系统是一个自我指涉的封闭系统。

"系统/环境"这组差异成为法律系统论的出发点。[3] 运用这组差异,我们看到了不同的社会子系统。接下来的问题是,如何区别不同的社会子系统?法律系统论的回答是二值符码。不同子系统所运用的二值符码是不同的。比如,政治系统的二值符码是"有权/无权"(或者"执政/在野"),经济系统的二值符码是"支付/不支付",科学系统的二值符码是"真/假"。运用不同的二值符码的子系统所具有的功能也是不同的,例如政治系统的

---

[1] Niklas Luhmann, The Differentiation of Society. Stephen Holmos & Charles Larmore. (trans.), New York:Columbia University Press, 1982, p.263.

[2] Niklas Luhmann, The Differentiation of Society. Stephen Holmos & Charles Larmore. (trans.), New York:Columbia University Press, 1982, pp.236-238.

[3] Niklas Luhmann, Social Systems. John Bednarz, Jr. & Dirk Baecker (trans.), Stanford, California:Standford University Press, 1995, p.16.

功能是做出具有约束力的集体决定,经济系统的功能是减少物质短缺,科学系统的功能是追求真理。由此,在法律系统论的图景里,社会的首要特征是差异,而不是统一。

更为重要的是,社会子系统都是自我指涉系统,也就是自我关联的封闭系统。以法律系统为例,它根据自身的结构(即已有的法律规范),运用专属于自己的二值符码(即"合法/非法"),对特定事件是合法还是非法作出判断。在这个过程中,其他子系统构成的社会环境会对法律系统形成"扰动"、产生影响,法律系统对社会环境保持认知开放。但这些认知不是从环境输入系统的,更不是环境输入信息,系统就自动作出回应。因为每个系统都有自己的二值符码,并没有一种所有系统都能运用的"共同符码"。其他社会子系统构成的环境也就无法运用"共同符码"制造出信息,再传递给法律系统。信息只能由系统自己制造出来。[①] 在这里,我们再次看到了系统的差异,而不是统一。各自运作的系统所构成的社会也就不是统一的。

在这个缺乏统一运作的社会里,系统通过依据自身的网络结构把环境中的事物标示出来,再制造出信息,并根据该信息做出新的法律决定。法律系统只能通过指涉自己的网络结构即自我指涉,而不是依据环境的变化作出判断。与网络结构无关的一些因素不会引起法律系统的关注与回应。只有和网络结构相关的"扰动",才能为系统所识别。不是环境的任何变化都能够引起法律的变化,法律系统只能有选择地回应环境。环境的"扰动"就像可能影响系统运作的诸多声音,但并非所有声音都能够引起回应。只有频率相同的声音才会产生共振,系统正是依据自己的频率有选择地回应环境。就此而言,法律是自治的,不再内嵌于社会,孟德斯鸠关于法律与民族文化完全一体的观点难以用来解释当下的法律。[②]

法律系统之所以有选择地回应社会环境,是因为现代社会高度复杂,而且政治、经济、道德等其他子系统所构成的外部环境的复杂性总是高于系统本身,环境变化的速度也高于系统,系统无法与环境一一对应。如果将所有外部因素都考虑在内,系统就可能因无法有效化简复杂性而难以继续运作。化简复杂性的机制是网络结构。系统通过网络结构限制系统只能识别一部分因素并作出应答,只处理自己能力范围之内的事项。否则,

---

[①] Niklas Luhmann, Social Systems. John Bednarz, Jr. & Dirk Baecker (trans.), Stanford, California: Stanford University Press, 1995, p.444.

[②] Guther Teubner," Legal Irritants: Good Faith in British Law or How Unifying Law Ends Up in New Divergencies", Modern Law Review, 1998, Vol.61, No.1.

系统可能因负荷过度而无法运转。法律系统自身是有限制的，不可能对所有的需求作出回应。由此，法律系统论对"为什么法律不是万能的、法律总是滞后于社会"作出了有力的解释。

法律系统论从规范转向系统，将法律系统视为运作着的社会子系统之一。通过分析法律系统的封闭运作过程，法律系统论一方面对法律如何自己赋予自己有效性作出具有说服力的解释，回答了两千多年来一直争论不休的法学核心问题，即法律的效力究竟从何而来；另一方面，阐明作为跨国家法律最成功范例的新商人法在没有国家授权和国家间协议的情况下如何产生，在没有国家制裁保障的情况下如何有效实施，对法律何以全球化作出有力解释。通过分析法律系统如何通过封闭运作来保持对社会环境的认知开放，法律系统论解释了为什么法律一方面与政治、道德等其他社会领域相分离、维持其自主性，另一方面又随着社会环境的不同而改变，解决了封闭与开放之间的悖论。法律系统论还阐明某一法律制度在移植国会形成与输出国不同运作机制的原因，解释了为什么在法律全球化的背景下各国法律仍然保留自己独特的运作方式，解决了各国法律趋同与趋异同时存在的悖论。

此外，就方法论而言，法律系统论为我们提供了一个分析现代法律与社会的理论框架。运用"系统/环境"这种差异，不仅将法律系统与其他社会子系统构成的社会环境区分开来，关注法律系统自身的运作，把握运作的特点，而且对法律系统与作为其环境的所有其他子系统之间的互动进行细致的分析，甚至将法律系统与多个子系统的连续相互"扰动"所形成的极循环纳入研究视域当中。如此一来，一方面能够避免将法律系统和社会环境完全看作一体，将法律的变化视为统一的社会演化的结果，而忽视了法律的自主性、自治性，忽视了法律拥有独立的演化路径和机制；另一方面能够避免将法律与社会割裂开来，忽视了法律与社会之间的相互影响、相互关联，从而能够在社会变迁的过程中分析法律的变化与发展。

与现有法律社会学相比，法律系统论的方法论意义更为明显。依据侧重点的不同，现有研究主要分为四类。

第一种研究将注意力放在法官、律师等法律职业者身上，尤其是关注他们的个性及其对司法判决的影响。比如现实主义法学的代表人物弗兰克通过对司法裁判过程的研究，分析作为裁判的中枢因素的法官个性如性情、偏见、习惯、经历等如何影响判决结果。在他看来，法官的个性起着决定作用,使案件产生不同后果。① 其实,此论点并非弗兰克首创,只不过其观点更为激进。早在19世纪70年代现实主义法学的先驱霍姆斯就说过,在法律决定过程中,"被感受到的该时代的需要,流行的道德和政治理论,公认的或无意识的对公共政策的直觉知识,甚至法官与他们同胞所持有的偏见,在确定支配人们的规则应该是什么时,都比演绎推理显得更重要"。② 正因如此,法官的社会属性、职业特征一直是法律社会学研究的焦点。法官的社会属性、职业特征并非不重要,但是除此之外还有许多影响法律运作的因素,忽略了这些因素难以对法律运作的动因进行全面的分析。

第二种研究的焦点是法律机构特别是法院的行为。高举法律科学主义旗帜的布莱克就深受行为科学的影响,力图通过对案件的社会结构的分析,找到当事人的社会地位、关系距离、法官的权威性、法院的组织与法院裁判行为之间的客观的函数关系,开创了"案件社会学"。③ 现实主义法学的另一代表人物卢埃林则关注美国上诉法院的行为,致力于发现上诉法院所形成的独特的"上诉审风格",也就是说法院怎样工作、价值观念、专业知识以及法官所关心的事物都具有特定的基调和风味。在考察了上诉法院的审判活动之后,卢埃林指出,自20世纪30年代以来在美国上诉法院中占据主导地位的是庄重风格,也就是不再严格服从先例所确立的规则,而是依靠智慧、理性和对周围环境的理解来做出决定。如此一来,那些纸上的法律规则仅仅有适用的可能性,是否适用、如何解释和适用法律规则进而形成怎样的"真实规则"与决定者个人以及当时流行的价值观念有关。基于此,卢埃林甚至认为法律并不是写在纸上的规则,而是官员解决纠纷的行为。④ 可见,此种研究的目的在于通过分析法院如何适用法律、作出裁判,寻找现实生活中的"真实规则"、"行动中的法律"。法院是法律系统的中心,其重要性自不待言。但仅关注法院,难以对法律的全貌进行描述。特别是随着经济全球化的推进,在法律的边缘出现了不依赖于法院裁判的新商人法,从法院出发难以对新商人法的产生和实施作出有力的解释。

---

① Jerome New Frank, Law and The Modern Mind, London: Stevens & Sons Ltd., 1949, pp.111-112.
② O.W.Holmes, Jr., The Common Law, Little Brown(1963), p.1.
③ [美]唐·布莱克:《社会学视野中的司法》,郭星华等译,北京:法律出版社2002年版。
④ Karl .N. Llewellyn, Bramble Bush: on Our Law and Its Study, New York: Oceana Press, 1960, p.12.

第三种关注的是人们对法律的态度、观点。此研究着力考察法律知识在大众中的传播情况，不同年龄、性别、阶层的人所具有的法律知识是否存在差别、对待法律的态度是否相同，当下流行的法律观念是什么。[1] 不同群体的法律态度和观点不尽相同，这确实对法律的运作产生影响。那么，这种影响究竟如何产生？人们的法律态度、观点与法官的价值观念、法院的裁判是什么关系？要对此进行分析，需要一个综合的分析框架。

第四种关注的是法律与其他社会领域的关系。其中，法律与政治的关系一直备受关注。在众多研究法律与政治关系的学者中，批判法学者可谓典型。在批判法学看来，法律本身是矛盾的、不确定的，无法为决定提供确定的答案，法律决定不过是依据占统治地位的观念做出的政治决定罢了。因此，法律不过是披着外衣的政治，也就是说"法即政治"。法律被装扮成"确定的""中立的"，不过是为了将现行的法律及其所建构的社会秩序加以合法化。[2] 此研究虽揭示了法律与政治的紧密关联，却忽视了法律自身的运作逻辑。除了法律与政治的关系，法律与社会的演化也是学者关注的焦点。涂尔干的机械团结社会的压制型法和有机团结社会的恢复型法，昂格尔的古代社会的习惯法、贵族社会的官僚法、现代社会的法治，哈贝马斯的资本主义自由竞争时期的形式法和发达的资本主义时期的福利法，都是从法律与社会演化的视角对法律做出的分类。尽管分类标准不同，但这些研究都分析了社会演化对法律产生的影响，揭示了法律随着社会变化而发生的变化。对于分析法律与社会的关系，阐明法律演化的历史具有重要意义。但上述研究较为关注社会对法律的影响，对法律的内部变量以及法律对社会的影响着墨较少。而且，"法律/社会"的二分法虽有助于分析外部社会对法律的影响，但社会由政治、经济、宗教等不同领域构成，运用此种二分法难以将不同领域对法律的不同影响加以阐释。

运用"系统/环境"这组差异来分析现代社会的法律，我们可以观察到法律系统的存在。因为系统并不是先于环境的超验主体，也不是先于认知主体而存在的"外在世界"，认知主体与世界、系统与环境是同时浮现的。一旦确立法律和非法律之间的界限，我们就把法律和法律之外的一切区分开来，前者是系统，后者则是系统的环境。法律系统论既强调法律系统以及其他社会子系统各自的自主性，也关注不同系统之间的相互影响。其分

---

[1] Niklas Luhmann, A Sociological Theory of Law. Martin Albrow.(ed.), Elizabeth King & Martin Albrow (trans.), London: Routledge & Kegan Paul, 1985, pp.2-5.

[2] Allan C. Hutchinson & Patrick J. Monahan, Law, Politics, And The Critical Legal Scholars: The Unfolding Drama Of American Legal Thought, 36 Stan. L. Rev. 245 (1984).

析框架一方面能够关注到法律系统自身的运作逻辑,分析法律内部的变量,又能够将法律与其他社会子系统的关联性全然关涉在内,将法律与多个子系统连续互动所形成的极循环的动态过程展示出来。法律系统论阐明了法律系统如何有选择地回应社会环境的变化,提供了一个把握法律系统与社会环境之间复杂关系的理论框架。运用法律系统论的理论架构对法律内外进行对照与分析,一方面避免只看到法律"普洛透斯之脸"的一个侧面,而没能把握法律与法律之外诸多因素之间的复杂关系;另一方面,避免将法律的运作当作外部因素直接左右的结果,忽略法律自身运作逻辑,消解了法律的自主性。对正处于法治建设当中的中国而言,消解法律的自主性可能尤其值得戒备。一旦法律丧失其自主性,法律又如何能够有效约束权力、保护自由。并且,这种封闭而开放的法律系统理论有效整合了以实践为导向的法律学和以认知为导向的法律社会理论,为法学与社会学、政治学、经济学之间的跨学科研究提供了一个分析与整合的理论框架。

(三)法律系统论的未解难题

随着经济全球化、信息全球化乃至政治全球化的逐渐加速,法律全球化不断推进,成为法律系统最为显著的特征。法律全球化也就成为法律系统的重要论题。卢曼在《社会的法律》一书中,专门论述了世界社会的法律,阐明世界社会虽然没有中央立法和司法管辖权,但法律系统也存在。相比而言,托依布纳对法律全球化的研究更为深入,不仅阐述了跨国家的新商人法如何形成,分析在法律全球化的背景下,各国法律究竟趋同还是趋异,还探讨了如何解决全球社会的宪法问题。

卢曼和托依布纳都运用"系统/环境"这组二值符码对法律全球化的进行分析。卢曼认为,唯一存在的社会系统是世界社会。无论在国家范围内还是在世界社会范围内,关键的不是生活条件的相似性。对我们的目的起决定性作用的是沟通的网络。一个沟通连着一个沟通,就形成社会系统。社会系统跨越地区和国界,是世界的。世界社会的法律是社会子系统之一,同样能够跨越国界。无论在世界什么地方,只要存在运用"合法/非法"这组二值符码进行沟通,法律系统就会出现。[①] 托依布纳也运用"系统\环境"这组二值符码来分析法律全球化。在托依布纳看来,法律系统可

---

① [德]尼克拉斯·卢曼:《社会的法律》,郑伊倩译,北京:人民出版社 2009 年版,第 303 页。

分为中心和边缘。法律系统的边缘与其他社会子系统的互动较多,更容易确立起紧密的联系。在这个互动过程中,出现了形式化、技术化和职业化的法律。这些法律的产生不依赖于国家立法机构、国际立法机构和国际组织,其实施也不依赖于国家法院的制裁。它们由自我管理的组织制定,其运作超出了特定民族国家的范围。

对卢曼和托依布纳而言,法律是运用"合法/非法"这组二值符码进行运作的系统。"合法/非法"这组二值符码是法律系统与其他社会子系统的本质区别。其他社会子系统构成了法律系统的环境。法律系统论从"系统/环境"的二元出发来分析法律,不再使用"主体/客体""整体/部分""个人/社会"等二元对立模式。这是法律系统论与其他社会理论的根本区别。无论是韦伯的社会行动论、涂尔干的社会实在论,还是帕森斯的结构功能主义、杰弗里·亚历山大的新功能主义、哈贝马斯的交往行为理论,都是坚持"整体/部分""个人/社会""主体/客体"的二元。在这些理论中,人、主体始终是重要的分析单元。而在法律系统论中,人、主体并不是法律系统、社会系统的组成部分。尽管人、主体的参与是法律系统存在的前提,但系统的运作、沟通的过程不能被看作是一系列行动如表达、理解的衔接。[①]我们不能从说话者的意图和语言来界定沟通这个概念,如果将沟通等同于人的行动,我们就会将沟通理解为行动者的意愿或者计划,而忽视了沟通独立于人的意识之外,忽视沟通的自主性和复杂性。如果把人的行动当作法律系统的元素,我们就可能主张法律系统的运作是由人决定的,将法律系统的样态、下一刻可能做出的法律决定视为作为主体的人计划和安排的结果。如此一来,法律系统仿佛就是我们能够预知和控制的。但实际上,人的行动未必能够实现其预期目标,事态往往处于我们的控制之外。

法律系统论甚至背离了近代以来以主体为中心的社会科学。对法律系统论而言,系统不仅不是就在那里的,与作为主体的人相对立的,而且它本身也具有认知和学习的能力。用哈贝马斯的话说,系统论以系统概念取代了从笛卡尔到康德的认知主体概念。[②] 为什么要以系统取代主体? 这是为了消除以主体支配客体的非对称性。具体而言,近代自笛卡尔以降,主体与客体、身与心、理智与情感就处于二元分裂当中,最终的结果是主体受制于客体、身心不一,出现了海德格尔所谓的"焦虑"。而这种"对立"正

---

① Niklas Luhmann, Social Systems. John Bednarz, Jr. & Dirk Baecker (trans.), Stanford, California: Standford University Press, 1995, pp.151,164.

② [德]哈贝马斯:《现代性的哲学话语》,曹卫东等译,南京:译林出版社2004年版,第411—430页。

是建立在主体原则之上的理性所创造出来的,因为基于主客二分,理性主体之外的世界或自然都是与主体相对立的、受主体控制的客体。于是,以主体来支配客体的非对称性确立起来,理性的主体也就取代了超越的神,成为一切的中心,能够为自然立法。然而,在当下理性的主体不再被视为最后的观察者,无法为我们提供最终的合理性依据,不再是天然正当的立法者。因此,法律系统论主张克服主客之间的非对称性,放弃主体的优越地位,主张以"系统/环境"的区分取代了认知主体与客体。系统与环境的区别仅在于复杂性不同,任何一方都不能成为另一方的支配者,系统只是通过不同形式的结构来组织其认知和学习。于是,系统成了认知主体,不仅能够认识周围环境,而且能认识自我。[①]

基于此,法律系统论运用"系统/环境"而不是"主体/客体"来分析法律全球化的过程。运用这一分析框架,法律系统论对法律全球化作出了有力的解释。法律系统论摒弃了原有从民族国家的视角来解释法律的做法,转而从系统的角度分析法律。判断是否存在法律系统的标准在于是否出现运用"合法/非法"这组二值符码展开的运作。只要有这样的运作,法律系统就出现了。法律系统的运作是没有边界的,可能超出特定民族国家的领土之外,在全球范围展开。此种观点不仅阐明了全球法何以可能,而且为解释新商人法的效力来源奠定了基础。

全球范围运作的新商人法既不是由国家立法机构制定,也不是来自于国家之间的协议。如果将新商人法视为由特定国家制定或承认的规则,难以阐明其效力来源。法律系统论将新商人法视为封闭系统,通过分析新商人法的运作过程解决了上述难题。跨国商事主体订立合同,明确了国际仲裁庭有权对有关合同的争议作出裁判,设立了次要规则。次要规则使得仲裁裁决具有效力。争议提交仲裁后,仲裁机构必须作出裁决,判断合同的效力。就此而言,合同的效力来自于仲裁。如此一来,合同赋予仲裁有效性,仲裁又反过来决定了合同是否有效。新商人法的效力就来自于合同与仲裁之间相互赋予效力的"封闭循环"。这种反身性的运作,其实就是运用"合法/非法"这组二值符码展开的运作。[②]

此外,法律系统论还深入分析全球化对各国法律产生的影响,阐明为什么各国法律仍然保持着多样性。经济、信息全球化导致各国法律的社会

[①] 颜厥安:《鼠肝与虫臂的管制——法理学与生命伦理探究》,北京:北京大学出版社2006年版,第95页。

[②] Guther Teubner(ed.), Global Law without a State, Aldershot: Dartmouth Publishing Company Limited, 1998, pp.15-18.

环境更为相似,全球法、区域法的出现推进了法律的移植,各国法律出现趋同。但与此同时,各国法律之间的差异仍然存在。因为法律不是内嵌于社会的,并非与社会形成一一对应的关系。相反,法律已成为自主运作的系统,只是有选择地回应社会环境。尽管在全球化的背景下社会环境相似度提高了,但这只是对法律系统形成"扰动"。法律系统根据自己的网络结构来决定是否以及如何回应"扰动"。在不同的时空,法律系统的网络结构不尽相同,法律对社会环境的回应也有所不同,各国法律的差异性仍然存在。

无论是新商人法的产生,还是法律全球化背景下各国法律的变化,法律系统论的阐释都是具有说服力的。但是,在法律全球化的过程中,跨国公司、大型律师事务所、国家、国际组织都发挥了重要作用。在"系统/环境"二分的理论框架中,如何对上述主体进行分析,是法律系统论不得不回答的问题。

在法律系统论看来,新商人法的产生、运作是与国家无关的。但如前所述,已有研究表明,新商人法的效力源于自身的运作,并不意味着它与国家无关。实际上,美国的跨国公司、大型律师事务所在新商人法的形成过程中发挥了重要作用。它们以美国商法为版本,型塑新商人法,并借助新商人法对各国商法的影响,推动了美国商法的全球化。

除了跨国公司、大型律师事务所和国际组织,民族国家也在推动法律全球化过程中发挥重要作用。这在美国法全球化的过程中尤为明显。美国的商法,乃至作为根本法的宪法都对许多国家产生了影响。

从发生学的角度看,美国法的全球化即全球传播可分为有意传播和无意传播。无意传播是指在美国没有进行推介的情况下,移植国自行学习和继受美国法,可谓是"无心插柳"。有意传播是指美国在对外交往过程中推广本国法,增加本国法对其他国家的吸引力和影响力,进而推动美国法的传播,可谓"有心栽花"。当然,如果上述国家根本不愿借鉴美国法,仅仅是美国单方面推广,美国法仍难以被移植。就此而言,美国法的传播是作为被移植国的美国和移植国互动的结果。但是,有意传播与无意传播的影响因素显然不同。①

在无意传播过程中,美国并没有向移植国推广美国法。对美国而言,此种传播其实是被移植的。例如,除德国之外的欧洲国家和英联邦国家主动将美国宪法视为模板,自行借鉴美国宪法。其原因主要有两方面。一是

---

① 周婧:《美国宪法全球传播论析》,《世界经济与政治》2016年第7期。

基于二战后美国的实力与地位。从"二战"后与苏联比肩到苏联解体后独占鳌头,美国的国际地位不断提高,规定国家基本制度的美国宪法的吸引力也随之提升。二是美国宪法确立的基本制度和原则有助于解决二战后的欧洲国家面临的问题。问题主要包括两个方面:通过强有力的政府推动恢复重建,通过宪法审查保护个人基本权利免受立法机构和行政机构的侵害。这就需要划定立法机构、行政机构和司法机构各自的权限范围,需要专门的机构来行使宪法审查权。美国宪法提供了上述问题的方案,而且这些方案被美国的实践证明是有效的,①特别是金融危机之前。基于此,除德国之外的欧洲国家和英联邦国家主动参考美国宪法。

就有意传播而言,美国法在全球的传播与美国推广美国法的行动有关。美国主要通过对外法治援助来推广本国法。对外法治援助旨在为其他国家的法治改革提供援助。作为一种重要的对外援助方式,美国的对外法治援助始于第二次世界大战之后,②可分为三个阶段。

第一个阶段的受援国主要是战败之后的日本。为了帮助日本重振经济、恢复秩序,美国在为日本提供经济援助的同时也提供法治援助。美国不仅支持日本制定新宪法,而且帮助日本修改刑法、刑事诉讼法等基本法律,制定反垄断法、社会保障法等,以推动经济社会的发展。

第二个阶段是20世纪50年代中后期至70年代中期对第三世界的大规模援助,即第一次"法律与发展运动"。法治改革最先得到美国援助的是亚洲国家。较具代表性的是印度。美国参与援助的机构,既有官方机构如美国国务院教育和文化事务局,也有非官方机构,如福特基金会、美国律所协会等。当时美国政界、学界对印度的法律和社会了解相对较少,缺少相关援助经验。为了确保援助的效果,在大规模实施援助之前,美国对印度法律尤其是法律教育进行了充分的调研。1956年,福特基金会专门资助成立印度法律研究所,邀请斯坦福法学院院长斯佩思围绕印度法律教育改革进行实地调查研究。1962年福特基金会又和美国国务院教育和文化事务局共同邀请哈佛教授梅伦赴印度就法律教育改革进行调研。在充分调研之后,学者就印度法律教育改革提出了许多建议。在此基础上,美国开始推动印度的法律教育改革。例如,福特基金会与美国国务院教育和文

---

① 韩铁:《美国宪政民主下的司法与资本主义经济发展》,上海:上海三联书店2009年版,第127-129页。
② 尽管早在19世纪20年代就为其他国家提供援助,美国正式承担对外援助的责任是在第二次世界大战之后。参见周琪、李枏、沈鹏:《美国对外援助——目标、方法与决策》,北京:中国社会科学出版社2014年版,第3-5页。

化事务局共同援助贝拿勒斯印度教大学法学院的改革项目,邀请乔治大学法律中心的教授肯尼斯·派于1966年7月至1967年2月主持该法学院的项目。① 除了印度,越南、菲律宾等亚洲国家的法治改革也得到了美国的相关援助。援助主要通过非官方机构来实施,如美国律师协会、亚洲基金会。② 20世纪60年代初期,美国对外法治援助的范围进一步扩大,由亚洲扩展至非洲。当时,一些非洲国家刚宣布独立。这些国家一方面需要建章立制,需要通过建立法治体系来确立本国的政治经济制度;另一方面缺少法治建设的相关经验和技能。于是,美国决定向非洲提供法治援助。同亚洲国家一样,美国对非洲国家的法律和社会也了解甚少。基于此,美国首先对非洲国家进行实地调研,召开一系列研讨会。在此基础上,美国开始了对非洲的法治援助。援助的重点是非洲的法律教育改革,援助的主力军肯尼迪总统组建的和平队。此外,哈佛、耶鲁、芝加哥、哥伦比亚、康奈尔等数十家法学院也积极为非洲国家的法律教育提供帮助。通过援助,美国为非洲培养了一些法律教师。加之,能招募到非洲的美国法律职业者则越来越少③,美国于20世纪60年代中期结束了对非洲的援助。与此同时,为了推动拉美的社会发展,确保自己的后院安全,美国开始对拉美进行法治援助。从1965财年开始,美国在援助中增设了法律项目,开始对拉美实施法治援助。此轮援助主要针对五个国家,即哥斯达黎加(1965)、巴西(1966)、智利(1967)、秘鲁(1968)、哥伦比亚(1969)。④ 援助的国家虽然比非洲少,但规模和投入更大。这主要是因为1966年颁布《对外援助法》之后,促进受援国社会发展成为美国对外援助的主要目标。社会发展不限于经济方面,还包括政治方面。要促进政治发展,需要法律来保障。所以,美国对拉美的法治援助成为对拉援助的重要内容。

从1985年至21世纪初是美国对外法治援助的第三个阶段。援助的范围从第三世界扩展到转型国家,由此兴起了第二次"法律与发展运动"。

---

① Jayanth K. Krishman, "Professor Kingsfield Goes to Delhi: American Academics, the Ford Foundation, and the Development of Legal Education in India", The American Journal of Legal History, Vol.46, No.4(Oct.,2004).

② John Henry Merryman, "Comparative Law and Social Change: On the Origins, Style, Decline & Revival of the Law and Development Movement ", The American Journal of Comparative Law, Vol. 25, No. 3 (Summer, 1977).

③ Johnstone, Quintin, "American Assistance to African Legal Education", 46 Tul. L. Rev. 657 (1971-1972).

④ James A. Gardner, *Legal Imperialism: American Lawyers and Foreign Aid in Latin America*, p.60.

20世纪70年代末期,亨廷顿所谓的"第三波民主化浪潮"波及拉美,拉美国家出现了新一轮的民主转型。为推动拉美的民主转型,美国国务院于1983年开始讨论增加相关援助,尤其是法治援助。六名美国人(四名修女和两名平均地权改革的支持者)在萨尔瓦多被杀,更是引起了美国对拉美政治法律制度的高度关注。为了推动拉美的民主发展,增强拉美的个人权利保护,美国国会于1984年通过法案设立对拉法治援助项目。1985年美国开始实施法治援助项目。项目首先在中美洲国家落地,后来扩大到南美洲。[1] 20世纪80年代末、90年代初苏东国家解体,美国开始进军苏联的领地。为了推动中东欧和苏联转型国家向"正确"的方向转型,美国为这些国家提供大量援助,包括法治援助。参见援助机构之多前所未有,从美国国务院、国际开发署到联邦法院、司法部、美国司法会议、财政部、商务部、证券交易监督委员会、联邦贸易委员会、新闻署、缉毒局、联邦调查局、海关总署、美国行政会议、国会研究服务中心等,从美国全国民主基金会、福特基金会、马歇尔基金会、索罗斯基金会到美国联邦律师协会、美国律师协会等,从哈佛法学院、哥伦比亚法学院到乔治城法学院、休斯敦法学院等。除了参与机构多,援助的力度也非常大。仅1993财年至1998财年,美国政府就投入了2.87亿美元用于支持中东欧和苏联转型国家的法治建设。[2] 非政府机构纷纷注资设立法治援助项目,甚至成立专门的项目部如美国联邦律师协会的"民主法治项目部"、美国律师协会的"中东欧法律项目部"。可以说,美国的法治援助已开展了半个世纪,却兴盛于苏联解体之后。[3] 除了拉美和中东欧、苏联地区,美国还在亚洲和非洲开展法治援助项目。尤其是第三波民主化浪潮席卷东亚和撒哈拉沙漠以南非洲。在亚洲,美国主要援助菲律宾、印度尼西亚、柬埔寨、马来西亚、蒙古等东亚东南亚国家。在非洲,美国主要为埃及、埃塞尔比亚、利比亚、卢旺达、莫桑比克、南非、马拉维和乌干达等提供法治援助。由于援助的机会和资金较少,亚洲和非洲的援助项目相对较少,[4] 拉美地区和中东欧、苏联的转型国家才是援助的重点。始于第二次世界大战结束之后的美国对外法治援助已遍布全球,受

---

[1] United States Agency for International Development, *Achievements in Building and Maintaining The Rule of Law: MSI's Studies in LAC, E&E, AFR, and ANE*, 2002, pp.1-2.

[2] United States Agency for International Development, Achievements in Building and Maintaining The Rule of Law: MSI's Studies in LAC, E&E, AFR, and ANE, 2002, p.5.

[3] United States Agency for International Development, Achievements in Building and Maintaining The Rule of Law: MSI's Studies in LAC, E&E, AFR, and ANE, 2002, p.1.

[4] United States Agency for International Development, Achievements in Building and Maintaining The Rule of Law: MSI's Studies in LAC, E&E, AFR, and ANE, 2002, pp.1, 20-25.

援对象多达184个国家和地区①。

在不同时期、不同的国家和地区,美国对外法治援助的主要领域有所不同。援助的领域可分为三类:一是立法援助,帮助受援国制定新宪法和法律;二是司法援助,支持受援国完善司法系统;三是法律教育援助,帮助受援国培养"现代"的法律职业者。②

通过立法援助,美国实现了美国法在日本、中东欧和苏联转型国家的广泛传播。"二战"后的日本宪法不仅修改了天皇制,放弃了战争权,而且学习美国对言论自由、平等权、沉默权等一系列基本权利做出规定,确立三权分立和司法审查制。在司法审查过程中,日本也借鉴美国法院的判例,参考其方法。例如,1952年的警察预备队违宪案件中,日本最高法院不仅确立了附带式审查模式(即只有在审理案件的过程中,法院才有权对案件涉及的法律是否违宪进行审查),而且明确各级法院都有宪法审查权。③这两项制度都与美国类似。除了宪法,日本的司法制度也借鉴了美国。刑事诉讼法确立了公开审判,引入了英美的对抗制和自由心证主义。民事诉讼法引入了"当事人主义",废除了职权证据调查制度。行政诉讼法改变了二战前的行政法院模式,借鉴美国的普通法院模式,将行政法院归于统一的普通法院当中。④

中东欧和苏联转型国家同样在修宪修法的过程中参考了美国法的基本制度和原则。首先,许多转型国家的宪法深受美国权利法案的影响,如捷克和斯洛伐克共和国通过的《基本权利和自由宣言》仿照了美国的《权利法案》;匈牙利和波兰对公民自由和权利的保障选择了美国的模式。⑤其次,就基本政治制度而言,俄罗斯、哈萨克斯坦、白俄罗斯、乌兹别克斯坦等国设立了总统制,保加利亚、哈萨克斯坦、捷克、乌兹别克斯坦等国确立了三权分立原则。再次,在宪法审查制方面,白俄罗斯、俄罗斯、格鲁吉亚、捷克等国通过宪法设立了宪法法院;吉尔吉斯斯坦将宪法审查权授予最高

---

① United States Agency for International Development, Achievements in Building and Maintaining The Rule of Law: MSI's Studies in LAC, E&E, AFR, and ANE, 2002, pp.24-35.
② 周婧:《美国对外法治援助的策略与效果》,《国际论坛》2018年第5期。
③ 韩大元、莫纪宏主编:《外国宪法判例》,北京:中国人民大学出版社2005年版,第29-31页。
④ 周婧:《美国对外法治援助的策略与效果》,《国际论坛》2018年第5期。
⑤ 高鸿钧:《美国法的全球化:基于四种典型的观察与分析》,《中国法学》2011年第1期。

法院宪法法庭;哈萨克斯坦设立了宪法委员会。① 最后,在宪法审查过程中,美国的司法能动主义也对这些国家产生了影响。其中,颇具代表性的是俄罗斯宪法法院。1991年成立的俄罗斯宪法法院力图通过法律的方式解决政治争议,甚至介入府院之争。② 这最终导致总统叶利钦暂停宪法法院的宪法审查权,直至1993年新宪法制定之后,俄罗斯宪法法院才恢复权力。③ 此外,俄罗斯的刑法取消了对私人经济行为、自由言论和政治异见者的处罚。保加利亚刑事诉讼法确立了法官的中立性,并将批准逮捕权由检察官转至法官。格鲁吉亚行政法不再像苏联行政法那样以赋予行政机关权力为要旨,转而以限制行政权为原则,设立了规范行政权、确保行政权透明和公开、保护公民知情权等制度。④

通过司法援助,美国不仅帮助许多第三世界国家建立刑事司法部门,而且推动一些国家借鉴美国的诉讼模式。其中,拉美国家最为典型。许多拉美国家曾经是葡萄牙和西班牙的殖民地,采取的诉讼模式大陆法系的纠问式。但在美国的力推之下,一些拉美国家改变了原有诉讼模式,从大陆法系的纠问式转向英美法系的对抗式。此外,有的拉美国家的法院学习美国法院充分发挥制约行政权的作用,成为主导社会变革的力量。深受美国影响的哥伦比亚宪法法院就在审理人权保护和文化多样性保护等受瞩目的过程中废除了一些免除国家责任的政府法令。⑤

在第一次"法律与发展运动"中,通过法律教育援助,美国为受援国培养了一些法律人才。仅20世纪60年代十年间,大约有50名非洲学生从美国法学院获得学位。⑥ 但是,美国推广美国式法律教育模式的目标并未实现。受援国的法学教师、学生对美国法律教育的了解有所增加,但无论

---

① 《世界各国宪法》编辑委员会:《世界各国宪法(欧洲卷)》,北京:中国检察出版社2012年版,第95-210、211-266、311-369、633-688、731-745页;《世界各国宪法》编辑委员会:《世界各国宪法(亚洲卷)》,北京:中国检察出版社2012年版,第206-237、555-563、629-637、651-663、707-721页。
② 刘向文:《俄罗斯联邦宪法司法制度的历史发展》,《黑龙江政法管理干部学院学报》2006年第1期。
③ 刘向文:《俄罗斯联邦宪法司法制度的历史发展》,《黑龙江政法管理干部学院学报》2006年第1期。
④ United States Agency for International Development, Achievements in Building and Maintaining The Rule of Law: MSI's Studies in LAC, E7E, AFR, and ANE, PN-ACR-220, p.13.
⑤ [英]博温托·迪·苏萨·桑托斯:《迈向新法律常识:法律、全球化和解放(第二版)》,刘坤轮、叶传星译,北京:中国人民大学出版社2009年版,第401页。
⑥ Quintin Johnstone, "American Assistance to African Legal Education," 46 Tul. L. Rev. 657 (1971-1972).

在亚洲、非洲,还是拉美,受援国都没有建立起类似美国的"现代"法律教育模式,受援国的法学院未能成为培养"现代"法律职业者的摇篮。①

综上,美国法的全球传播并不完全是一个天然形成的过程,而是与美国的对外法治援助有关。在不同时期、不同国家和地区,美国援助的重点领域不尽相同。这既与受援国的法治状况有关,也是美国在评估不同时空的战略目标、利益、资源和阻力基础上作出的选择。毕竟,对外法治援助是大国外交的重要手段,需要保持与国家外交战略的协同性。尽管不同时期和地区的援助效果有别,但就整体效果而言,美国对外法治援助已经对受援国的法治改革产生了深远的影响。借此,美国促使许多国家学习和借鉴美国法,促进了美国法的全球化,影响了"二战"后的世界法律格局。而且,美国通过扩大自身的制度影响力来塑造全球秩序,重塑了"二战"后的国际格局,建立了美国主导下的国际秩序。② 在法律全球化的过程中,国家发挥着重要作用。

在法律全球化的图景中,既有国家法的移植甚至全球传播,也有跨国家法的全球运作。在国家法的移植(包括全球传播)过程中,除了民族国家,国际组织也发挥重要作用。例如,在美国实施对外法治援助的时候,世界银行也为拉美国家、亚洲国家的法律和司法改革提供捐款和贷款,并设定改革的方向和顺序。世界银行设定的方向与美国提出的司法能动主义是相似的。③

跨国家法的全球运作则稍有不同。以作为跨国家法之典型的新商人法为例,其产生与实施不依赖于民族国家甚至国家间协议。但是,新商人法并非完全区别于任何国家的商法。实际上,新商人法与美国商法存在密切的关联。这是因为给本部在美国的跨国公司草拟合同时,美国大型律师事务所参考借鉴了美国商法,甚至以此为模板。而且,随着新商人法在全球范围内的广泛适用,美国商法实现了全球化。因此,新商人法与国家法的移植(包括全球传播)之间仍然存在一定关联性。

实际上,国家法的移植(包括全球传播)与跨国家法的全球运作相互影响,甚至同时发生。民族国家、跨国公司、大型律师事务所、超国家的国际组织都参与此过程中,而且有时它们的行动是相互关联的,目标是一致

---

① James A. Gardner, Legal Imperialism: American Lawyers and Foreign Aid in Latin America, The University of Wisconsin Press, 1980, pp.63-199.
② 周婧:《美国对外法治援助的策略与效果》,《国际论坛》2018年第5期。
③ [英]博温托·迪·苏萨·桑托斯:《迈向新法律常识:法律、全球化和解放(第二版)》,刘坤轮、叶传星译,北京:中国人民大学出版社2009年版,第401、406-407页。

的。对于这样一幅复杂的法律全球化图景,法律系统论能否加以描述和解释?

如前所述,法律系统论运用"系统/环境"的理论架构,分析了处于民族国家甚至国际关系之外的新商人法何以通过合同与仲裁的相互指涉来实现自己赋予自己效力。法律系统论力图另辟蹊径,超越原有的建立在民族国家之上的那套话语体系,对全球化时代的法律运作作出解释。这是因为在全球化的当下,法律的运作早已超出了一国的领土边界,具有了明显的跨国特征。建立在民族国家之上的那套话语体系失灵了,无法对跨国的法律作出有力的解释,面临着前所未有的挑战。这就需要一套新的理论来适应和解释全球化带来的变化。法律系统论力图跳出了原来那套话语体系,寻求新的理论架构,进而为上述难题寻求解答,应对面临的挑战。

运用"系统/环境"的分析框架,法律系统论的确能够解释跨国家法何以产生、为何具有高度的流动性和不确定性。然而,国家法和跨国家法时常交织在一起。法律系统论如何超越民族国家的视角,如何对此加以描述?这是其一。其二,对法律系统论而言,"人""主体"是在法律系统之外的。它并不从"主体"行动的角度,而是从系统的角度来阐释法律的运作。那么,如何将民族国家、跨国公司、大型律师事务所、国际组织的行动纳入"系统/环境"的分析架构当中?如果将其归属于不同的子系统,归属的标准是什么?比如,作为一项重要的外交工具,对外法治援助是服务于援助国外交战略的。对于其运作,能否用法律系统和政治系统结构耦合来解释?其三,法律系统论虽然力图超越民族国家的视角,但有时仍运用建立在民族国家基础上的那套话语体系。比如对诚信条款移植到英国为何形成不同运行机制的分析,对移植国的历史传统如何影响法律移植结果的分析,仍然在民族国家的理论架构内展开。如何超越建立在民族国家基础上的原有理论,如何形成新的话语体系,是法律系统论需要回答的问题。

参 考 文 献

一、法律系统论的论著

1971

Habermas, Jürgen & Niklas Luhmann. Theorie der Gesellschaft oder Sozialtechnologie- Was leistet die Systemforschung? Frankfurt am Main: Suhrkamp.

Luhmann, Niklas

1977

"Differentiation of Society". The Canadian Journal of Sociology 2(1).

1980

"Book Review: Michel Crozier and Erhard Friedberg: L'acteur et le systeme. Les contraintes de I'action collective 1977, Paris: Editions du Seuil." Organization Studies 1(193).

1981

"Communication about Law in Interaction Systems." In K. Knorr-Cetina & A. V. Cicoural (eds.), Advances in Social Theory and Methodology: Toward an Integration of Micro- and Macro-Sociotogies, Boston, London and Henley: Routledge & Kegan Paul.

1982

The Differentiation of Society. Stephen Holmos & Charles Larmore. (trans.), New York: Columbia University Press.

1983

"Insistence on Systems Theory: Perspectives from Germany - An Essay." Social Forces 61 (4).

1984

"The Self-Description of Society: Crisis Fashion and Sociological theory", International Journal of Comparative Sociology 25(1-2).

1985

a. A Sociological Theory of Law. Martin Albrow. (ed.), Elizabeth King & Martin Albrow (trans.), London: Routledge & Kegan Paul.

b. "The Work of Arts and The Self-Reproduction of Art." Thesis Eleven12.

c. "Society, Meaning, Religion: Based on Self-Reference." Sociological Analysis 46(1).

d. "Response to Commentators." Sociological Analysis 46(1).

1986

a. Love as Passion. Jeremy Gaines & Doris L. Jones (trans.), Cambridge, Massachusetts: Harvard University Press.

b. "The Autopoiesis of Social Systems." In Geyer, F. and Van der Zouwen, J. (eds.), Sociocybernetic Paradoxes. London: Sage.

c. "The Theory of Social Systems and its Epistemology: Reply to Danielo Zolo's Critical Comments." Philosophy of The Social Sciences 16.

1987

a. "Modern Systems Theory and The Theory of Sociery." In Volker Meja, Dieter Misgeld & Nico Steehr(eds.), Modern German Sociology, New York: Columbia University Press.

b. "The Medium of Art." Thesis Eleven 18-19.

c. "The Representation of Society within Society." Current Sociology 35(2).

1988

a. "Paradigm Lost: On the Ethical Reflection of Morality: Speech on The Occasion of The Award of The Hegel Prize." Thesis Eleven 29.

b. "Law and Social Theory: Law as A Social System." Northwestern University Law Review 83.

c. "The Third Question: The Creative Use of Paradoxes in Law and Legal History." Journal of Law and Society 15(2).

d. "Tautology and Paradox in The Self-descriptions of Modern Society." (co-authored with Stephan Fuchs), Sociological Theory 6(1).

1989

Ecological Communication, John Bednarz, Jr.(trans.), Chicago: The University of Chicago Press.

1990

a. Die Wissenschaft der Gesellschaft.Frankfurt am Main: Suhrkamp.

b. Essays on Self-Reference. New York: Columbia University Press.

c. "Technology, Environment and Social Risk: A Systems Perspective." Organization & Environment 4.

d. "The Future of Democracy." Thesis Eleven 26.

1992

"The Concept of Society." Thesis Eleven 31.

1993

"Deconstruction as Second-Order Observing." New Literary History 24(4).

1994

a. "'What is the Case?' and 'What Lies behind It?' The Two Sociologies and The Theory of Society." Stephen Fuchs(trans.), Sociological Theory 12(2).

b. "Politicians, Honesty and The Higher Amorality of Politics." Theory Culture Society 11(25).

c. "Speaking and Silence." New German Critique 61.

d. "The Modernity of Science." (co-authored with Kerstin Behnke), New German Critique 61.

e. "Civil Society and Political in The Work of Luhmann and Beyond." (co-authored with Andrew Arato), New German Critique 61.

f. Liebe als Passion: Zur Codierung von Intimität. Frankfurt am Main: Suhrkamp.

g. Funktion der Religion.Frankfurt am Main: Suhrkamp.

1995

a. Social Systems. John Bednarz, Jr. & Dirk Baecker (trans.), Stanford, California: Standford University Press.

b. "The two Sociologies and The Theory of Society." Thesis Eleven 43.

c. "Legal Argumentation: An Analysis of its Form ." The Modern Law Review 58(3).

d. "The Paradoxy of Observering Systems." Culture Critique 31, The Politics of Systems and Environments 2 .

e. "Why Does Society Describe Itself as Postmodern?" Culture Critique 30, The Politics of Systems and Environments 1.

1996

a. "Quod Omnes Tangit: Remarks on Jurgen Habermas's Legal Theory." Cardozo Law Review 17.

b. "On The Scientific Context of The Concept of Communication." Social Science Information 35(2).

c. "The Sociology of The Moral and Ethics." International Sociology 11(27).

d. "A Redescription of 'Romantic Art'."German Issue 111(3).

1997

a. Das Recht der Gesellschaft. Frankfurt am Main: Suhrkamp.

b. Protest: Systemtheorie und soziale Bewegungen. 2 Aufl. Frankfurt am Main: Suhrkamp.

c. "Globalization or World Society? How to Conceive of Modern Society", International Reivew 7(1).

1998

a. Observation on Modernity. William Whobrey (trans.), Stanford, California: Standford University Press.

b. Die Gesellschaft der Gesellschaft.Frankfurt am Main: Suhrkamp.

1999

a. Ausdifferenzierung des Recht: Beiträge zur Rechtssoziologie und Rechtstheorie. Frankfurt am Main: Suhrkamp.

b. Die Wirtschaft der Gesellschaft. Frankfurt am Main: Suhrkamp.

c. Funktion der Religion. Frankfurt am Main: Suhrkamp.

d. Gesellschaftstruktur und Sematik: Studien zur Wissenssoziologie der modernen Gesellshaft. Band4. Frankfurt am Main: Suhrkamp.

e. Zweckbegriff und Systemrationalität: über die Funktion von Zwecken in sozialen Systemen. Frankfurt am Main: Suhrkamp.

f."The Concept of Society", Contemporary Social Theory, Anthony Elliott (ed.), Blackwell Publishers Inc.

2000

Art as a Social System, Eva M. Knodt(trans.), Standard California: Standard University Press.

2001

"Note on The Project 'Poetry and Social Theory'." Theory Culture Society 18(15).

2002

a. Theories of Distinction: Redescribing The Descriptions of Modernity. William Rarch (ed.), Stanford, California: Stanford University Press.

b. "Limits of Steering." In Craig Calhoun, Joseph Gerteis, James Moody, Steven Pfaff & Indermohan Virk (eds.), Contemporary Sociological Theory, London: Blackwell Publishers Ltd.

c. "Describing The Future." In Craig Calhoun, Joseph Gerteis, James Moody, Steven Pfaff & Indermohan Virk (eds.), Contemporary Sociological Theory, London: Blackwell Publishers Ltd.

2004

Law as A Social System. Fatima Kastner, Richard Nobles, David Schiff & Rosamund Ziegert. (eds.), Klaus A. Ziegert (trans.), New York: Oxford University Press.

2005

"Reading Notes: Social Systems." John Bednarz & Dirk Baecker(trans.). Adrian Chan 25.

2006

"System as Difference." In Organization Articles 13(1), London: Sage.

尼可拉斯·卢曼

——1999,《法律的自我再制及其限制》,韩旭译,《北大法律评论》第2卷第2辑。
——2000,《熟悉、信赖、信任:问题与替代选择》,陈心碧译,《国外社会学》第3期。
——2001,《生态沟通:现代社会能应付生态危害吗?》,汤志杰、鲁贵显译,台北:桂冠图术股份有限公司。
——2003,《宗教教义与社会演化》,刘锋、李秋零译,北京:中国人民大学出版社。
——2004,《社会的宗教》,周怡君、张存华、林敏雅译,台北:商周出版。
——2005a,《权力》,瞿铁鹏译,上海:上海人民出版社。
——2005b,《信任:一个社会复杂性的简化机制》,瞿铁鹏、李强译,上海:上海人民出版社。
——2005c,《社会、意义、宗教——以自我指涉为基础》,苏国勋、刘小枫主编《社会理论的知识学建构》,上海:上海三联书店、华东师范大学出版社。
——2005d,《对现代的观察》,鲁贵显译,台北:远足文化事业有限公司。
——2006,《大众传媒的实在》,胡育祥、陈逸淳译,台北:远足文化事业有限公司。
——2008,《社会的经济》,余瑞先、郑伊倩译,北京:人民出版社。
——2009,《社会的法律》,郑伊倩译,北京:人民出版社。

Teubner, Guther

1983

"Substantive and Reflexive Elements in Modern Law", Law & Society Review, Vol.17, No.2.

1984

a. "Autopoiesis in Law and Society: A Rejoinder to Blankenburg", Law & Society Review, Vol.18, No.2.

b. "After Legal Instrumentalism? Strategic Models of Post-Regulatory Law", International

Journal of Sociology of Law, No.12 .

1986

Dilemmas of Law in the Welfare State, Berlin: de Gruyter.

1987

"Episodenverknüpfung: Zur Steigerung von Selbstreferenz im Recht", in D. Baecker et al. (eds), Theorie als Passion, Frankfurt: Suhrkamp.

1988

Autopoietic Law: A New Approach to Law and Society. Walter de Gruyterz; Berlin.

1989

a."How the Law Thinks: Toward a Constructivist Epistemology of Law", Law & Society Review, Vol.23, No.5.

b. Recht als autopoietisches System. Frankfurt am Main: Suhrkamp.

1990

"Unitas multiplex: corporate governance in group enterprises", in Gunther Teubner and David Sugarman (eds.), Regulating Corporate Groups in Europe, Baden-Baden: Nomos.

1991

"Autopoiesis and Steering: How Politics Profits from the Normative Surplus of Capital", in Roland J. in t' Veld et al. (eds.), Autopoiesis and Configuration Theory: New Approaches to Societal Steering, Dordrecht: Kluwer.

1992

a."Ist das Recht auf Konsens angewiesen?", in H.-J. Giegel (ed.), Kommunikation und Konsens, Frankfurt: Suhrkamp.

b. "Social Order from Legislative Noise: Autopoietic Closure as a Problem for Legal Regulation", in Gunther Teubner and Alberto Febbrajo (eds.), State, Law and Economy as Autopoietic Systems: Regulation and Autonomy in a New Perspective, European Yearbook in the Sociology of Law, double issue 1991 - 92, Milan: Giuffré.

c."The two faces of janus: rethinking legal pluralism", Cardozo Law Review, No.13 .

1993

a."The 'State' of Private Networks: The Emerging Legal Regime of Polycorporatism", in Germany, Brigham Young University Law Review.

b. Law as an Autopoietic System, trans. Anne Bankowska and Ruth Adler, ed. Zenon Bankowski, London: Blackwell.

1994

Environmental Law and Ecological Responsibility : the Concept and Practice of Ecological Self-organization ,London:Wiley.

1996

"De Collisione Discursuum: Communicative Rationalities in Law, Morality and Politics", Cardozo Law Review, 17.

1997

a."Altera Pars Audiatur: Law in the Collision of Discourses", in Richard Rawlings (ed.), Law, Society and Economy, Oxford: Clarendon Press.

b. "Breaking Frames: the Global Interplay of Legal and Social Systems", American Journal of Comparative Law, 45.

c. "The Global Interplay of Legal and Social Systems", The American Journal of Comparative Law, Vol.45, No.1.

d. (ed.), Global Law without a State, Aldershot: Dartmouth.

1998

a. "The King's Many Bodies: the Self-deconstruction of Law's Hierarchy", Law and Society Review, No.33.

b. "Legal Irritants: Good Faith in British Law or How Unifying Law Ends Up in New Divergencies", Modern Law Review, The Modern Law Review, 61(1).

c. "Juridification: Concepts, Aspects, Limits, Solutions." In Robert Baldwin, Colin Scott, and Christopher Hood (eds.), Socio—Legal Reader on Regulation, Oxford: Oxford University Press.

2000

a. "Contracting Worlds: Invoking Discourse Rights in Private Governance Regimes", Social and Legal Studies, 9.

b. "Ein Fall von struktureller Korruption? Die Familienbürgschaft in der Kollision unverträglicher Handlungslogiken", Kritische Vierteljahresschrift für Gesetzgebung und Rechtswissenschaften, 83.

c. "Contracting Worlds: The Many Autonomies of Private Law", Social and Legal Studies, vol. 9, no. 3.

2001

a. "Alienating Justice: On the Social Surplus Value of the Twelfth Camel", in David Nelken and Jirí Pribán (eds.), Law's New Boundaries: Consequences of Legal Autopoiesis, Aldershot: Ashgate.

b. "Economics of Gift——Positivity of Justice: The Mutual Paranoia of Jacques Derrida and Niklas Luhmann", Theory Culture Society, Vol.18.

2002

a. "Hybrid Laws: Constitutionalizing Private Governance Networks", in Robert A. Kagan, Martin Krygier and Kenneth Winston (eds.), Legality and Community: On the Intellectual Legacy of Philip Selznick, Berkeley: Berkeley Public Policy Press.

b. "Idiosyncratic Production Regimes: Co-evolution of Economic and Legal Institutions in the Varieties of Capitalismv", in John Ziman (ed.), The Evolution of Cultural Entities: Proceedings of the British Academy, Oxford: Oxford University Press.

2003

a. "Expertise as Social Institution: Internalising Third Parties into the Contract", in David Campbell, Hugh Collins and John Wightman (eds.), Implicit Dimensions of Contract: Discrete, Relational and Network Contracts, Oxford: Hart.

b. "Global Private Regimes: Neo-Spontaneous Law and Dual Constitution of Autonomous Sectors?", in Karl-Heinz Ladeur (ed.), Globalization and Public Governance, Oxford: Oxford University Press.

2004

"Societal Constitutionalism: Alternatives to State-Centred Constitutional Theory?", in Christian Joerges, Inger-Johanne Sand and Gunther Teubner (eds.), Transnational Governance and Constitutionalism, Oxford: Hart.

2005

"Dreiers Luhmann", in Robert Alexy (ed.), Integratives Verstehen. Zur Rechtsphilosophie Ralf Dreiers, Tübingen: Mohr Siebeck.

2006

a."The Anonymous Matrix: Human Rights Violations by Private." Modern Law Review 6.

b."Dealing with Paradoxes of Law: Derrida, Luhmann, Wiethölter", trans. Iain L. Fraser, in Oren Perez and Gunther Teubner (eds.), On Paradoxes and Inconsistencies in Law, Oxford: Hart.

2007

In the Blind Spot: The Hybridization of Contracting, Theoretical Inquiries in Law, January.

2008

"State policies in private law? Comment on Hanoch Dagan", American Journal of Comparative Law, No.56.

2009

"The Corporate Codes of Multinationals: Company Constitutions Beyond Corporate Governance and Co-Determination", in Rainer Nickel (ed.), Conflict of Laws and Laws of Conflict in Europe and Beyond: Patterns of Supranational and Transnational Juridification, Oxford: Hart.

2011

a."Constitutionalising polycontexturality", Social and Legal Studies, No.19.

b."Networks as Connected Contracts", ed. Hugh Collins, Oxford: Hart.

2012

Constitutional Fragments: Societal Constitutionalism and Globalization (Oxford: Oxford University Press.

Guther Teubner & Anna Beckers (eds), 2013, Transnational Societal Constitutionalism, special issue of Indiana Journal of Global Legal Studies, 20(2).

Andreas Fischer-Lescano & Guther Teubner, 2006, Regime-Kollisionen: Zur Fragmentierung des Weltrechts, Frankfurt: Suhrkamp.

贡塔·托依布纳:

——1999,《现代法中的实质要素和反思要素》,矫波译,强世功校,《北大法律评论》第2卷第2辑。

——2004,《法律:一个自创生系统》,张骐译,北京:北京大学出版社。

——2012,《魔阵·剥削·异化——托依布纳法律社会学文集》,泮伟江、高鸿钧等译,北京:清华大学出版社。

——2016,《宪法的碎片:全球社会宪治》,陆宇峰译,北京:中央编译出版社。

二、中文文献

K.茨威格特、H.克茨，2003，《比较法总论》，潘汉典、米健、高鸿钧、贺卫方译，北京：法律出版社。

Kneer, Georg & Armin Nassehi, 1999,《卢曼社会系统理论导引》，鲁显贵译，台北：巨流图书公司。

M.M.波洛玛，1989，《当代社会学理论》，孙立平译，北京：华夏出版社。

L.贝塔朗菲，1987，《一般系统论——基础、发展与应用》，秋同、袁嘉新译，北京：社会科学文献出版社。

L.科塞，1989，《社会冲突的功能》，孙立平等译，北京：华夏出版社。

P.诺内特、P.塞尔兹尼克，2004，《转变中的法律与社会：迈向回应型法》，张志铭译，北京：中国政法大学出版社。

T.帕森斯，2003，《社会行动的结构》，张明德、夏翼南、彭刚译，南京：译林出版社。

——2005，《论社会的各个分支及其相互关系》，苏国勋、刘小枫主编，《社会理论的诸理论》，上海：上海三联书店、华东师范大学出版社。

《世界各国宪法》编辑委员会，2012a，《世界各国宪法（欧洲卷）》，北京：中国检察出版社。

——2012b,《世界各国宪法（亚洲卷）》，北京：中国检察出版社。

阿图尔·考夫曼，1999，《类推与"事物本质"——兼论类型理论》，吴从周译，台北：学林文化事业有限公司。

——2004,《法律哲学》，刘幸义等译，北京：法律出版社。

阿图尔·考夫曼、温弗里德·哈斯默尔主编，2002，《当代法哲学与法律理论导论》，郑永流译，北京：法律出版社。

埃米尔·涂尔干，2000，《社会分工论》，渠东译，北京：生活·读书·新知三联书店。

——2002,《社会学与哲学》，梁栋译，渠东校，上海：上海世纪出版集团、上海人民出版社。

——2009,《职业伦理与公民道德》，渠东、付德根译，上海：上海人民出版社。

埃利希，2009，《法社会学原理》，舒国滢译，北京：中国大百科全书出版社。

安东尼·吉登斯，2000，《现代性的后果》，田禾译，南京：译林出版社。

保罗·西利亚斯，2006，《复杂性与后现代主义——理解复杂系统》，曾国屏译，上海：上海世纪出版集团、上海科技教育出版社。

宾凯，2006，《法律如何可能：通过"二阶观察"的系统建构——进入卢曼法律社会学的核心》，《北大法律评论》第7卷第2辑。

——2010,《卢曼系统论法学：对"法律实证主义/自然法"二分的超越》，《云南大学学报》（社会科学版）第6期。

——2013,《法律自创生机制：隐藏与展开悖论》，《交大法学》第1期。

伯恩·魏德士，2002，《法理学》，丁小春、吴越译，北京：法律出版社。

伯恩德·霍恩尤格，1999，《纪念尼克拉斯·卢曼（1927—1998）》，沈杰译，《国外社会学》第5-6期。

伯尔曼，2003，《法律与宗教》，梁治平译，北京：中国政法大学出版社。

博温托·迪·苏萨·桑托斯，2009，《迈向新法律常识：法律、全球化和解放（第二版）》，刘坤轮、叶传星译，北京：中国人民大学出版社。

陈林林，2004，《方法论上之盲目飞行——利益法学方法之评析》，《浙江社会科学》第

5期。

陈新民,2001,《公法学札记》,北京:中国政法大学出版社。

大须贺明,2001,《生存权论》,林浩译,北京:法律出版社。

戴维·杜鲁贝克,1990,《论当代美国的法律与发展运动》,王力威译,《比较法研究》第2期。

杜健荣,2012,《卢曼法社会学理论研究——以法律与社会的关系问题为中心》,北京:法律出版社。

方流芳,1998,《罗伊判例:关于司法和政治分界的争辩——堕胎和美国宪法第14修正案的司法解释》,《比较法研究》第1期。

费孝通,2006,《乡土中国》,上海:上海人民出版社。

弗里德曼,2004,《法律制度从社会科学角度观察》,李琼英、林欣译,北京:中国政法大学出版社。

富勒,2005,《法律的道德性》,郑戈译,北京:商务印书馆。

高鸿钧,2011,《美国法的全球化:基于四种典型的观察与分析》,《中国法学》第1期。

——2014,《法律全球化的理论与实践:挑战与机会》,《求是学刊》第3期。

高宣扬,2005,《鲁曼社会系统理论与现代性》,北京:中国人民大学出版社。

顾忠华,2008,《社会学如何启蒙——评介卢曼的理论发展》,黄瑞祺主编:《当代欧洲社会理论》,杭州:浙江大学出版社。

简玛利亚·阿雅尼,2011,《转型时期的法律变革与法律文化——后苏联国家法律移植的审视》,魏磊杰、彭小龙译,北京:清华大学出版社。

哈贝马斯,2000,《合法性危机》,刘北成等译,上海:上海人民出版社。

——2001,《后形而上学思想》,曹卫东译,南京:译林出版社。

——2003,《在事实与规范之间——关于法律与民主法治国的商谈理论》,童世俊译,北京:生活·读书·新知三联书店。

——2004a,《交往行为理论》,曹卫东译,上海:上海人民出版社。

——2004b,《现代性的哲学话语》,曹卫东等译,南京:译林出版社。

哈罗德·J.伯尔曼,2019,《法律与革命——西方法律传统的形成》,贺卫方等译,北京:法律出版社。

哈特,1996,《法律的概念》,张文显、郑成良、杜景义、宋金娜译,北京:中国大百科全书出版社。

——2005,《法理学与哲学论文集》,支振锋译,北京:法律出版社。

——2006a,《法律、自由与道德》,支振锋译,北京:法律出版社。

——2006b,《实证主义与法律和道德的分离》,翟小波译,载强世功:《法律的现代性剧场:哈特与富勒论战》,北京:法律出版社。

韩恒,2004,《规则的演变——对豫南农村丧葬改革的实证研究》,郭星华、陆益龙等译,《法律与社会——社会学和法学的视角》,北京:中国人民大学出版社。

赫尔穆特·施泰因贝格,1996,《美国宪政主义和德国宪法发展》,路易斯·亨金、阿尔伯特·J.罗森塔尔编,郑戈等译:《宪政与权利》,北京:生活·读书·新知三联书店。

胡塞尔,1997,《纯粹现象学通论》,李幼蒸译,北京:商务印书馆。

——2001,《欧洲科学的危机与超越论的现象学》,王炳文译,北京:商务印书馆。

——2005,《现象学的观念》,倪梁康译,上海:上海译文出版社。

胡水君,2005,《卢曼的法律与社会理论:现代与后现代》,胡水君著:《法律的政治分析》,北京:北京大学出版社。

华夏、赵立新、真田芳宪,2005,《日本的法律继受与法律文化变迁》,北京:中国政法大学出版社。

韩大元、莫纪宏主编,2005,《外国宪法判例》,北京:中国人民大学出版社。

韩铁,2009,《美国宪政民主下的司法与资本主义经济发展》,上海:上海三联书店。

亨利·基辛格,2015,《世界秩序》,胡利平、林华、曹爱菊,北京:中信出版社。

后盾,2019,《如何实现主体间性?——哈贝马斯与卢曼社会理论的分歧》,《社会科学家》第 9 期。

季卫东,1999,《法治秩序的建构》,北京:中国政法大学出版社。

——2006,《法治与普遍信任——关于中国秩序原理重构的法社会学视角》,《法哲学与法社会学论丛》第 1 期。

——2009,《风险社会的法治》,《中国法律》2009 年第 1 期。

卡尔·恩吉施,2004,《法律思维导论》,郑永流译,北京:法律出版社。

卡尔·拉伦茨,2003,《德国民法通论(上册)》,王晓晔等译,北京:法律出版社。

凯尔森,1996,《法与国家的一般理论》,沈宗灵译,北京:中国大百科全书出版社。

康德,2004,《纯粹理性批判》,邓小芒译,杨组陶校,北京:人民出版社。

拉德布鲁赫,1997,《法学导论》,米健、朱林译,北京:中国大百科全书出版社。

劳伦斯·比尔,1996,《日本和朝鲜的宪政与权利》,路易斯·亨金、阿尔伯特·罗森塔尔编,《宪政与权利》,郑戈等译,北京:生活·读书·新知三联书店。

李猛,2001,《韦伯:法律与价值》,上海:上海人民出版社。

梁治平,1996,《清代习惯法》,北京:中国政法大学出版社。

——1997,《乡土社会中的法律与秩序》,王铭铭、王斯福(主编),《乡土社会的秩序、公正与权威》,北京:中国政法大学出版社。

林端,2002,《儒家伦理与法律文化——社会学观点的探索》,北京:中国政法大学出版社。

林来梵,2001,《从宪法规范到规范宪法:规范宪法学的一种前言》,北京:法律出版社。

林来梵、翟国强,2006,《有关社会科学方法论的反思——来自法学立场的发言》,《浙江社会科学》第 5 期。

林立,2002,《法学方法论与德沃金》,北京:中国政法大学出版社。

刘晗,2015,《宪法的全球化:历史起源、当代潮流与理论反思》,《中国法学》第 2 期。

刘小枫选编,2002,《施密特与政治法学》,上海:上海三联书店。

鲁楠,2011,《匿名的商人法:全球化时代的商法及其特点》,高鸿钧主编:《清华法治论衡(第 14 辑)》,北京:清华大学出版社。

——2019,《社会理论之法:学源、学理与学问》,《北京航空航天大学学报》(社会科学版)第 1 期。

鲁楠、陆宇峰,2008a,《卢曼社会系统论视野中的法律自治》,《清华法学》第 2 期。

——2008b,《卢曼的生前与身后》,《社会学家茶座》第 3 期。

陆宇峰,2012,《走向"社会司法化"——一个"自创生"系统论的视角》,《华东政法大学学报》年 3 期。

——2014,《"自创生"系统论法学:一种理解现代法律的新思路》,《政法论坛》第 4 期。

——2017,《"自创生"系统论宪法学的新发展——评托依布纳〈宪法的碎片:全球社会宪治〉》,《社会科学研究》第 3 期。

罗伯特·阿列克西,2002,《法律论证理论——作为法律证立理论的理性辩论理论》,舒国滢译,北京：中国法制出版社。

罗纳德·德沃金,1996,《法律帝国》,李常青译,北京：中国大百科全书出版社。

——2002,《认真对待权利》,信春鹰、吴玉章译,北京：中国大百科全书出版社。

罗斯科·庞德,1984,《通过法律的控制》,沈宗灵译,楼邦彦校,北京：商务印书馆。

——2002,《法律史解释》,邓正来译,北京：中国法制出版社。

玛丽·富布卢克,2017,《剑桥德国史》,高旖嬉译,北京：新星出版社。

马克斯·韦伯,1998,《学术与政治》,冯克利译,北京：生活·读书·新知三联书店。

——2003,《法律社会学》,康乐、简惠美译,台北：远流出版事业股份有限公司。

莫顿·J.霍维茨,2005,《美国法的变迁:1780—1860》,谢鸿飞译,北京：中国政法大学出版社。

莫诺·卡佩莱蒂,2005,《比较法视野中的司法程序》,徐昕、王奕译,北京：清华大学出版社。

倪梁康,1994,《现象学及其效应》,北京：生活·读书·新知三联书店。

诺曼·巴里,2005,《福利》,储建国译,长春：吉林人民出版社。

千叶真、小林正弥编著,2009,《日本宪法与公共哲学》,白巴根等译,北京：法律出版社。

泮伟江,2009,《作为法律系统核心的司法——卢曼的法律系统论及其启示》,《清华法治论衡》(第 12 辑),北京：清华大学出版社。

——2012,《托依布纳法的系统理论评述》,《魔阵·剥削·异化——托依布纳法律社会学文集》,泮伟江、高鸿钧等译,北京：清华大学出版社。

——2019,《超越"错误法社会学"——卢曼法社会学理论的贡献与启示》,《中外法学》第 1 期。

瞿同祖,1996,《中国法律与社会》,北京：中华书局。

强世功,1997,《"法律"是如何实践的》,王铭铭、王斯福(主编):《乡土社会的秩序、公正与权威》,北京：中国政法大学出版社。

杉原泰雄,2000,《宪法的历史——比较宪法学新论》,吕昶、渠涛译,北京：社会科学文献出版社。

斯蒂芬·M.菲尔德曼,2005:《从前现代主义到后现代主义的美国法律思想》,李国庆译,中国政法大学出版社。

苏国勋,1988,《理性化及其限制——韦伯思想引论》,上海：上海人民出版社。

孙伟平,2000,《事实与价值》,北京：中国社会科学出版社。

孙笑侠,2001,《法律家的技能与伦理》,《法学研究》第 4 期。

——2005,《中国传统法官的实质性思维》,《浙江大学学报》第 4 期。

——2013,《法律人思维的二元论——兼与苏力商榷》,《中外法学》第 6 期。

孙笑侠、熊静波,2005,《判决与民意——兼比较考察中美法官如何对待民意》,《政法论坛》第 5 期。

汤志杰,2008,《理论作为生命——悼念德国社会学家卢曼》,黄瑞祺主编:《当代欧洲社会理论》,杭州：浙江大学出版社。

唐·布莱克,2002,《社会学视野中的司法》,郭星华等译,北京：法律出版社。

托克维尔,1997,《论美国的民主(上)》,董果良译,北京：商务印书馆。

田绘,2001,《结构功能主义、法律进化论和法律的自动生成理论——卢曼的法社会学思想评述》,《广西政法管理干部学院学报》第 2 期。

维尔纳·施泰格迈尔,2019,《真理与诸种真理——论尼采、海德格尔和卢曼》,《统计大学学报(社会科学版)》第 1 期。

威廉·布莱克斯通,2006,《英国法释义》(第一卷),游云庭、缪苗译,上海:上海人民出版社。

威廉·曼彻斯特,2015,《光荣与梦想(3)》,四川外国语大学翻译学院翻译组译,北京:中信出版社。

乌尔里希·贝克,2004,《风险社会》,何博闻译,南京:译林出版社。

乌尔里希·贝克、安东尼·吉登斯、斯科特·拉什,2001,《自反性现代化:现代社会秩序中的政治、传统与美学》,赵文书译,北京:商务印书馆。

亚当·斯密,2006,《国民财富的性质和原因的研究》,杨敬年译,西安:陕西人民出版社。

颜厥安,2006,《鼠肝与虫臂的管制——法理学与生命伦理探究》,北京:北京大学出版社。

杨仁寿,2004,《法学方法论》,北京:中国政法大学出版社。

英格博格·布罗伊尔、彼德·洛伊施、迪特尔·默施,2003,《德国哲学家圆桌》,张荣译,北京:华夏出版社。

约翰·奥斯丁,2002,《法理学的范围》,刘星译,北京:中国法制出版社。

王文良,1993,《新殖民主义的发端——二十世纪初美国对菲律宾的统治》,《美国研究》第 3 期。

张薇,2019,《哈特承认规则概念的系统论解释——兼论卢曼与托依布纳之间的分歧》,《学海》第 4 期。

中山龙一,2000,《二十世纪法理学的范式转换》,周永胜译,《外国法译评》第 3 期。

钟芳桦,2013,《法兰克福超越魏玛:论托依布纳对德国公法学"实质的民族宪法观"之批判》,《交大法学》第 1 期。

朱迪丝·N.施克莱,2005,《守法主义——法、道德和政治审判》,彭亚楠译,北京:中国政法大学出版社。

朱景文,2004,《对西方法律传统的挑战——美国批判法律研究运动》,桂林:广西师范大学出版社。

朱苏力,1996,《法治及其本土资源》,北京:中国政法大学出版社。

——2000,《送法下乡》,中国政法大学出版社。

滋贺秀三等,1998,《明清时期的民事审判与民间契约》,王亚新、梁治平编,王亚新、范愉、陈少峰译,北京:法律出版社。

周婧,2009,《封闭与开放的法律系统如何可能?——读卢曼〈法律作为社会系统〉》,《社会学研究》第 5 期。

——2010,《一种批判的法治理念——昂格尔对司法功能与方法的重构》,北京:法律出版社。

——2016,《美国宪法全球传播论析》,《世界经济与政治》第 7 期。

——2018,《美国对外法治援助的策略与效果》,《国际论坛》第 5 期。

周琪、李枏、沈鹏,2014,《美国对外援助——目标、方法与决策》,北京:中国社会科学出版社。

三、外文文献

Alexander, Jeffrey C. 1984, "The Parson Revival in German Sociology." Sociological Theory 2.

Arnason, Johann P. 1997, "Novalis, Marx and Parsons: Niklas Luhmann's Search for Modernity." Thesis Eleven 51.

Barton, Thomas D.1986,"Review: Expectation, Institutions and Meanings." California Law Review 74(5).

Bausch, Kenneth C. 2001, The Emerging Consensus in Social Systems Theory. Kluwer: Academic Plenum Publishers.

Baxter, Hugh 1987, "Autopoiesis and The 'Relative Autonomy' of Law." Cardozo Law Review 19.

Beer, Lawrence W.1990, "The Influence of American Constitutionalism in Asia," in George Athan Billias (ed.), American Constitutional Abroad: Selected Essays in Comparative Constitutional History, New York: Greenwood Press.

Berman, Harold J. 1991, "Law and Religion in The Development of a World Order." Sociological Analysis 52(1).

Blankenburg, Erhard 1984, "The Poverty of Evolutionism: A Critique of Teubner's Case for 'Reflexive Law'." Law & Society Review 18(2).

Borch, Christian 2005, "Systemic Power: Luhmann, Foucault, and Analytics of Power." Acta Sociologa 48(2).

Bruun, Hans Henrik 2008, "Objectivity, Value Spheres, and 'Inherent Laws': on Some Suggestive Isomorphisms between Weber, Bourdieu and Luhmann." Philosophy of The Social Sciences 38.

Calhoun, Craig 1988, "Social Theory and The Law: Systems Theory, Normative Justification, and Postmodernism." Northwestern University Law Review 83.

Cornell, Drucilla L. 1992, "A Diversity of Influence: The Philosophy of The Limit, Systems Theory and Feminist Legal Reform." New England Law Review 26.

Dahrendor, Ralf 1959, Class and Class Conflict in Industrial Society. Stanford: Stanford University Press.

Deflen, Mathieu 1998, "The Boundaries of Abortion Law: Systems Theory from Parsons to Luhmann and Habermas." Social forces 76(3).

deLisle, Jacques 1999, "Lex Americana?: United States Legal Assistance, American Legal Models, And Legal Change in The Post-Communist World And Beyond," University of Pennsylvania Journal of International Economic Law, Vol.20, No.2.

Elmer, Jonathan 1995, "Blinded Me with Science: Motifs of Observation and Temporality in Lacan and Luhamnn." Cultural Critique 30.

Fiss, Owen M. 1986, "The Death of The Law?" Cornell Law Review(72).

Frank, Jerome New 1949, Law and The Modern Mind, London: Stevens & Sons Ltd.

Fuchs, Peter 1993, Niklas Luhmann: Eine Einfürung in die Systemtheorie. Opladen: Westdeutscher Verlag.

Fuchs, S. & J. H. Turner 1987, "Reviewed A Sociology Theory of Law by Niklas

Luhmann." Contemporary Sociology 16 (6).

Gardner, James A. 1980, Legal Imperialism: American Lawyers and Foreign Aid in Latin America, The University of Wisconsin Press.

Gripp-Hagelstange, Helga 1997, Niklas Luhmann: Eine erkenntnistheoretische Einfrung. München: Wilhelm Fink.

Gurvitch, George 1947, Sociology of law, London: Kegen Paul, Trench, Trubnet.

Hagman, Donald G. & David M. Schimmel 1965, "Education for Peace Corps Volunteer Lawyers", Journal of Legal Education, Vol.17, No.4.

Hart, H.L.A 1977, American Jurisprudence Through English Eyes: The Nightmare And The Noble Dream, Geo. Law Review 11.

Herget, James E. 1996, Comtemporaty German Legal Philosophy. Philadelphia: University of Pennsylvania Press.

Hohendahl, Peter Uwe & Marc Silberman 1979, "Critical Theory, Public Sphere and Culture: Jürgen Habermas and His Critics." New German Critique 16.

Holmes, O.W., Jr.1897, The Path of The Law, Harvard Law Review, No.10.

——1899, The Theory of Legal Interpretation, Harvard Law Review, No.12.

——1963, The Common Law. Boston: Little Brown.

Hornosty, Jennie 1991, "Review: Political Theory in The Welfare State." Canadian Journal of Sociology 16(1).

John A. Hoskins 1970, "United States Technical Assistance for Legal Modernization", American Bar Association Journal, Vol. 56, No. 12 (December).

Hunt, Alan 1982, "Emile Durkheim: Towards a Sociology of Law", in P. Beirne & R. Quinneey (eds.), Marxism and Law, New York: Jonh Wiley & Sons.

Hutchinson, Allan & Patrick J. Monahan 1984, "Law, Politics, and The Critical Legal Scholars: The Unfolding Drama of American Legal Thought." Stanford Law Review 36.

Jacobson, Arthur J. 1989, "Review: Autopoietic Law: The New Science of Niklas Luhmann." The Michigan Law Review 87(6).

James, Adrian L. 1992, "An Open or Shut Case? Law as an Autopoietic System." Journal of Law and Society 19(2).

Kelley, Thomas 2010, "Beyond the Washington Consensus and New Institutionalism: What is the Future of Law and Development?", N.C.J. Int'l L. & Com. Reg.

Kennedey, D. 1976, "Form and Substance in Private Law Adjudication." Harvard Law Review 89.

——1979, "The Structure of Blackstone'S Commentaries", Buffalo Law. Review. 28.

King, Michael & Chris Thornhill 2003, Niklaw Luhmann's Theory of Politics and Law. Hampshire, New York: Palgrave Macmillan.

King, Michael 1991, "The Emergence of a Hybrid Discourse." Journal of Law and Society 18.

——1993, "The 'Truth' about Autopoiesis." Journal of Law and Society 20(2).

——2000, "Future Uncertainty as A Challenge to Law's Programmes: The Dilemma of Parental Disputes." The Modern Law Review 63(4).

Kirkpatrick, David D. 2008, "Abortion Issue Again Dividing Catholic Votes." New York Times, September 16.

Klarman, Michael 1994, Brown, Racial Change, And The Civil Rights Movement, Vagenia Law Review 80.

Knodt, Eva 1994, "Toward A Non-Foundationalist Epistemology: The Habermas/Luhmann Controversy Revisited." New German Critique 61.

Krawietz, Werner & Michael Welker 1992, Kritik der Theorie Sozialer Systeme: Ausenandersetzungen mit Luhmanns Hauptwerk.Frankfurt am Main: Suhrkamp.

Krieken, Robert Van 2004, "Legal Reasoning as a Field of Knowledge Production: Luhmann, Bourdieu and Law's Autonomy." The Annual Meeting of The Law and Society Association.

Krishman, Jayanth K. 2004, "Professor Kingsfield Goes to Delhi: American Academics, the Ford Foundation, and the Development of Legal Education in India", The American Journal of Legal History, Vol.46, No.4(Oct.).

Laufer, Joseph 1955, "Co-operation Between Harvard and Israel in the Field of Legislative Drafting", American Bar Association Journal, Vol.41, No.10(Octorber).

Lee, Daniel 2000, "The Society of Society: The Grand Final of Niklas Luhmann", Sociological Theory 18.

Leydesdorff, Loet 2000, "Luhmann, Habermas, and the Theory of Communication". Systems Research and Behavioral Science 17(3).

Love, John R. 1991, Antiquity and Capitalism: Max Weber and The Sociological Foundation of Roman Civilization. London and New York: Routledge.

Llewellyn, Karl .N. 1960, Bramble Bush: on Our Law and Its Study, New York: Oceana Press.

——1962, Jurisprudence: Realism in Theory and Practice. Chicago: The University of Chicago Press.

Maniscalco, Maria Luisa 1990, "Review: Beyond Habermas and Luhmann: Achill Ardigo's Sociology of Ambivalence." Contemporary Sociology 19(1).

Maturana, Humberto R.& Francisco J. Varela 1975, Autopoietic Systems, Univ. of Illinois Biological Computer Lab Report 9.4, Urbana, IL.

Magen, Amichai 2009, "The Rule of Law and Its Promotion Abroad: Three Problems of Scope," Stanford Journal of International Law 45.

Merryman, John Henry 1977, "Comparative Law and Social Change: On the Origins, Style, Decline & Revival of the Law and Development Movement", The American Journal of Comparative Law, Vol. 25, No. 3 (Summer).

Meves, Marcelo 2001, "From The Autopoiesis to The Allopoiesis of Law." Journal of Law and Society 28(2).

Michailakis, Dimitris 1995, "Review: Law as an Autopoietic System." Acta Sociologica 38 (4).

Muller, Hans-Peter 1991, "Review: Political Theory in The Welfare State." Contemporary Sociology 20(5).

Munch, Richard 1987, "Review: The Law in Terms of Systems Theory." The American Journal of Sociology 92(5).

Murphy, W. T. 1984, "Modern Times Niklas Luhmann on Law, Politics and Social Theory." The Modern Law Review 47(5).

Nelken, David 1998, "Blingding Insights? The Limits of a Reflexive Sociology of Law." Journal of Law and Society 25(3).

Parsons, Talcott & A. Shils 1951, Toward a General Theory of Action. Cambridge, MA: Harvard University Press.

Parsons, Talcott, Gerald M, Platt & Niel J. Smelser 1973, The American University. Cambridge: Harvard University Press.

Parsons, Talcott, Jackson Toby 1977, The Evolution of Societies. Englewood Cliffs, Nj: Prentice-hall.

Parsons, Talcott, Robert F. Bales & Edward A. Shils 1953, Working Papers in the Theory of Action. New York: The Free Press.

Parsons, Talcott 1954, "A Sociological Look at The Legal Profession", in Essays in Sociological Theory. New York: Free Press.

——1964a, The Social System. New York: The Free Press.

——1964b, "Evolutionary Universals in Society", American Sociological Review, 29(3)

——1966 Societies: Evolutionary and Compararive Perspectives, Englewood Cliffs, NJ; Prentice-Hall.)

——1967, Sociological Theory and Modern Society. New York: Free Press.

——1971, The System of Modern Societies. Englewood Cliffs, NJ: Prentice-Hall.

——1978, Action Theory and the Human Condition, New York: Free Press.

——1980, "The Law and Social Control", in Law and Society, William M. Evan(ed.), New York: Macmillan Publishing Co.

——1991, "The Intergratation of Economic and Sociological Theory: The Marshall Lectures." Sociological Inquiry 61(1).

Paul, Alex T. 2001, "Organizing Husserl: On The Phenomenonological Foundations of Luhmann's Systems Theory." Journal of Classical Sociology 1(3).

Priban, Jiri 2005, "Niklas Luhmann: Law as a Social System." Journal of Law and Society 32(3).

Quintin, Johnstone 1971-1972, "American Assistance to African Legal Education", Tul. Law Review.

Radin, Margaret Jane 1989, Reconsidering The Rule of Law, Boston University Law Review 69.

Rasch, William 2000, Niklas Luhmann's Modernity: The Paradoxes of Differentiation. In William Rarch (ed.), Stanford, California: Stanford University Press.

Rawls, John, 1971, A Theory of Justice. Cambridge: The Belknap Press of Harvard University Press.

Re, Edward D. 1969, "Legal Exchanges and American Foreign Policy", Journal of Legal Education, Vol. 21, No. 4.

Reese-Schäfer, Walter 1996, Niklas Luhmann: zur Einfürung. Hamburg: Junius.

Rottleuthner, Hubert 1989, "A Purified Sociology of law: Niklas Luhmann on The Autonomy of The Legal System." Law& Society Review 23(5).

Schnebel, Eberhard 2000, "Values in Decision-Making Processes: Systematic Structures of J. Habermas and N. Luhmann for The Appreciation of Responsibility in Leadership." Journal of Business Ethics 27(1-2).

Schutz, Anton 1995, "Law and The Postmodern Mind: Sons of Writ, Sons of Wrath: Pierre Legendre's Critique of Rational Law-Giving." Cardozo Law Review 16.

Schwinn, Thomas 1998, "False Connections: Systems and Action Theories in Neofunctionalism and in Jürgen Habermas." Sociological Theory 16(1).

Sciulli, D.1994, "An Interview with Niklas Luhmann." Theory, Culture and Society 11(2).

Sunstein, Cass R. 2004, The Second Bill of Rights, A Member of The Perseus Books Group.

Tiryakian, Edward A. 1975, "Neither Marx nor Durkheim Perhaps Weber." American Journal of Sociology 81(1).

Tete, William Thomas 1973-1974, "Code.Custom and the Courts: Notes Toward a Louisiana Theory of Precedent." Tul. Law Review.vol.48.

Thornhill, Chris 2007, "Niklas Luhmann, Carl Schmitt and The Modern Form of The Political." European Journal of Social Theory 10(4).

Tosini, Domenico 2006, "Review: Re-conceptualizing Law and Politics: Contributions from Systems Theory." Contemporary Sociology 35(2).

Tushnet, Mark 1991, "Critical Legal Studies: A Political History." Yale Law Journal 100.

Unger R. M. 1975, Knowledge and Politics. New York: The Free Press.

——1977, Law In Modern Society. New York: The Free Press.

——1984, Passion: An Essay on Personality. New York: The Free Press.

——1986, The Critical Legal Studies Movement. Cambridge, Massachusetts: Harvard University Press.

——1987, Social Theory: Its Situation and Its Task. New York: Verso.

United States Agency for International Development 2002, Achievements in Building and Maintaining The Rule of Law: MSI's Studies in LAC, E&E, AFR, and ANE, PN-ACR-220.

United States General Accounting Office 1999, Foreign Assistance: Rule of Law Funding Worldwide for Fiscal Years 1993-98, GAO/NSIAD-99-158.

——2001, Former Soviet Union: U.S. Rule of Law Assistance Has Had Limited Impact, GAO-01-354.

Vanderstraeten, Raf 2002, "Parsons, Luhmann and The Theorem of Double Contingency." Journal of Classical Sociology 2(1).

Verschraegen, Gert 2002, "Human Rights and Modern Society: A Sociological Analysis from The Perspective of Systems Theory." Journal of Law and Socierty 29(2).

Weber, Max 1978a, Economy and Society: An Outline of Interpretive Sociology, vol.I, Guenther Roth & Claus Wittich(eds.), Berkeley, Los Angelse, London: University of California Press.

——1978b, Economy and Society: An Outline of Interpretive Sociology, vol. II, Guenther Roth & Claus Wittich(eds.), Berkeley, Los Angelse, London: University of California Press.

Whitehead, Alfred North 1978, Process and Reality: An Essay in Cosmology. New York: Macmillan Publishing Co. The Free Press.

Wolfe, Cary 1994, "Making Contingency Safe for Liberalism: The Pragmatics of Epistemology in Rorty and Luhmann." New German Critique 61.